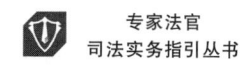

专家法官
司法实务指引丛书

保理
合同原理与裁判精要

FACTORING CONTRACT
LEGAL THEORY AND JUDGMENT ESSENTIALS

李阿侠 / 著

人民法院出版社

图书在版编目（CIP）数据

保理合同原理与裁判精要 / 李阿侠著. ——北京：
人民法院出版社，2020.10
（专家法官司法实务指引丛书）
ISBN 978-7-5109-2956-4

Ⅰ.①保… Ⅱ.①李… Ⅲ.①合同法—研究—中国
Ⅳ.①D923.04

中国版本图书馆CIP数据核字（2020）第189311号

保理合同原理与裁判精要

李阿侠　著

责任编辑	王　婷
执行编辑	田　夏
出版发行	人民法院出版社
地　　址	北京市东城区东交民巷27号（100745）
电　　话	（010）67550607（责任编辑）　67550558（发行部查询）
	65223677（读者服务部）
客服QQ	2092078039
网　　址	http://www.courtbook.com.cn
E- mail	courtpress@sohu.com
印　　刷	保定市中画美凯印刷有限公司
经　　销	新华书店
开　　本	787毫米×1092毫米　1/16
字　　数	412千字
印　　张	29.75
版　　次	2020年10月第1版　2021年1月第2次印刷
书　　号	ISBN 978-7-5109-2956-4
定　　价	98.00元

版权所有　侵权必究

序

　　保理是以应收账款转让为核心的综合性金融服务，具有较强的金融属性。在现代赊销贸易中，保理有利于盘活企业的应收账款，对促进实体经济发展具有重要作用。

　　天津是国内最早开展商业保理试点的两大城市之一，被称为"商业保理之都"。近年来，在天津市一系列利好政策的带动下，保理业的聚集效应和品牌效应日益显现。自天津开展商业保理试点以来，天津法院一直致力于为促进行业持续健康发展提供司法保障。2014年和2015年，天津市高级人民法院在全国率先出台了《天津市高级人民法院关于审理保理合同纠纷案件若干问题的审判委员会纪要》（一）和（二）。从2014年至2019年，天津法院审理保理合同纠纷案件五百余件，涉案标的额三十余亿元。天津法院的审判指导意见和调研成果为保理业健康发展提供了规范和指引，也对营造法治化营商环境产生了积极影响，获得业界高度评价。

　　保理立法是关乎行业发展的重大问题。经过多方努力，保理合同进入《民法典》，具有里程碑意义。在《民法典》合同编中，保理合同为唯一增加的新合同类型，足见立法机关之重视。下一步，如何正确理解并适用好《民法典》保理合同规范，是人民法院面临的重要任务。本书就保理合同的实务探讨有以下几方面的突出特点：

一、根据《民法典》合同编保理合同条款编写

本书根据《民法典》而作,紧扣时代脉络,密切关注保理业发展新情况新问题,结合典型案例,深入研究保理合同的裁判规则,具有一定的开创性和现实意义。在立法空白之处如何裁判将更加考验法官的法律适用能力。本书结合行业惯例及司法实践情况,试图对有关法律条文的含义进行阐释,并提炼裁判规则,可以为理解法律条文并适用法律提供思路。

二、深入贯彻最高人民法院审判指导精神

本书坚持以最高人民法院司法解释规范与民商事审判会议精神作指导。在2015年12月和2019年7月两次召开的全国法院民商事审判工作会议都对保理合同纠纷案件的审理提出了要求,具有很强的权威性和指导性,是法律适用的风向标。《九民会议纪要》虽未涉及保理合同,但其关于合同的成立、效力、解除、损害赔偿以及担保等方面的意见对审理保理合同纠纷案件具有指导作用。本书亦紧跟2020年8月18日修正的《关于审理民间借贷案件适用法律若干问题的规定》作出相应调整。

三、理论与实践相结合,突出实践性特点

在理论方面,本书系统地研究了保理合同涉及的实体法和程序法问题。在实体法上主要分析了保理合同的性质、效力、履行、违约责任、侵权损害赔偿以及不当得利等问题。在程序法上则重点对保理合同纠纷的当事人、诉讼管辖以及刑民交叉等问题进行了研究。

在实践方面,本书立足于审判实践。一方面,提出的问题都是从当前各地法院审判指导文件或判例中总结出来的常见问题,并为解决这些问题提供

了方案。另一方面，书中吸收了各地法院最新的审判研究成果。近年来，天津、北京、湖北、深圳四地法院已专门就保理合同纠纷案件的审判出台了审判指引类文件。天津、北京、上海和江苏四地法院还就保理合同纠纷案件审理情况进行了专题调研，形成了调研报告和典型案例。本书对上述调研成果进行了消化吸收，以便于互相借鉴。

四、案例研究不拘一格，注重总结实践经验

本书的案例十分丰富，可见作者在案例的搜集、整理和研究方面花费了大量的心血。案例引述有多种呈现方式，具有广泛的代表性。此外，通过裁判观点的交织和碰撞，也可以发现裁判规则不统一、裁判尺度不统一的问题仍较为突出。就某些问题，不同法院的认识迥异，甚至分歧严重，裁判观点有三四种之多。这也表明，司法实践中亟待解决的问题仍然很多。

总体而言，本书为保理合同入典后的务实之作，理论基础扎实，内容丰富，体系完整，相信会对法官开拓审判思路，正确适用法律提供有益参考，对律师、法务人员了解法院裁判规则起到帮助作用，对保理从业者依法规范经营具有启发意义。

天津市高级人民法院副院长 钱海玲

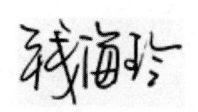

二〇二〇年八月

缩略语表

序列号	简称	全称
一、法律法规		
1	《民法典》	《中华人民共和国民法典》（2020年5月28日第十三届全国人民代表大会第三次会议通过）
2	《合同法》	《中华人民共和国合同法》（1999年3月15日第九届全国人民代表大会第二次会议通过）
3	《信托法》	《中华人民共和国信托法》（2001年4月28日第九届全国人民代表大会常务委员会第二十一次会议通过）
4	《企业破产法》	《中华人民共和国企业破产法》（2006年8月27日第十届全国人民代表大会常务委员会第二十三次会议通过）
5	《侵权责任法》	《中华人民共和国侵权责任法》（2009年12月26日第十一届全国人民代表大会常务委员会第十二次会议通过）
6	《商业银行法》	《中华人民共和国商业银行法》（1995年5月10日第八届全国人民代表大会常务委员会第十三次会议通过，根据2003年12月27日第十届全国人民代表大会常务委员会第六次会议《关于修改〈中华人民共和国商业银行法〉的决定》第一次修正，根据2015年8月29日第十二届全国人民代表大会常务委员会第十六次会议《关于修改〈中华人民共和国商业银行法〉的决定》第二次修正）

续表

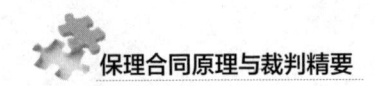

序列号	简称	全称
7	《民事诉讼法》	《中华人民共和国民事诉讼法》（1991年4月9日第七届全国人民代表大会第四次会议通过，根据2007年10月28日第十届全国人民代表大会常务委员会第三十次会议《关于修改〈中华人民共和国民事诉讼法〉的决定》第一次修正，根据2012年8月31日第十一届全国人民代表大会常务委员会第二十八次会议《关于修改〈中华人民共和国民事诉讼法〉的决定》第二次修正，根据2017年6月27日第十二届全国人民代表大会常务委员会第二十八次会议《关于修改〈中华人民共和国民事诉讼法〉和〈中华人民共和国行政诉讼法〉的决定》第三次修正）
二、司法解释及文件		
8	《经济纠纷案件涉及经济犯罪嫌疑规定》	《最高人民法院关于在审理经济纠纷案件中涉及经济犯罪嫌疑若干问题的规定》（法释〔1998〕7号）
9	《合同法解释（一）》	《最高人民法院关于适用〈中华人民共和国合同法〉若干问题的解释（一）》（法释〔1999〕19号）
10	《合同法解释（二）》	《最高人民法院关于适用〈中华人民共和国合同法〉若干问题的解释（二）》（法释〔2009〕5号）
11	《担保法解释》	《最高人民法院关于适用〈中华人民共和国担保法〉若干问题的解释》（法释〔2000〕44号）
12	《买卖合同解释》	《最高人民法院关于审理买卖合同纠纷案件适用法律问题的解释》（法释〔2012〕8号）
13	《融资租赁合同解释》	《最高人民法院关于审理融资租赁合同纠纷案件适用法律问题的解释》（法释〔2014〕3号）
14	《民事诉讼法解释》	《最高人民法院关于适用〈中华人民共和国民事诉讼法〉的解释》（法释〔2015〕5号）

续表

序列号	简称	全称
15	《民事诉讼证据规定》	《最高人民法院〈关于民事诉讼证据的若干规定〉》（法释〔2019〕19号，2019年10月14日修正）
16	《民间借贷规定》	《最高人民法院关于审理民间借贷案件适用法律若干问题的规定》（法释〔2020〕6号，2020年8月18日修正）
17	《九民会议纪要》	《最高人民法院关于印发〈全国法院民商事审判工作会议纪要〉的通知》（法〔2019〕254号）
18	《天津高院保理纪要（一）》	《天津市高级人民法院关于审理保理合同纠纷案件若干问题的审判委员会纪要（一）》（津高法〔2014〕251号）
19	《天津高院保理纪要（二）》	《天津市高级人民法院关于审理保理合同纠纷案件若干问题的审判委员会纪要（二）》（津高法〔2015〕146号）
20	《深圳前海法院保理合同案件裁判指引》	《深圳前海合作区人民法院关于审理前海蛇口自贸区内保理合同纠纷案件的裁判指引（试行）》

目录 Contents

第一章　保理行业发展及审判概况

第一节　保理行业发展及建议 …………………………… 3
一、行业发展概况 ………………………………………… 3
　（一）保理定义 ………………………………………… 4
　（二）行业发展 ………………………………………… 6
　（三）保理分类 ………………………………………… 6
二、行业发展问题 ………………………………………… 11
　（一）外部环境 ………………………………………… 11
　（二）自身原因 ………………………………………… 14
三、行业发展建议 ………………………………………… 16
　（一）外部改善 ………………………………………… 16
　（二）自我完善 ………………………………………… 19

第二节　保理案件审判及应对 …………………………… 22
一、案件审理概况 ………………………………………… 22
　（一）案件概况 ………………………………………… 22
　（二）审理情况 ………………………………………… 24
二、审判中的问题 ………………………………………… 26
　（一）实体方面 ………………………………………… 26
　（二）程序方面 ………………………………………… 29

三、司法审判应对 ·· 30
　　（一）审判原则 ·· 30
　　（二）法律适用 ·· 33

第三节　保理法律体系建设 ·· 36
一、保理行业规定 ·· 36
二、司法实践经验 ·· 38
三、立法完善建议 ·· 40
　　（一）应收账款的定义 ·· 41
　　（二）保理合同的定义 ·· 41
　　（三）应收账款转让登记机构 ································ 41
　　（四）登记对抗效力 ·· 42
　　（五）有追索权保理 ·· 43
　　（六）无追索权保理 ·· 44
　　（七）其他问题 ·· 44

第二章　保理合同的性质

第一节　保理合同的定义及性质 ···································· 49
一、保理合同的法律定义 ·· 49
　　（一）应收账款的范围 ·· 49
　　（二）保理合同的含义 ·· 52
二、保理合同的法律性质 ·· 55
　　（一）有追索权保理的性质 ···································· 55
　　（二）无追索权保理的性质 ···································· 67

目 录

第二节　保理法律关系的构成要件 …………………… 69
　一、保理法律关系的认定 ……………………………… 69
　二、保理法律关系的形式要件 ………………………… 71
　　（一）保理商的资质 …………………………………… 71
　　（二）书面合同形式 …………………………………… 74
　三、保理法律关系的实质要件 ………………………… 76
　　（一）保理商主观方面 ………………………………… 77
　　（二）应收账款须适格 ………………………………… 78
　　【典型案例1】应收账款不符合转让条件的，
　　　　　　　　　按借款法律关系处理 ………………… 82
　　（三）应收账款须转让 ………………………………… 85
　　（四）当事人权利义务 ………………………………… 89

第三节　名实不符保理合同的情形 …………………… 90
　一、应收账款不适格 …………………………………… 91
　　（一）应收账款不真实 ………………………………… 91
　　【典型案例2】虚构应收账款转让的，不构成
　　　　　　　　　保理法律关系 ………………………… 91
　　（二）应收账款不特定 ………………………………… 98
　　【典型案例3】应收账款权不具有特定性的，
　　　　　　　　　不构成保理法律关系 ………………… 99
　　（三）未来应收账款问题 ……………………………… 101
　　【典型案例4】未来应收账款因不具有合理
　　　　　　　　　可期待性，不构成保理法律关系 … 110
　二、合同权利义务不相符 ……………………………… 121
　　（一）应收账款未转让 ………………………………… 121
　　【典型案例5】应收账款未转让给保理银行的，

3

不构成保理法律关系 …………………… 121
　　　（二）合同履行不相符 ……………………………… 126
　　　【典型案例6】合同权利义务与保理法律关系
　　　　　　不符，不构成保理法律关系 …… 126

第三章　保理合同的效力

第一节　合同的效力问题 …………………………… 133
　一、保理合同的效力 ………………………………… 133
　　　（一）保理合同的成立 ……………………………… 133
　　　（二）保理合同有效要件 …………………………… 136
　　　（三）暗保理合同的效力 …………………………… 142
　　　【典型案例7】暗保理合同效力的认定及
　　　　　　责任承担 ……………………… 143
　　　（四）反向保理合同效力 …………………………… 145
　二、几种特殊情形下合同效力的认定 ……………… 147
　　　（一）不构成保理法律关系合同效力 ……………… 147
　　　【典型案例8】保理公司通过P2P平台放贷
　　　　　　行为无效 ……………………… 153
　　　（二）通谋虚伪保理合同的效力问题 ……………… 157
　　　（三）债务人确认债权真实性的效力 ……………… 159
　　　【典型案例9】债务人向保理商出具应收账款
　　　　　　确认书的法律效力 …………… 162
　　　（四）保理业务涉嫌犯罪时合同效力 ……………… 166
　　　【典型案例10】保理合同涉嫌刑事犯罪并不
　　　　　　必然导致合同无效 …………… 168

三、担保合同的效力 …………………………………… 170
　（一）法律关系性质变化时担保合同效力 ……… 170
　【典型案例11】不构成保理法律关系时保证人
　　　　　　　　仍应承担保证责任 …………………… 172
　（二）债务人同时作为保理合同的保证人 ……… 176

第二节　基础合同与保理合同效力关系 ……………… 177
一、基础合同对保理合同之影响 ……………………… 177
　（一）基础合同成立时间 ………………………… 177
　（二）基础合同变更 ……………………………… 178
　（三）基础合同虚假 ……………………………… 181
　【典型案例12】应收账款的真实性不影响保理
　　　　　　　　合同的效力 …………………………… 188
二、应收账款对保理合同之影响 ……………………… 195
　（一）禁止债权转让约定 ………………………… 195
　（二）未来应收账款问题 ………………………… 200

第三节　合同无效情形及法律后果 …………………… 203
一、保理合同无效情形及后果 ………………………… 203
　（一）保理合同无效的情形 ……………………… 203
　（二）保理合同可撤销情形 ……………………… 204
　（三）保理合同无效的后果 ……………………… 207
二、担保合同无效及免责情形 ………………………… 211
　（一）担保合同无效情形 ………………………… 212
　（二）保证人免责的情形 ………………………… 214

第四节　名实不符保理合同的处理规则 ……………… 217
一、保理合同纠纷法律适用规则 ……………………… 217

（一）按照保理法律关系处理规则……………………217

（二）不构成保理法律关系处理规则……………………219

二、名为保理实为借款合同处理规则……………………224

（一）与借款法律关系之异同……………………224

（二）按借款法律关系处理规则……………………225

第四章 保理合同的履行

第一节 债权人的权利与义务……………………231

一、转让应收账款……………………231

（一）签订转让协议……………………231

（二）瑕疵担保义务……………………232

二、债权转让通知……………………234

（一）通知主体……………………234

（二）通知形式……………………239

【典型案例13】办理应收账款转让登记和更改付款账户申请，不能视为履行了通知义务……………………247

（三）通知内容……………………252

三、返还保理融资款或回购应收账款……………………255

（一）二者的含义……………………255

（二）二者的区分……………………255

第二节 保理商的权利与义务……………………257

一、提供保理服务……………………257

（一）保理服务种类……………………258

（二）保理服务内容 …………………………………… 260
二、追索与反转让 ………………………………………… 263
　　（一）追索权的性质 …………………………………… 263
　　【典型案例14】暗保理中保理商行使追索权
　　　　　　　　　不以通知债务人为前提条件…… 265
　　（二）反转让的含义 …………………………………… 269
三、保理商的收取权 ……………………………………… 270
　　（一）收取权的内涵 …………………………………… 270
　　（二）收取权行使条件 ………………………………… 271
四、谨慎注意义务 ………………………………………… 272
　　（一）应收账款审核 …………………………………… 272
　　（二）应收账款登记 …………………………………… 275
　　（三）应收账款查询 …………………………………… 278
五、破产抵销权 …………………………………………… 280

第三节　债务人的权利与义务 …………………………… 282
一、清偿应收账款 ………………………………………… 282
　　（一）还款对象 ………………………………………… 282
　　（二）还款方式 ………………………………………… 284
二、对保理商的抗辩权 …………………………………… 285
　　（一）抗辩权的内涵 …………………………………… 285
　　（二）保理中的抗辩权 ………………………………… 286
　　（三）抗辩权的放弃 …………………………………… 292
三、对保理商的抵销权 …………………………………… 295
　　（一）合同抵销概述 …………………………………… 295
　　（二）抵销权的条件 …………………………………… 297

第四节　保理专户 …… 298
一、保理专户概念 …… 298
二、保理专户性质 …… 301
　（一）信托安排 …… 301
　【典型案例15】保理商与债权人之间构成信托
　　　　　　　　法律关系，债权人在收到债务人
　　　　　　　　付款后应向保理商转付 …… 303
　（二）账户质押 …… 306
三、保理专户效力 …… 309
　（一）专户付款效力 …… 309
　（二）登记对抗效力 …… 310

第五章　保理合同违约及救济

第一节　违约责任及救济 …… 315
一、债务人违约 …… 315
　（一）偿债义务主体 …… 315
　（二）债务清偿顺位 …… 320
　（三）清偿责任范围 …… 323
二、债权人违约 …… 329
　（一）合同继续履行 …… 330
　（二）变更保理合同 …… 331
　（三）回购应收账款 …… 331
三、保理合同解除及损害赔偿 …… 337
　（一）合同解除规则 …… 337
　（二）合同解除情形 …… 339

（三）损害赔偿范围 ································· 340
　　【典型案例16】保理商支出的律师费与担保费用
　　　　　　　　　应否由债务人或债权人承担? ··· 347

第二节　侵权责任及救济 ································· 351
　一、违约责任与侵权责任 ······························ 351
　　（一）违约与侵权之区别 ··························· 351
　　（二）责任竞合处理规则 ··························· 353
　二、债务人承担侵权责任 ······························ 355
　　（一）侵权责任构成要件 ··························· 355
　　（二）确认虚假债权责任 ··························· 358
　　【典型案例17】债务人确认虚假应收账款的,
　　　　　　　　　应承担侵权损害赔偿责任 ······ 362

第三节　不当得利及返还 ································· 370
　一、不当得利的构成要件 ······························ 371
　　（一）一方获得利益,他方受到损失 ············ 371
　　（二）一方获得利益与他方受到损失之间有因果关系 ··· 371
　　（三）一方获益没有法律根据 ····················· 372
　二、保理纠纷中不当得利 ······························ 373
　　（一）保理商不当得利 ······························ 373
　　【典型案例18】保理商依据保理合同约定从卖方
　　　　　　　　　银行账户扣收融资款本息,
　　　　　　　　　不构成不当得利 ······················ 374
　　（二）债权人不当得利 ······························ 376
　　【典型案例19】债权人收取债务人的货款,是否
　　　　　　　　　构成不当得利? ······················ 378

第六章　保理合同诉讼程序问题

第一节　共同诉讼当事人 …………………………… 385
一、共同诉讼 ……………………………………… 385
（一）共同诉讼分类 ……………………………… 385
（二）保理共同诉讼 ……………………………… 388
二、共同被告 ……………………………………… 392
三、追加第三人 …………………………………… 394
（一）保理商为第三人 …………………………… 396
（二）债权人为第三人 …………………………… 397
（三）债务人为第三人 …………………………… 398

第二节　保理合同管辖 ……………………………… 399
一、管辖基本规定 ………………………………… 399
二、管辖确定规则 ………………………………… 401
（一）保理商起诉债务人 ………………………… 401
（二）保理商起诉债权人 ………………………… 404
三、管辖与主管冲突 ……………………………… 405

第三节　刑民交叉问题 ……………………………… 407
一、先刑后民 ……………………………………… 408
（一）中止诉讼 …………………………………… 408
（二）驳回起诉 …………………………………… 411
【典型案例20】刑事犯罪与民事案件系同一事实，法院应驳回起诉，将材料移送公安机关 …………………………………… 416
（三）移送材料 …………………………………… 419

二、刑民并行 …………………………………………… 422
　　（一）适用条件 ………………………………………… 422
　　（二）适用情形 ………………………………………… 425

附 录

中华人民共和国民法典（节录）
　　（2020年5月28日）………………………………… 429
北京市高级人民法院民二庭当前商事审判中需要
　　注意的几个法律问题（节录）
　　（2015年5月）……………………………………… 432
天津市高级人民法院关于审理保理合同纠纷案件
　　若干问题的审判委员会纪要（一）
　　（2014年11月19日）……………………………… 434
天津市高级人民法院关于审理保理合同纠纷案件
　　若干问题的审判委员会纪要（二）
　　（2015年8月12日）………………………………… 440
湖北省高级人民法院民二庭当前商事审判疑难
　　问题裁判指引（二）（节录）
　　（2016年11月）……………………………………… 446
深圳前海合作区人民法院关于审理前海蛇口自贸区
　　内保理合同纠纷案件的裁判指引（试行）
　　（2016年12月22日）……………………………… 447

后 记 ………………………………………………………… 456

第一章
保理行业发展及审判概况

保理（Factoring）为"舶来品"，起源于14世纪英国的毛纺工业。19世纪后半叶，国际贸易促进了美国东部海岸经济发展与进口需求，现代保理业应运而生。1991年，中国联合考察组受邀赴欧洲考察国际保理业务，通过考察学习，正式与国际保理商联合会（Factoring Chain International，以下简称FCI）确认将"Factoring"一词翻译为"保理"。

第一节　保理行业发展及建议

一、行业发展概况

保理因赊销贸易而生，有利于企业盘活应收账款融资。在现代贸易中，赊销成为一种比较普遍的付款方式。在我国，随着企业赊销比例日益提高、账期延长，企业应收账款规模越来越大。据国家统计局发布的数据显示，截至 2019 年 12 月，全国规模以上工业企业应收账款共计 17.4 万亿元，同比增长 4.5%，占企业流动资产的比重为 29.6%。大量的应收账款不能及时收回，必然造成企业负债率（杠杆率）越来越高，财务风险越来越大，利息支出越来越多，严重时可导致企业资金链断裂和破产倒闭。为了提前收回应收账款或加强对应收账款的管理和催收，应收账款的债权人与保理商签订保理合同，将应收账款转让给保理商，由保理商为其提供融资、应收账款管理、催收、资信调查和坏账担保等金融服务中的一项或几项，以增加企业现金流，缓解融资难题。[1] 在我国，保理已成为中小企业融资的有效手段之一。根据清华大学经管学院中国金融研究中心、财经头条新媒体等机构于 2018 年 2 月 2 日发布的我国首份"中国社会融资成本指数"来看，保理在我国社会融资渠道中占比 0.44%。[2]

与保理行业快速发展相伴而生的是，近年来，全国法院受理的保理合同

---

[1] 商务部国际贸易经济合作研究院信用研究所、中国服务贸易协会商业保理专业委员会编著：《全球保理行业概览——中外比较、前沿趋势、案例分析》，中国商务出版社 2018 年版，第 248 页。

[2] 参见 www.financialnews.com.cn/hg/201802/t20180202_132598.html，最近访问时间：2018 年 2 月 2 日。

纠纷案件数量也逐年攀升。案件审理中发现的新情况、新问题层出不穷，不仅包括保理行业发展中存在的问题，也包括法院在审判过程中遇到的诸多问题。无论是出于行业监管目的，还是出于审判实践需要，构建有效的保理法律法规体系是行业持续健康发展的长久之计。

（一）保理定义

关于保理，《牛津简明词典》定义为"从他人手中以比较低的价格买下属于该人的债权，并负责收回此账款并从中盈利的行为"。英国保理专家弗瑞迪·萨林格认为，该定义比较狭窄，完全是站在保理商的角度看待保理而没有涉及卖方，没有反映出卖方为什么要出卖债权，是为了获得服务，还是为了在债权到期日之前提前收回账款从而得到资金周转上的便利，故其将保理定义为，"保理是指以提供融资便利，或使卖方免去管理上的麻烦，或使卖方免除坏账风险，或以上任何两种或全部为目的而承购应收账款的行为（债务人因私人或家庭成员消费所产生的及长期付款或分期付款的应收账款除外）。"①

现代保理业起源于国际贸易。《国际贸易金融大辞典》将保理定义为，"金融机构直接买进出口商对进口商的应收账款债权，而承担进口商的信用风险、进口国的政治风险及转移风险的出口融资业务。"《国际保理公约》第1条规定："保理合同系指一方当事人（供应商）与另一方当事人（保理商）之间所订立的合同，根据该合同：（1）供应商可以或将要向保理商转让供应商与其客户（债务人）订立的货物销售合同产生的应收账款，但是主要供债务人个人、家人或家庭使用的货物的销售所产生的应收账款除外；（2）保理商应至少履行两项下述职能：a.为供应商融通资金，包括贷款和预付款；b.管理与应收账款有关的账户（销售分户账）；c.托收应收账款；d.对债务

---

① ［英］弗瑞迪·萨林格：《保理法律与实务》，刘园、叶志壮译，对外经济贸易大学出版社1995年版，第1~2页。

人的拖欠提供坏账担保。（3）应收账款转让的通知必须送交债务人。"《国际保理通则》第1条规定："保理合同是供应商（债权人）与保理商之间存在的一种契约关系，根据该契约，供应商将可能或将要的应收账款转让给保理商。不论其目的是否为了获得融资，至少要满足以下职能之一：（1）销售分户账管理；（2）账款催收；（3）坏账担保。"在美国，保理被认为是保理商与以赊销方式提供商品或劳务的销售商之间的一项持续性安排，是保理商针对所产生的应收账款提供购买应收账款、保持销售分户账、催收账款及承担因债务人无力支付而造成的损失的一体化综合性金融服务。在欧洲，有部分国家接受美国关于保理的定义，但大部分国家认为只要保理商能够承担两项或两项以上美国保理定义中的服务职能，就可视为保理。

在我国，对保理的定义散见于行业和地方规范性文件之中。中国银行业监督管理委员会[①]发布的《商业银行保理业务管理暂行办法》（2014年4月3日）、中国银行业协会发布的《中国银行业保理业务规范》（银协发〔2016〕127号）以及《商务部关于商业保理试点有关工作的通知》（商资函〔2012〕419号）等文件也都对保理进行了定义。其中，比较有代表性的为《商业银行保理业务管理暂行办法》第6条之规定：本办法所称保理业务是以债权人转让其应收账款为前提，集应收账款催收管理、坏账担保及融资于一体的综合性金融服务。债权人将其应收账款转让给商业银行，由商业银行向其提供下列服务中至少1项的，即为保理业务：（1）应收账款催收；（2）应收账款管理；（3）坏账担保；（4）保理融资。以应收账款为质押的贷款，不属于保理业务范围。《关于商业保理试点有关工作的通知》没有对保理作出定义，只是规定了商业保理公司的经营范围，即为企业提供贸易融资、销售分户账管理、客户资信调查与评估、应收账款管理与催收、信用风险担保等服务。

---

① 根据《国务院关于机构设置的通知（2018）》，职责整合后为"中国银行保险监督管理委员会"。

《天津市商业保理试点管理办法（试行）》（2019年4月24日）第2条规定："本办法所称商业保理，是指债权人将应收账款转让给商业保理公司，由商业保理公司为其提供贸易融资、应收账款管理与催收等综合性服务。"

（二）行业发展

我国保理业虽然起步较晚，但发展迅速。我国保理业大致经过萌芽起步期（1993年~2001年）、快速发展期（2002年~2012年）、蓬勃发展期（2013年以后）三个阶段。[①]《中国商业保理行业发展报告（2019）》统计数据显示，2012年以来，我国注册的商业保理公司数量与注册资金均呈快速增长态势。2012年，全国累计注册的商业保理公司有91家，累计注册资金折合人民币265597万元；2013年322家，累计注册资金263664万元；2014年1298家，累计注册资金8255474万元；2015年2767家，累计注册资金13396060万元；2016年5584家，累计注册资金15831228万元；2017年8261家，累计注册资金16703357万元；2018年11541家，累计注册资金23300389万元；2019年10724家，累计注册资金78085300万元。据FCI统计，我国的保理业务总量在2018年跃居世界首位，占全球保理业务总量的20.3%。商业保理公司已遍布全国31个省（自治区、直辖市）。由于各地区注册便利化程度和政策环境的差异，注册地分布呈不均匀状态，多数企业注册在东南沿海地区，其中广东（尤其是深圳前海）、天津和上海位列前三位。

（三）保理分类

保理的分类，可谓纷繁复杂。根据不同的功能和特征，有不同的分类方法，有"三分法""四分法""五分法""六分法""七分法""八分法"，最多有"十六分法"：（1）依基础交易当事人及基础交易行为是否跨境可分为国内保理和国际保理；（2）依保理商行业管理不同可分为银行保理和商业保理；

[①] 邓莎莎、张晓兰：《中国保理行业法规政策追昔探今》，载《金融&贸易》2018年第3期。

(3)依保理商是否提供贸易融资分为融资保理和非融资保理；(4)依是否将应收账款转让的事实通知债务人分为公开型保理和隐蔽型保理；(5)依保理商是否承担债务人的信用风险分为有追索权保理和无追索权保理；(6)依保理商是否预先付款分为预付保理和到期保理；(7)依受让时应收账款是否产生分为现有债权保理和未来债权保理；(8)依债务人付款对象不同分为直接保理和间接保理；(9)依保理商是否逐笔叙做业务分为逐笔保理和批量保理；(10)依保理商是否循环叙做业务分为循环保理和非循环保理；(11)依保理商是否接受委托叙做业务分为定向保理和非定向保理；(12)依应收账款转让是否有折扣分为折扣保理和非折扣保理；(13)依债务人回款次数不同分为单笔回款保理和分笔回款保理；(14)依保理商服务范围不同分为完全保理和部分保理；(15)依保理商数量不同分为单保理商保理和多保理商保理；(16)依发起保理业务的主体不同分为正向保理和反向保理。[①]

司法实践与商业实践存在较大区别，很多商业分类对司法实践并无实际意义。对保理合同的司法分类可以借鉴商业分类，但不宜照搬照抄。司法分类的目的在于确定法律适用的依据，分清当事人的权利义务，确立相应的权利义务调整规则。具体而言，保理合同的分类应该与案由、当事人诉讼地位、权利义务、合同性质及效力密切相关。因此，对保理合同进行司法分类时，应去繁就简，去粗留精，于审判实践意义不大的商业分类不宜纳入司法视野中。笔者以为，保理合同可作如下分类：

1. 国内保理和国际保理

国内保理（Domestic Factoring），是指债权人和债务人均在我国境内的保理业务。

国际保理（International Factoring），是指债权人和债务人中至少有一方在境外（包括保税区、自贸区、其他实行境内关外管理的特殊贸易区）的保

---

① 赵永军：《保理业务基本分类辨析》，载《中国保理》2013年第1期。

理业务。

区分国内保理与国际保理的意义在于确定法律适用依据。国内保理应适用我国的相关法，而国际保理属于涉外民事法律关系，应依据《涉外民事关系法律适用法》的规定来确定法律依据，可能会涉及国际保理惯例的适用。

2. 公开型保理和隐蔽型保理

公开型保理（Notification Factoring），又称明保理，是指在签订保理合同或在保理合同项下每单发票项下的应收账款转让时立即将债权转让事实通知债务人。

隐蔽型保理（Non-notification Factoring），又称暗保理，是指在保理合同签订后的一定时期内，保理商或债权人都未将应收账款转让事实通知债务人，仅在约定期限届满或约定事由出现后才将应收账款转让事实通知债务人。

区分公开型保理与隐蔽型保理的意义在于确定债务人的责任承担。在公开型保理下，应收账款转让对债务人发生法律效力，债务人应向保理商承担清偿应收账款的责任。债务人仍向债权人清偿的，为无效清偿。在隐蔽型保理中，债务人仍直接向债权人付款，再由债权人将相关付款转付保理商，保理融资款项仅在债权人与保理商之间清算。

3. 有追索权保理和无追索权保理

有追索权保理（With Recourse Factoring），又称回购型保理，是指在应收账款到期无法从债务人处收回时，保理商可以向债权人反转让应收账款，要求债权人回购应收账款或归还保理融资款本息。

无追索权保理（Without Recourse Factoring），又称买断型保理，是指在债务人到期不能清偿应收账款时，且不能清偿的原因是由债务人的信用风险（比如无力支付或破产、清盘等情况下）造成的，保理商要承担坏账担保责任，无权向债权人追索。①

在无追索权保理中，保理商在对债务人核准的信用额度内承购债权人对债务人的应收账款并提供坏账担保服务。债务人因发生信用风险未按基础合同约定按时足额支付应收账款时，保理商不能向债权人追索。② 如果保理商无法收回应收账款是由于债务人欺诈、基础合同纠纷、应收账款被公权力机关冻结、不可抗力等非因债务人财务或资信方面的原因造成的，保理商仍可向债权人行使追索权。③

我国《民法典》即将保理区分为有追索权保理（第766条）与无追索权保理（第766条）。需要说明的是，有观点在定义有追索权保理与无追索权保理时附加付款期限，认为"保理公司承做有追索权保理，若有提供卖方预付款服务，在应收账款到期45天后，任何情况下，保理公司均有权向卖方进行追索。保理公司在承做无追索权保理时，发生买方信用风险，从应收账款到期90天起，若发生非商业纠纷的卖方信用风险，由保理公司向卖方履行担保付款的责任"。④ 上述定义中的"45天"和"90天"大抵是受域外立法例影响，综观国内立法、司法及行政机构对保理的通行定义，并无期限要求。

区分有追索权保理与无追索权保理的意义在于确定保理商的行权方式。在有追索权保理中，保理商同时享有向债务人的求偿权和向债权人的追索权，可以择一行使也可以同时行使。在无追索权保理中，保理商一般只能向债务人主张求偿权，不能向债权人行使追索权。

在符合一定条件时，无追索权保理可能会转化为有追索权保理。《深圳

---

① 黄斌：《国际保理——金融创新及法律实务》，法律出版社2006年版，第54页。
② 钱海玲：《保理法律关系的认定及疑难问题解决对策》，载《人民法院报》2015年2月4日。
③ 田浩为：《保理法律问题研究》，载《法律适用》2015年第5期。
④ 杨立新、李怡雯：《中国民法典新规则要点》，法律出版社2020年版，第391页。

前海合作区人民法院关于审理前海蛇口自贸区内保理合同纠纷案件的裁判指引（试行）》（以下简称《深圳前海法院保理合同案件裁判指引》，2016年12月22日）第27条第2、3款规定："保理合同约定为无追索权保理，但同时又约定如债务人提出抗辩权或抵销权等使债务无法得到清偿时保理商依旧可向债权人行使追索权的，视为有追索权保理。当事人可以通过债权人单方承诺或补充约定等方式将无追索权保理合同变更为有追索权保理合同。"

4. 银行保理和商业保理

银行保理（Bank Factoring），是指由商业银行开展的保理。商业保理（Independent Factoring），是指由商业保理公司开展的保理。区分银行保理与商业保理的意义在于对合同性质与效力的认定。由于银行具有放贷资格，即便其签订的保理合同被认定为借款，也可构成金融借款合同关系，并不会导致合同无效。由于商业保理公司不具有放贷资格，其签订的保理合同如被认定为企业间借贷，则有被法院认定为无效的风险。

上述四种分类对法院正确适用法律，认定保理合同的性质、效力以及权利义务关系具有重要的价值。法院首先可以确定案由，其次可对当事人身份、诉讼地位有清晰的界定，最后还能对当事人权利义务关系有一个整体把握。比如"某银行诉某某公司有追索权保理合同纠纷一案"，通过字面理解，首先能确定为国内保理，适用我国法律规定。其次，能掌握本案原告某银行具备经营放贷的资格，即便签订的保理合同被认定为借贷，也可按照金融借款合同纠纷进行审理，合同效力不受影响。再次，案涉保理合同为有追索权保理，即某银行既可以向债务人主张基础合同项下的债权，也可以要求债权人回购应收账款。最后，法院有必要查明是否为公开型保理，如果是，应查明债权转让是否通知了债务人，只有通知了债务人，才能对债务人发生法律效力，否则就不能向债务人主张权利。

二、行业发展问题

保理业在快速发展过后,外部经营环境与保理公司自身经营方式都暴露出一些问题。正所谓"外因是变化的条件,内因是变化的根据",故有必要从外因和内因两个方面对当前制约保理业发展的几个重要问题进行探讨。

(一)外部环境

1.监管规则有待明确

我国保理业呈现"两个市场、两套监管规则"的特征。国内已形成以商业银行与商业保理公司为中心的两个市场,银行保理居主导地位。由于我国采取的是经营主体监管方式,银行与商业保理公司适用不同的监管规则,对银行保理的监管明显严于商业保理。

监管规则不明确会带来三个方面的问题:(1)风险积聚。国内多数保理公司并不具备良好的金融业经营经验,对于风险管理、流动性管理、资本充足和风险拨备等方面的认识、技术和经验极度缺失,但经营的却是和银行、小额贷款公司近似的业务。尤其是近年来,大型企业、金融机构通过保理商进行违规的资产出表行为愈演愈烈,造成金融风险的积累。[1](2)商业保理监管不足。商业保理的准入门槛、杠杆率、股东及高管资质要求、分支机构设立、关联业务占比等问题均不够明确。部分地区由于准入过于宽松(比如不要求实缴注册资本金)导致大量皮包公司出现。此外,大量商业保理还出现假借保理之名脱实向虚的乱象。(3)保理商对监管规则缺乏预期,监管规则变化是行业发展面临的最大不确定性风险,一定程度上造成保理商裹足不前。

2.行业属性不明,业务操作规范不统一

商业保理是否属于金融行业,一直没有得到管理部门的正式确认,社会

---

[1] 李书文、厚朴保理:《商业保理》,中国民主法制出版社2016年版,第9页。

认知度比较低。在 2012 年 6 月 27 日《商务部关于商业保理试点有关工作的通知》发布前，政府有关部门对商业保理的行业属性界定不清。有的将其界定为金融行业，有的将其界定为类金融行业或金融创新行业。一些商业保理公司也有意无意地把自己界定为金融机构。由于定位错乱，造成一些商业保理公司业务模式出现偏差，竞相以"融资"作为主营业务甚至唯一业务，与行业内外的竞争对手恶性竞争，常常又因资金来源匮乏而捉襟见肘或因利润微薄而面临生存危机。

当前，缺乏统一的操作规范去指导保理公司如何承做保理业务。银行保理与商业保理的操作规则存在较大差别。商业银行虽然有《商业银行保理业务管理暂行办法》与《中国银行业保理业务规范》加以规范，但上述办法与规范缺乏实施细则，对于如何规范保理业务合同、从业人员标准等重要问题并没有作出详细规定。在商业保理内部也缺乏统一的操作标准和操作规范，甚至在一些保理专业术语上都存在较大分歧。商业保理操作的模糊性与非标准化引发大量争议。

3. 应收账款转让公示机制尚未有效形成

如何判断债权出让人是否具有处分权是债权交易风险的集中点。由于债权本身具有的抽象性以及债权转让的不公开性，可能会出现不诚信的债权人重复转让债权或转让后又出质，届时如何平衡各方利益，亟待明确。[1] 从保护交易安全以及保理商合法权益的角度出发，应收账款转让公示制度显得尤为重要，一方面，可保护真实权利人和善意第三人的合法权利，维护交易秩序；另一方面，可避免恶意第三人以不了解债权权属为由获得不当利益。

在立法方面，应收账款登记取得重要进展。《民法典》第 768 条首次对同一应收账款重复转让的优先效力进行了规定，明确了登记优先规则，但对

---

[1] 中国银行业协会编：《中国银行业法律前沿问题研究》（第 1 辑），中国金融出版社 2010 年版，第 177 页。

应收账款在哪个登记机关进行登记并未明确。应收账款转让登记仍需配套制度加以解决。

4. 社会信用体系不完善，信用保险尚未普及

当前，我国社会征信工作尚处于起步阶段，信用体系建设尚不健全，整体的市场信用环境欠佳。保理业的开展是基于企业的债权信用，一旦信用出现问题，保理融资就会产生流动性风险乃至坏账风险。保理商如果提供信用担保服务，对买方进行资信调查就非常重要，但我国当前并没有建立起针对企业和个人的信用评级制度。政府及金融机构自建的企业和个人信用信息基础数据库无法与商业保理公司共享。虽然上海、深圳、重庆等地部分商业保理公司已成功获批接入人民银行征信系统，然而也存在接入企业数量少、进度慢的问题，不能满足行业需求。保理商无法获取企业资信的真实信息，只能通过自身渠道收集资料，收集范围有限，资料的真实性无法保证。

信用保险是保理商转移信用风险的有效手段，但在我国保理实践中运用较少。在保理业发达的欧美国家，无论是银行保理还是商业保理，有80%以上的保理业务都有信用保险支持。但在我国，出口信用保险被中国出口信用保险公司一家垄断，商业信用保险并未推开。由于保理业务风险较大，保险公司承保方式单一、保险费较高、保险额较低，再加上法律规则缺位，保理商向保险公司申请保险赔付时容易因赔付条件是否成就产生争议。2017年7月11日，保监会①出台《信用证保险业务监管暂行办法》（保监财险〔2017〕180号）规定信用保险公司不得为债权转让业务提供保险。在监管部门的窗口指导下，2018年4月起，所有信用保险公司不再出保理保单。保理商通过信用保险转移风险的渠道受到限制。

---

① 根据《国务院关于机构设置的通知（2018）》，职责整合后为"中国银行保险监督管理委员会"。

（二）自身原因

1. "类信贷"倾向明显，过于强调融资功能

保理作为一种融资形式，同时存在"保"与"理"两方面功能，即融资和应收账款管理。当前国内保理公司的展业模式过于强调融资功能，以提供融资服务为主，较少提供其他保理服务。据北京市朝阳区人民法院对该院受理的2277件保理合同纠纷案件统计情况来看，绝大多数保理公司仅提供融资服务，占比99.3%；在提供融资服务的同时提供催收、信用评估的案件为16件，仅占比0.7%。这说明我国保理公司的服务内容非常单一，对融资过于倚重，应收账款催收、管理、资信调查与评估等服务有待跟进。

即便是提供融资，在客户选择上，保理商过分依赖核心企业的现象比较突出。银行大多规定只对重点客户、信用级别A级以上的企业，或者大型核心优质企业的上游卖方客户提供保理服务，大多信用级别较低的中小企业被排除在外。一些大型国有企业下属的保理公司仅开展集团内部核心企业的保理服务。

2. 风险管理机制不健全

保理业务的风险来源多样，除了宏观风险、市场风险、自然灾害风险等传统风险外，还存在欺诈风险、信用风险、操作风险、法律风险等。根据上海市高级人民法院发布的《2018年度上海法院金融商事审判情况通报》披露的情况来看，保理商经营不规范，风控体系不健全的问题仍不同程度的存在。银行的风控机制比较完善，非银行保理机构的风控机制则存在明显短板。在2014年到2018年上海法院受理的1349件保理合同纠纷案件中，涉商业保理公司、融资租赁公司等非银行主体案件1028件，占案件总数的76%，涉银行主体案件321件，占案件总数的24%。从2015年起，涉及商业保理公司、融资租赁公司等非银行保理机构的保理合同纠纷案件开始逐步增多，从2017年起案件标的额增幅较大，这反映非银行保理机构的风控机制和措施有待加强。

在银行与非银行保理机构共同面对的风险中，信用风险与欺诈风险是两大来源。据前海交易所与亚洲保理公司于2020年6月共同发布的《保理行业风险分析报告》（第3期）对六百多起保理案件司法判例分析结果显示，第一大风险来源是信用风险，占比53.5%；第二大风险来源为欺诈风险，占比为28.4%；超过23.3%的保理案件中出现了虚假贸易风险；伪造应收账款转让通知和间接支付风险项均占比2.7%。

3.经营不规范，合同条款设计不合理

司法实践中发现，保理商经营不规范的问题主要有以下几个方面：

（1）对贸易背景仅进行形式审查。一些保理商仅对贸易背景作形式审查，只要求卖方提供贸易合同、增值税专用发票等材料，而未对贸易是否真实、应收账款是否有效等关键问题进行实质审查，极易诱发卖方通过伪造贸易合同、虚开增值税专用发票等手段骗取保理融资。

（2）业务操作不规范，主要表现为债权转让通知不规范与债务人确权不规范两个方面。比如，有的保理商认为只要债权转让在征信中心登记就可视为通知；有的保理商只通知债务人更改还款账户；有的保理商向法定代表人之外的其他工作人员通知；有的债权转让通知书表述笼统、模糊，使用概括性表述；有的保理商未实地参与到债务人确权过程中，导致出现虚假确权等。

（3）保理商收取的各类费用过高。保理商通常需收取一定的保理服务费，该服务费的合理区间则缺少参照标准，实践中也缺乏监管。有的保理商与债权人之间除约定利息、违约金、逾期利息外，还以手续费、管理费、审批费等名目收取多项费用，总额相加超过法律规定的利率上限。北京市朝阳区人民法院作出的《关于涉保理合同纠纷案件的统计分析》发现，多数保理公司的利润在10%~16%，但仍有一些保理公司存在多种名目收费现象，如风险评估费、手续费、账户管理费等，折合年化利率呈现出高利化倾向。

（4）业务创新存在较大风险。一些保理商选择通过互联网或 App[①] 形式开展保理业务，但在用户身份认证和电子证据保存方面存在审查不严、管理不到位的问题。有的保理商为了业务扩张故意放低身份认证标准，有的保理商提交的主要证据多为 App 形成的电子证据，这些证据与《电子签名法》（2019 年修正）第 13 条、第 16 条确立的标准仍存有一定差距，法院难以采信。

三、行业发展建议

保理行业持续健康发展既离不开外部环境的改善，更离不开保理商自身的业务模式、经营方式与风险管控等。甚至可以说，内在治理比外部环境更为重要。

（一）外部改善

1.加强统一监管，明确监管规则

在影子银行监管中，保理始终是监管的重点领域。保理与金融业联系密切，涉及银行资金数额巨大，风险较大，一方面要受到严格监管，另一方面应给予发展和创新的空间。统一监管是大势所趋，有必要完善保理监管体系，形成对银行与商业保理公司一致的监管办法，从有关行为、组织和管理方面，制定统一的交易规则，使各方主体公平参与竞争。

统一监管，明确监管规则，需要注意以下几方面问题：（1）明确行政主管部门。在国家层面，2018 年 5 月 14 日，根据商务部下发的《关于融资租赁公司、商业保理公司和典当行管理职责调整有关事宜的通知》，商务部已将制定融资租赁公司、商业保理公司、典当行业经营和监管规则职责划给银保监会，自 2018 年 4 月 20 日起，有关职责由银保监会履行。此后，无论是

[①] App，英文 Application 的简称，多指智能手机的第三方应用程序。

银行保理，还是商业保理均划归银保监会监管。就地方而言，主要由各地的金融监督管理局负责监管。比如，2019年4月24日，天津市地方金融监督管理局就制定了《天津市商业保理试点管理办法（试行）》，以加强对本地商业保理的监管。（2）划定保理运作方式的红线。对于不合理、违法的保理运作方式，应予以明确的行政处罚或移交公安机关处理。（3）遏抑保理费率高利化趋势。保理费率高企不仅无助于解决中小企业融资难的困境，反而会造成实体经济失血的后果。监管机关应将融资利率纳入监管范围，建议合理的利率区间，对融资利率过高企业予以警告、处罚，抑制高利化趋势。（4）给予行业引导，鼓励"保"与"理"并重发展，引导保理资金流向有需求的实体行业，真正服务实体经济。

2. 明确行业属性，建立统一的保理业务规则

近年来，国家在政策层面逐步扩大商业保理试点范围，保理是当前行政许可制下仅有的两个不需金融牌照的类金融企业类型之一，对保理业的属性有必要尽快明确。

在建立保理业务规则过程中，可以引入成熟的国际惯例，并结合我国市场需求合理创新，形成既与国际惯例接轨，又符合我国国情的统一规则。（1）有必要将银行、商业保理公司和其他金融主体纳入规则主体范畴中，建立适用于保理业统一的保理业务规则，实现保理业务的标准化和程序化。（2）有必要出台实施细则，对如何规范保理从业范围、从业人员标准等重要问题作出详细规定。比如，明确应收账款的定义与范围，组织结构、授信后管理、账款标准、授信审批、同业风险管理、客户准入等条款。（3）制定商业保理术语标准和示范合同文本。保理合同是涉及保理商、债权人、债务人三方的重要合同载体，明确相关术语的含义并合理设定各方的权利义务有利于保理纠纷的预防和化解。行业协会可制定示范合同文本供保理商参考，规范保理行业发展。

3. 建立应收账款转让登记公示制度

保理是以应收账款转让的方式进行融资，客观上要求建立应收账款转让公示机制，以实现保护债权交易安全和维护债权交易秩序的目的。建立应收账款登记和查询系统，即可实现这一目标。纵观国际，许多国家和地区立法也都规定了应收账款转让登记制度。比如，《美国统一商法典》《荷兰民法典》《魁北克民法典》《日本债权让渡特别法》等都建立了完善的债权登记制度。[1] 我国《物权法》首次对应收账款登记法律效力问题进行了规定，《民法典》第 768 条对应收账款转让登记亦作出相应规定，登记自此有了立法根据，下一步则是出台配套制度与实施细则，明确应收账款的登记机关及登记规则。有法官建议参照美国做法，建立债权转让中央登记制度，借助目前央行应收账款质押登记系统，设立专门的债权转让登记平台，建立中央登记制度。[2] 虽然在我国已有地方政府主管部门和司法机关对应收账款转让登记与查询进行了规定，但仅限于地方实践，在全国范围内并未建立起应收账款转让公示制度。因此，有必要在国家层面推动建立统一的应收账款转让公示制度。

4. 建立信用信息共享机制，鼓励开展信用保险业务

为了全方位掌握企业的资信情况，准确计算信用额度，规避坏账风险，保理行业内部可以建立统一的信用信息共享平台。该平台可以实时更新企业资信状况，定期对企业特别是中小企业的信用进行分类评级，还可以建立风险预警机制和黑名单制度，让金融和法律风险消弭于尚未蔓延之时。

针对保理业务中信用保险缺位的问题，可从以下几个方面加以改进：（1）由银保监会制定保理业务信用投保的统一规则，允许保理商投保信用保险；（2）对于保险支持下的保理，区分有没有贸易或交易背景，对于有

---

[1] 刘保玉、孙超：《物权法中的应收账款质押制度解析》，载《甘肃政法学院学报》2007 年第 3 期。

[2] 吴峻雪、张娜娜：《保理债权转让中转让通知的效力及形式》，载《人民司法·案例》2013 年第 18 期。

贸易或交易背景的可以完全支持，对于没有贸易或交易背景的要严加限制；（3）支持监管机构采取穿透式监管手段控制和防范风险；（4）鼓励国际上有经验和技术的再保险公司参与到风险分担中，提供再保险支持；（5）引入国际上成熟的和优质的信用保险产品，解决国内信用保险产品单一的问题，满足市场的多元化需求。

（二）自我完善

除了改善外部经营环境，加快基础设施建设之外，保理企业自律也尤为重要。强化内部风控机制建设，提高合规经营水平应成为保理企业发展的核心命题。

1. 加强基础合同的审查，提高合规经营水平

保理商在尽职调查过程中，应重视对应收账款真实性、可转让性及权利完整性的审查。（1）增强审慎审查基础交易真实性的意识。作为理性的专业交易者，保理商需认识到自身的审查义务应当高于普通交易者，应尽可能通过所了解和掌握的信息，采取合理方法，对基础交易进行适当的审查。（2）全面审核相关书面基础交易材料。保理商应全面查阅交易合同文本条款并核验交易单据、财务凭证的真实性及相关性；审查所涉业务是否合法、真实，合同条款是否涉及违反法律强制性或者禁止性规定的情形；通过公开信息，核验基础合同所涉及的相关证照、单据、凭证、票据是否真实有效，基础合同文本、发货清单、增值税发票、第三方单据等是否相互关联等。（3）尽可能加大对基础交易的审查力度。在条件允许的情况下，保理商可通过实地走访、访谈等方式开展尽职调查，如至仓库等项目所在地核查基础交易下的标的物状况、核验标的物出入库及物流状态、对相关人员开展访谈了解上下游贸易情况等。（4）对审查过程应当留档保全备查，形成规范、完整的基

础交易核查流程，以确保审查义务履行的可视化和可追溯。①

随着监管政策的趋严，保理商必须提高合规经营水平。(1) 严格合法经营。在当前监管规定已为商业保理的业务范围划定了正面清单和负面清单的情况下，商业保理公司应当遵循监管要求，规范业务开展，注重合规审核，树立底线思维，不断提升风险管理水平。(2) 避免违规跨业经营。保理商应充分关注自身业务模式与借贷业务的界限，对违规行为及时整改。保理业务应回归保付代理的本质，不能直接或变相地开展借贷业务，严防信用风险在金融领域的交叉传播。(3) 规范收费内容及名目。保理商收取的费用内容及名目应与其提供的服务内容相一致，合理设定融资成本和收取方式，规范各类费用名称，避免采用本金、利息等借款类业务的文本表述方式，以避免保理融资人对业务性质造成误认。②

2. 加强合同管理，合理设计合同条款

保理商要加强合同管理。实践中，虚假基础合同、伪造公章和出具虚假委托手续的情况并不少见。在保理合同签订中，保理商要重点审查企业法定代表人身份、代理人的代理权限等风险点。保理商原则上不应委托债权人办理应收账款确权手续，或接受由债权人转交的债权确认书或承诺函。保理商有必要对债务人出具债权确认书或承诺函的过程进行现场见证，对盖章或签字人的身份和代理权限进行核查，警惕虚拟场景诈骗。

保理商还应完善保理合同条款的设计。保理合同一般是由保理商制定的范式合同，如果合同约定不合理或存在疑义，保理商可能要承担不利后果。(1) 保理商应对合同中的专业名词做好解释并做充足的风险提示。(2) 注重合同条款的合法性与合理性，尤其要注意回购条件及回购价款的设定，保理

---

① 参见《上海市浦东新区人民法院 2014~2019 年涉自贸区商业保理案件审判情况通报》。

② 参见《上海市浦东新区人民法院 2014~2019 年涉自贸区商业保理案件审判情况通报》。

服务费、手续费等费用的收取是否合理，融资利息、违约金条款的约定是否符合法律规定等问题。（3）注意应收账款转让通知书的形式是否完备、内容是否明确，比如让与人、受让人、转让标的、付款通知、保理专户信息是否明确等。

3.健全风险管理体系，重视业务创新中的风险

风险往往来源于内部。有业内人士表示，保理作为一种类金融业务，风控是核心竞争力，也是生存发展的关键。保理商在完善风险管理体系时，需要注意以下三个方面问题：

（1）审慎选择合作客户。管理信用风险的关键是平衡保理业务安全和对客户授信风险之间的矛盾，在尽可能调查、评估和监控信用风险的基础上，审慎地选择客户，实行积极的风险评估制度，降低信用风险。保理商在决定是否向合作客户提供保理服务时，不仅需要对保理业务申请人、债务人的财务状况、经营状况、资信证明、交易方信用情况等材料进行评估，还要根据买卖双方自身的情况将其纳入授信管理业务范围，选择履约能力强、商业信誉较好的客户，尽量避免选择关联交易客户，并综合考虑客户背景，选择适合的保理业务类型。[①]

（2）强化交易跟踪管理，防范合同履约风险。保理商对整个交易过程应主动介入、跟踪管理，着重了解卖方与买方是否严格履行合同义务，分析、判断交易双方的履约风险。保理商可以应用大数据和区块链技术提高风控水平，比如充分挖掘企业税务数据、企业应收账款融资信息、工商信息以及最高人民法院裁判文书网和失信被执行人名单等信息，分析企业未来违约的可能性，进而完成对目标企业主体的信用评估。

（3）重视保理业务创新中的风险。通过互联网展业时，保理商应做好身份认证问题，尽量采取证据效力高的电子签章形式签订合同；可将视频签约

[①] 李书文、厚朴保理：《商业保理》，中国民主法制出版社2016年版，第112~113页。

引入合同签订环节，全程留存；使用 App 展业时，可将 App 相关操作流程、控制数据通过公证做好预先固定，保证合同签订证据的有效性。

第二节　保理案件审判及应对

从 1996 年我国法院审理的第一起保理合同纠纷案[①]至今已过二十多年。在此期间，我国保理业获得快速发展，但由于立法缺位，监管规则不明确，保理业在发展过程中产生大量的纠纷案件。故有必要对案件审理中发现的问题进行梳理与总结，并做好审判应对。

一、案件审理概况

（一）案件概况

从 2012 年商务部开展商业保理试点以来，商业保理公司如雨后春笋般涌现，保理合同纠纷案件数量水涨船高，案件数量与涉案标的额也逐年攀升。主要呈现以下特点：

1. 案由缺乏标准

由于在法院立案系统中缺少保理合同纠纷这一案由，再加上各地法院对保理合同的性质理解不一致，保理案件立案案由五花八门，多种多样。最为常见的案由有金融借款合同纠纷、债权转让合同纠纷、金融衍生品种交易纠纷、其他合同纠纷、保理合同纠纷等。

---

① 昆明市中级人民法院（1996）昆法经初字第 75 号民事判决书、云南省高级人民法院（1997）云高经终字第 39 号民事判决书。转引自金赛波：《中国信用证法律和重要案例点评（2002 年度）》，对外经济贸易大学出版社 2003 年版，第 393~405 页。

2. 案件数量增长较快

在中国裁判文书网上以"民事案由＋案件名称",即"保理＋民事一、二、再审"为关键词,检索到2017年到2019年三年的保理案件审结数量分别为1071件、3421件、4439件。① 以天津与上海两地法院为例。近年来,天津法院受理的案件数量呈现较大的波动性:2014年受理的一审保理合同纠纷案件11件,2015年46件,2016年164件,2017年129件,2018年65件,2019年112件。上海法院受理的案件数量则呈明显增长态势:2014年受理的一审保理合同纠纷案件62件,2015年207件,2016年197件,2017年366件,2018年529件。

3. 涉案标的额较大

伴随案件数量的增长,涉案标的额也保持增长态势。天津法院2014年受理的保理合同纠纷案件涉案标的额为3.63元,2015年5.46亿元,2016年3.95件,2017年7.50亿元,2018年8.25亿元,2019年9.68亿元。上海法院2014年受理的保理合同纠纷案件涉案标的额为10.92亿元,2015年8.67亿元,2016年11.48亿元,2017年13.5亿元,2018年18.8亿元。

4. 银行起诉占大多数

在保理合同纠纷中,一般都是银行与商业保理公司作为原告提起诉讼。据《保理行业风险分析报告》(第3期)对六百余起保理司法判例统计的结果显示:四大国有银行案件数量占比为38.7%,商业保理公司案件数量占比为41.7%。据某保理律师团队对2015年6月之前的286份保理合同纠纷裁判文书统计的结果显示,87.4%的一审诉讼案件系银行作为原告,占绝大部分,四大国有银行占了银行保理纠纷的68.2%。② 据《上海市第二中级人民法

---

① 黄和新:《保理合同:混合合同的首个立法样本》,载《清华法学》2020年第3期。

② 林思明、杨超、付迪:《保理案例大数据报告》,载微信公众号 iCourt 法秀,2015年8月16日推送。

院2013~2015年保理合同审判白皮书》统计的情况来看，2013年至2015年的案件中，银行作为保理商提起诉讼的案件占93%。虽然上述统计样本并不全面，但大体可反映银行与商业保理公司涉诉情况。

5. 保理商诉请多种多样

保理纠纷涉及保理商、债权人与债务人三方主体，保理商同时享有对债务人的求偿权与对债权人的追索权，可任择其一或一并行使。实践中，保理商有三种不同的起诉方式，有的保理商仅起诉债务人要求其承担应收账款清偿责任，有的仅起诉债权人与担保人，要求债权人承担回购责任，有的同时起诉债务人和债权人。据《上海市第二中级人民法院2013~2015年保理合同审判白皮书》反映的情况来看，单独起诉债务人的情形最普遍，占比94.56%；单独起诉债权人次之，占比3.91%；同时起诉情况最少，仅占1.52%。据《上海市浦东新区人民法院2014~2019年涉自贸区商业保理案件审判情况通报》披露，保理商单独起诉债权人和同时起诉债权人与债务人的案件分别为238件和132件，共占比78.39%；仅以债务人为被告的102件，占比21.61%。据北京市朝阳区人民法院发布的《关于涉保理合同纠纷案件的统计分析》载明，单起诉债务人的为2182件，单起诉债权人的74件，同时起诉的仅有37件。据《保理行业风险分析报告》（第3期）对全国范围内六百余件保理纠纷案件统计结果显示，保理商单独起诉债权人的占比55.9%，单独起诉债务人的占比11.3%，共同起诉的占比27.5%。

（二）审理情况

1. 案件审理聚集效应显著

全国的保理合同纠纷案件集中于广东、上海、浙江、天津等地。《保理行业风险分析报告》（第3期）统计结果显示：广东法院审理的案件数量占比20.1%，上海18.7%，浙江11.8%，天津10.6%。

各地法院案件审理也呈现聚集之势。在天津，保理合同纠纷案件的审理主要集中在滨海新区人民法院。据统计，从2015年至2019年，天津全市法院受理的一审保理合同纠纷案件共计527件，其中滨海新区人民法院受理的多达367件，占全市法院案件总数的69.7%。在上海，70%至80%的保理合同纠纷案件集中在浦东新区人民法院审理。《浦东新区人民法院2014~2019年涉自贸区商业保理案件审判情况通报》显示，该院在2014~2019年期间受理涉自贸区商业保理案件共计472件。

2. 管辖权争议较大

由于保理合同纠纷案件的管辖权规则不够明确，实践中因管辖权发生争议的案件较多。通过检索2013年1月1日到2017年12月31日保理合同纠纷213份裁定文书中可以发现，管辖异议类裁定数量占比46%。[①] 可见，管辖权异议在保理合同纠纷案件中比较普遍，当事人容易因管辖问题发生争议。

3. 以判决结案为主

通过对裁判文书网上3241份裁判文书进行统计发现，保理合同案件以判决为主，调撤案件仅占全部裁定及调解文书的3.2%。[②] 据《北京市朝阳区人民法院关于涉保理合同纠纷案件的统计分析》显示，在该院审结的1543件保理案件中，判决结案1093件，占比70.83%；裁定驳回238件，占比18.34%；撤诉200件，占比12.96%；调解4件。从天津法院2015年到2018年审结的保理合同纠纷案件情况来看，判决率为76%，调撤率为24%。

判决率居高不下的情况表明，当事人之间争议比较大，矛盾难以调和。当然，判决率高也跟法院公告送达、缺席审理相关。据《上海浦东新区人民法院2014~2019年涉自贸区商业保理案件审判情况通报》显示，在该院受理的472件商业保理合同纠纷中，有264件系登报公告送达，公告率达到

[①] 程久闻：《保理合同纠纷大数据报告及裁判规则》，载微信公众号中闻律师事务所，2019年3月26日推送。

[②] 程久闻：《保理合同纠纷大数据报告及裁判规则》，载微信公众号中闻律师事务所，2019年3月26日推送。

56%。

4. 保理商胜诉率高

保理合同纠纷诉讼多为保理商提起，保理商胜诉率很高，且因诉讼方式不同有所区别。据《保理行业风险分析报告》（第3期）统计分析结果，银行选择仅诉求卖方（含担保人）承担回购责任的，胜诉率高达96.5%；选择买方为唯一被告案件的，胜诉率为69.7%。商业保理公司选择仅诉求卖方（含担保人）承担回购责任的，胜诉率为92.6%；选择买方为唯一被告案件的，胜诉率为65.6%。

卖方（含担保人）、买方败诉的原因是多方面的。有的是因为对保理合同的法律性质认识不清、对合同权利义务关系存有误解，庭审中难以形成有效抗辩。有的是因为当事人未出庭，法院只能根据保理商提供的合同文本进行审理，难以对基础合同的真实性与履行情况作出有效审查。

二、审判中的问题

保理合同纠纷案件在审判中既有实体方面的问题，也有程序方面的问题，可概括为以下几方面：

（一）实体方面

1. 关于合同性质的争议

对合同性质的认定直接关系当事人责任的厘定。关于保理合同的法律性质，有金融借款、债权转让、让与担保、委托代理、新债旧偿等诸多学说。究竟哪种学说更贴切保理法律关系的特点，莫衷一是。构成保理法律关系需要符合哪些构成要件，也缺乏统一的标准。在影响保理法律关系的诸要件中，应收账款无疑是最核心的要素，但适格的应收账款应具备哪些法律特征，未来应收账款是否适格，也存在争议。此外，保理商的经营资质、主观心态、合同形式、权利义务是否影响保理法律关系，也值得探讨。

对保理合同的定义，首先要建立在对应收账款正确定义的基础之上。但目前我国对应收账款的定义还比较模糊，参照《中国人民银行应收账款质押管理办法》（2017年10月25日修订）对应收账款的定义会带来诸多问题。此外，对保理合同涉及的关键术语，如"追索权""回购""反转让""保理预付款""坏账担保""资信调查"等的法律意义也需要正确理解。

2. 关于合同效力的争议

合同效力认定是审理保理合同案件的基础。保理合同的效力及其与基础合同、保证合同的关系是常会遇到的问题。实践中，对保理合同效力提出异议的多为债权人、债务人或担保人。比如，有债权人提出，基础合同为债权人与债务人通谋虚伪意思表示，保理合同应归于无效；保理合同名为保理实为借贷，应归于无效；保理合同涉嫌刑事犯罪，应无效；应收账款为未来债权，违反银保监会的禁止性规定，应无效。有债务人提出，基础合同明确约定债权不得转让，应收账款转让对其不发生法律效力；基础合同已变更或解除，债务人可以对抗保理商的付款请求；债务人对债权的确认与承诺是错误意思表示，与事实不符，并不存在真实的贸易关系，债务人不应承担责任。有保证人提出，保理合同不构成保理法律关系，保证人不应承担保证责任；保理商与债权人恶意串通骗取保证，保证合同应无效；保理商未尽到谨慎注意义务导致应收账款落空，保证人应免责或减轻责任。

"明为保理，实为借贷"的保理合同效力应如何认定，如何按照实际构成的法律关系处理也是实践中比较常见的问题。保理合同无效或被撤销后，保理商、债权人、债务人、担保人应如何承担责任是合同无效后需要厘清的问题。此外，对于暗保理与反向保理的效力问题，一些保理商也心存疑问，需要澄清。

3. 关于合同履行的争议

在保理法律关系中，保理商、债权人、债务人互享权利并互负义务。对于保理商而言，最重要的两项权利是对债务人的求偿权与对债权人的追索权,最重要的义务是谨慎注意义务。求偿权与追索权的法律性质尚存争议。保理商的注意义务内容与范围也存在疑问,比如,保理商是负有形式审查义务还是实质审查义务,应收账款转让是否需要办理登记和查询,登记和查询的法律效力如何确定等。

与保理商追索权相对应的是债权人的回购义务。回购的法律性质、回购依据、回购条件、回购价款如何认定是判定回购责任范围的重要问题。比如,有的法院对回购责任的性质存在认识误区,判决债权人承担连带清偿责任。

对于债务人而言,最重要的权利是抗辩权与抵销权,最重要的义务是向保理商清偿应收账款。在保理商行使求偿权时,有的债务人以基础合同不真实、付款条件未成就、已履行完毕、基础合同约定债权禁止转让、未收到债权转让通知、合同相对性等为由对抗保理商的付款请求,其能否成立是需要解决的问题。

4. 保理商的权利救济

债务人到期不支付应收账款、债权人不履行回购义务是保理合同中最为常见的违约情形。债务人与债权人是否应承担共同还款责任,偿债顺序如何安排、偿债范围如何确定都存在争议。有的法院判决认为,保理商对债务人的求偿权和对债权人的追索权不能同时主张。有的法院判决对债务人与债权人何为第一顺位偿债义务人、何为第二顺位偿债义务人存在不同认识。有的法院在判决债务人与债权人承担责任时,对各自的责任范围界定不清。

在债权人出现擅自变更基础合同、拒绝承担回购义务等严重违约情形时,法院应如何判定债权人的违约责任,如何确定合同解除后的损害赔偿范围是需要解决的问题。在确定损害赔偿范围时,本金、利息、逾期利息、违约金以及实现债权的费用该如何支持、如何调整的争议也比较常见。

除违约责任外,在债权人与债务人串通伪造虚假应收账款,或债务人明知应收账款不真实仍向保理商出具虚假确认书或还款承诺,导致保理商发放的融资款无法收回时，债务人是否要承担侵权损害赔偿责任？侵权责任与违约责任发生竞合时，保理商应如何主张权利？这些问题都是实践中的难点。

此外，还可能涉及不当得利返还请求权纠纷。如果保理商将从债务人处收回的超过保理融资款本息部分据为己有，或者债权人将债务人间接付款据为己有拒不向保理商转付的，都可能会产生不当得利问题。

（二）程序方面

1. 立案案由比较混乱，缺乏统一规定

正确确定案由是认定法律关系的基础。最高人民法院于2011年2月18日发布的《关于印发修改后的〈民事案件案由规定〉的通知》（法〔2011〕42号）没有明确保理的案由。司法实践中对于保理合同纠纷的案由有不同的认识。比较有代表性案由为金融借款合同纠纷、[①] 债权转让合同纠纷、[②] 金融衍生品种交易纠纷、合同纠纷[③] 等。但上述案由都存在一定的局限性，不足以概括保理法律关系的全貌。当前，保理合同已在《民法典》合同编中单独成章，成为有名合同的一种，相信案由的问题会得到解决。

2. 诉讼当事人难以确定

诉讼当事人的确定与案件审理范围及当事人应承担的责任密切相关。在保理合同纠纷案件中，保理商起诉方式多种多样。有的保理商仅起诉债务人，有的仅起诉债权人和担保人，还有的同时起诉债务人、债权人与担保人。当保理商只起诉债务人或债权人一方时，如何确定另一方的诉讼地位是

---

① 最高人民法院（2014）民一终字第187号民事判决书、福建省福州市中级人民法院（2014）榕民初字第376号民事判决书、浙江省杭州市西湖区人民法院（2012）杭西商初字第751号民事判决书、江苏省高级人民法院（2008）苏民二终字第0065号民事判决书。

② 浙江省杭州市中级人民法院（2015）浙杭商终字第502号民事判决书。

③ 河南省高级人民法院（2015）豫法民管字第041号民事裁定书、江西省高级人民法院（2014）赣民二终字第32号民事判决书。

实践中的难点。有的法院追加另一方为第三人，有的追加为被告。

此外，对于保理商一并起诉债务人与债权人，是否属于共同诉讼，法院是否可以一并审理的问题，也存在争议。一种观点认为，借贷纠纷与债权转让纠纷并非基于同一事实、同一法律关系，不应合并审理。另一种观点则认为，保理合同所涉法律关系相互牵连且不可分割，应一并审理。

3. 管辖权争议较大

保理商在同时起诉债务人与债权人时，保理合同约定的管辖法院与基础合同约定的管辖法院可能并不一致。有的债务人会以基础合同中的管辖约定为由提出管辖权异议。究竟是依据保理合同还是依据基础合同的管辖协议确定管辖法院，在司法实践中存在争议，有多种观点。此外，如果同一笔应收账款项下多份基础合同约定不一致，有的约定仲裁，有的约定法院管辖，如何确定主管也是需要解决的问题。

4. "先刑后民"问题

司法实践中发现，伪造基础交易骗取保理融资款的现象比较常见。保理合同可能会涉嫌合同诈骗、贷款诈骗、虚开增值税专用发票、伪造公司企业印章等犯罪。对于保理合同案件审理中发现涉嫌经济犯罪线索的，法院是采取先刑后民的原则进行处理，还是继续审理民事案件是一大难点。即便采取先刑后民，法院是裁定中止诉讼，还是驳回起诉，将全案移送侦查机关，亦存在分歧。

三、司法审判应对

（一）审判原则

1. 坚持正确裁判理念，树立穿透式审判思维

在 2019 年 7 月召开的全国法院民商事审判工作会议上，最高人民法院审判委员会专职委员刘贵祥在讲话中就如何运用正确的裁判方法提出了具体

要求：①（1）要树立法律关系思维。法律关系包括主体、内容以及客体三方面内容，法律关系思维的核心在于确定权利义务内容，并据此确定法律关系的性质。（2）要树立请求权基础思维。在当事人之间可能存在多重法律关系时，要根据当事人的诉讼请求确定法律关系的性质。在当事人提起多个诉讼请求的情况下，要考虑这些诉讼请求是竞合还是聚合关系，进而确定当事人能否一并提起，还是只能择其一提出。（3）要树立逻辑和价值相一致的思维。民商事纠纷尤其是金融纠纷具有很强的专业性，加上交易结构往往又极为复杂，很容易导致法官在适用法律时从专业的法律视角思考问题，从而忽略价值判断。这就需要民商事法官在坚持专业判断、逻辑推理的同时，一旦发现某一裁判尺度可能有违基本常识时，要反思是否在某一逻辑推理环节出了问题，从而主动校正，在逻辑和价值的互动中实现法律效果、社会效果和政治效果的有机统一。（4）要树立穿透式审判思维。商事交易如融资租赁、保理、信托等本来就涉及多方当事人的多个交易，再加上当事人有时为了规避监管，采取多层嵌套、循环交易、虚伪意思表示等模式，人为增加查明事实、认定真实法律关系的难度。妥善审理此类案件，要树立穿透式审判思维，在准确揭示交易模式的基础上，探究当事人真实交易目的，根据真实的权利义务关系认定交易的性质与效力。

上述讲话内容对保理合同纠纷案件的审理具有重要的指导意义：（1）在法律关系思维方面，需要法院正确把握保理法律关系的构成要件，对究竟是真保理还是以保理之名掩盖借贷之实进行正确认定。（2）在请求权基础思维方面，保理商对债务人的求偿权与对债权人的追索权是竞合关系还是聚合关系，能否一并提起，需要加以认定。（3）在逻辑和价值相一致的思维方面，要注意裁判规则对保理行业健康发展的影响，既要呵护行业发展，也要注意

---

① 最高人民法院民事审判第二庭编著：《〈全国法院民商事审判工作会议纪要〉理解与适用》，人民法院出版社2019年版，第69页。

对债权人、债务人、担保人利益的保护。（4）在穿透式审判思维方面，需要法院穿透合同文本探究当事人的真实交易目的，根据权利义务的内容与实际履行情况来认定合同的性质与效力，对名为保理实际构成其他法律关系的，应按照实际构成的法律关系处理。

2. 坚持诚信原则，尊重当事人意思自治

诚信原则是民商事实体法与程序法的基本原则，贯穿于整个民商事交易的始终，贯穿于民事诉讼始终。法院在解释保理合同条款、确定履行内容、决定合同应否解除时，均应考虑诚信原则。在确定债务人与债权人的违约责任、侵权责任以及缔约过失责任时，也要根据诚信原则合理分配责任，强化对守约方诚信行为的保护，加大对违约方的制裁力度。

保理是商事主体之间的交易行为，法院应首先尊重当事人的意思自治。只有在当事人的约定明显不合理或违反法律规定时，法院才宜进行干涉。现实中，当事人假保理之名行规避监管之实的行为也大量存在，这就要求法院要辩证认识契约自由与国家干预的关系，不能以尊重契约自由为由，对保理商的违法违规行为视而不见，而应及时制止以契约自由之名违背契约正义的行为。

3. 维护合同公平，促进行业规范发展

践行公平正义理念，要依法依情依理平衡好协调好各方利益。尊重当事人意思自治并非不讲究公平，审判中需要处理好意思自治与合同正义的关系，防止当事人权利义务严重失衡。违约金的调整就是合同正义和公平原则的重要体现。有的保理合同约定的违约金或者逾期利息明显过高，过分高于违约行为所造成的损失，根据当事人的请求，法院或仲裁机构可进行调整。

为了进一步规范保理行业发展，法院也要处理好判决与调解的关系。由于目前行业发展还不够规范，有的保理商行走在边缘地带，有的保理商创新欲强，花样翻新，对于明显违背行业管理规定的行为，不宜片面追求调解率，当判则判，通过判决建立裁判规则，以裁判规范行业经营行为，促进市场健康发展。

（二）法律适用

1.确定法律适用依据

我国的保理业起源于国际保理。对于国际保理，当事人之间的保理合同关系属于涉外民事法律关系，应当依据《涉外民事关系法律适用法》的规定予以调整。目前，国际公约和惯例主要有：（1）国际统一私法协会制定的《国际保理公约》，这是迄今国际保理领域唯一的一部专门性国际公约；（2）国际保理商联合会（FCI）制定的《国际保理业务通则》，属于国际惯例；（3）联合国国际贸易法委员会制定的《国际贸易中的应收账款转让公约》。由于我国没有加入《国际保理公约》与《国际贸易中的应收账款转让公约》，无法直接适用上述公约。对于《国际保理业务通则》的适用，则依当事人的选择而定。《北京市高级人民法院民二庭关于当前商事审判中需要注意的几个法律问题》提出："对于债权人和债务人中至少有一方在境外（包括保税区、自贸区、境内关外等）的国际保理业务，当事人之间因签订保理协议构成的法律关系应属涉外民事法律关系，当事人约定适用国际通行的从事保理活动的国际惯例《国际保理业务通则》的，不违背我国社会公共利益，可以在国际保理业务纠纷中予以适用。"《深圳前海法院保理合同案件裁判指引》第40条规定："有涉外因素的保理合同纠纷，当事人约定适用国际条例、国际惯例或域外法的，按照《中华人民共和国民法通则》《中华人民共和国涉外民事关系法律适用法》的相关规定进行处理。"《上海市高级人民法院银行融资及自贸区金融审判相关法律问题研讨纪要》认为："应适用合同法债权转让一般规定以及合同中有关权利义务的具体约定，关于公约、惯例的适用，在合同没有作出特别约定的情况下，不能直接援引公约或者惯例作为审判依据。"

对于国内保理，法律适用依据为《民法典》合同编保理合同章的相关规定。此外，还需要注意准用规则的运用。《民法典》第769条规定："本章没有规定的，适用本编第六章债权转让的有关规定。"《最高人民法院关于审理买卖合同纠纷案件适用法律问题的解释》（以下简称《买卖合同解释》）第45条规定："法律或者行政法规对债权转让、股权转让等权利转让合同有规定的，依照其规定；没有规定的，人民法院可以根据合同法第一百二十四条和第一百七十四条的规定，参照适用买卖合同的有关规定。权利转让或者其他有偿合同参照适用买卖合同的有关规定的，人民法院应当首先引用合同法第一百七十四条的规定，再引用买卖合同的有关规定。"

2. 正确认定合同的性质与效力

在认定保理法律关系时，不仅要考虑客观方面，还要考虑主观方面，既要考虑形式要求，也要考虑实质要求。法院需要审查应收账款的适格性（包括真实性、合法性与有效性）、转让价值、应收账款归属及当事人权利义务等因素综合认定保理合同的性质。对于名为保理，但实际不构成保理法律关系的，不应一律认定合同无效。合同是否有效，一方面要审查现行法律对其实际构成的合同关系的效力是否有特殊规定，另一方面要审查其实质构成的合同关系是否符合民事法律行为的有效要件。需要注意的是，法院在认定保理合同是否因违反法律、行政法规的强制性规定而无效时，要在考察规范性质、规范目的以及规范对象基础上，权衡所保护的法益类型、违法性程度以及交易安全等因素综合认定合同效力。

3. 加强对应收账款真实性的审查

在保理业务中，对应收账款真实性的审查非常重要。这不仅是保理商谨慎注意义务中的重要方面，也是法院认定是否构成保理法律关系的关键因素。在审判实践中，保理商通常提供买卖合同、增值税专用发票、应收账款转让通知书、债权确认书、货物交付凭证、对账单、货运凭证等单据来证明应收账款的真实性。债权人或债务人可能未到庭参加诉讼，或者提供相反证据来否定应收账款的真实性，此时，法院应对应收账款的真实性进行审查。（1）审查交易背景的真实性。可从上下游贸易链交易、长期合作关系、交易惯例以及其他关联贸易等多种角度来确认债权人与债务人之间交易背景的真实性。(2)审查基础贸易合同的签订情况。法院应审查基础贸易合同的当事人、标的物、范围、期限、生效时间、价格、交货方式、付款方式等条款的约定是否合理。① 如果债权人对基础贸易合同的签章，或者债务人对债权确认书上签章的真实性提出异议，必要时可启动鉴定程序。(3)审查基础贸易合同的履行情况。在赊销贸易中，增值税发票是买卖双方结算货款、交接货物最主要的凭证。但法官不能轻信增值税发票，因为增值税专用发票通常为卖方单方开具，根据买卖合同司法解释相关规定，不能仅以增值税发票证明卖方已交付货物。实践中发现，有的债权人在开出增值税发票后并未交付货物，或对发票进行作废处理。除增值税发票外，法院还应进一步审查货物是否实际交付，可要求保理商提交货物交付的相关凭证，比如发货证明、送货单、收货证明等，并对买方的相关抗辩进行审查，以查明案涉应收账款是否真实有效存在。

4. 正确判定债务人与债权人的责任

保理商向债务人的求偿权与向债权人的追索权的请求权基础并不相同，行权的方式、条件、顺位和范围也不一致。法院在判定债务人与债权人的责任时，尤其需要注意债务人与债权人清偿责任的顺位与范围问题。此外，债权人的清偿责任究竟是补充清偿责任还是连带清偿责任，债权人承担清偿责任后应收账款应反转让给债权人的问题也须在判决书判项中载明。

5. 正确处理程序争议问题

程序正义是实体正义的保障，没有程序正义，实体正义就难以实现。对于保理合同纠纷中常见的诉讼程序问题，法院首先要处理好管辖与仲裁的关系，以及当事人的管辖权异议纠纷。其次，要正确确定当事人的诉讼地位。

---

① 顾权、赵瑾：《商业保理合同纠纷中的法律问题》，载《人民司法·应用》2017年第1期。

在保理商只起诉一方的情况下，法院是否可以追加另一方为被告或第三人，什么情况下应当追加，什么情况下无须追加，需要根据案件实际情况而定。最后，在处理涉嫌刑事犯罪问题时，要正确适用"先刑后民"原则，准确把握"同一事实"认定标准，防止当事人以刑事报案的方式拖延民事案件的审理。

第三节　保理法律体系建设

当前，保理立法业已取得重大进展。保理业自1993年正式开展以来，立法与制度建设一直落后于实践发展。1999年出台的《合同法》关于债权转让的相关规定无法满足行业发展的需求。近年来，行业主管部门制定不少规范性文件，一些地方法院也相继出台保理合同纠纷案件的审判指导性意见，为立法积累了经验。在《民法典》编纂过程中，保理合同首次被《民法典合同编草案（二次审议稿）》（2019年1月）纳入典型合同之中，随后在《民法典（草案）》（2019年12月）中进一步得到优化。《民法典》颁行后，保理合同进入法治化轨道。

一、保理行业规定

我国银行保理的行业规定相对比较完善。银监会于2013年7月发布了《关于加强银行保理融资业务管理的通知》（银监发〔2013〕35号），强调金融机构应加强保理业务风险的防控，并于次年4月正式出台了《商业银行保理业务管理暂行办法》（银监会2014年第5号令），该办法旨在促进商业银行保理业务的健康发展，提升商业银行保理业务的融资风险防控能力。该办法对客户准入、合作机构准入、专户管理、业务审查、融资产品、融资期限、融资比例以及信息披露等主要方面均提出了具体要求，还明确了保理业务的定义及应收账款内涵，督促银行根据自身特点，健全和完善保理业务的管理制度，提高对骗保、虚假贸易背景的甄别能力，加强融后资金监测力度，强化内部控制，做好风险隔离。该办法出台后，我国银行保理业务的发展有了明确的监管依据。2009年7月，我国银行业自律组织——中国银行业协会印发了《中国银行业保理业务自律公约》，2016年8月又发布了《中国银行业保理业务规范》，为银行保理业的开展提供了指引，银行保理业进入了规范发展时期。

在银行保理规范发展的同时，商业保理的制度也在不断完善。商务部于2012年6月出台了《关于商业保理试点有关工作的通知》（商资函〔2012〕419号），同意在天津滨海新区、上海浦东新区开展商业保理试点，设立商业保理公司。之后，商务部陆续发布了《关于香港、澳门服务提供者在深圳市、广州市试点设立商业保理企业的通知》（商资函〔2012〕1091号）[①]和《关于在重庆两江新区、苏南现代化建设示范区、苏州工业园区开展商业保理试点有关问题的复函》（商资函〔2013〕680号）[②]等文件，将商业保理试点范围不断扩大。2012年10月，商务部下发了《关于商业保理试点实施方案的复函》（商资函〔2012〕919号），对设立商业保理公司的要求做了进一步明确规定，如注册资本、风险资本、10倍杠杆要求等。

相关试点地区也陆续跟进出台了本地区商业保理发展政策。上海市2012年11月出台了《上海市浦东新区设立商业保理企业试行办法》，浦东新区正式启动商业保理试点工作。2014年2月，中国（上海）自由贸易试

[①] 本文件根据2019年12月25日《商务部关于废止部分规范性文件的公告》，自2020年1月1日起废止。

[②] 本文件根据2015年10月28日《商务部关于修改部分规章的规范性文件的决定》修改。

验区管理委员会发布《中国（上海）自由贸易试验区商业保理业务管理暂行办法》。同年8月，上海市人民政府办公厅发布了《上海市商业保理试点暂行管理办法》，全面构建上海地区商业保理业务发展规范。天津于2012年12月出台了《天津市商业保理业试点管理办法》，在明确设立商业保理公司要求的同时，提出了支持商业保理发展的相关政策，包括支持商业保理公司从金融机构获得融资支持、税收优惠、财政补贴等，并正式受理商业保理公司的注册。为进一步加强监管，2019年4月24日，天津市地方金融监督管理局制定了《天津市商业保理试点管理办法（试行）》，对保理公司的设立、经营、管理进行了细化规定。

随着一系列部门规章和行业管理性规定的出台，保理业的制度体系日趋完善。保理商合规经营意识不断增强，经营规范化水平不断提高，行业得以持续健康发展。

二、司法实践经验

近年来，在立法尚付阙如的情况下，已有多地法院开展多种形式的审判调研和指导工作，取得了一些重要成果。这些成果为司法审判提供了裁判指引与裁量标准，也为立法完善奠定了坚实的基础。

最高人民法院有关领导于2015年12月24日《关于当前商事审判工作中的若干具体问题》的讲话中作出了实践指导，[①]北京市高级人民法院、天津市高级人民法院、湖北省高级人民法院以及深圳前海合作区人民法院等分别制定了涉保理合同纠纷案件审理的指导性意见。具体如下：（1）《北京市高级人民法院民二庭当前商事审判中需要注意的几个法律问题》（2015

---

① 杨临萍：《关于当前商事审判工作中的若干具体问题》（2105年12月24日），载杜万华主编：《〈第八次全国法院民事商事审判工作会议（民事部分）纪要〉理解与适用》，人民法院出版社2017年版，第74页。

年5月）；（2）《天津市高级人民法院关于审理保理合同纠纷案件若干问题的审判委员会纪要（一）》[以下简称《天津高院保理纪要（一）》，2014年11月19日]、《天津市高级人民法院关于审理保理合同纠纷案件若干问题的审判委员会纪要（二）》[以下简称《天津高院保理纪要（二）》，2015年7月27日]；（3）《湖北省高级人民法院民二庭当前商事审判疑难问题裁判指引（二）》（2016年11月）；（4）《深圳前海合作区人民法院关于审理前海蛇口自贸区保理合同纠纷案件的裁判指引（试行）》（2016年12月22日）。

除审判指导性文件之外，还有法院以专题调研的方式对辖区内保理合同纠纷案件的情况进行了调研，并就法律适用的重点难点问题提出对策与建议。比如，《天津市高级人民法院民二庭天津保理业发展法律问题及对策研究》《江苏省高级人民法院民二庭国内保理纠纷相关审判实务问题研究》《上海市第二中级人民法院2013~2015年保理合同审判白皮书》《上海市浦东新区人民法院2014~2019年涉自贸区商业保理案件审判情况通报》《北京市朝阳区人民法院关于涉保理合同纠纷案件的统计分析》。这些调研报告和白皮书都是对司法实践经验的有益总结，为法院审理案件提供了处理思路。

实践证明，地方司法调研的成果在一定程度上规范了保理业的发展，降低了诉讼风险。有从业人员表示，天津市高级人民法院出台的两份审委会纪要大胆探索司法创新，统一裁判规则，突出鼓励交易与合同自治原则，是天津法院服务经济发展大局和金融创新的一项重要举措。① 比如，《天津高院保理纪要（一）》对"登记公示和查询义务"作出规定后，应收账款转让登记数量呈明显上升趋势。据中国人民银行征信中心动产融资统一登记平台提供的数据表明，天津市2015年发生应收账款转让登记4413笔，同比增长

---

① 李楠：《保理纠纷审判规则推动保理业发展分析——天津高院保理审判纪要解读》，载《华北金融》2016年第8期。

58%；2016 年 7925 笔，同比增长 80%；2017 年 1.5 万余笔，同比增长 94%；三年登记年平均增长率为 77%，是全国同期应收账款转让登记年平均增长率的 13 倍。2015 年前后，各地法院密集出台了审判指导性文件。据建设银行反馈的情况来看，建设银行在天津开展的国内保理业务余额从 2014 年的 10 亿元增长到 2017 年 60 亿元，涉诉案件却从 2014 年的 8 个（涉案金额 2 亿元左右）降为零。另据中国裁判文书网公布的 2013 年 1 月 1 日至 2017 年 12 月 31 日期间 3241 份裁判文书统计结果显示，保理合同纠纷案件数量由 2015 年划分为两个截然不同的变化阶段。2013 年到 2015 年期间案件数量直线上升，由 156 件上升为 818 件，到 2015 年数量增长超过 4 倍。在 2015 年到 2017 年期间，纠纷案件数量大体上平稳但有所回落。[①] 审判指导性意见为保理商提供了比较明确的裁判预期，揭示了诉讼风险点，一些保理商对照指导性文件改进了合同文本与操作方式，完善了风控机制，诉讼案件数量得到有效控制。

毋庸讳言，地方法院的审判指导性文件因受地域和效力层级限制，适用范围有限。而且，由于各地法院规定不一致，还容易产生裁判尺度不统一的问题。这就需要通过立法或司法解释统一裁判标准。

三、立法完善建议

经过司法机关与保理业界的多方努力，保理立法取得重大进展。保理合同成为《民法典》合同编中唯一全新增加的合同类型，足见立法机关的重视程度。保理合同入法对整个行业发展与司法审判均具有重要的现实意义。但从保理合同章的立法内容来看，不完善、不协调的问题仍不同程度地存在，

---

① 程久闻：《保理合同纠纷大数据报告及裁判规则》，载微信公众号中闻律师事务所，2019 年 3 月 26 日推送。

容易引发误解或争议，有待明确。

（一）应收账款的定义

我国现行法对应收账款的定义不清晰。《中国人民银行应收账款质押登记办法》（中国人民银行令〔2007〕第4号）第4条扩充了应收账款概念的范畴，既包括债权，也包括特定的收益权。有观点提出，收益权不属于应收账款，应从应收账款范围中剔除。此外，立法将未来债权纳入应收账款范围之中。如何定义未来应收账款以及未来应收账款转让的生效时点是需要进一步明确的问题。

应收账款的来源也有待明晰。与旧登记办法相比，2019年修订后的《应收账款质押登记办法》（中国人民银行令〔2019〕第4号）做了两方面修订：（1）增加了兜底条款，即"其他以合同为基础的具有金钱给付内容的债权"；（2）将旧办法中的"提供服务产生的债权"细化为"提供医疗、教育、旅游等服务或劳务产生的债权"。由此产生的疑问是，基础交易合同的类型是否仅限于合同产生的金钱债权，是否包括合同产生的非金钱债权和非因合同产生的金钱债权？有观点提出，侵权损害赔偿请求权、不当得利和无因管理产生的金钱债权、建设工程款优先受偿权等也可纳入应收账款范围之中。

（二）保理合同的定义

保理合同的核心要素是应收账款转让，融资、债权催收、债权管理、付款担保等属于保理合同的非核心要素，非经特别约定，并不当然包含于合同内容之中，但若要构成保理法律关系，则须有其中任意一项或两项。立法关于保理合同的定义，只是将四项服务一并列出。如此表述，究竟是要求一项或两项以上服务，还是必须同时具备四项服务，并不明确。

（三）应收账款转让登记机构

应收账款转让登记机构有待明确。保理合同章对应收账款转让登记的优先受偿进行了规定，但未如物权法般指明登记机构。从登记实践来看，宜将人民银行征信中心确定为登记机构。

1. 人民银行征信中心动产融资统一登记公示系统是服务于应收账款融资的重要基础设施。《应收账款质押登记办法》(中国人民银行令〔2019〕第4号)第34条规定:"权利人在登记公示系统办理以融资为目的的应收账款转让登记,参照本办法的规定。"该登记系统是目前国内同类服务领域中,最大的互联网电子化信息系统,其覆盖面已经达到全国所有金融机构、所有县及有信用社的乡镇,信息量大,处理快捷,能够满足应收账款登记和查询的需要。考虑到保理商多为商业银行的现实状况,从适应社会经济发展需要,引导市场行为的角度出发,有必要对该登记公示系统予以认可。

2. 应收账款质押和转让有着密切联系,实践中因同一笔应收账款转让与质押产生的权属冲突并不少见。将应收账款质押与转让置于同一登记系统公示,不仅可以方便登记与查询,还可以有效解决权属冲突问题。

3. 该登记系统业已得到银行与商业保理公司广泛运用。该登记公示系统提供应收账款质押和转让、融资租赁、存货和仓单质押、保证金质押和所有权保留等多项登记服务,是我国重要的金融基础设施,社会影响力较大。[①]《中国银行业保理业务规范》对银行保理在应收账款质押登记系统中办理转让登记持鼓励态度,第11条规定:"银行根据内部管理要求决定保理业务是否在中国人民银行'应收账款质押登记公示系统'进行转让登记。"同时,在该系统中办理应收账款转让登记,也获得了商务部对上海和天津开展商业保理试点实施方案的支持。

(四)登记对抗效力

保理合同章就应收账款转让登记的优先受偿顺序进行了规定,属于立法的重大突破,但有以下几方面疑义:

1. 与债权转让一般规范难以协调。立法在债权转让一般规范中未规定债

[①] 徐欣彦:《融资租赁登记理念、意义与实践现状》,载《中国征信》2016年第5期。

权登记的对抗效力，而偏于保理合同章中予以规定，由此导致债权转让优先顺序的双轨制。因保理合同而发生的债权转让，依登记确定优先顺序；非因保理合同而发生的债权转让，则可能会以通知时间先后或让与时间先后确定优先顺序。将转让登记制度单设于保理合同章中，将导致保理商以外的民商事主体无从利用转让登记固定转让顺序、预防交易风险，亦有悖于"同等事物同等对待"的平等原则。[①]

2. 第三人的范围有待界定。根据立法规定，债权转让优先顺序是在应收账款受让人之间的顺序，并不及于受让人之外的第三人。也就是说，登记仅是对抗其他受让人。能否对抗受让人之外的担保物权人、扣押债权人、破产管理人并不明确，因此，此种登记对抗似有范围限制，并非完整的登记对抗主义。

3. 应收账款转让登记与应收账款质押登记的效力如何协调也有待明确。实践中，应收账款先转让后质押，先质押后转让的情况并不少见。《民法典》合同编与物权编中分别规定了应收账款转让和应收账款质押。二者在功能上有极大的共性，在法律原理及规则上大同小异。有学者提出，应在最大限度内对二者的规范进行统合，比如确立一致的登记对抗主义规则。[②]

（五）有追索权保理

有追索权保理的法律性质直接决定保理商的行权规则。关于有追索权保理的法律性质，争议比较大。通过对立法"保理人可以向应收账款债权人主张返还保理融资款本息或者回购应收账款债权，也可以向应收账款债务人主张应收账款债权"的字面含义，难以解读出有追索权保理的法律性质。此外，立法采行"可以，也可以"的表述方式是否意味着保理商只能在债权人和债务人之间择一行使权利？但司法实践中，多地法院均认可保理商同时向

[①] 李宇：《保理合同立法论》，载《法学》2019年第12期。

[②] 李宇：《民法典中债权让与和债权质押规范的统合》，载《法学研究》2019年第1期。

债务人和债权人主张权利。故立法的含义亟待明确。

(六) 无追索权保理

根据行业惯例，无追索权保理并非意味着在任何情形下保理商均无追索权。保理商只是承担债务人到期不能清偿应收账的信用风险（比如偿债能力不足、破产等），非因上述原因导致应收账款不能清偿，保理商仍可以向债权人追索。无追索权保理就变成了有追索权保理。立法对无追索权保理的定义实将其界定为债权买卖。"保理商应当向应收账款债务人主张应收账款债权"，似无当事人另行约定的空间。这是否意味着，当事人不能约定保理商行使追索权的条件？无论发生何种情况，无追索权保理都不能转为有追索权保理？保理商从债务人处收回的超出保理融资款本息部分是否无需再退还给债权人？立法的刚性规定与契约自由和行业惯例存在明显不适。

(七) 其他问题

除上述问题外，保理立法还存在其他问题。比如，《民法典》保理合同章的专门规定与债权转让的一般规范如何协调的问题。在保理合同中，保理商可为应收账款转让通知的主体，但根据债权转让一般规定，从文义解释中并不能得出受让人可为通知主体的结论。保理商在通知时须"附有必要的凭证"，包括哪些凭证也有待明确。此外，债务人向保理商主张抗辩和抵销的规则也需要明确。立法未明文区分抗辩权与抵销权的基础关系而作统一处理。有学者提出，依抗辩权、抵销权是否基于基础关系所生，应作区别处理：基于基础关系所生的抗辩权、抵销权，无论对抗债务人要件（通知债务人等）具备前后，债务人均可向受让人主张，如同债权未让与；非基于基础关系所生抗辩权、抵销权，限于对抗债务人要件具备之前所发生者，债务人可向受让人主张。[①]

为了解决上述问题，立法机关与司法机关可进行分工，形成配套体系。

---

① 李宇:《保理合同立法论》，载《法学》2019年第12期。

对立法含义模糊之处，可由立法机关作出立法解释，或由最高人民法院出台司法解释。重点需关注以下几方面问题：（1）有追索权保理法律关系的理论构造问题。立法究竟是采取"借款＋债权让与担保"理论，还是间接给付理论，抑或"债权转让＋回购担保"理论，需要明确。此外，关于保理法律关系的构成要件，可借鉴《最高人民法院关于审理融资租赁合同纠纷案件适用法律问题的解释》（以下简称《融资租赁合同解释》）第1条对融资租赁法律关系认定的几要素作出规定。（2）明确应收账款转让通知主体、对象、形式、内容、时间等方面的问题。尤其是保理商必须"附有必要的凭证"，有待具体化。（3）债务人确认应收账款债权或作出付款承诺的法律效力问题，包括虚假确认的法律后果。（4）保理商的权利救济问题，比如保理商的选择权，债务人的清偿责任与债权人的回购责任的范围及顺位等。（5）应收账款转让与质押发生权属冲突时的优先权问题。（6）诉讼程序方面的问题，比如管辖权确定原则，当事人诉讼地位以及刑民交叉的处理等。笔者建议，最高人民法院可通过司法解释、指导性案例、公报案例、典型案例以及会议纪要等为下级法院审判提供裁判指引。

第二章
保理合同的性质

法律关系定性是保理合同案件审理的基础。保理合同作为新类型合同，学界和实务界对其法律性质的认识存在较大争议，法院裁判标准亦不统一。保理商提起诉讼后，常有债权人或债务人对合同性质提出质疑或抗辩，认为合同虽名为保理，但实为借贷、债权转让或委托代理等法律关系。认定保理法律关系要建立在正确理解保理合同定义的基础之上。保理法律关系的构成要件，既有主观要件，也有客观要件。在诉争保理合同不符合保理法律关系构成要件时，法院应按其实际构成的法律关系进行处理。

第一节　保理合同的定义及性质

何谓保理合同？立法与司法的定义存在一定差别。有追索权保理合同与无追索权保理合同的定义与性质存在重大区别，需要注意分辨。

一、保理合同的法律定义

（一）应收账款的范围

保理合同是以应收账款转让为前提，故对应收账款含义的理解是认识保理合同的基础。

应收账款是会计学上的概念。资产是反映财务状况的会计要素之一。资产是指由过去的交易或者事项形成的，由企业拥有或者控制的，预期会给企业带来经济利益的资源。企业的资产按其流动性的不同可以划分为流动资产和非流动资产。流动资产是指可以在1年或者超过1年的一个营业周期内变现或者耗用的资产。[①] 应收账款属于流动资产的一种，是指企业在日常生产经营过程中发生的各项债权。具体而言，应收账款是指企业在销售或提供劳务过程中，向买方或接受劳务服务的客户收取的货品劳务费用及期间产生的运输杂务等费用。[②] 在境外及国际法律文件中，应收账款是指未被证券化的，具有金钱给付内容的现在或未来债权。

应收账款在我国立法上首次出现在《物权法》第223条中，该条第（6）

[①] 陈国辉、迟旭升主编：《基础会计》（第六版），东北财经大学出版社2018年版，第18~19页。

[②] 陈迈、王国生：《财务会计学》，首都经济贸易大学出版社2001年版，第26页。

项将应收账款作为一种可出质的权利。《应收账款质押登记办法》(中国人民银行令〔2019〕第4号)[①]第2条规定:"本办法所称应收账款是指权利人因提供一定的货物、服务或设施而获得的要求义务人付款的权利以及依法享有的其他付款请求权,包括现有的和未来的金钱债权,但不包括因票据或其他有价证券而产生的付款请求权,以及法律、行政法规禁止转让的付款请求权。本办法所称应收账款包括下列权利:(1)销售、出租产生的债权,包括销售货物,供应水、电、气、暖,知识产权的许可使用,出租动产或不动产等;(2)提供医疗、教育、旅游等服务或劳务产生的债权;(3)能源、交通运输、水利、环境保护、市政工程等基础设施和公用事业项目收益权;(4)提供贷款或其他信用活动产生的债权;(5)其他以合同为基础的具有金钱给付内容的债权。"根据上述规定,应收账款既包括基于合同产生的金钱给付请求权——债权,也包括基于特许经营权产生的收益权,即基础设施和公用事业项目的收益权。需要注意的是,中国人民银行2007年实施的《应收账款质押登记办法》第4条将公路、桥梁、隧道、渡口等不动产收费权也纳入可质押登记的应收账款范围,而2017年修订后的《应收账款质押登记办法》第2条将公路、桥梁、隧道、渡口等不动产收费权从可质押登记的应收账款范围中予以删除。

《应收账款质押登记办法》第2条未将收益权与合同债权作出区分,对应收账款的定义并不严谨。严格意义上的债权分为一时性债权和继续性债权。前者为债务人一次性付款即告消灭的权利;后者乃债务人持续地或重复地给付相同内容的债权。收益权并非严格意义上的债权,理由在于:(1)严格意义上的债权的当事人均为特定之人,收益权的义务人则不特定。(2)严格意义上的债权基于当事人之间的意思表示或法律规定而成立,约束当事人

[①]《应收账款质押登记办法》于2007年9月26日通过,2017年8月24日修订,根据2019年11月22日发布的《应收账款质押登记办法》第37条,原办法同时废止,新办法自2020年1月1日起施行。

各方。收益权是基于合同与行政审批而成立,不仅约束当事人,还约束合同当事人以外的使用人,不符合债的相对性原则。(3)按照物债二分架构,债权无对世性,对于债务人以外之人无积极效力,即无原权利性质的请求权。不动产收益权,如高速公路收费权的目的及功能在于向过往车辆收费,该收益权成为绝对权而非相对权。① 此外,从会计核算上来看,不动产收费权或收益权一般作为"金融资产"或"无形资产"来核算,并不会按照"应收账款"来核算,这就出现法律上应收账款的定义与会计上的定义不一致的情况。② 有学者认为,基础设施和公用事业项目的收益权多基于行政特许产生,难以解释合同基础,将其纳入应收账款,有违法理,并建议《民法典》将应收账款与不动产收费权或收益权分列,作为不同的权利类型分项予以规定。③

保理中应收账款的定义可以借鉴《应收账款质押登记办法》之规定,但不能简单套用。根据《国际保理通则》第3条的规定,"[应收账款]本通则所指应收账款仅限于已签署出口保理合同的供应商和其所在国有进口保理商提供保理服务的债务人因赊销商品和(或)劳务而形成的应收账款,不包括信用证(备用信用证除外)销售、见票即付或其他形式的现款销售所形成的应收账款。"根据该通则,应收账款并不包括收益权或收费权。《澳门商法典》第869条规定,保理是指一方当事人为取得回报有义务管理他方因经营企业所生之现有或将来的债权及收取债款,并向其预付该等款项或者承担债务人不清偿债务之全部或部分风险之合同。该商法典不用"应收账款"这一概念,而是直接表述为"债权及收取债款"。《商业银行保理业务管理暂行办法》第8条规定:"本办法所称应收账款,是指企业因提供商品、服务或者

---

① 崔建远:《关于债权质的思考》,载《法学杂志》2019年第7期。
② 李新征:《保理立法建议思考之二:保理合同定义应厘清"应收账款"概念》,载微信公众号深圳供应链金融俱乐部,2019年1月8日推送。
③ 高圣平:《民法典担保物权制度修正研究——以〈民法典各分编(草案)〉为分析对象》,载《江西社会科学》2018年第10期。

出租资产而形成的金钱债权及其产生的收益,但不包括因票据或其他有价证券而产生的付款请求权。"

笔者认为,保理中应收账款是基于当事人之间的商品买卖、服务或资产出租等法律行为产生的金钱债权,包括销售商品产生的债权、提供服务(包括提供贷款或其他信用)产生的债权和出租资产产生的债权,不包括基础设施和公用事业项目的收益权。

此外,还需要注意区分应收账款与应付账款的含义。只有应收账款才能叙做保理,应付账款不能直接叙做保理。保理是建立在应收账款转让的基础之上。应付账款本质上是一种债务,其转让受到严格限制。债务人不能以应付账款进行保理融资。债务人或债权人如果打算以应付账款进行融资,可以采取由债务人申请反向保理或由债权人申请正向保理的方式,将债务人的应付账款转化为债权人的应收账款,由债权人与保理商签订保理合同。

(二)保理合同的含义

司法实践中,对保理合同的司法定义首次出现在《天津高院保理纪要(一)》中。该纪要第2条第1款规定:"保理合同是指债权人与保理商之间签订的,约定将现在或将来的、基于债权人与债务人订立的销售商品、提供服务、出租资产等基础合同所产生的应收账款债权转让给保理商,由保理商向债权人提供融资、销售分户账管理、应收账款催收、资信调查与评估、信用风险控制及坏账担保等至少一项服务的合同。"该纪要对保理合同的定义包含了以应收账款为核心的多元层次:(1)主体元素,签订方为保理商和债权人;(2)债权来源,债权是由因销售商品等基础合同所产生的应收账款;(3)债权范围,包括现在或将来的债权;(4)合同行为,即债权人将债权转让给保理商;(5)合同服务内容,即由保理商向债权人提供至少一项综合性金融服务,包括融资、销售分户账管理、应收账款催收、资信调查与评估、信用风险控制及坏账担保等。该定义较为丰富地吸收了保理业务的基本概念和具体服务内容,对认定保理法律关系的构成要件具有重要借鉴价值。另据

《深圳前海法院保理裁判指引》第2条的规定,保理是指债权人将其现在或未来的应收账款转让给保理商,保理商在受让应收账款的前提下,为债权人提供如下一项或多项服务的综合性金融服务:(1)应收账款融资;(2)应收账款管理;(3)应收账款催收;(4)销售分户账管理;(5)信用风险担保;(6)其他可认定为保理性质的金融服务。

保理合同在《合同法》中无明文规定,《民法典》合同编首次将保理合同纳入有名合同序列之中。《民法典》第761条将保理合同定义为应收账款债权人将现有的或者将有的应收账款转让给保理人,保理人提供资金融通、应收账款管理或者催收、应收账款债务人付款担保等服务的合同。

需要注意的是,虽然本条规定以列举的方式规定了保理商向应收账款债权人提供的服务类型,但这些服务内容是选择性、提示性的规定,不能因为保理商没有同时提供这些服务内容就认定保理合同无效。原则上,在赊销贸易背景下,只要有债权转让和资金融通,就可以认定保理合同依法成立。[①]另据立法机关对该条的释义,保理服务的内容具有一定的开放性。除立法中提及的四项服务外,保理商还可以提供资信调查与评估、信用风险控制等其他可认定为保理性质的服务。而且,保理商并非必须提供上述所有各项服务。保理商提供哪些服务,取决于保理商与应收账款债权人之间的约定。[②]据此,保理合同具有以下法律特征:(1)以应收账款转让为前提;(2)基于应收账款的转让,保理人向转让方提供综合性金融服务;(3)金融服务包括提供资金融通、应收账款管理或催收、应收账款债务人的付款担保等服务。[③]

实践中,需要注意保理业务、保理合同以及保理法律关系三个概念的含

[①] 最高人民法院民法典贯彻实施工作领导小组主编:《中华人民共和国民法典合同编理解与适用》(三),人民法院出版社2020年版,第1768页。

[②] 黄薇主编:《中华人民共和国民法典合同编释义》,法律出版社2020年版,第603页。

[③] 杨立新、李怡雯:《中国民法典新规则要点》,法律出版社2020年版,第390页。

义及区别。

保理业务的含义最广，比保理合同和保理法律关系宽泛得多。一笔保理业务往往涉及保理商、基础合同中的债权人、债务人、担保人等多方主体，通常由以下几份合同或文件组成：保理商和债权人签订的保理合同、债权人和债务人签订的基础合同、保理商和担保人签订的担保合同（包括抵押合同、质押合同、保证合同等）、应收账款转让通知书、债权确认书或承诺函等文件。

保理合同的含义最窄，专指保理商与债权人之间订立的合同。保理合同只需要双方当事人意思表示一致，内容不违反法律、行政法规的强制性规定即可成立并生效。保理合同与基础合同虽有牵连，但彼此独立。基础合同项下的债务人并非保理合同的当事人。保理合同是保理法律关系的重要载体，是构成保理业务的核心。保理合同的效力与应收账款的真实性无关，即便应收账款不真实，保理合同一般也不因此无效。

保理法律关系，是指因为应收账款转让而在保理商、债权人以及债务人三者之间形成的权利义务关系。保理法律关系由两份合同、三方当事人构成。[①] 一份合同是债权人与债务人签订的买卖合同或服务合同等基础合同，另一份合同是保理商与债权人签订的保理合同，约定将基础合同项下的应收账款转让给保理商，由保理商向债权人提供综合性金融服务。两份合同涉及三方当事人，包括保理商、基础合同中的债权人与债务人。保理法律关系的内核是"债权转让＋基础交易"。保理商与债务人之间没有直接的债权债务关系，保理商因受让债权才享有向债务人直接求偿的权利。保理合同是构成保理法律关系的基础。只有在保理合同合法有效的情况下，保理法律关系才能成立。但是，这并不意味着保理合同有效，保理法律关系就一定能成

[①] 钱海玲：《保理法律关系的认定及疑难问题解决对策》，载《人民法院报》2015年2月4日。

立，因为在应收账款虚假的情况下，保理合同可能有效，但不构成保理法律关系。

在暗保理中，保理法律关系仅发生在保理商与债权人之间，与债务人无关。由于未通知债务人，故债权转让对债务人不发生法律效力。保理商无权向债务人求偿基础合同项下的债权，但可依据保理合同的约定要求债权人承担回购责任。

二、保理合同的法律性质

学界和实务界对保理合同的法律性质莫衷一是，争议较大。保理是以应收账款转让为前提，集融资、应收账款管理、催收和坏账担保为一体的综合性金融服务。从不同角度可以推导出不同的法律性质，比如从融资角度可以推出其为借贷法律关系，从应收账款转让角度可以推出其为债权转让法律关系，从应收账款催收与管理角度可以推出其为委托代理法律关系等。关于保理合同的性质，主要有委托代理说、债权质押说、债权转让说、间接给付说、让与担保说五种比较有代表性的观点。

（一）有追索权保理的性质

1. 委托代理说

保理，全称"保付代理"，是在过去交通和通讯业不发达的状况下产生的。早期的保理商是供应商的商务代理人。供应商以寄售的方式销售货物，风险较大，就需要委托保理商代为管理和催收账款。有学者认为，保理构成了供应商与保理商之间的委托代理关系，形式上与托收无异，在国际贸易中保理商是承担特别责任的代理人。[①] 也有观点认为，保理同托收、信用证一

---

① ［英］施米托夫：《国际贸易法文选》，赵秀文译，中国大百科全书出版社1993年版，第409~410页。

样，是基于保理商与供应商之间的委托代理关系而展开。实践中确实存在服务型保理，供应商申请保理的目的在于获取保理商的专业化服务。保理商可向供应商提供销售分户账管理、客户资信调查与评估、应收账款管理与催收等服务。

但是，现代意义的保理已经脱离了委托代理本质，保理的功能日趋多样。早期保理以委托代理为基础，极少涉及坏账担保和预付款融资等服务。[①]在现代保理中，保理商与供应商之间仍存在一定程度的委托代理关系，但已不是保理合同的主要方面。[②]委托代理仅是保理业务的次要组成部分。现代保理的主要功能是融资和坏账担保，委托代理只能解释账户管理和代收款项等附加功能，对于主要的融资功能未能涵盖，不符合实际情况。[③]委托代理不能完整、合理地解释保理所具备的多重金融功能。[④]有观点提出，无论何种代理理论，均不能对保理合同中当事人权利义务的来源进行合理解释。[⑤]可见，委托代理说不能反映现代保理的法律性质。

2. 债权质押说

此观点认为，保理实质上是债权人将其对债务人的应收账款债权出质给保理商，以获得保理商提供的融资。债权质押说的观点在普通法系国家和地区非常时兴，特别体现在国际保理的融资功能上。[⑥]在德国，有追索权保理

---

① 许多奇：《保理融资的本质特色及其法律规制》，载《中南财经政法大学学报》2004年第2期。

② 朱宏文：《论国际保理的法律基础》，载《国际经济论坛》1999年第2卷。

③ 吴峻雪、张娜娜：《保理债权转让中转让通知的效力及形式》，载《人民司法·案例》2013年第18期。

④ 沈立超：《浅析我国保理法律问题——以债权让与为视角》，华东政法大学2016年硕士学位论文。

⑤ 朱宏文：《国际保理与法律实务》，中国方正出版社2001年版，第50页。

⑥ [英]费瑞迪·萨林格：《保理法律与实务》，刘园、叶志壮译，对外经济贸易大学出版社1995年版，第11页。

被认为是债权质押借贷。《美国统一商法典》第九章也将应收账款转让和质押列入"担保交易"中,买方和卖方分别是担保权人和债权人,买方的权益即是担保权益,债账和债权证书即是担保物。①《国际保理通则》第12条也规定:以账款提供担保亦被视作账款的转让,其允许将应收账款提供担保纳入保理的范畴。在我国,亦有裁判观点认为,有追索权保理合同,属于附条件的债权转让,实质是以债权质押为担保的借贷合同。②

但实际上,保理与债权质押存在重大区别:(1)保理的基础在于债权转让,而债权质押的基础在于质押担保,此为二者的根本区别。债权质押只是一种为主债务提供担保的增信手段。债权的出质人既可以是债务人也可以是他人。保理则要求债权人应当向保理商转让应收账款债权。(2)我国立法允许以应收账款质押贷款。如果以应收账款进行融资,质押会更为便利,没有必要采取应收账款转让这种复杂的交易方式。此外,应收账款质押权自办理登记时设立,应收账款转让由双方达成合意即可,无需办理登记。(3)保理中追索权的行权方式比质押权的行权方式更加便利。尽管保理商向债权人行使追索权的结果与债权质押中实现质押权相似,但二者行权方式并不相同。保理商向债权人行使追索权是要求债权人返还保理融资款本息或回购应收账款,而应收账款质押权人行使质押权时,则根据应收账款与主债权到期时间的不同,可要求应收账款债务人直接向其支付应收账款或进行提存或仅主张优先受偿权。从清偿顺位来看,保理中应收账款债务人承担第一顺位清偿责任,而债权质押中应收账款债务人的清偿责任为第二顺位。(4)在会计处理上,债权人通过保理业务取得的融资款在资金平衡表上显示为资产的增加,而通过债权质押取得的贷款则显示为资产的负债。

---

① 苏号鹏:《美国商法——制度、判例与问题》,中国法制出版社2000年版,第209页。

② 江苏省高级人民法院(2014)苏审二商申字第0281号民事裁定书。

3. 债权转让说

此观点认为保理实质上就是应收账款转让。应收账款是一种债权，保理商向债权人支付一定的对价（即贷款／预付款）从债权人手中受让应收账款债权后，债权人退出基础法律关系，保理商成为新的债权人。为收回应收账款，保理商有权对销售分户账进行管理以及向债务人催收。在无追索权保理中，保理商还承担债务人付款不能的信用风险。比如，有观点提出，债权转让说反映了保理业务的融资功能，符合实践中卖方企业出让债权后将相关票据直接交付给保理商的形式，国内保理合同纠纷案件以债权转让方式处理更为适宜。① 也有观点认为，保理商受让应收账款债权后，支付对价并承担风险，并且为了实现债权，肯定会积极进行账户管理和账款催收，债权转让理论恰好有机统一了保理的融资、销售账户管理、催收等多种功能。②

债权转让说又可分为三种观点：第一种观点认为，有追索权保理为附保证的债权转让合同，债权人在融资款本息范围内承担保证责任。该观点能解释保理商到期不能从债务人处收回账款时有权要求债权人承担还款责任且以保理融资款本息为限的问题，但不能解释债权人的回购责任。回购的目的虽是担保保理商债权的实现，但与真正的保证仍存在重大区别。比如，债权人在承担回购责任后又再次成为应收账款债权人，其请求债务人清偿应收账款的权利基础为债权请求权而非承担保证责任后享有的追偿权。第二种观点认为，有追索权保理为附生效条件的债权转让合同。保理商到期不能收回应收账款时，债权人不是承担保证责任，而是保理商与债权人之间约定的应收账款回购条件成就，债权人应向保理商支付相应的对价（即融资款及利息）回购应收账款。第三种观点认为，有追索权保理为附解除条件的债权转让合同。

---

① 吴峻雪、张娜娜：《保理债权转让中转让通知的效力及形式》，载《人民司法·案例》2013年第18期。

② 黄宇璐：《追本溯源：保理合同的法律性质究竟为何？》，载中国民商法网，www.cicillaw.com.cn/zt/t/?id=31200，最近访问时间：2019年3月2日。

保理商到期不能收回应收账款时，债权转让合同即告解除，合同解除的后果是保理商向债权人返还应收账款，债权人向保理商返还保理融资款本息。

然而，债权让与说并不能合理解释保理合同的定义、追索权的来源、未来应收账款转让以及收益分配四方面问题，故未被立法者所采纳。理由在于：

（1）《民法典》第761条虽规定应收账款债权人将应收账款转让给保理商，但并不意味着保理合同可等同于债权让与。根据以主给付义务作为合同定义的立法惯例，应收账款转让为债权人的主给付义务，故应作为保理合同定义的基本要素。亦即，应收账款转让是保理合同区别于其他类似合同的关键特征。若缺少此特征，保理商向债权人提供融资、应收账款管理、催收、付款担保等服务则可能构成借款、雇佣、委托、担保等其他法律关系。[①] 类似例证如融资租赁合同。根据《民法典》第735条对融资租赁合同之定义，融资租赁合同须以"融资""融物"为构成要素，但不能据此认为融资租赁合同等同于借款或买卖。值得注意的是，正式出台的《民法典》将《民法典（草案）》第762条中"转让价款"一项修改为"保理融资款"。此一立法用语上的变化似在有意澄清保理融资款并非债权转让价款，以防对合同性质发生误解。

（2）债权让与说无法解释追索权之来源。依债权让与原理，债权人承担的风险自债权让与生效时转移，有关债权之一切利益及瑕疵均归新债权人承继，新债权人要承担债权无法收回之风险。[②] 但是，《民法典》第766条赋予保理商可向应收账款债权人追索保理融资款本息的权利。追索权之设计有效规避了应收账款上的瑕疵风险，突破了债权让与的风险承担规则。虽然有观点将追索权解释为债权人为债务人的清偿能力提供的担保，与放弃先诉抗辩权的一般保证相当，[③] 但该解释亦显牵强。保证合同为要式合同、单务合同

[①] 田浩为：《保理法律问题研究》，载《法律适用》2015年第5期。
[②] 郑玉波：《民法债编总论》，中国政法大学出版社2004年版，第440页。
[③] 最高人民法院（2014）民二终字第271号民事判决书。

（《民法典》第685条），但追索权的依据——回购协议并不包含任何保证的意思表示且为双务合同，债权人在支付完回购价款后保理商负有反转让应收账款之义务。由此，追索权在债权让与语境下并不能得到妥当解释。

（3）债权让与说难以解释未来应收账款的转让问题。债权让与的标的一般为已到期债权。未来债权届时能否存在，具有较大的不确定性，受让人要承受较大风险，故原则上不应承认未来债权可作为让与合同的标的物。[①] 而《民法典》第761条明确将未来应收账款纳入可转让的范围之内。由此，债权让与说无法适应保理合同的定义要求。

（4）债权让与说与有追索权保理的收益分配规则不符。依债权让与规则，债权受让人可期待的利益包括全部债权及产生的利息，但《民法典》第766条规定保理商的收益范围以保理融资款本息及相关费用为限，超出部分应返还给应收账款债权人。债权让与说明显不能解释此种收益分配安排。

4. 间接给付说

司法实践中亦有观点认为，有追索权保理为具有担保债务履行功能的间接给付契约。[②] 间接给付说为最高人民法院判决首创，[③] 且获得最高人民法院第二巡回法庭法官会议纪要的认可，[④] 产生了较强的示范效应。[⑤] 笔者注意到，最高人民法院民法典贯彻实施工作领导小组主编的《中华人民共和国民法典

[①] 崔建远：《合同法学》，法律出版社2015年版，第183页。

[②] 关丽、丁俊峰、包晓丽：《保理合同纠纷中基础交易合同债务人拒绝付款的司法认定》，载《法律适用》2019年第23期。

[③] 最高人民法院（2017）最高法民再164号民事判决书。

[④] 贺小荣主编：《最高人民法院第二巡回法庭法官会议纪要》（第一辑），人民法院出版社2019年版，第50页。

[⑤] 采纳间接给付说观点的裁判另如最高人民法院（2019）最高法民申1518号民事裁定书；上海金融法院（2018）沪74民初953号民事判决书；上海市闵行区人民法院（2018）沪0112民初27377号民事判决书；河南省郑州航空港经济综合实验区人民法院（2018）豫0192民初2839号民事判决书。

合同编理解与适用》一书亦采间接给付说观点，认为："在有追索权保理业务中，由于保理人并不承担债务人于清偿期届满后无支付能力的风险，保理人在债务人陷于无支付能力时得向原债权人请求补偿或追偿，实际上相当于是借款人履行返还借款义务的担保手段。"[1] 在学说上，间接给付，又称新债抵旧，是指为清偿债务以他种给付代替原定给付的清偿，在新债务没有履行的情况下，旧债务并不消灭，从而出现新旧债务并存的情况。[2] 间接给付说将保理商与应收账款债权人之间的融资关系理解为旧债，保理商与应收账款债务人之间的清偿关系理解为新债。因而，保理商应先要求债务人清偿新债，新债一旦清偿，旧债与新债一并消灭；若新债未获清偿，保理人则可要求债权人清偿旧债。

然而，由于有追索权保理并不符合间接给付的应然要求和实际效果，故间接给付说亦未被立法所采纳。根据间接给付理论，债权人并不能在新债与旧债之间自由作出选择，而应先就新债请求履行，只有在新债因不能履行、无效、被撤销或因实行无效果之时，始得就旧债请求履行。[3] 简言之，间接给付中的债权人负有变价义务，即应先就新债的给付受偿，不足部分才能通过旧债以获清偿。而实践中保理合同并不会约定保理商负有先行请求应收账款债务人清偿应收账款的变价义务，而是约定保理商有权向应收账款债务人主张应收账款债权；在应收账款无法收回时有权向应收账款债权人追索保理融资款本息。从《民法典》第766条"可以……也可以……"的立法表述来看，向应收账款债务人主张应收账款债权为保理商的权利而非强制义务。由

---

[1] 最高人民法院民法典贯彻实施工作领导小组主编：《中华人民共和国民法典合同编理解与适用》（三），人民法院出版社2020年版，第1785页。

[2] 崔建远：《合同法总论（中卷）》（第二版），中国人民大学出版社2016年版，第30页。

[3] 史尚宽：《债法总论》，中国政法大学出版社2000年版，第821页；郑玉波：《民法债编总论》，中国政法大学出版社2004年版，第486页。

此,间接给付说将保理商的权利异化为义务,不符合追索权的制度本意,故受到学界批评。①

5. 让与担保说

有观点认为,有追索权保理可界定为"金融借贷+债权让与担保",而让与担保中包含了应收账款债权转让。②在让与担保中,借款为主法律关系,担保为从法律关系。③还有观点认为,有追索权保理是一种通过转让应收账款的方式实现债权担保目的的非典型担保,在法律构成上更接近让与担保。④根据让与担保理论,债权人与保理商之间的债权转让并非真正的债权转让,而是以债权转让的形式为债权人偿还保理融资款提供担保,即在债权人到期不能偿还保理融资款本息时,保理商可以向债务人主张还款责任。理由在于:(1)在外部关系上,应收账款已转让给保理商。(2)在内部关系上,保理商只是代为管理该应收账款,并将收回款项优先清偿债权人所欠保理融资款,保理商与债权人之间实为委托关系。(3)在清算程序上,保理商收取的应收账款若超过保理融资款本息,应将余款退还给债权人,避免保理商不当获利,符合让与担保的清算要件。⑤

---

① 对间接给付说之批判,可参见李宇:《保理合同立法论》,载《法学》2019年第12期;黄和新:《保理合同:混合合同的首个立法样本》,载《清华法学》2020年第3期。

② 贺小荣主编:《最高人民法院民事审判第二庭法官会议纪要——追寻裁判背后的法理》,人民法院出版社2018年版,第281页。

③ 江苏省高级人民法院民二庭:《国内保理纠纷相关审判实务问题研究》,载《法律适用》2015年第10期。陈光卓:《保理案件审理中的法律问题和司法对策》,载《人民司法·应用》2015年第13期。高万泉:《保理融资行为的法律分析》,载《金融法治前沿》2012年卷。

④ 刘保玉主编:《担保纠纷裁判依据新释新解》,人民法院出版社2014年版,第294页。

⑤ 林秀榕、陈光卓:《有追索权国内保理的法律性质》,载《人民司法·案例》2016年第32期。

比如，在福建省高级人民法院审理的中国建设银行股份有限公司福州城南支行与福州开发区福燃煤炭运销有限公司等金融借款合同纠纷案中，法院判决认为："在有追索权国内保理中，卖方将对买方的应收账款债权转让给保理银行，保理银行向卖方发放保理融资款。当保理银行向买方请求给付应收账款受阻时，卖方负有偿还保理融资款本金并支付利息的责任。故卖方对于保理融资款负有最终偿还责任，其与保理银行实际上形成资金借贷关系。卖方将对买方的应收账款债权转让给保理银行，实际上是用以清偿保理融资款本息，当买方拒绝付款而卖方又未依约履行回购义务并足额清偿保理融资款本息时，保理银行依约仍保留对买方主张应收账款债权的权利，此时保理银行受让应收账款实际上起到担保作用。故有追索权保理中的应收账款转让实质上系债权让与担保。因此，在有追索权保理所涉法律关系中，保理银行与卖方的金融借贷系主法律关系，保理银行与卖方、买方之间形成的债权转让关系是从法律关系，并起到让与担保的作用。故卖方对保理融资款本息负有首要偿还责任，买方在应收账款金额范围内承担连带清偿责任。"[①]

何为让与担保？让与担保，是指债务人或第三人为担保债务之履行，将担保物（不动产、动产、股权、应收账款债权等）的所有权转移予担保权人，债务清偿后，担保权人应将担保物返还予债务人或第三人；债务未予清偿时，担保权人得就该担保物优先受偿的一种担保形式。[②] 我国立法虽未明确承认让与担保的法律地位，但经过学说和判例的发展，让与担保已渐获最高人民法院司法解释与司法政策精神的认可。最高人民法院出台的《民间借贷规定》第 24 条对让与担保予以认可；《九民会议纪要》第 71 条亦对让与担保合同的效力及债权清偿规则进行了规定。

从保理合同立法来看，有追索权保理应是采让与担保的立法构造。理由

[①] 福建省高级人民法院（2016）闽民终 579 号民事判决书。

[②] 王利明：《物权法研究》，中国人民大学出版社 2013 年版，第 1270 页；王闯：《让与担保法律制度研究》，法律出版社 2000 年版，第 20 页。

分述如下：

（1）让与担保说符合保理合同的立法定位

在十三届全国人民代表大会第三次会议上，全国人大常委会副委员长王晨在所作的《关于〈中华人民共和国民法典（草案）〉的说明》指出："……草案在现行物权法规定的基础上，进一步完善了担保物权制度，为优化营商环境提供法治保障：一是扩大担保合同的范围，明确融资租赁、保理、所有权保留等非典型担保合同的担保功能……"立法者将保理合同明定为非典型担保合同，应有肯定应收账款转让系让与担保之意。

（2）让与担保说符合体系解释的要求

①让与担保必然会存在主、从债务之分。《民法典》第766条采"可以……也可以……"的立法技术可表明此种区分。《民法典》另一处采同样立法技术的为第688条第2款之规定。该条规定："连带责任保证的债务人不履行到期债务或者发生当事人约定的情形时，债权人可以请求债务人履行债务，也可以请求保证人在其保证范围内承担保证责任。"该条中前一个"可以"之后为主债务，后一个"可以"之后为保证债务。以此类推，《民法典》第766条前一个"可以"之后债权人返还保理融资款本息或回购应收账款应为主债务，后一个"可以"之后债务人清偿应收账款应为从债务。由此，让与担保说将债权人的主债务与债务人的从债务有机联系起来。②在担保范围上，《民法典》第766条第二句规定："保理人向应收账款债务人主张应收账款债权，在扣除保理融资款本息和相关费用后有剩余的，剩余部分应当返还给应收账款债权人。"此种权益安排与抵押（质押）合同中抵押（质押）物清算后价款超出债权数额部分归抵押（质押）人所有规则相一致（《民法典》第413条、第438条）。此亦符合让与担保的清算要件。③在物权公示上，根据物权公示原则，让与担保中担保权人需将担保权借助一定的公示手

段为第三人知悉方可取得优先受偿权。① 为此,《民法典》第 768 条设计了应收账款转让登记的优先顺序规则,与让与担保的公示要求形成配套制度。综上,立法者从体系化的角度将让与担保规则套用在有追索权保理的制度设计之中。

(3) 让与担保说在比较法上亦有例证可循

保理系"舶来品",在国外已形成一套比较成熟的交易规则。我国保理立法在借鉴域外立法经验时难免会受到影响。在德国法上,保理有真正保理与非真正保理之分。② 非真正保理类似于我国的有追索权保理。通说认为,非真正保理涉及信贷行为与担保性债权让与行为,性质上为让与担保。③ 在美国,《美国统一商法典》将保理视为担保贷款。《美国统一商法典》第 9 章将应收账款转让与质押一并列入"担保交易"之中,规定涉及债账和债权证书的买卖,卖方就是债务人,买方为担保权人,买方的权益为担保权益,债账和债权证书为担保物。④ 此外,《俄罗斯联邦民法典》第 831 条与《乌克兰民法典》第 1084 条亦将有追索权保理构造为债权让与担保。可见,我国保理立法是对域外立法借鉴、吸收和融合的结果。

(4) 让与担保说符合有追索权保理的实际情况及特点

保理立法的重要目的之一是将实践中已经存在的普遍为交易主体所认可的做法确定下来,而非另行创造一套交易规则。⑤ 通过考察有追索权保理的

---

① 高圣平:《担保法前沿问题与判解研究——最新担保法司法政策精神阐解(第四卷)》,人民法院出版社 2019 年版,第 356 页。

② [德] 鲍尔·施蒂尔纳:《德国物权法》(下册),申卫星等译,法律出版社 2006 年版,第 650–652 页。

③ 李宇:《保理合同立法论》,载《法学》2019 年第 12 期。

④ 苏号鹏:《美国商法——制度、判例与问题》,中国法制出版社 2000 年版,第 209 页。

⑤ 陈灿平、肖秋平:《自由贸易试验区保理法律适用问题探究》,载《法学杂志》2015 年第 11 期。

交易目的、过程及结果，可以发现其与让与担保相契。①保理商系以资金出借为目的。保理商并不核定债务人的偿债能力，而是更加看重债权人的还款能力，在应收账款到期无法收回时，债权人负有向保理商返还保理融资款本息或回购应收账款的义务。为增强保理回款的安全性，保理商常要求债权人就保理融资提供担保。且成讼后，极少有保理商追究基础合同项下担保人的担保责任，而是追究保理合同项下担保人的担保责任。由此可见，保理商的目的在于出借资金以获取固定收益，与借款相类似。①②债权人向保理商让与应收账款可实现债权担保目的。保理商受让应收账款后，作为名义所有权人，可代行向债务人催收应收账款的权利。收回的应收账款可优先用于清偿债权人所欠保理融资款。如此一来，应收账款的担保目的即可实现。③若保理商从债务人处收回全部保理融资款本息，则主债权消灭，保理商无权再向债权人追索。若保理商未从债务人处收回保理融资款本息，则向债权人行使追索权。债权人在返还保理融资款本息或支付回购价款后，保理商有义务将应收账款反转让给债权人。②应收账款反转让安排与让与担保中债权实现后担保权人应将担保物返还给设定人的规则一致。

或有观点提出，根据《中国银行业保理业务规范》第 5 条的规定，"保理融资的第一还款来源为债务人对应收账款的支付"，但在让与担保体系下，债权人作为借款人应为第一还款责任人，颠倒了当事人的还款责任顺序。然而，保理业务操作规范作为行业自律规则，并不能作为判定民事责任顺位的依据。在解释上，债务人对应收账款的支付为第一来源仅表示偿债的资金首先来源于债务人，并不意味着债务人为民事责任上的第一责任人。债务人向保理商清偿应收账款仅为债权人的替代履行，债务人一旦拒绝清偿，债权人仍应承担第一还款责任。在意思表示上，由债务人向保理商还款恰是当事

---

① 上海市高级人民法院（2016）沪民终 477 号民事判决书。
② 参见中国服务贸易协会发布的《商业保理合同样本》第 1.1.27 条。

人的真实效果意思，不仅可以起到债务消灭的效果，还可以减轻合同履约成本，符合意思规则。

需要说明的是，《民法典》第766条并非强制性规范，故当事人仍有自行约定合同性质的空间。《民法典》第766条关于有追索权保理之构造是对现有交易规则抽象立法的结果，是对当事人无约定或约定不明的"默认规则"。根据立法机关对《民法典》第766条的释义，该条属于任意性规范，适用于当事人无另有约定的情形，如果当事人另有约定，应当按照当事人的约定处理。① 也就是说，若当事人有意排除或改变该条规定，比如约定保理商在保理融资款届期未获清偿时负有向债务人请求变价的义务（尽管此种可能性极小）或者约定债权人仅对债务人清偿之不足部分承担补充责任，并不违反法律的强制性规定，此时保理合同的性质则另当别论。因此，立法并不排斥当事人采取间接给付、一般保证或连带责任保证等方式约定当事人的权利义务关系。②

（二）无追索权保理的性质

无追索权保理，又称买断型保理，是指保理商在债务人无力或拒绝还款时不能要求债权人回购应收账款。依交易习惯，无追索权保理在一定条件下会转化为有追索权保理。通常而言，保理商放弃追索权是有前提条件的。只有在债务人因信用风险（如清偿能力不足或破产）无法偿还应收账款时，保理商才承担坏账风险，不能向债权人追索。如果是因为债务人信用风险以外的原因导致应收账款不能清偿的，保理商仍有权向债权人追索。此时，无追索权保理就变成了有追索权保理。

然而，立法关于无追索权保理之规定与保理行业的普遍认识存在一定

---

① 黄薇主编：《中华人民共和国民法典合同编释义》，法律出版社2020年版，第613页。

② 李志刚：《〈民法典〉保理合同章的三维视角：交易实践、规范要旨与审判实务》，载《法律适用》2020年第15期。

差距。《民法典》第767条规定："当事人约定无追索权保理的，保理人应当向应收账款债务人主张应收账款债权，保理人取得超过保理融资款本息和相关费用的部分，无需向应收账款债权人返还。"根据上述规定，无追索权保理被构造为债权买卖。[1]保理商受让债权并享有债权的全部清偿利益、负担债权不能受偿的风险，作为债权让与之对价的融资款实为买取债权的价款。[2]此时，保理商对应收账款进行管理、催收，不再是为债权人提供保理服务，而是作为新债权人的份内工作。保理商收回的应收账款全部归保理商所有，即便超出保理融资款本息，超出部分无需向债权人返还。

虽然立法未明确无追索权保理是否可以转化为有追索权保理，当事人是否可以约定行使追索权的条件，但鉴于《民法典》第767条的任意法性质，当事人若约定保理商行使追索权的条件，只要该约定不违反法律、行政法规的强制性规定或违背公序良俗，应属有效。在符合约定条件时，保理商仍可行使追索权。根据立法机关对该条内容的释义，"无追索权保理并非意味着在任何情形下保理人对债权人均无追索权。保理人不行使追索权是具有一定前提的，即债务人未及时全额付款系源于自身信用风险，而非其他原因。如果债务人因不可抗力而无法支付，或者债务人依法主张基础交易合同所产生的抗辩、抵销权或依法解除基础交易合同而拒绝付款，则保理人仍有权对债权人追索。……针对非债务人的信用风险情形，保理人和债权人可以约定特定情形下的反转让权。这种约定与无追索权保理作为债权买卖并不冲突，其性质可以认为是卖回权，是债权买卖中特别约定的条款，此种特别约定正是无追索权保理有别于一般债权买卖之处，也是保理交易的特色。"[3]

---

[1] 黄薇主编：《中华人民共和国民法典合同编释义》，法律出版社2020年版，第614页。

[2] 李宇：《保理合同立法论》，载《法学》2019年第12期。

[3] 黄薇主编：《中华人民共和国民法典合同编释义》，法律出版社2020年版，第615~616页。

第二节　保理法律关系的构成要件

民事法律关系由主体、客体和内容三要素组成。保理法律关系的主体为保理商、债权人和债务人，客体为应收账款，内容为三方的权利义务关系。这种复杂的三方交易结构导致司法实践中对保理法律关系的构成要件存在一定的争议。保理法律关系的认定，既要考虑形式要件，也要考虑实质要件；既要考虑主观方面，也要考虑客观方面。

一、保理法律关系的认定

国内法院最早对保理法律关系的构成要件进行规定的为《天津高院保理纪要（一）》。该纪要第2条第2款规定："构成保理法律关系，应当同时具备以下几个基本要件：（1）保理商必须是经过有关主管部门批准可以开展保理业务的法人；（2）保理法律关系应以债权转让为前提；（3）保理商与债权人签订书面的保理业务合同；（4）保理商应提供下列服务中的至少一项：融资、销售分户账管理、应收账款催收、资信调查与评估、信用风险控制及坏账担保。"该纪要出台后，有不同观点提出，该纪要忽视了基础债权的真实性、合法性和有效性，没有强调对基础合同的审查。如果经查明基础合同不真实，保理法律关系就失去了基础。此外，该纪要只强调客观方面，忽视了保理商的主观方面，不符合主客观相统一的原则。如果保理商明知应收账款不真实、不合法仍签订保理合同，则不宜认定为保理法律关系。

实践中，也有法官认为，构成保理法律关系，应同时具备以下三个基本条件：（1）以应收账款转让为前提，该转让不仅需要保理商与债权人就应收账款转让意思表示达成一致，而且必须通知债务人。（2）保理商与债权人应当签订书面保理合同。（3）保理商应当提供下列服务中的至少一项：应收账款催收、管理、坏账担保或保理融资。①笔者认为，该观点也存在以下四方面缺陷：（1）将应收账款转让通知债务人作为保理法律关系的要件没有考虑到暗保理的存在，不符合保理实践。（2）未对保理商的资质提出要求，不利于稳定市场预期。（3）未考虑保理商的主观方面。（4）仅从保理商的义务角度来概括保理法律关系，以偏概全。

在判断是否构成保理法律关系时，法院有必要审查保理商的主观方面、基础债权的真实性以及当事人权利义务三方面内容。在2015年12月24日召开的第八次全国法院民事商事审判工作会议上，时任最高人民法院民二庭庭长杨临萍在讲话中指出："实务中确实有部分保理商与交易相对人虚构基础合同，以保理之名行借贷之实。对此，应查明事实，从是否存在基础合同、保理商是否明知虚构基础合同、双方当事人之间实际的权利义务关系等方面审查和确定合同性质。"②《中华人民共和国民法典合同编释义》一书亦认为："应查明事实，从是否存在基础合同、保理商是否明知虚构基础合同、双方当事人之间的实际权利义务关系等方面审查和确定合同性质。"③

保理法律关系的构成要件应立足于保理合同章的规定，并借鉴司法实践的有益经验。《民法典》第761条规定："保理合同是应收账款债权人将现有的或者将有的应收账款转让给保理人，保理人提供资金融通、应收账款管理或者催收、应收账款债务人付款担保等服务的合同。"根据上述立法规定及司法实践情况，认定保理法律关系应遵循主客观相统一的原则，从形式要

---

① 图雅：《中国工商银行股份有限公司乌拉特后旗支行诉内蒙古乌拉特后旗宏泰化工有限责任公司保理合同纠纷案》，载《人民法院案例选》2012年第1辑，人民法院出版社2012年版。李良峰：《应收账款转让未通知债务人情形下保理合同案件的裁判思路》，载《人民司法·案例》2016年第32期。

② 杨临萍：《当前商事审判工作中的若干具体问题》，载《人民司法·应用》2016年第4期。

③ 黄薇主编：《中华人民共和国民法典合同编释义》，法律出版社2020年版，第601页。

件和实质要件两个方面进行把握。构成保理法律关系，应符合以下要件：（1）保理商必须是经过有关主管部门批准可以开展保理业务的法人；（2）保理商与债权人签订书面保理合同；（3）以应收账款转让为前提；（4）应收账款必须合法、真实、有效；（5）保理商不存在知道或应当知道虚构应收账款的情形；（6）保理商提供资金融通、应收账款管理或者催收、应收账款债务人付款担保等服务。其中第（1）（2）项要件为形式要件，第（3）至（6）项为实质要件。下面分述之。

二、保理法律关系的形式要件

（一）保理商的资质

开展保理业务的主体是否适格为认定保理法律关系的一项因素。[①]保理商必须是依照国家规定，经过有关部门批准可以开展保理业务的金融机构和商业保理公司。[②]天津市高级人民法院和江苏省高级人民法院均认为，保理商必须是经过有关主管部门批准可以开展保理业务的商业银行或商业保理公司。[③]但也有不同观点认为，不应当限制应收账款转让的对象，没有法律规定应收账款转让的对象必须是商业银行或商业保理公司，非经主管部门批准的企业或法人同样有权开展保理业务。账户管理、催收、资信调查与评估、信用风险控制及坏账担保等业务并不需要行政审批。

目前，在我国可以从事保理业务的主要为商业银行和依法设立的商业保

[①] 关丽、丁俊峰、包晓丽：《保理合同纠纷中基础交易合同债务人拒绝付款的司法认定》，载《法律适用》2019年第23期。

[②] 钱海玲：《保理法律关系的认定及疑难问题解决对策》，载《人民法院报》2015年2月4日。

[③] 参见《天津高院保理纪要（一）》第1条；江苏省高级人民法院民二庭课题组：《国内保理纠纷相关审判实务问题研究》，载《法律适用》2015年第10期。

理公司。商业银行在从事保理业务时，必然要接受中国人民银行、银保监会和中国银行业协会的监督指导，符合主体经营的有关要求。中国银行业协会制定的《中国银行业保理业务规范》和《银监会商业银行保理业务管理暂行办法》都分别从银行内部管理要求、保理融资业务管理和风险管理等方面严格限定银行保理的从业范围，同时严格监管应收账款债权人的资信情况，确保应收账款的真实性与可清偿性。商业保理公司的设立也要受到一定的限制。2019年4月出台的《天津市商业保理试点管理办法（试行）》对商业保理公司的设立条件分别从出资人、注册资本、高级管理人员等方面提出严格要求。[1] 未获得保理从业资格而开展保理业务的，属于违反金融管理秩序的行为，会导致保理合同存在瑕疵。[2]

笔者以为，由于保理具有类金融属性，是金融创新中出现的新型业务，且保理合同刚纳入立法之中，配套制度并不完善，对保理市场的发展既要呵护，也要规制。实践中，从事保理业务的商业银行和商业保理公司都需要经过主管部门审批，具有较高的准入门槛。从保护和规范保理行业发展的角度出发，有必要对从事保理业务的主体范围作出一定限制，以防市场无序经营，出现金融风险。对于不具备经营资质的其他企业或自然人而言，并非不

---

[1]《天津市商业保理试点管理办法（试行）》第6条规定："设立商业保理公司应当符合下列要求：（1）主出资人应当为企业法人或其他社会经济组织，且在申请前1年总资产不低于5000万元；（2）内资公司注册资本不低于5000万元人民币，全部为实收货币资本，且来源真实合法，需在企业注册前将全部注册资本金实缴到位；（3）外资公司注册资本不低于5000万元人民币或等值外币，工商登记完成6个月内实缴到位；（4）商业保理公司应当拥有2名以上具有金融领域管理经验且无不良信用记录的高级管理人员，拥有与其业务相适应的合格专业人员；（5）支持有实力和有保理业务背景的出资人设立商业保理公司，其中境外投资者或其关联实体应当具有从事保理业务的业绩和经验；（6）法律法规规定的其他条件。"

[2] 冯宁：《保理合同纠纷案件相关法律问题分析》，载《人民司法·应用》2015年第17期。

能受让应收账款，其受让应收账款的，可按照债权转让或借款法律关系进行处理。

关于无保理经营资质的公司或自然人签订的保理合同是否有效的问题，有观点认为，保理商不具有从事保理业务经营资质的，应认定保理合同无效。[1] 笔者认为，上述观点欠妥。学说与司法实践越来越倾向于认为，经营资质只是对企业自身营业范围的限制，并不影响企业的能力，也不能约束相对人，因而一般不能认定超越经营范围订立的合同无效。[2]《民法典》第505条规定："当事人超越经营范围订立的合同的效力，应当依照本法第一编第六章第三节和本编的有关规定确定，不得仅以超越经营范围确认合同无效。"《最高人民法院关于适用〈中华人民共和国合同法〉若干问题的解释（一）》[以下简称《合同法解释（一）》]第10条亦规定："当事人超越经营范围订立合同，人民法院不因此认定合同无效，但违反国家限制经营、特许经营以及法律、行政法规禁止经营规定的除外。"可见，企业超越经营范围签订的合同并非一概无效。由于当前并无法律法规规定保理业属于国家限制经营、特许经营或禁止经营的范围，故仅以超越经营范围为由认定合同无效缺乏依据。保理合同是否无效仍需根据《民法典》总则编民事法律行为有效要件及合同编有关规定进行判断。

比如，在上海市高级人民法院审理的铜冠融资租赁（上海）有限公司（以下简称铜冠公司）与中建六局第三建筑工程有限公司（以下简称中建六局三公司）民间借贷纠纷案中，一审判决认为：铜冠公司的主营范围为融资租赁业务，根据其营业执照载明的经营范围，其可兼营与主营业务相关的商业保理业务。根据《商务部办公厅关于融资租赁行业推广中国（上海）自由

---

[1] 高佳运：《"立法真空期"的探索：破解保理合同纠纷"无法可依"的困境》，载中国法院网上海法院，2015年9月7日。

[2] 最高人民法院民事审判第二庭编著：《〈全国法院民商事审判工作会议纪要〉理解与适用》，人民法院出版社2019年版，第247页。

贸易试验区可复制改革试点经验的通知》等相关规定，"兼营与主营业务相关的商业保理业务"是指该等业务必须与租赁物及租赁客户有关。本案中，铜冠公司与中建六局三公司没有融资租赁业务往来，也即铜冠公司与中建六局三公司开展了与铜冠公司主营业务无关的保理业务，该交易行为已超出铜冠公司的特许经营范围。经营商业保理业务必须获得相应的行政许可，铜冠公司不具有本案系争的保理融资交易的经营资质，故铜冠公司和中建六局三公司之间的融资关系性质属于民间借贷。本案系争《有追索权保理合同》实际为借款合同，铜冠公司虽无贷款的经营范围，但其并非以发放贷款收入为其主要营业收入，故中建六局三公司认为借款无效的主张，不予支持。①

（二）书面合同形式

保理合同应采取书面形式，且约定的权利义务内容应符合保理合同的特征。《民法典》第469条第1款规定："当事人订立合同，可以采用书面形式、口头形式或者其他形式。"关于保理合同是否需要采取书面形式的问题，《天津高院保理纪要（一）》第1条认为保理合同必须采取书面形式。也有法官认为，保理商与债权人应当签订书面保理合同，②或签订书面债权转让协议。③《民法典》第762条第2款规定："保理合同应当采用书面形式。"关于书面合同的表现形式，《民法典》第469条第2款、第3款规定："书面形式是合同书、信件、电报、电传、传真等可以有形地表现所载内容的形式。以电子数据交换、电子邮件等方式能够有形地表现所载内容，并可以随时调取查用的数据电文，视为书面形式。"作为专业的融资机构，保理商叙做保理

---

① 上海市第一中级人民法院（2018）沪01民初1074号民事判决书；上海市高级人民法院（2019）沪民终469号民事判决书。
② 李良峰：《应收账款转让未通知债务人情形下保理合同案件的裁判思路》，载《人民司法·案例》2016年第32期。
③ 冯宁：《保理合同纠纷案件相关法律问题分析》，载《人民司法·应用》2015年第17期。

业务时一般都会签订保理合同或保理服务协议。就合同内容而言，还要考察保理合同是否约定了业务类型和服务范围，基础交易合同名称、编号和转让标的，应收账款债权人和债务人名称、地址，应收账款数额、付款时间和付款方式，转让价款、服务报酬及支付方式，转让通知方式，风险承担的方式等内容。①

近年来，随着"互联网+"不断深入，网络与金融的结合已成为一种趋势，保理合同采取电子合同形式大量出现。传统纸质签约方式增加了签约成本，包括打印成本、储存成本、时间成本、人力成本、物流成本等，而且纸质合同易丢失、易损毁。电子签约具有流程简化、降低成本、便于管理、易于保存的优点。比如，北京市朝阳区人民法院自2016年1至2018年10月受理的保理合同纠纷案件中，通过网页、App签订保理合同案件共计2177件，远超纯线下签约数量116件。电子保理交易已成为互联网与金融结合的重要产物。

依据《民法典》第469条的规定，电子合同属于书面形式的一种。《电子签名法》第13条规定：电子签名同时符合下列条件的，视为可靠的电子签名：（1）电子签名制作数据用于电子签名时，属于电子签名人专有；（2）签署时电子签名制作数据仅由电子签名人控制；（3）签署后对电子签名的任何改动能够被发现；（4）签署后对数据电文内容和形式的任何改动能够被发现。当事人也可以选择使用符合其约定的可靠条件的电子签名。第14条规定："可靠的电子签名与手写签名或者盖章具有同等的法律效力。"《买卖合同解释》第4条规定："人民法院在按照合同法的规定认定电子交易合同的成立及效力的同时，还应当适用电子签名法的相关规定。"同理，如果电子保理合同符合电子签名法的相关规定，其效力也应予以认可。只要在实名认

---

① 关丽、丁俊峰、包晓丽：《保理合同纠纷中基础交易合同债务人拒绝付款的司法认定》，载《法律适用》2019年第23期。

证环节严格把关，符合"可靠的电子签名"要求，电子保理合同与纸质合同应具有同等法律效力。《民法典》第512条规定："通过互联网等信息网络订立的电子合同的标的为交付商品并采用快递物流方式交付的，收货人的签收时间为交付时间。电子合同的标的为提供服务的，生成的电子凭证或者实物凭证中载明的时间为提供服务时间；前述凭证没有载明时间或者载明时间与实际提供服务时间不一致的，以实际提供服务的时间为准。电子合同的标的物为采用在线传输方式交付的，合同标的物进入对方当事人指定的特定系统且能够检索识别的时间为交付时间。电子合同当事人对交付商品或者提供服务的方式、时间另有约定的，按照其约定。"

比如，南京市鼓楼区人民法院在审理的珠海市昊佳线缆有限公司与南京瀛金信息技术有限责任公司买卖合同纠纷案中，双方当事人在互联网上通过中国云签的电子签约室，就 USB3.1 数据线等货物达成《采购协议》，法院判决认为，原、被告均在中国云签网上注册过相应的签约室账号，双方通过中国云签网发出要约、作出承诺，法律并未规定由此形成的电子商务合同须双方当事人签字或者盖章才成立。因此，本案所涉《采购合同》自被告点击确认后成立且生效，被告应当履行。[①]

三、保理法律关系的实质要件

关于保理法律关系的实质要件，应着眼于它的核心点和综合性。核心点是指应收账款转让；综合性是指保理商基于该应收账款转让为债权人提供保理融资、账户管理、坏账担保等多项综合性金融服务。当事人之间的法律行为只有同时具备上述两点特征，才能构成保理法律关系。[②]

[①] 南京市鼓楼区人民法院（2015）鼓商初字第 2605 号民事判决书。

[②] 冯宁：《保理合同纠纷案件相关法律问题分析》，载《人民司法·应用》2015 年第 17 期。

（一）保理商主观方面

在认定保理法律关系时，是否有必要将保理商的主观因素考虑在内？反对的观点认为，不应考虑保理商的主观心态，因为主观心态往往难以证明。赞成的观点认为，保理商叙做保理业务时，主观上应秉持善意。实践中有的保理商与债权人共同虚构应收账款，还有的保理商明知应收账款虚假仍然开展保理业务，其目的在于以保理之名掩盖借贷之实。

笔者认为，有必要考虑保理商的主观方面，理由在于：

首先，根据主客观相一致的原则，任何民事法律行为均离不开主观因素的影响。主观因素在认定民事法律行为性质与法律后果时具有重要价值，比如无因管理、无权处分、表见代理、善意取得。脱离主观来评价客观行为是片面的，可能会陷入错误认识。

其次，保理商在开展保理业务时本身即负有谨慎注意义务。保理商作为理性的商事主体，理应对应收账款尽到必要的注意义务。《商业银行保理业务管理暂行办法》第3条规定："商业银行开办保理业务，应当遵循依法合规、审慎经营、平等自愿、公平诚信的原则。"第7条、第14条、第15条对商业银行尽职调查内容进行了明确规定。尽职调查要求保理商在受让应收账款时要出于善意并不存在重大过失。

再次，对保理商主观心态举证难并不能成为忽视主观因素的理由。举证问题可以通过举证责任分配来解决。这一点可以借鉴善意取得制度中的举证责任分配规则。在善意取得中，为了维护交易安全，应推定受让人为善意，受让人为非善意的举证责任由原权利人承担。同理，在保理中，为了维护交易稳定，也应推定保理商为善意，主张保理商非善意的举证责任由债权人或债务人承担。

最后，根据2015年12月召开的全国民事商事审判工作会议上民二庭领导所作的《关于当前商事审判工作中的若干具体问题》讲话精神，法院应对保理商与交易相对人是否存在虚构基础合同、保理商是否明知虚构基础合同等方面问题进行审查并确定合同性质。①湖北省高级人民法院民二庭 2016 年 11 月发布的《当前商事审判疑难问题裁判指引》亦规定:"保理商明知无真实的基础合同关系,仍与债权人订立合同,受让应收账款债权的,不构成保理合同关系,应当按照其实际构成的法律关系确定案由。"

(二)应收账款须适格

保理合同的标的为应收账款,应收账款是保理商、债权人和债务人三方法律关系的连接点和关键点。没有应收账款,保理就成了无源之水,无本之木。

应收账款不适格,保理法律关系就不能成立。分辨哪些应收账款可以叙做保理业务,不仅是保理商展业的基础,也是法院对保理合同性质进行认定的前提。由于《商业银行保理业务管理暂行办法》规定的应收账款范围并不明确,很多保理商在展业时对应收账款范围认识不清,一些法院在认定合同性质时,对应收账款是否适格,是否影响合同性质也不无疑问。一般认为,适格的应收账款应具备以下法律特征:

1.应收账款合法、真实、有效

基础交易合同是应收账款的来源。《商业银行保理业务管理暂行办法》第 13 条第 1 款规定:"商业银行不得基于不合法基础交易合同、寄售合同、未来应收账款、权属不清的应收账款、因票据或其他有价证券而产生的付款请求权等开展保理融资业务。"应收账款应当是合法有效的债权,只有合法的基础合同才能产生合法的应收账款,才能得到法律保护。不合法的基础合同产生的应收账款及虚假的应收账款不能叙做保理业务。若不存在真实的基础交易关系,三方当事人、双层合同关系的保理法律架构将不复存在,保理融资、应收账款催收和管理等行为将缺乏开展的依据。②比如,天津市高级

---

① 杨临萍:《当前商事审判工作中的若干具体问题》,载《人民司法·应用》2016 年第 4 期。

② 关丽、丁俊峰、包晓丽:《保理合同纠纷中基础交易合同债务人拒绝付款的司法认定》,载《法律适用》2019 年第 23 期。

人民法院（2015）津高民二终字第 0094 号民事判决书即认为，由于不存在基础合同，无法实现应收账款的转让，不符合保理合同的构成要件，应按照借贷法律关系处理。

实践中，应收账款主要以基础合同和该合同卖方开具的发票为主要表现形式。在认定保理法律关系时，应重点考察基础合同的性质、效力和发票的真伪。比如，基础合同名为买卖合同、实为代销的，商品所有权在买卖双方之间不发生转移，改变的只是占有状态，故不存在所谓的应收账款。另外，基础合同本身涉及无效或可撤销的，亦会造成应收账款存在瑕疵。①

比如，张家港市人民法院在审理的江苏华程商业保理有限公司（以下简称华程保理公司）与张家港沃得好进出口有限公司（以下简称沃得好公司）民间借贷纠纷一案中，法院判决认为：保理合同的成立应当以合法有效的基础合同为前提。本案中，华程保理公司和沃得好公司虽签订《国内保理业务合同》，但作为债务人的张某系华程保理公司副经理，张某向沃得好公司购买木材产生了应收账款的基础合同关系，但该木材之后实际受华程保理公司控制，并由华程保理公司进行了处置，且华程保理公司、沃得好公司均同意将木材的处置款折抵结欠的本息，由此可见，沃得好公司和张某之间应收账款的基础合同关系并不真实存在，华程保理公司和沃得好公司的真实意思表示应为质押借款，华程保理公司为出借人，沃得好公司为借款人，本案应按双方实际的法律关系即民间借贷关系处理。②

关于不适宜叙做保理业务的应收账款范围，天津和上海两地行政监管部

---

① 冯宁：《保理合同纠纷案件相关法律问题分析》，载《人民司法·应用》2015 年第 17 期。

② 江苏省张家港市人民法院（2017）苏 0582 民初 8143 号民事判决书。类似判例还可参见苏州市中级人民法院（2017）苏 05 民终 11232 号民事判决书、重庆市北碚区人民法院（2016）渝 0109 民初 2555 号民事判决书、汕头市金平区人民法院（2015）汕金法民三初字第 183 号民事判决书。

门均进行了规定。天津市地方金融监督管理局2019年4月24日出台的《天津市商业保理试点管理办法（试行）》第18条规定："商业保理公司受让的应收账款必须是在正常付款期内。原则上不能受让的应收账款包括：（1）违反国家法律法规，无权经营而导致无效的；（2）处于贸易纠纷期间的；（3）债务人不明确的或无基础法律关系的；（4）约定销售不成即可退货而形成的；（5）保证金类的；（6）可能发生债务抵消的；（7）已经转让或设定担保的；（8）被第三方主张代位权的；（9）法律法规规定或当事人约定不得转让的；（10）被采取法律强制措施的；（11）可能存在其他权利瑕疵的。"《上海市浦东新区商业保理试点期间监督暂行办法》第10条规定："商业保理企业受让的应收账款必须是在正常付款期内。原则上不能受让的应收账款包括：（1）违反国家法律法规，无权经营而导致无效的应收账款；（2）正在发生贸易纠纷的应收账款；（3）约定销售不成即可退货而形成的应收账款；（4）保证金类的应收账款；（5）可能发生债务抵销的应收账款；（6）已经转让或设定担保的应收账款；（7）被第三方主张代位权的应收账款；（8）法律法规规定或当事人约定不得转让的应收账款；（9）被采取法律强制措施的应收账款；（10）可能存在其他权利瑕疵的应收账款。"不难发现，上述两地规定的范围大同小异。

  保理商应承担应收账款合法、真实、有效的举证证明责任。根据行业惯例，保理商在叙做保理业务时，应将核查应收账款的真实性作为尽职调查工作的重点。在当事人就应收账款真实性发生争议时，保理商应承担相应的证明责任，若不能举证证明应收账款合法、真实、有效，则要承担不利后果。比如，上海市第一中级人民法院（2018）沪01民终4182号民事判决书认为：基础交易合同未明确应收账款的具体数额和相应的还款期限，债权人提供的增值税发票数额与《应收账款转让通知书》附件所载转让的应收账款金额亦相差悬殊，由此可见，保理商并未尽到合理审查义务。在没有其他证据证明上述应收账款真实存在的情形下，一审法院认定保理商发放的两笔融资款属借款并无不当。

2. 应收账款应具体明确

不具体、不明确的应收账款不具备可转让性。应收账款具体明确，首先要求应收账款债权来源要明确，即基于哪笔基础交易产生的应收账款，应收账款能与基础交易合同相对应。比如，有法院判决认为：鉴于合同附件《应收账款明细表》《债权转让通知书》为空白，无债务人主体及双方的交易信息，故该合同虽名为保理、实为借贷。[①] 其次，应收账款的债务人应明确，不能是不特定的对象。比如公路、桥梁、隧道、渡口等不动产收费权因债务人无法确定而不适宜用来叙做保理。最后，应收账款的明确性要求可在未来应收账款中适当放宽。未来应收账款本身即具有一定程度的不确定性，若对其明确性提出过高要求，则不符合实际。

法院在认定应收账款是否具体、明确时，应结合案件的具体情况综合判断。重点审查基础债权债务关系的主体、标的、数额等要素是否明确、具体、特定。如果保理合同只有应收账款之名，缺乏与之对应的基础合同，或基础合同要素模糊，融资期限与基础债务履行期限不具有关联性，则应收账款不明确。

对于应收账款到期日与保理融资到期日的关系，一般有两种设置方式：第一种是应收账款到期日与保理融资到期日相同；第二种为应收账款到期日在前，保理融资到期日在后，但保理商可在保理合同中约定一定的宽限期。在应收账款、保理融资到期当日，债务人未偿付应收账款的，保理商在宽限期内不向债权人追偿，在宽限期届满后，保理商可要求债权人履行回购义务。比如，应收账款到期日为2018年5月1日，保理融资到期日为2018年6月1日，这一个月的时间差为保理商对债权人的宽限期。实践中需要注意，宽限期需要在合理的时间期限内，若应收账款账期只有一个月，保理商

[①] 北京市海淀区人民法院（2016）京0108民初3962号民事判决书。

却给予债权人一年的宽限期，这种情形下，也将导致融资期限不匹配，存在被认定为借贷的风险。①

比如，在天津市滨海新区人民法院审理的天津中新力合国际保理有限公司（以下简称中新力合保理公司）与杭州沃特机电科技开发有限公司（以下简称杭州沃特公司）借款合同纠纷案中，法院判决认为：本案中，尽管原、被告双方签订的合同名称为《国内保理业务合同》，但从作为标的物的应收账款角度分析，双方仅约定"被告杭州沃特公司销售产生的合格应收账款转让，该应收账款为付款人浙江吉利汽车零部件采购有限公司的应收账款324000元"，并没有明确该基础债权债务关系的标的物、履行期限等基本要素，导致该应收账款债权具有不特定性，不符合债权转让的要件。同时，分析该合同的权利义务内容，中新力合保理公司融资给杭州沃特公司，自2013年9月24日至2014年3月24日，融资费率为1%/月，保理费用共计3300元，杭州沃特公司实际上依照固定的融资期限而不是依照应收账款的履行期限偿还本息，融资期限与基础债权债务关系的履行期限不具有关联性。因此，结合作为标的物的应收账款的特征及基本权利义务内容，双方的法律关系虽然名为保理，但实际不构成保理法律关系，应当按照借贷法律关系处理。②

【典型案例1】应收账款不符合转让条件的，按借款法律关系处理③

【基本案情】

2016年11月21日，天津溢美国际保理有限公司（甲方，以下简称溢美保理公司）与四川全球通国际旅行社股份公司青羊第三分社（乙方，以下简称全球通旅行社）签订《商业保理业务合同》，约定：甲方同意叙做保理

---

① 林思明、郑宪铭、戈云阳：《"名为保理，实为借贷"问题浅析》，载微信公众号保理法律研究，2018年12月27日推送。

② 天津市滨海新区人民法院（2015）滨民初字第1882号民事判决书。

③ 天津市滨海新区人民法院（2017）津0116民初771号民事判决书。

业务的每一笔基础交易合同项下的应收账款或收益权，乙方应按照甲方提供的格式和内容向买方送达《应收账款/收益权转让通知书》，由买方盖章确认并寄回给甲方；或由甲乙双方共同前往买方面签盖章确认，并由甲方存档。本合同项下，甲乙双方选择叙作的保理类型为隐蔽型保理。

2016年11月21日，溢美保理公司与全球通旅行社签订《应收账款/收益权转让确认书》，约定：序号1，应收账款/收益权名称：成都出发三亚旅游线路产品，期限2016年11月21日至2017年2月20日，金额100000元，应收账款/收益权内容，该线路产品所有销售收入；序号2，应收账款/收益权名称：成都出发芽庄旅游线路产品，期限2016年11月21日至2017年2月20日，金额220000元，应收账款/收益权内容，该线路产品所有销售收入。

2016年11月22日，溢美保理公司向约定的账户汇款300000元，全球通旅行社确认收到上述款项。同日，全球通旅行社向溢美保理公司支付利息16200元及服务费1500元。

溢美保理公司向法院提起诉讼，请求判令全球通旅行社向其支付保理融资款300000元及自2017年2月21日起至2017年5月4日的利息14200元（后续利息以300000元为基数，按月息2%计算，自2017年5月5日至实际还款之日）。

【法院裁判】

法院判决：全球通旅行社于判决生效之日起十日内给付溢美保理公司本金282300元、利息15413.58元和逾期利息（以本金282300元为基数，自2017年2月21日起至本判决确定的给付之日止，按月利率2%的标准计算）。

【裁判理由】

法院判决认为：保理业务是以债权人转让其应收账款债权为前提，集应收账款催收、管理、坏账担保及融资于一体的综合性金融服务，涉及保理商与债权人、保理商与债务人等三方民事主体以及保理合同与基础交易合同等合同关系。由于现行法律尚未就保理交易模式作出专门规定，因此要准确认识保理的交易结构和当事人之间的权利义务关系，即债权人与债务人之间的基础合同是成立保理合同的前提，债权人与保理商之间的应收账款转让则是保理法律关系的核心。在本案中，虽然存在保理商溢美保理公司与债权人全球通旅行社之间签订的《商业保理业务合同》等，表面上符合保理合同法律关系成立的形式要件，但根据查明的事实，从作为标的物的应收账款角度分析，仅约定为"序号1，应收账款/收益权名称：成都出发三亚旅游线路产品，期限2016年11月21日至2017年2月20日，金额100000元，应收账款/收益权内容，该线路产品所有销售收入"等，并没有明确该应收账款的主体、期限及所依据的基础债权债务关系等基本要素，导致该应收账款债权不具有特定性，不符合债权转让的要件，全球通旅行社未能提交基础交易合同，不能确定债权人与债务人发生真实债权债务关系。故双方的法律关系虽然名为保理，但实际不构成保理法律关系，应当按照借贷法律关系处理。溢美保理公司已经向全球通旅行社按时发放融资款300000元，全球通旅行社未按时履行还款义务，已经构成违约，应当偿还本金及相应的利息和逾期利息。

【案例评析】

保理法律关系以应收账款债权转让作为成立的前提，相应债权是否具有特定性系债权转让的首要基础。认定保理商与债权人之间是否构成保理法律关系，首先应审查案件所涉及的基础债权债务关系的主体、标的、数额等基本要素是否明确，是否能够具体、特定。基础债权债务关系约定模糊，不具备转让的基础，不能在合同双方之间形成一致的意思表示，保理法律关系不成立。本案的应收账款债务人、应收账款期限及所依据的基础债权债务关系等应收账款的构成要素均不明确。法院无法确定应收账款的真实性与特定性，故认定不构成保理法律关系，本案应按照实际构成的民间借贷法律关系进行处理。

实践中，还有法院以应收账款的财产价值未确定为由认定应收账款不特定。比如，在上海市浦东新区人民法院审理的上海富友商业保理有限公司与唐某民间借贷纠纷案中，法院判决认为：本案中，唐某商户经营状况并未经过有效核实，保理商对应收账款之财产价值亦未科学评估，该债权不具有确定性，协议内容亦不符合商业保理的基本法律特征，故原、被告之间不成立商业保理法律关系，而实际构成借款法律关系。[①]

3.应收账款应权属清晰

应收账款权属应当清晰，不存在权属争议。《商业银行保理业务管理暂行办法》第7条规定："商业银行应当按照'权属确定，转让明责'的原则，严格审核并确认债权的真实性，确保应收账款初始权属清晰确定、历次转让凭证完整、权责无争议。"第13条要求商业银行不得基于权属不清的应收账款开展保理融资业务。权属不清的应收账款，是指权属具有不确定性的应收账款，包括但不限于已在其他保理商等第三方办理出质或转让的应收账款，但获得质权人书面同意解押并放弃抵质押权利和获得受让人书面同意转让应收账款权属的除外。如果因应收账款重复转让或应收账款转让与质押发生冲突，保理商基于债权转让所期待的权益可能无法实现。司法实践中，有法院判决将权属不清的应收账款排除在可叙做保理业务的范围之外。[②]

（三）应收账款须转让

保理是以应收账款转让为核心的交易。债权人转让其债权的义务是保理合同的要素，可谓"不转让，非保理"。[③]应收账款转让是保理国际条约和国内行业监管规定对保理定义的核心要件。天津市高级人民法院、江苏省高级人民法院和深圳前海合作区人民法院均认为，保理法律关系须以应收账款转

---

① 上海市浦东新区人民法院（2017）沪0115民初34483号民事判决书。
② 云南省高级人民法院（1997）云高经终字第39号民事判决书。
③ 李宇：《保理合同立法论》，载《法学》2019年第12期。

让为前提。① 应收账款转让涉及转让义务、转让金额以及是否通知债务人三方面问题。

1.转让义务

保理合同是负担行为，债权人负有向保理商转让应收账款的义务。《民法典》第761条对保理合同进行定义时，强调"应收账款债权人将现有的或者将有的应收账款转让给保理人"。"保理合同必须具备的要素是应收账款债权的转让，没有应收账款的转让就不能构成保理合同。"② 债权人转让应收账款是保理法律关系成立的要件，也是其区别于其他法律关系的根本特征。③ 首先，保理商受让应收账款并通知债务人后，才能取得对债务人的直接请求权和对债权人的追索权。没有应收账款转让，保理商就没有此两项权利的基础。其次，应收账款转让的直接后果是保理融资的第一还款来源为债务人对应收账款的清偿，而非债权人归还保理融资款，否则就成为借贷法律关系。最后，保理商受让应收账款后，才能提供融资、应收账款管理、催收和坏账担保服务。若缺失了应收账款转让这一环节，保理商向债权人提供融资或应收账款管理、催收及坏账担保服务，则可能构成借款、委托、服务或担保法律关系。因此，有法院判决认为，原、被告双方签订合同名为保理合同，但事实上并未发生应收账款转让，故保理合同核心要件并不具备。④

应收账款必须是转让而不能是质押。《商业银行保理业务管理暂行办法》

---

① 参见《天津高院保理纪要（一）》第1条、《深圳前海法院保理裁判指引》第2条以及江苏省高级人民法院民二庭课题组：《国内保理纠纷相关审判实务问题研究》，载《法律适用》2015年第10期。

② 黄薇主编：《中华人民共和国民法典合同编释义》，法律出版社2020年版，第601页。

③ 李良峰：《应收账款转让未通知债务人情形下保理合同案件的裁判思路》，载《人民司法·案例》2016年第32期。

④ 北京市朝阳区人民法院（2017）京0105民初23441号民事判决书、北京市石景山区人民法院（2016）京0107民初6092号民事判决书。

第 6 条规定，以应收账款为质押的贷款，不属于保理业务范围。比如，湖北省鄂州市中级人民法院（2014）鄂鄂州中民二初字第 8 号民事判决书认为：保理商与债权人签订的保理合同虽名为保理合同，但双方当事人在履行合同过程中，债权人并未转让其应收账款，而是以其进行质押担保贷款。根据《合同法》第 80 条第 1 款（《民法典》第 546 条第 1 款）规定，该转让行为并未生效，保理合同缺乏生效的必要条件，而后保理商依约发放了贷款，双方实际就合同主要约定履行了相关权利和义务，保理合同已转变为金融借款合同。

2. 转让金额

转让金额即保理商受让应收账款债权后向债权人支付的对价，又称保理融资款或预付款。按照常理，保理融资款或预付款是按照应收账款金额的一定比例折价而成，不应高于应收账款金额，这样才能保证保理商收回保理融资款本息。如果保理融资款或预付款明显高出应收账款金额，则不合常理。与融资租赁合同中租赁物低值高估不构成融资租赁法律关系的规则相类似，如果保理融资款或预付款不正常高于应收账款金额，则双方很有可能是以保理之名行借贷之实，不宜认定为保理法律关系。比如，应收账款金额为 1000 万元，保理融资款低于 1000 万元属于正常，如果保理融资款为 1300 万元，则双方可能构成借款法律关系。

比如，上海市第一中级人民法院在审理的创普商业保理（深圳）有限公司（以下简称创普保理公司）与上海金广大道物流科技有限公司（以下简称金广大道公司）等保理合同纠纷一案中，法院判决认为：从金广大道公司与债务人之间的基础合同看，金光大道公司对债务人虽有一定的应收账款，但与约定转让给创普保理公司的应收账款金额相比相差悬殊。从整体上看，创普保理公司与金广大道公司之间的 1000 万元融资的交易目的不在于通过应收账款转让获得债务人清偿以获得收益，而是出借资金后获得固定收益，性

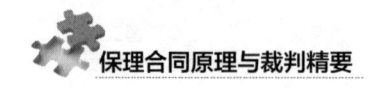

质上属于借贷法律关系。①

3. 是否通知债务人

保理法律关系的成立是否必须通知债务人？有观点提出，《国际保理公约》第1条对保理合同的定义中明确规定应收账款的转让必须通知债务人，因此要成立保理法律关系，还必须通知债务人。有裁判观点认为，保理合同虽然约定债权人将其应收账款转让给保理商，但从实际履行看，保理商与债权人均未向债务人通知应收账款转让事宜，应收账款转让对债务人不发生效力，保理商对债权人的融资行为并不是以应收账款的转让为前提，故保理合同实为借款合同。②还有观点认为，在暗保理中，由于应收账款转让的事实未通知基础合同债务人，应收账款转让未能生效，保理商无权向债务人主张债权，故名为保理实为借贷，应根据其合同的实际约定与履行情况予以认定处理。③

笔者认为，上述观点系因对保理法律关系性质与保理法律效力混淆所致，保理法律关系的成立不需要以通知债务人为条件。

根据《民法典》第546条（《合同法》第80条）的规定，债权转让需要通知债务人才能对债务人发生法律效力。即便债权转让未通知债务人，债权转让行为仍在债权人与受让人之间发生法律效力。同理，在保理法律关系中，如果债权转让未通知债务人，对债务人不发生法律效力，但这并不意味着保理法律关系就不成立。保理法律关系是否成立，与债务人是否应向保理商承担清偿责任是两个不同的问题。只要满足保理法律关系的形式要件与实质要件，保理法律关系就可以成立，就可以约束保理商与债权人。即便应收

---

① 上海市浦东新区人民法院（2017）沪0115民初63999号民事判决书、上海市第一中级人民法院（2018）沪01民终4182号民事判决书。
② 上海市虹口区人民法院（2014）虹民五（商）初字第69号民事判决书。
③ 冯宁：《保理合同纠纷案件相关法律问题分析》，载《人民司法·应用》2015年第17期。

账款转让未通知债务人,对保理法律关系并不产生影响。

依是否将应收账款转让事实通知债务人分类,保理分为公开型保理(明保理)和隐蔽型保理(暗保理)。在公开型保理中,应收账款转让事实已经通知债务人。在隐蔽型保理中,应收账款转让并未通知债务人。实践中,许多债权人并不希望债务人知晓其向保理商申请融资,故选择叙做隐蔽型保理。如果法院因应收账款转让未通知债务人而认定保理法律关系不成立,则不仅有悖保理实践,对保理商也不公平。有判决观点认为:在隐蔽型保理中,在应收账款转让的事实通知债务人之前,债权转让对债务人未生效,但并不影响保理商与债权人之间债权转让的效力,双方之间仍然构成保理法律关系。[①]

(四)当事人权利义务

权利义务是民事法律关系的内容。权利义务直接决定法律关系的实质。通过当事人权利义务来认定真正的法律关系是"穿透式"审判思维应有之义。保理合同约定的权利义务及实际履行情况应符合保理法律关系的特点。很多合同虽然名为保理合同,但权利义务与保理法律关系并不匹配,因此,认定法律关系的性质要秉持实事求是的态度,不应被合同名称所迷惑。法院应重点审查保理商与债权人之间的权利义务约定及实际履行情况来认定保理法律关系是否成立。比如,向保理商转让应收账款是债权人的重要义务。如果债权人未向保理商转让应收账款,保理商就向债权人提供融资或坏账担保,则构成借款债务担保法律关系。此外,向债权人提供相应的保理服务是保理商的重要义务。根据《民法典》第761条的规定,保理商应向债权人提供资金融通、应收账款管理或者催收、应收账款债务人付款担保等服务。如果只有债权人转让应收账款,而无保理商提供相应的服务,则不符合保理合同的特征。

---

① 深圳前海合作区人民法院(2015)深前法商初字第15号民事判决书。

实践中，有的保理合同并不符合保理法律关系的特征，当事人实际是按照借款法律关系享有权利和承担义务，应构成借款法律关系。比如，在下文［典型案例4］中，根据诉争《商业保理申请及协议书》的约定，债权人出让所涉将来债权后，需以定期定额方式向保理商承担相关融资款的还款义务。该还款义务不仅以保理商所付融资金额为基础计算，且无论应收账款是否实际发生，均不影响债权人上述还款义务的承担。依照上述约定，即便案涉将来债权未能按期发生，债权人也需通过承担上述还款义务弥补保理商因受让债权未实际发生所致损失。债权人上述合同义务实质导致相应信用风险并未发生转移，显然与无追索权保理法律关系不符，故法院认定不构成保理法律关系。

第三节　名实不符保理合同的情形

近年来，为了防范和化解金融风险，金融监管有趋紧之势。为了与穿透式金融监管政策相契合，人民法院穿透式审理模式也被提上日程。2017年8月，最高人民法院印发的《关于进一步加强金融审判工作的若干意见》（法发〔2017〕22号）规定："对以金融创新为名掩盖金融风险、规避金融监管、进行制度套利的金融违规行为，要以其实际构成的法律关系确定其效力和各方的权利义务。"在2019年7月3日召开的全国民商事审判工作会议上，最高人民法院审判委员会专职委员刘贵祥在讲话中提出："要树立穿透式审判思维。商事交易如融资租赁、保理、信托等本来就涉及多方当事人的多个交易，再加上当事人有时为了规避监管，采取多层嵌套、循环交易、虚伪意思表示等模式，人为增加查明事实、认定真实法律关系的难度。妥善审理此类案件，要树立穿透式审判思维，在准确揭示交易模式的基础上，探究当事人真实交易目的，根据真实的权利义务关系认定交易的性质与效力。"①因此，对名为保理但实际不构成保理法律关系的，应按照实际构成的法律关系进行处理。

司法实践中，应收账款不适格与权利义务不相符是法院认定不构成保理法律关系的常见情形。

一、应收账款不适格

应收账款应当合法、真实、有效才能进行转让。此外，应收账款还应具体、明确，不能以虚构或不特定的应收账款叙做保理。应收账款不适格主要有应收账款不真实、不特定和未来应收账款不具有合理可期待性等情形。

（一）应收账款不真实

如果基础合同项下的应收账款是虚构的，自然就谈不上应收账款转让，故不构成保理法律关系。

【典型案例2】虚构应收账款转让的，不构成保理法律关系②

【基本案情】

2013年9月12日，上海浦东发展银行股份有限公司郴州分行（以下简称浦发行郴州分行）与永兴县红鹰铋业有限公司（以下简称红鹰铋业公司）签订《保理协议书》，约定：红鹰铋业公司与湖南铋业有限责任公司（买方，以下简称湖南铋业公司）已经或即将签署购销合同及/或服务合同，由红鹰铋业公司向买方提供商品或劳务，并由此已经或者即将形成其在交易合同项下对买方的应收账款；红鹰铋业公司同意将前述应收账款以本协议约定的方

---

① 最高人民法院民事审判第二庭编著：《〈全国法院民商事审判工作会议纪要〉理解与适用》，人民法院出版社2019年版，第69页。

② 一审：郴州市中级人民法院（2015）郴民二初字第31号民事判决书；二审：湖南省高级人民法院（2016）湘民终152号民事判决书。

式转让给保理银行，保理银行同意按照本协议约定的条件和方式收入相关应收账款。

2014年4月25日，浦发行郴州分行与红鹰铋业公司签署《保理融资申请书》，主要内容为：本申请书系作为申请人与融资行之间所签署的《保理协议书》的附属融资文件签署，本申请书生效后，其所有条款并入保理协议，并作为其组成部分；融资金额15000000元，融资到期日2014年11月20日，保理类型为回购，融资年利率5.8%，逾期罚息利率8.7%。

在上述《保理融资申请书》签署的同时，红鹰铋业公司向浦发行郴州分行提交以下材料：

1.2014年4月24日，红鹰铋业公司湖南铋业公司签订的《工矿产品（铋）购销合同》。该合同的主要内容是：买方湖南铋业公司，卖方红鹰铋业公司，买方同意购买本合同所述货物，卖方同意销售本合同所述货物，货物为铋锭，数量为134吨，单价为140000元，总金额实结，交货时间为2014年6月30日前；付款方式及期限为货到、检验合格、卖方开具17%增值税发票后180天内付清货款。

2.2014年5月20日，湖南铋业公司入库单（第三联统计），载明：供货单位红鹰铋业公司，物品名铋锭，数量原发134000kg，实收一栏未填写。

3.结算日期为2014年4月24日的《永兴县红鹰铋业有限公司结算单》，载明：收货单位湖南铋业公司，供货日期4月24日，货物名称铋，数量134吨，单价140000元，金额18760000元。该结算单中红鹰铋业公司与湖南铋业公司分别加盖了公章。

4.开票日期均为2014年4月24日《湖南增值税专用发票》共17张，均为第三联发票联、购货方记账凭证，购货单位名称均为湖南铋业公司，前16张发票每张价税总额合计18760000元（注：浦发行郴州分行在每张发票中均加盖了"本发票账款已经转让给上海浦东发展银行股份有限公司长沙分行，请将相关发票项下的款项支付至上海浦东发展银行股份有限公司长沙分行的以下账号：户名永兴县红鹰铋业有限公司保理专户，账号××93，开户行：上海浦东发展银行股份有限公司长沙分行"的印章）。

2014年4月25日，红鹰铋业公司向湖南铋业公司发出《应收账款转让通知书》，载明：根据红鹰铋业公司与浦发行郴州分行于2013年9月12日签订的应收账款保理协议，将对湖南铋业公司所享有的应收账款债权转让给浦发行郴州分行，应收账款具体为发票编号01627745-01627761，开票日为2014年4月24日，到期日2014年10月21日，发票金额18760000元，转让总金额合计壹仟捌佰柒拾陆万元整，相关发票项下现在和将来所有的到期账款，必须支付给浦发行，请将款项支付至以下账号：收款人红鹰铋业公司保理专户，开户行浦发行长沙分行/直属分行，账号××93。同日，湖南铋业公司在该《应收账款转让通知书》上盖章后，将通知书交给了浦发行郴州分行。

2014年4月28日，浦发行郴州分行在15000000元保理融资款中扣除195000元应收账款管理费后，将14805000元支付给红鹰铋业公司。但上述保理合同中约定的保理期限届满后，湖南铋业公司并没有向浦发行郴州分行支付载明的红鹰铋业公司的应收账款，红鹰铋业公司也没有向浦发行郴州分行偿还相应的款项。至2015年1月6日，按照15000000元保理融资款计算，已经产生融资利息664446.87元。

2014年5月22日，浦发行郴州分行与红鹰铋业公司签订《应收账款转让登记协议》，主要约定出让人（指红鹰铋业公司）将《工矿产品（铋）购销合同》项下金额为18760000元，到期日为2014年10月21日，发票号为01627745-01627761的应收账款转让给浦发行郴州分行。

浦发行郴州分行向法院提起诉讼，请求判令：1.湖南铋业公司立即偿还所欠浦发行郴州分行应收账款债权本金18760000元及至实际给付日的相应利息（从保理期截止日起按中国人民银行同期贷款利率计算到实际给付之日止）；2.红鹰铋业公司就保理融资本金15000000元以及利息664446.87元对湖南铋业公司的上述到期债务承担回购责任。

【法院裁判】

一审法院判决：红鹰铋业公司、湖南铋业公司于判决生效后十日内共同赔偿浦发行郴州分行本金14805000元，并赔偿以年利率8.7%从2014年4月28日开始计算到本金付清之日止的利息。

浦发行郴州分行与湖南铋业公司均不服一审判决，向湖南省高级人民法院提出上诉。二审改判：1.撤销一审判决；2.由红鹰铋业公司向浦发行郴州分行返还借款本金14805000元，并赔偿自2014年4月28日起至款项还清之日止以年利率8.7%的标准计算的利息；3.由湖南铋业公司在红鹰铋业公司、谭某（保证人）、尹某（保证人）不能清偿上述款项的范围内对浦发行郴州分行承担赔偿责任。

【裁判理由】

本案主要争议焦点问题为：一、所涉法律关系的性质以及案由应如何确定；二、湖南铋业公司是否应承担民事责任以及本案民事责任应如何承担。

一审判决认为：虽然红鹰铋业公司、湖南铋业公司在本案保理合同签订的时候向浦发行郴州分行提交了相关的文件证明红鹰铋业公司对湖南铋业公司拥有18760000元的应收账款，但该应收账款是否真实存在，依赖于红鹰铋业公司与湖南铋业公司之间是否发生了真实的买卖关系。而在本案诉讼中，红鹰铋业公司、湖南铋业公司均一致认为双方之间并不存在真实的买卖合同关系，而对该事实是否存在只有红鹰铋业公司与湖南铋业公司最清楚。因此，可以认定双方之间并不存在18760000元应收账款。由于不能认定红鹰铋业公司对湖南铋业公司实际拥有18760000元的应收账款，也就不存在上述应收账款转让的问题，因此，本案不能按照双方在保理合同中所约定的债权转让关系予以处理，但这并不意味着红鹰铋业公司、湖南铋业公司在本案中不应承担责任。

《合同法》第42条规定：当事人在订立合同过程中有下列情形之一，给对方当事人造成损失的，应当承担损害赔偿责任：（1）假借订立合同，恶意进行磋商；（2）故意隐瞒与订立合同有关的重要事实或者提供虚假情况；（3）有其他违背诚信原则的行为。本案中，红鹰铋业公司、湖南铋业公司在与浦发行郴州分行签订有关保理协议的时候，共同虚构了红鹰铋业公司对湖南铋业公司拥有18760000元应收账款的事实，这直接导致了浦发行郴州分行基于相信上述应收账款的存在而与红鹰铋业公司开展了该案15000000元保理融资业务。由于浦发行郴州分行实际上向红鹰铋业公司发放了相应的保理融资，且目前处于未能收回的状态，故应认定造成了浦发行郴州分行的损失，对此，红鹰铋业公司、湖南铋业公司应共同承担赔偿责任。

红鹰铋业公司、湖南铋业公司认为浦发行郴州分行对上述应收账款实际不存在是明知或者应当知道的。本院认为，首先，该应收账款是否实际存在只有红鹰铋业公司和湖南铋业公司最清楚，其刻意隐瞒相关事实应当承担责任；其次，其他人只能依据红鹰铋业公司和湖南铋业公司所提交的材料予以判断，而红鹰铋业公司、湖南铋业公司实际向浦发行郴州分行提交了合同、入库单、结算单、发票，红鹰铋业公司还向湖南铋业公司发出了18760000元应收账款转让通知书，并将由湖南铋业公司盖章予以确认后的该通知书交付给了浦发行郴州分行，上述行为足以让浦发行郴州分行相信涉案18760000元应收账款存在；最后，本案并没有充分证据证明浦发行郴州分行明知所涉应收账款并不存在，也没有事实和证据证明浦发行郴州分行存在违规行为。因此，浦发行郴州分行对本案的发生不存在过错，不应承担相应责任。

关于浦发行郴州分行的损失认定问题，浦发行郴州分行在发放融资款时先行扣除了195000元应收账款管理费，实际发放融资款14805000元，该实际发放的14805000元可以认定为浦发行郴州分行的损失。此外，浦发行郴州分行还存在利息损失，考虑到红鹰铋业公司、湖南铋业公司的过错，本院参照双方合同所约定的逾期罚息利率即年利率8.7%计算浦发行郴州分行的利息损失，从融资款发放的2014年4月28日开始计算。

二审判决认为：关于本案所涉法律关系的性质以及案由应当如何确定的问题，保理是以在贸易中形成的应收账款转让作为基础的融资，其法律关系涉及保理商、债权人与债务人等三方民事主体以及保理合同与基础交易合同等合同关系。债权人与债务人之间的基础交易合同是成立保理法律关系的前提，而债权人与保理商之间的应收账款债权转让则是保理法律关系的核心。本案中，虽然存在保理商浦发行郴州分行与债权人红鹰铋业公司之间签订的《保理协议书》《应收账款转让登记协议》以及红鹰铋业公司与债务人湖南铋业公司之间签订的《工矿产品购销合同》等合同，表面上符合保理合同法律关系成立的形式要件。但根据查明的事实，湖南铋业公司与红鹰铋业公司签订的《工矿产品购销合同》即基础交易合同系虚假合同，湖南铋业公司与红鹰铋业公司之间并未发生真实的债权债务关系。因此，本案所涉保理合同法律关系因不存在真实、有效的应收账款而失去了有效成立的前提与基础，应认定浦发行郴州分行与红鹰铋业公司之间的保理合同法律关系未能依法成立。又因双方签订虚假基础贸易合同的真实意图是以保理之名行获取银行贷款之实，故本案所涉法律关系的真实属性应认定为金融借款法律关系，本案应以金融借款法律关系来确定当事人之间的权利义务。一审判决将本案案由确定为金融借款合同纠纷并以金融借款法律关系审理本案并无不当。浦发行郴州分行提出本案是因保理合同法律关系引起的纠纷，案由应确定为合同纠纷的主张不能成立，本院不予支持。

关于湖南铋业公司是否应当承担民事责任以及本案民事责任应当如何承担的问题，本案中，红鹰铋业公司作为金融借款法律关系的直接借款人，没有依约向浦发行郴州分行返还其实际取得的借款并支付相应的利息。湖南铋业公司虽然不是金融借款法律关系中的当事人，但其在未与红鹰铋业公司发生真实货物买卖交易关系的情况下，与红鹰铋业公司签订虚假的基础贸易合同，使浦发行郴州分行有理由相信应收账款真实合法存在而与红鹰铋业公司签订《保理协议书》并发放融资款，客观上造成了浦发行郴州分行的涉案债权失去了应收账款的保障，面临可能落空的风险，故其行为存在过错，根据《民法通则》第106条以及《侵权责任法》第6条第1款的规定，湖南铋业公司应对浦发行郴州分行因此产生的损失承担侵权的民事赔偿责任。因湖南铋业公司与浦发行郴州分行之间不存在直接的合同关系，湖南铋业公司承担民事责任应是基于其侵权行为而产生，且其应承担的侵权责任与红鹰铋业公司应承担的合同责任系在不同发生原因下产生的同一内容的给付，二者之间构成不真正连带债务法律关系，湖南铋业公司应对红鹰铋业公司不能清偿债务部分承担赔偿责任。一审将关联法律关系合并进行审理并无不当，但原审判决由红鹰铋业公司与湖南铋业公司承担共同赔偿责任则无相应法律依据。湖南铋业公司不是保理合同的当事人，不应在本案中直接承担赔偿责任的上诉理由不能成立，本院不予支持。此外，因本案并无证据证明浦发行郴州分行对基础贸易合同虚假是明知的，且在金融借款法律关系中，浦发行郴州分行向红鹰铋业公司发放贷款的行为本身不存在过错。故湖南铋业公司提出浦发行郴州分行在本案中存在过错，应自行承担民事责任的上诉理由不能成立，本院亦不予支持。

关于浦发行郴州分行要求红鹰铋业公司、湖南铋业公司赔偿195000元保理费的主张是否成立的问题，浦发行郴州分行向红鹰铋业公司收取保理费的前提是保理合同法律关系成立并生效。因本案保理合同法律关系没有依法成立，双方之间实际形成的是金融借款法律关系，故浦发行郴州分行收取红鹰铋业公司195000元保理费已无相应的法律依据。浦发行郴州分行仅可就实际发放的贷款本金及利息向红鹰铋业公司、湖南铋业公司主张权利。故对浦发行郴州分行提出应由红鹰铋业公司、湖南铋业公司赔偿其195000元保理费的上诉理由于法无据，本院不予支持。

【案例评析】

根据查明的案件事实，案涉基础交易合同系虚假合同，红鹰铋业公司与湖南铋业公司之间并未发生真实的债权债务关系，故应收账款为虚假。本案所涉保理合同因不存在真实、有效的应收账款而失去了成立基础，不构成保理法律关系。由于双方是以保理之名行借贷之实，故应认定为金融借款法律关系。本案应以金融借款法律关系来确定当事人之间的权利义务。

红鹰铋业公司将虚假的应收账款转让给浦发行郴州分行，应承担违约责任。湖南铋业公司故意与红鹰铋业公司签订虚假贸易合同，导致浦发行郴州分行向红鹰铋业公司发放保理融资款，也存在一定过错，应承担侵权责任。二审判决认为，违约责任与侵权责任系在不同发生原因下产生的同一内容的给付，二者之间构成不真正连带债务法律关系，湖南铋业公司应对红鹰铋业公司不能清偿债务部分承担赔偿责任。笔者认为，上述观点值得商榷。

不真正连带责任是指多数债务人就同一内容之给付，各负全部履行之义务，而因一债务人之履行，则全体债务消灭之债务。[①] 在不真正连带责任中，各个责任人是依自己与权利人之间的法律关系来确定具体的债务，各债务人均负有全部履行义务，权利人可以依不同的法律关系任意选择起诉债务人，该债务人履行完赔偿义务后，可以致使全部债务人与权利人之间的债务消灭。可见，不真正连带责任与补充赔偿责任存在明显区别。二审改判的结果是湖南铋业公司应对红鹰铋业公司不能清偿债务部分承担赔偿责任，按此理解，湖南铋业公司承担的却是补充赔偿责任，难以自圆其说。

（二）应收账款不特定

应收账款除必须真实存在外，还应当具体、明确。应收账款来源于基础合同，应与基础合同相对应，脱离基础合同的应收账款不能成为保理合同的

[①] 郑玉波：《民法债编总论》（修订二版），陈荣隆修订，中国政法大学出版社2004年版，第425页。

标的。应收账款是否特定化？法院应审查案涉基础合同关系的主体、标的、数额、期限等基本要素是否明确，是否能够具体、特定。基础合同约定模糊，无法与保理合同中的应收账款对应，则保理法律关系不能成立。

【典型案例3】应收账款权不具有特定性的，不构成保理法律关系[①]

【基本案情】

2014年4月3日，荣联国际商业保理有限公司（甲方，以下简称荣联保理公司）与天津华实投资有限公司（乙方，以下简称华实公司）签订《国内保理业务合同》，约定：乙方作为销货方以其与购货方之间形成的应收账款，向甲方申请办理有追索权国内保理业务。乙方将应收账款债权及相关权利转让甲方，甲方审查确认后，按照本合同项下每笔应收账款发票对应的保理融资金额之和，给予乙方总额为7000000元的保理融资，保理融资期限为6个月。

《应收账款转让清单》约定：根据乙方办理有追索权保理业务申请，经双方确认，乙方将其与购货方之间形成的应收账款债权及相关权利转让给甲方，由甲方为乙方提供总额为7000000元的保理融资。应收账款债权：1.购货方全称中国人民武装警察部队北京市总队第二医院，应收账款合同编号2013-11-010，应收账款合同金额19860000元，应收账款合同余额6183305.25元，保理融资金额4000000元，贷款利率月息1.2%，利息计收方式按月收取，应收账款催收方式由乙方催收；2.购货方全称中国人民解放军济南军区总医院，应收账款合同编号HTXA-201311，应收账款合同金额20775000元，应收账款合同余额3847520.50元，保理融资金额3000000元，贷款利率月息1.2%，利息计收方式按月收取，应收账款催收方式由乙方催收，融资合计7000000元。华实公司于2014年4月3日盖章确认。

2014年4月4日，荣联保理公司向华实公司支付保理融资款

[①] 天津市滨海新区人民法院（2016）津0116民初2864号民事判决书。

7000000元。

荣联保理公司向法院提起诉讼,请求法院判令:华实公司向荣联保理公司偿还保理融资本金7000000元,及自2015年1月21日起至实际偿还本金之日止的罚息(以未偿还的融资本金7000000元为基数,按年利率21.6%计算,截至2016年10月15日,暂计1775200元)以及自2015年1月21日起至实际给付之日止的复利(以未支付的罚息为基数,按年利率21.6%计算,截至2016年10月15日,复利暂计186800元)。

【法院裁判】

法院判决:华实公司于本判决生效之日起十日内给付荣联保理公司本金7000000元、截至2016年10月15日的利息1775200元、违约金186800元及自2016年10月16日起至实际给付之日止的逾期利息(以本金7000000元为基数,按月利率1.8%的标准计算)。

【裁判理由】

法院判决认为:本案中,尽管原、被告双方签订的合同名称为《国内保理业务合同》,但从作为标的物的应收账款角度分析,双方仅简要列明了购货方全称、应收账款合同编号、应收账款合同金额、应收账款合同余额等内容,并没有明确该基础债权债务关系的标的物、履行期限等基本要素,而第三人中国人民武装警察部队北京市总队第二医院、中国人民解放军济南军区总医院作为基础合同债务人亦否认基础合同的存在,导致该应收账款债权不具有特定性,不符合债权转让的要件;同时,分析该合同的权利义务内容,原告向华实公司提供融资,融资期限为6个月,融资利率为1.2%/月,华实公司实际上依照固定的融资期限而不是依照应收账款的履行期限偿还本息,融资期限与基础债权债务关系的履行期限不具有关联性。因此,结合作为标的物的应收账款的特征及合同的基本权利义务内容,双方的法律关系虽然名为保理,但实际不构成保理法律关系,应当按照借贷法律关系处理。

原告已经向华实公司按时发放融资款7000000元,华实公司未按时履行还款义务，已经构成违约，应当偿还本金及相应的利息和逾期利息。因合同中约定融资利率为1.2％/月，如华实公司未按照本合同的约定偿还融资本金及利息，原告有权在原融资利率基础上加收50％的利率计收逾期利息，所以原告主张融资利息及逾期利息分别以实际借款数额7000000元为基数按月息1.2％和1.8％的标准计算，具有事实和法律依据，本院予以支持，但关于复利的请求，没有法律依据，本院不予支持。原告与华实公司签订《账目确认书》，确认截至2016年10月15日止，华实公司在本案诉争的合同项下尚欠原告本金7000000元，利息1775200元，违约金186800元，该金额亦未超过合同约定的标准，本院予以确认。2016年10月16日起至实际给付之日止的逾期利息，以未还本金7000000元为基数，按照月利率1.8％的标准计算。

【案例评析】

应收账款应特定化，只有特定化的应收账款才具有转让的意义。从本案保理合同的约定来看，基础合同项下的应收账款约定比较模糊，并不具体、明确。保理融资期限与应收账款履行期限不具有关联性，华实公司实际上是依照固定的融资期限而不是应收账款履行期限偿还本息。保理商在不能举证证明应收账款可特定的情况下，应承担不利责任。故，法院认定本案保理合同因案涉应收账款不具有特定性而不构成保理法律关系。

（三）未来应收账款问题

司法实践中，对未来应收账款是否可以作为保理合同的标的争议比较大，这也是很多保理商共同关心的问题。

1. 未来应收账款的定义

未来债权可分为有基础的未来债权和无基础的未来债权。有基础的未来债权又包括附停止条件或附始期债权以及现存长期债权关系，后者则为待缔结契约的债权。①有基础的未来债权,是指在签署转让未来债权的相关合同的时点上,产生该债权的基础法律关系业已存在,仅需要某些特定事实的发生就能产生的债权,或者只有部分法律关系的要件存在,债权的最终发生还需要在将来补足相关要件,将来是否发生该债权具有一定或然性的债权。无基础的未来债权,是指在签署转让未来债权合同时,产生该债权的基础法律关系尚不存在,仅具备将来发生可能性的债权,这类债权虽不存在相应的基础法律关系,但往往具有一定的基础事实,或具备相关的长时间持续性经济关联或合作关系。

何为未来应收账款?有观点提出,未来应收账款系指现在还不存在,但将来有可能发生的应收账款。未来应收账款也可依是否有基础法律关系分为现有应收账款和未来应收账款。根据《联合国国际贸易应收账款转让公约》第5条对"现有应收账款"和"未来应收账款"所作的区分,现有应收账款系指转让合同订立时或此前产生的应收款,未来应收账款系指转让合同订立后产生的应收款。依此定义,现有应收账款是指在签订转让合同时,产生该应收账款的基础法律关系已存在,但尚欠缺某个成立要件,需待特定事实发生,应收账款才能产生,包括附停止条件或附起始期限的应收账款。比如,买方甲通过赊销方式和卖方乙签订一份《货物销售协议》,协议约定乙于8月1日把货物交付给甲,甲于8月30日向乙支付货款。那么,以8月1日为界,在交货之前,乙针对这笔应收账款就是未来应收账款,在8月1日交货后到8月30日收到货款这段时间内就是应收账款。其中,乙是否向甲交付货物为应收账款能否产生的要件,交付之前为未来应收账款,交付之后,就成为现有应收账款。

崔建远教授则持不同观点,其认为,未来债权是指债权转让时尚不存在的债权,不应包括已经存在只是其实现取决于有关条件的成就或始期届至的

---

① 黄立:《民法债编总论》,中国政法大学出版社2002年版,第616页。

类型。附条件或附始期的债权应属于既存债权。比如，天津乾坤特种钢铁有限公司（以下简称乾坤公司）作为出卖人与中再资源再生开发有限公司（以下简称中再公司）作为买受人于2013年1月2日签订工业品买卖合同，约定买卖物为20#圆坯3万吨，单价为每吨4200元，总价款为1.26亿元。北京银行股份有限公司天津和平支行（以下简称北京银行）与乾坤公司于2013年3月6日签订有追索权保理合同，约定乾坤公司将其对中再公司的应收账款转让给北京银行。同日，乾坤公司和北京银行联合向中再公司发出应收账款债权转让通知书，告知中再公司上述工业品买卖合同项下应收账款债权已经转让给北京银行。中再公司发给乾坤公司及北京银行回执，称已经收到该通知书，并确认同意其内容。在北京银行向中再公司主张应收账款债权的诉讼中，天津市高级人民法院（2015）津高民二初字第0027号民事判决认为，如果乾坤公司已经根据案涉工业品买卖合同的约定向中再公司交付了圆坯，那么案涉应收账款为既存的或真实存在的，反之，如果乾坤公司尚未向中再公司依约交付圆坯，则该应收账款为未来应收账款。崔建远教授认为，该判决中所谓的未来应收账款之说是错误的。未来债权仅指债权转让时尚不存在的债权，不包括已经存在只是其实现取决于有关条件的成就或始期届至的类型。附条件的债权、附始期的债权属于既存债权。工业品买卖合同自缔约人签字盖章时就已经生效，其项下的应收账款即告存在，而非未来应收账款。虽然该应收账款债权在乾坤公司交付圆坯前后确有差异，但该差异仅仅在于所附负担不同。换言之，对抗该债权的抗辩及抗辩权不同。在交付圆坯之后，中再公司不再享有同时履行抗辩权、先履行抗辩权，北京银行请求中再公司支付应收账款的，中再公司无理由拒绝。在交付圆坯之前，北京银行请求中再公司支付应收账款，中再公司有权拒付。即使是后一种情形，应收账款债权也是真实存在的，且为已届清偿期的债权，并非未来债权。①

---

① 崔建远：《关于债权质的思考》，载《法学杂志》2019年第7期。

对保理中未来应收账款的理解，还需回归行业规定之中。《商业银行保理业务管理暂行办法》第13条第2款规定："未来应收账款是指合同项下卖方义务未履行完毕的预期应收账款。"依上述规定，"卖方义务履行完毕"是现有应收账款与未来应收账款的分界。如果卖方义务已履行完毕，则为现存应收账款，如果未履行完毕，则为未来应收账款。故，笔者倾向于将保理中所谓的未来应收账款理解为有基础法律关系的未来应收账款，待卖方义务履行完毕，该未来应收账款就能转化为现有应收账款。

2. 未来应收账款能否叙做保理业务

关于未来应收账款能否叙做保理业务的问题，在实践中有不同的认识。

反对的理由主要有：（1）未来应收账款的金额不确定、产生时间不确定，以这种应收账款叙做保理业务会面临如何公示、如何监控、如何实现等一系列问题，不宜开展保理业务。（2）以不确定的债权作为保理合同的标的是变相的融资行为。如果允许未来应收账款叙做保理，相当于鼓励当事人之间虚构应收账款变相进行借贷。（3）《银监会关于加强银行保理融资业务管理的通知》（银监发〔2013〕35号）第6条规定："银行不得基于以下内容开展保理融资：不合法基础交易合同、代理销售合同、未来应收账款、权属不清的应收账款、因票据或其他有价证券而产生的付款请求权等。其中，未来应收账款是指依据合同项下卖方的义务未履行完毕的预期应收账款。"《商业银行保理业务管理暂行办法》第13条第1款规定："商业银行不得基于不合法基础交易合同、寄售合同、未来应收账款、权属不清的应收账款、因票据或其他有价证券而产生的付款请求权等开展保理融资业务。"上述规定均明确禁止商业银行以未来应收账款叙做保理业务。（4）以未来应收账款叙做保理业务本质上属于附期限并附条件的债权转让，一旦卖方未全面履行基础合同义务，则该预期债权无法成为现实债权，其转让效力无法及于债务人。该合同仅约束保理商与未来应收账款的转让方，实质上是以预期债权为担保的借款或者其他法律关系，不属于保理合同法律关系。①（5）将来的债权届时能否存在，不确定性很大，以此类债权作为让与合同的标的物，使受让人承受了较大风险。除非债权让与合同明确约定将来的债权作为标的物，且不违反强制性规定，不损害社会公共利益，不违背社会公德，原则上不承认将来的债权作为让与合同的标的物。②

笔者以为，有基础法律关系的未来应收账款可以叙做保理业务，主要基于以下理由：

（1）与《商业银行保理业务管理暂行办法》第13条规定不同，《中国人民银行应收账款质押登记办法》第2条规定，应收账款包括现有的和未来的金钱债权，明确未来应收账款可用于质押。全国人大常委会法工委在《中华人民共和国物权法释义》一书中对该法第223条应收账款的概念进行释义时明确，"应收账款实质上属于一般债权，包括未产生的将来的债权，但仅限于金钱债权。"最高人民法院明确表示未来的应收账款可用于担保。理由在于，实践中多数应收账款是不断发生的。对企业和银行来说，这种不断发生的应收账款恰恰是最有担保价值的，应当允许将来发生的应收账款作担保。③《民法典》第440条第（6）项已明确规定"现有的以及将有的应收账款"可以出质。基于"可质押即可转让"的原理，未来应收账款也应允许叙做保理业务。

（2）允许未来应收账款叙做保理符合国际惯例。国际公约对应收账款的规定有一定差别，但共同之处是，应收账款既包括现有的债权，也包括将来发生的债权。《国际保理公约》和《联合国国际贸易中应收账款转让公约》

---

① 冯宁：《保理合同纠纷案件相关法律问题分析》，载《人民司法·应用》2015年第17期。

② 崔建远：《合同法学》，法律出版社2015年版，第183页。

③ 最高人民法院物权法研究小组编著：《中华人民共和国物权法条文理解与适用》，人民法院出版社2007年版，第672页。

均未禁止未来应收账款转让。在国际保理实践中，保理商承购包括现有的应收账款和未来应收账款，并且未来应收账款占有相当的比重。《国际保理公约》第5条规定："在保理合同双方当事人之间：①保理合同关于转让已经产生或将要产生的应收账款的规定，不应由于该合同没有详细列明这些应收账款的事实而失去其效力，如果在该合同订立时或这些应收账款产生时上述应收账款可以被确定在该合同项下的话。②保理合同中关于转让将来所产生应收账款的规定可以使这些应收账款在其发生时转让给保理商，而不需要任何新的转让行为。"《联合国国际贸易中应收款转让公约》第8条第2款也规定："除非另行议定，一项或多项未来应收款的转让无须逐项应收款转让办理新的转移手续即可具有效力。"在比较法上，无论是英美法系还是大陆法系，未来应收账款转让的效力经历了否定、争议而至肯定的阶段。《美国统一商法典》也规定："未来的权利可以转让，此种权利的受让人可以获得优先于大多数权利要求人的权利，只要有关的文书是适当填写的"；"一项担保协议可以规定以日后取得的担保物作为担保协议中全部或部分债务的担保，而不需保理人采取进一步行为。因此，如果在协议中对将被让与的债进行充分描述以便于在其产生时能被让与，这一点是可以接受的。"在德国与法国，虽然民法典没有明确规定未来应收账款可以让与，但在实践中亦被认可。

（3）允许未来应收账款转让符合保理业发展需要。只要债权在将来的发生具有可确定性，这种债权仍然具有财产价值，可以成为转让的对象，具有可让与性。更何况禁止未来应收账款转让只是银保监会对银行的要求。目前，并无明文禁止商业保理公司不能以未来应收账款叙做保理业务。理论界有观点提出，对于未来债权的转让，如果已有合同关系存在，但需要等待条件成就或期间经过才能转化为现实债权的，因其体现了一定的利益，具有转化为现实债权的可能性，从鼓励交易的角度出发，应允许此类债权转让。

比如，集合债权可以在整体上构成让与的对象。集合债权中既可以有现实存在的债权，也可以包括将来的债权。① 在批量保理（又称一揽子保理）中，保理商受让权利人因提供货物、服务或设施而产生的全部或一系列应收账款，往往涉及"未来债权"的转让，保理商一般要对债务人核对一定的信用额度（Credit Line），在信用额度内全部叙做保理。批量保理可以通过"一揽子"转让，以收回的账款冲销信用额度，维持信用流动，更加便利商业运营。鉴于批量保理的简便性，不少保理商都倾向于开展此种保理业务。在保理合同中对未来应收账款债权的要素作出约定，只要该未来应收账款与保理合同有着明确的对应性和可识别性，就能既保护当事人各方利益又能促进保理行业的发展。② 承认包括未来应收账款在内的一揽子保理的效力，有利于简化手续和降低成本，增强企业的融资能力，也符合应收账款流动资产的特点。银保监会对未来应收账款的限制规定不符合以促进债权流转为中心的国际立法趋势，也与保理业务的自身发展规律相悖，似不宜维持。③

（4）允许未来应收账款叙做保理也符合审判实践。关于出卖人在出卖标的物时未取得所有权的买卖行为的效力如何认定的问题，《买卖合同解释》第3条第1款规定："当事人一方以出卖人在缔约时对标的物没有所有权或者处分权为由主张合同无效的，人民法院不予支持。"可见，司法解释没有否定该处分行为的法律效力。同理，债权人将未来应收账款转让给保理商亦应有效。根据2015年12月第八次全国民商事审判工作会议精神，对于未来债权能否作为保理合同的基础债权的问题，在保理合同订立时，只要存在基础合同所对应的应收账款债权，则即使保理合同所转让的债权尚未到期，也不应当据此否定保理合同的性质及效力。《天津高院保理纪要（一）》第1

---

① 韩世远：《合同法总论》（第三版），法律出版社2011年版，第470页。
② 黄斌：《国际保理业务中应收账款债权让与的法律分析》，载《清华大学学报（哲学社会科学版）》2006年第2期。
③ 孙超：《保理所涉纠纷中的利益衡量与裁判规则》，载《人民司法·案例》2016年第32期。

条允许债权人将现有的或将来的应收账款债权转让给保理商。《深圳前海法院保理裁判指引》第2条亦认可未来应收账款属于保理业务范围之内。可见，司法实践对未来应收账款能否叙做保理的问题持宽容态度。

根据保理合同的立法定义，以未来应收账款叙做保理符合法律规定。《民法典》第545条（《合同法》第79条）中"债权（合同的权利）"并未指明是否包括未来债权，但根据《民法典》第761条对保理合同之定义，应收账款包括"现有的或者将有的应收账款"。

当然，如果允许保理商随意以未来应收账款叙作保理，将会增加虚构应收账款的风险。从司法实践情况来看，虚假应收账款已经成为行业的痼疾。未来应收账款本身的不确定性无疑会增加应收账款虚构的风险。因此，有必要对立法中的未来应收账款的含义进行限缩解释。笔者认为，适格的未来应收账款应满足以下条件：

①未来应收账款应合法、真实、有效。真实的基础交易合同是产生未来应收账款的前提。由于未来应收账款具有较大的虚构风险，对未来应收账款的真实性要重点关注。法院要重点审查与未来应收账款对应的基础交易合同的真实性。如果基础交易合同是虚构的，就不可能产生未来应收账款。保理商在基础交易合同真实有效的前提下，可以根据债权人历史上相同或相似的交易信息，合理预测应收账款被履行的可能性，并根据该可能性确定保理合同的融资额度、融资期限等。

②未来应收账款应具备一定的确定性。未来应收账款因具有较强的不确定性应给予格外关注。在给予未来应收账款生存空间的同时，也不能忽视其不确定性会产生的不利影响。首先，对确定性的把握应在合理限度之内。对未来应收账款不宜要求过于严格，不能将未来应收账款的确定性等同于现有的应收账款。保理中未来应收账款的确定性标准并不需要达到一般民事法律关系对客体明确、确定的程度。未来应收账款可以在性质、种类、发生期间、债务人及最高数额等方面作出一定程度的确定概括，不要求未来应收账

款具有事先的、完全个别化的可能，而是能在事后形成个别化的应收账款的可能即可。①根据立法机关的释义，未来应收账款的特定化并非在债权转让合同或保理合同签订时已经被特定化，而是在未来应收账款实际产生时能够被识别为被之前订立的债权转让合同或保理合同所涉及。②有观点认为，未来应收账款的可期待性，是指虽然保理合同订立时该未来应收账款尚未产生，但于保理合同确定的未来时点其将会发生，保理商对该应收账款有合理期待；可确定性是指该未来应收账款产生时，其可被直接确定为属于保理合同所转让的债权范围。人民法院在认定是否属于《民法典》第761条所规定的"将有的应收账款"时，可根据未来应收账款的交易对手、交易标的、合同性质、历史交易数据等要素，综合判断其可期待性与可确定性。③其次，未来应收账款最迟应在法庭辩论终结前能确定下来。法院判决是基于确定的应收账款作出。如果在合同订立之时不确定的未来应收账款在法庭辩论终结前尚未产生或无法确定，保理商将无法向债务人主张清偿债务，法院也无从判决。

关于未来应收账款的确定性，可根据个案具体情况综合认定。一是考虑交易标的及交易对手，如以高速公路通行费等特许经营收入为交易标的，其业务性质具有相对的稳定性，交易对手虽也涉及不特定的多数人，但结合交易标的的性质，其整体营业收入是相对稳定的，因此这类应收债权具有较高的确定性。二是考虑交易的时间跨度及交易频率，如有的应收账款产生于债权人与债务人间的长期固定业务合作收入，时间跨度较长且交易金额、频次

---

① [德] 罗尔夫·施蒂而纳：《德国视角下的中国新物权法》，王洪亮译，转引自张双根主编：《中德私法研究（第5卷）》，北京大学出版社2009年版，第116页。

② 黄薇主编：《中华人民共和国民法典合同编释义》，法律出版社2020年版，第602页。

③ 李志刚：《〈民法典〉保理合同章的三维视角：交易实践、规范要旨与审判实务》，载《法律适用》2020年第15期。

均相对稳定，已形成了稳定的交易关系，则该类应收债权的确定性较高；而若交易时间跨度较短，且交易金额波动较大的，则应收账款的确定性程度较低。①

③未来应收账款应具有合理的可期待性。虽然对未来应收账款的确定性可适当放松要求，但这种不确定性还应当以合理可期待性为前提。未来应收账款是指合同项下卖方义务未履行完毕的预期应收账款，属于将来债务，为尚未实际产生但于将来可能产生之债权，本质上属于一种期待权。在未来债权具有合理可期待性的前提下，期待利益转化为完整债权具有相当的可能性，才可以作为期待权进行转让。

保理商对这种未来债权应具有合理期待，此种期待即成为一种期待权益，比如基于同一债权人连续提供同类商品、服务所形成的多份基础合同项下的多笔应收账款。应收账款如缺乏合理可期待性，就不能产生相应期待利益，其转让效力则不应被法律所承认。不难发现，有基础法律关系的未来债权的可期待性明显高于无基础法律关系的未来债权。故，未来应收账款应限于有基础法律关系的情形。无基础法律关系的未来应收账款，即纯粹的未来应收账款不适合叙做保理业务。

【典型案例4】未来应收账款因不具有合理可期待性，不构成保理法律关系②

【基本案情】

卡得万利商业保理有限公司（以下简称卡得万利保理公司）与福建省佳兴农业有限公司（以下简称佳兴农业公司）于2014年11月12日签订《商

---

① 参见《上海市浦东新区人民法院2014~2019年涉自贸区商业保理案件审判情况通报》。

② 一审：上海市浦东新区人民法院（2015）浦民六（商）初字第6975号民事判决书；二审：上海市第一中级人民法院（2015）沪一中民六（商）终字第640号民事判决书；申诉：上海市高级人民法院（2016）沪民申2374号民事裁定书。

业保理申请及协议书》，约定：佳兴农业公司通过转让其POS机上形成的所有应收账款及其收款权利，获得临时应急资金。第1.1条约定，账款是指佳兴农业公司在营业执照核定的经营范围内出售商品或提供服务，并使用POS机收款工具所形成的账款；第1.3条约定，权利是指一切和收取账款有关的权利，包括但不限于收银台所有权、POS机具安装使用权、收银员派驻权、收款方式选择权以及回款账户指派权；第1.4条约定，预支对价款（融资对价款）是指卡得万利保理公司按受让合格账款的一定比例计算的预支金额，佳兴农业公司以每日等额或等比的方式归还，并设有每月最低还款额；第1.5条约定，剩余对价款是指卡得万利保理公司实际收到的受让账款扣除佳兴农业公司应归还的预支对价款及相关费用后的剩余金额；第1.2.1条约定，卡得万利保理公司在协议期限内批量受让佳兴农业公司的合格账款及权利，但对已设定抵押权、质权、其他担保物权、任何第三方权利、其他优先受偿权以及权属不清的账款除外；第1.2.2条约定，卡得万利保理公司向佳兴农业公司一次性支付预支对价款，剩余对价款在收到受让账款后支付；第2.2.1条约定，佳兴农业公司同意按预支对价款的一定比率，向卡得万利保理公司支付保理手续费，在收到预支对价款时，一次性付清；第2.2.2条约定，佳兴农业公司据实支付在商业保理过程中，被其他有关部门收取的各项费用，如中国人民银行征信中心的登记公示费用和信息提供机构的查询费用等（如有）；第8.2条约定，佳兴农业公司未能归还卡得万利保理公司每月最低还款额属于违约事件；第8.3条约定，佳兴农业公司在到期日，未能按期足额归还卡得万利保理公司的预支对价款及相关费用属于违约事件；第9.2条约定，发生违约事件的，卡得万利保理公司将每日按预支对价款的一定比率，向佳兴农业公司收取逾期违约金；第5.1条约定，当佳兴农业公司不能按期足额归还卡得万利保理公司的预支对价款及相关费用时，佳兴农业公司法人（或实际申请人）负有不可撤销的无限担保责任和代偿责任；第10.4条约定，佳兴农业公司授权卡得万利保理公司通知佳兴农业公司的收单机构将POS机结算账户改为卡得万利保理公司保理账户。

在卡得万利保理公司与佳兴农业公司开展业务的过程中，存在两份《商业保理协议书》，佳兴农业公司及其法定代表人在该两份《商业保理协议书》均盖章并签名，其中一份《商业保理协议书》第2.2.3条约定："逾期违约金：在约定的期限内，甲方收到的账款不足以归还预支对价款时，乙方须按预支对价款的一定比率，每日向甲方支付逾期违约金"；另一份第2.2.3条约定："逾期违约金：在约定的期限内，甲方收到的账款并足以归还预支对价款时，乙方须按预支对价款的一定比率，每日向甲方支付逾期违约金"，其余条款均一致。同日，卡得万利保理公司与佳兴农业公司签订《商业保理确认书》，约定合同到期日为2015年3月10日；商户编码为8983501076300××；承购账款总额为2293292元，融资对价款为538000元；保理手续费为2%每月，保理手续费总计32280元；逾期违约金为每日按融资对价款的5‰，每日2690元；人行登记费100元。

卡得万利保理公司于2015年1月14日在中国人民银行征信中心办理了动产权属统一登记——初始登记，载明出让人为佳兴农业公司，受让人为卡得万利保理公司，转让合同号码为BFJ20141100405998，转让财产价值为2293292元，转让财产描述为佳兴农业公司从2014年12月8日起至2015年3月7日经营期间内通过银联商务有限公司的POS机（商户编号8983501076300××）产生的所有应收刷卡交易额。卡得万利保理公司在约定的538000元融资对价款中扣除保理手续费32280元及中国人民银行登记费100元后，于2014年12月8日向佳兴农业公司支付融资对价款505620元。

案涉《商业保理申请及协议书》及《商业保理确认书》签订后，卡得万利保理公司自佳兴农业公司的POS机中收取的收单清算金额为93977.76元，向佳兴农业公司支付的剩余对价款为2138.51元，即佳兴农业公司已经向卡得万利保理公司偿付91839.25元。

因佳兴农业公司未能继续完全偿付，卡得万利保理公司向法院提起诉讼，请求判令佳兴农业公司向其返还保理融资款及逾期违约金。

【法院裁判】

一审法院判决：佳兴农业公司向卡得万利保理公司偿付融资对价款446160.70元并支付自2015年3月11日起至实际清偿之日止的违约金。

佳兴农业公司不服一审判决，向上海市第二中级人民法院提起上诉，二审改判如下：1.撤销一审判决；2.佳兴农业公司向卡得万利保理公司返还借款本金413780.75元；3.佳兴农业公司向卡得万利保理公司赔偿上述钱款自2015年3月11日起至实际清偿之日止的利息损失（按中国人民银行同期银行贷款利率计算）。

卡得万利保理公司不服二审判决，向上海市高级人民法院申请再审，法院裁定：驳回其再审申请。

【裁判理由】

本案争议焦点为卡得万利保理公司与佳兴农业公司之间是否构成保理法律关系。一、二审法院对此产生了分歧。

一审判决认为：卡得万利保理公司与佳兴农业公司签订涉案《商业保理申请及协议书》《商业保理确认书》，约定佳兴农业公司通过转让其POS机上形成的所有应收账款及其收款权利，获得临时应急资金，这些应收账款在合同签订时虽尚未实际发生，但佳兴农业公司自愿转让该些未来可能发生的账款以获取融资对价款，事实上佳兴农业公司的POS机在约定时间内也确实产生了账款，该账款是否即时结清，并不影响账款存在的事实。同时，即使实际产生的账款金额低于卡得万利保理公司承购账款的总额，或低于中国人民银行征信中心登记的转让财产价值，也应当认为是卡得万利保理公司与佳兴农业公司在签订合同时高估了未来可能发生的账款的实际价值，而不应认为卡得万利保理公司承购的账款或中国人民银行征信中心登记的内容系虚假的。因此，卡得万利保理公司与佳兴农业公司就一定期限内的POS机账款转让达成合意，法律对此亦未进行限制或禁止，故涉案《商业保理申请及协议书》《商业保理确认书》系当事人真实意思表示，内容不违反法律、行政法规的强制性规定，合法有效，当事人理应恪守。卡得万利保理公司的员工在其电话录音中对合同关系的口头表述，不足以改变卡得万利保理公司及佳兴农业公司通过书面合同确定的真实意思。因此，佳兴农业公司认为卡得万利保理公司承购的账款是虚假的，双方实际为借贷关系的辩称意见，不予采纳。

案涉《商业保理申请及协议书》《商业保理确认书》足以证明卡得万利保理公司与佳兴农业公司对保理手续费计算的约定是以融资对价款538000元的2%每月计算，三个月共计32280元，同时，卡得万利保理公司与佳兴农业公司就保理手续费、中国人民银行登记费用的收取方式亦已达成一致。因此，卡得万利保理公司在向佳兴农业公司支付融资对价款时扣除约定金额的保理手续费及中国人民银行登记费用，并无不妥，卡得万利保理公司主张佳兴农业公司返还全部融资对价款538000元扣除佳兴农业公司已经归还的91839.25元后的剩余部分，予以支持。佳兴农业公司主张应返还的款项为415048.13元，缺乏合同及事实依据，不予采纳。

二审判决认为：本案双方当事人所订契约既以商业保理为名，现卡得万利保理公司亦主张双方当事人间系商业保理法律关系并据此提起本案诉讼，故首先应审查我国现行法律体系中商业保理法律关系的基本要素，并在此基础上认定卡得万利保理公司主张之商业保理法律关系是否成立。同时，佳兴农业公司既主张双方当事人间实质系借款法律关系，如卡得万利保理公司主张之商业保理法律关系不能成立的，则应审查双方当事人间是否构成借款法律关系，该种借款法律关系的效力及双方当事人应在该种关系项下承担何种民事责任。就何谓商业保理，我国现行法律法规尚无明确规定，但鉴于该种商业模式已普遍存在于社会经济生活中，并有相应国际惯例、国际公约等规则予以规范，故在法无明文规定的情况下，可结合民法基本原理、该种商业模式之起源及发展、现行各类商业惯例，并参照相应国际规则对本案是否构成商业保理法律关系予以认定。

同时，卡得万利保理公司所处中国（上海）自由贸易试验区曾由其管理委员会发布《上海市中国（上海）自由贸易试验区商业保理业务管理暂行办法》（以下简称《管理办法》）。而依照国务院相关政策规定，该区内的商业规范具有较大自由度，可由其管理部门在职权范围内自行制定并适用，故该管理办法在自由贸易区内具有相应法律约束力，区内商事主体依照此种规则开展商业活动的，应依照该规则对其行为性质及效力予以认定，故该管理办法亦可作为认定本案是否构成商业保理法律关系的依据。《管理办法》第2条规定："商业保理为非银行机构的保理商与供应商通过签订保理协议，供应商将现在或将来的应收账款转让给保理商，从而获取融资，或取得保理商提供的分户账管理、账款催收、坏账担保等服务。"据此规定，可认定该自由贸易区内的商业保理活动系非银行机构的当事人以转让现在或将来应收账款为对价，从而获取融资或服务的商业活动。该规定对商业保理所做界定与目前国际商业活动中通行的商业保理国际惯例及相应国际公约规定基本一致，可作为本案认定依据之一，据此可认定该自由贸易区内的商业保理系以债权转让及获取融资或服务为核心的商业活动。

而纵观前述国际规则、现行商业惯例及商业保理之发展轨迹，亦均系以债权转让作为商业保理法律关系成立之前提，故相应债权是否具备可转让性系构成商业保理法律关系的首要基础。据此本院认为，认定本案中双方当事人之间是否构成商业保理法律关系，首先应审查本案所涉债权是否具备相应可转让性。依债权在转让时是否已真实成立，可将待转让之债权分为已成立债权及尚未成立债权，已成立之债权除法定或约定不得转让的外，均具备相应可转让性；尚未成立之债权，应属将来发生之债，其对应基础法律关系一部或全部尚未完全成立，故该种将来债权是否具备可转让性尚需视具体情况予以分析。所谓将来债权者，是指尚未实际成立但于将来可能成立之债权，其法律属性并非当事人缔约时既有现实存在之权利，而系将来可能存在之权利。民事主体固不能将乌有之权利转让他人，但如民事主体对该种将来债权具有合理期待的，则此种期待即成为一种期待权益，受法律保护（例如基于同一债权人连续提供同类商品、服务所形成的多个基础合同项下的多笔应收账款）。又因该种将来债权一般应具备财产价值，故民事主体转让此种具有经济价值的期待利益并无不当，其效力应予承认。然而，并非所有民事主体之期待均受法律保护，期待如缺乏合理性的，则民事主体不能因此种期待而生相应期待利益，其行为效力不应被法律所承认。故特定将来债权是否具备期待利益，其转让行为是否受法律保护，应以该特定将来债权是否具有足够合理可期待性为判断依据。

就本案而言，依照系争《商业保理申请及协议书》之约定，佳兴农业公司将其"POS机上形成的所有应收账款及其收款权利"转让予卡得万利保理公司，并据此从卡得万利保理公司处获取资金。鉴于佳兴农业公司转让的应收账款所基于的交易事实及其收款权利均发生于系争《商业保理申请及协议书》缔约之后，故佳兴农业公司转让的前述应收账款及其权利应系一种将来发生的债权。卡得万利保理公司主张本案诉争将来债权即属前述《管理办法》所规定之将来应收账款，对此本院认为，将来应收账款虽属将来债权之一种，但如前所述，并非所有将来债权均具备可转让性。鉴于前述《管理办法》并未对将来应收账款之概念予以明确，故佳兴农业公司所转让之将来债权是否可归入前述《管理办法》所称将来应收账款之范畴，尚应结合商业保理法律关系中可转让之将来债权的性质及系争《商业保理申请及协议书》之约定予以综合认定。

本案所涉将来债权，系佳兴农业公司于未来商业活动中可能产生的约定金额之债，该种约定金额的将来债权是否具有合理可期待性质，应以此类将来债权是否具有相对确定性为主要判断依据。如该种将来债权毫无可确定因素的，则对该种将来债权的期待亦难言合理，民事主体亦不得因此而生相应期待利益。故欲对本案系争将来债权予以确定，首先应以佳兴农业公司此前经营状况为依据。现系争《商业保理申请及协议书》及其附件虽对佳兴农业公司此前经营状况予以记载，并以此为基础推算出可转让将来债权金额，但佳兴农业公司已自认前述记载的经营状况并非真实，卡得万利保理公司亦未对此予以必要的核查，故双方当事人仅据此种虚假记载并不足以对本案所涉将来债权产生合理期待，亦不具备将诉争将来债权转让他人之基础。同时，系争保理协议及其附件除前述经营状况外，仅就所涉将来债权作了期间上的界定，对于交易对手、交易标的及所生债权性质等债之要素均未提及，亦无其他可对该将来债权予以确定的约定，故在现有证据条件下，难以认定本案所涉将来债权已相对确定，据此亦无法认为，本案所涉将来债权具备合理期待利益，可对外转让。本院注意到，本案所涉将来债权虽已在中国人民银行征信中心予以登记，但该种登记事项仅具对外公示效力，其意义在于保护善意第三人权益，且登记债权的真实性与可确定性亦非中国人民银行征信中心审查范围，故仅凭该种登记亦不能认定本案所涉将来债权即具备可转让性。

尚需指出的是，将来债权的转移，系民事主体对其期待权利的处分行为，该转让行为之法律特性应为准物权行为。而准物权行为发生法律效力需以物之实际存在为前提，故此种转让行为应于将来债权实际发生时始生效力。如该将来债权到期未发生的，则转让行为因标的物自始不能而应归于无效，故转让将来债权时，相应转让契约虽于订立时即生效，但转让行为之效力并非当然同时生效，其效力尚处于待定阶段。

就本案而言，即使卡得万利保理公司主张之商业保理法律关系成立，因双方当事人约定之将来债权仅有部分发生，则系争《商业保理申请及协议书》约定之债权转让亦仅有部分发生效力，卡得万利保理公司亦不得据此主张其全部合同权利。此外，卡得万利保理公司作为本案系争《商业保理申请及协议书》的格式文本制订者，已于二审庭审中确认，佳兴农业公司获取卡得万利保理公司融资款项后，如相应将来债权未实际发生的，佳兴农业公司并无回购该种债权之合同义务，据此可认定，如本案双方当事人间确系商业保理法律关系的，则应系一无追索权之商业保理法律关系。依一般商业惯例及相应国际规则，此种无追索权之商业保理法律关系中，客户的主合同义务仅为出让债权，以被出让之债权作为获取融资或服务之对价，如被出让之债权未能实现的，相应信用风险亦转移由保理商承担，客户无需就此承担相应民事责任。而依本案系争《商业保理申请及协议书》之约定，佳兴农业公司出让本案所涉将来债权后，仍需以定期定额方式向卡得万利保理公司承担相关融资款的还款义务。该还款义务不仅以卡得万利保理公司所付融资金额为基础计算，且无论应收账款是否实际发生，均不影响佳兴农业公司上述还款义务的承担。依照上述约定，本案所涉将来债权如未能按期发生的，佳兴农业公司在已出让将来债权的情况下，还需通过承担上述还款义务弥补卡得万利保理公司因受让债权未实际发生所致损失；佳兴农业公司上述合同义务实质导致相应信用风险并未发生转移，显然与无追索权之商业保理法律关系不符。鉴于当事人间权利义务内容亦系认定其法律关系的重要依据，故据此也可认定佳兴农业公司和卡得万利保理公司间并非成立商业保理法律关系。

综上，系争《商业保理申请及协议书》约定之未来应收账款不具有合理可期待性及确定性，故其不具可转让性，且佳兴农业公司、卡得万利保理公司合同权利义务亦与商业保理法律关系不符，故本院认为，佳兴农业公司与卡得万利保理公司间依据系争《商业保理申请及协议书》不能成立商业保理法律关系。佳兴农业公司与卡得万利保理公司间既非商业保理法律关系，则应依照双方间实际权利义务确定其法律关系性质。依照系争《商业保理申请及协议书》之约定，佳兴农业公司取得卡得万利保理公司支付之融资钱款后，佳兴农业公司需定期定额向卡得万利保理公司承担相应还款义务，且佳兴农业公司如依约履行前述还款义务的，则合同到期后，佳兴农业公司实际将全部返还自卡得万利保理公司取得之融资款项，同时，佳兴农业公司尚需向卡得万利保理公司支付按每月2%计算的保理手续费。如是，则合同期满后的法律后果为,佳兴农业公司将其从卡得万利保理公司处取得的钱款全部返还予卡得万利保理公司,并另行向卡得万利保理公司支付每月2%的其他费用。佳兴农业公司与卡得万利保理公司间约定的该种融资方式、还款方式及相应的法律后果实际与《合同法》第196条规定之借款合同无异,故应认定佳兴农业公司与卡得万利保理公司间实际系构成借款法律关系。

当然,一般借款法律关系中,借款人并无向出借人转让其将来应收账款之合同义务,系争《商业保理申请及协议书》此节约定似与借款法律关系有所出入。对此本院认为,民事主体出让将来应收账款的,固有可能构成债权转让行为,但亦有可能系以该种被转让之将来应收账款作为另一债务之担保,区分上述两种情形,应以被转让之将来应收账款在不同法律关系中的法律性质为依据,即被转让之将来应收账款究系合同主要标的物,还是作为另一主债务之担保物。就本案情形而言,鉴于当事人约定转让之将来应收账款的信用风险实际并未转移至卡得万利保理公司处,卡得万利保理公司获得的收益亦非通过受让应收账款而实现,而是佳兴农业公司为取得融资款而支付的保理手续费用,故应认定本案所涉将来应收账款并非系争《商业保理申请及协议书》的主要标的物,而应仅系佳兴农业公司为取得卡得万利保理公司融资款项而提供的担保物。据此可认定,本案双方当事人间虽有转让应收账款之约定,但该种约定并不影响双方当事人间借款法律关系之性质。前述《管理办法》第6条规定:从事商业保理业务的企业不得从事下列活动:…(二)发放贷款或受托发放贷款;…。本案双方当事人间即系借款法律关系,则卡得万利保理公司开展此种名为保理实为借贷之业务已违反上述强制性管理规定,据此应认定本案双方当事人间借款关系无效。

上海市高级人民法院裁定认为:二审判决书中阐明,在我国现行法律法规尚无明确规定的情况下,可结合民法基本原理及商业惯例等因素综合认定商业保理法律关系,并无不当,本院予以确认。中国(上海)自由贸易试验区管理委员会于2014年2月21日发布的《管理办法》第2条对商业保理的界定，因与目前国际商业活动中通行的商业保理国际惯例及相应国际公约规定基本一致，且涉案业务发生于《管理办法》有效期内，卡得万利公司又系登记注册在中国（上海）自由贸易试验区的企业，故二审法院将《管理办法》作为认定商业保理关系成立与否的综合判断因素之一，并无不当，本院予以确认。二审法院结合民法基本原理及商业惯例等因素，综合认定系争《商业保理申请及协议书》约定之未来应收账款不具有合理可期待性及确定性，故其不具可转让性，佳兴农业公司与卡得万利保理公司之间不能成立商业保理法律关系，并无不当，本院亦予确认。

【案例评析】

在合同性质认定方面，笔者同意二审判决的观点。案涉未来债权系佳兴农业公司于未来商业活动中可能产生的金钱债权，该债权在确定性与可期待性两个方面均存在不足。

一方面，该金钱债权难以特定化。首先，交易对象不确定，POS机所面对的对象为不特定对象，债务人无法确定。其次，应收账款金额无法确定。通过POS机过去的银行流水是否就可以推断未来的应收账款金额存在很大的不确定性，预期收益能否覆盖融资对价难以确定，是否存在高额融资无法确定。最后，POS刷卡所生债权性质无法确定，因为POS机刷卡可能产生买卖、借款、代理、服务等多种法律关系，故基础法律关系无法确定，是否能产生应收账款以及应收账款的权属是否有争议均无法确定。

另一方面，该金钱债权不具有合理的可期待性。从商业模式来看，卡得万利保理公司提供融资款的基础为佳兴农业公司四台POS机之前产生的交易流水，但佳兴农业公司自认此前的营业状况并不真实，卡得万利保理公司亦未对此予以必要的核查。而且，POS机刷卡消费并无固定的基础交易合同作为前提，一般为即买即刷，在签订保理合同时，保理商缺乏对未来债权的合理可期待性。

但本案二审判决也有待商榷之处，不构成保理法律关系，并不意味着保理合同无效。即便本案认定为企业间借贷，对企业间借贷的无效认定也需要遵循《民间借贷规定》第14条进行处理。二审判决认定合同无效，缺乏法律依据。

二、合同权利义务不相符

合同权利义务是认定保理法律关系的重要考量因素。法院有必要审查保理合同的约定内容以及实际履行情况，以事实为依据，不能简单以合同名称来认定法律关系。

（一）应收账款未转让

保理以应收账款转让为前提，欠缺应收账款转让这一前提，就不构成保理法律关系。实践中，有债权人与保理商既签订应收账款质押合同，又签订保理合同，且在人民银行征信中心办理了登记。在双方对合同性质发生争议时，法院需要审查当事人的真实意思究竟是质押应收账款还是转让应收账款，这关系到案涉合同是构成质押贷款法律关系还是保理法律关系。

【典型案例5】应收账款未转让给保理银行的，不构成保理法律关系[①]
【基本案情】

鄂州市鄂通橡塑机械有限公司（以下简称鄂通橡塑公司）因生产经营需要向中国工商银行股份有限公司鄂州分行（以下简称工行鄂州分行）融资贷款，按其办理贷款手续相关要求，鄂通橡塑公司于2012年2月14日向山推楚天工程机械有限公司（以下简称山推楚天公司）发出书面《询证函》一份，并口头告知拟将其下欠的应收账款用于质押贷款及配合办理相关文件，山推楚天公司遂于次日在该函上盖章确认截至2012年1月31日下欠鄂通橡塑公司应收账款4544913.84元，并向工行鄂州分行东门支行出具《付款

[①] 湖北省鄂州市中级人民法院（2014）鄂鄂州中民二初字第08号民事判决书。

确认书》一份。其在该确认书中称："我公司与鄂通橡塑公司合作多年，关系稳定，合作期间未发生重大贸易纠纷。2011年4月16日，我公司与鄂通橡塑公司签订的编号为ST-ET2011018的买卖合同，该订单（合同）规定的产品供货金额10519022.00元，合同真实有效，按照订单（合同）规定的时间，目前我公司尚有货款余额4544913.84元未付。我公司知悉上述合同项下应收账款已质押给贵行，我公司郑重承诺：在贵行融资到期前（2013年4月16日）无条件将鄂通橡塑公司应付结算货款付至工行鄂州分行东门支行开某的账号为18×51的货款回款专户。"

2012年2月16日，山推楚天公司按照办理贷款要求，又向工行鄂州分行出具《应付账款确认书》。该公司在确认书中称："依据鄂通橡塑公司与我公司于2011年4月16日签订的编号为ST-ET2011018的购销合同，截至2012年1月31日，本合同项下中我公司的应付账款明细有如下10笔，未付金额合计4544913.84元"，并详细列明了10张发票的编号、金额和未付余额。山推楚天公司还在该确认书中称："根据贵行要求，我公司确认：以上发票系销货方履行购销合同所产生的真实、合法、有效的发票，其发票所对应付账款权属清楚，债务金额属实，没有任何瑕疵。同时，我公司同意按贵行要求将以上应付账款付贵行，账号为18×51的账户。"

鄂通橡塑公司于2012年2月16日作出股东会决议，一致同意将山推楚天公司所欠应收账款4544913.84元作为贷款质押，向工行鄂州分行申请办理国内融资借款4000000元，期限一年，该公司股东许某、王某、谢某、黄某、鄂州市鄂通制鞋机械有限责任公司在该决议上签字或盖章，并于同日向工行鄂州分行提交借款申请书，要求以山推楚天公司所欠应收账款作为贷款质押向工行鄂州分行申请办理一年期的国内贸易融资借款4000000元，并同意按工行鄂州分行的要求和前提条件办理相应手续。

同年2月18日，工行鄂州分行对上述应收账款在中国人民银行征信中心应收账款质押登记系统内进行了初始登记，登记编号为

004595120000577589××，登记期限为1年，登记到期日为2013年2月17日。

同年5月9日，工行鄂州分行与鄂通橡塑公司签订《国内保理业务合同》和《质押合同》各一份。《国内保理业务合同》约定：鄂通橡塑公司为购原材料向工行鄂州分行申请办理有追索权国内保理业务，鄂通橡塑公司在工行鄂州分行开某账号为18×51的保理账户用于收取相应账款及扣划保理融资本息；保理融资金额为3500000元；实际融资发放日和还款日以借据记载为准，借据是本合同的组成部分，与本合同具有同等的法律效力，借据与应收账款转让清单中记载的保理融资金额、融资期限等事项不一致时，以借据为准；融资利率以融资发放日的基准利率加浮动幅度确定，其中基准利率为融资期限相对应的中国人民银行公布的同档次人民币贷款利率，浮动幅度为0%。《质押合同》约定：鄂通橡塑公司所担保的主债权为工行鄂州分行依据前述《国内保理业务合同》而享有的对债务人的债权；主债权的金额和期限依主合同之约定；质押担保的范围包括主债权本金、利息、复利、罚息、损害赔偿金、汇率损失、质物保管费用以及实现质权的费用；质物为山推楚天公司出具的《应付账款确认书》中10份发票项下的应收账款。

因2012年2月18日登记编号为004595120000577589××应收账款质押登记于2013年2月17日到期，工行鄂州分行又于2013年3月12日在中国人民银行征信中心应收账款质押登记系统内办理了登记编号为007417220000925988××，登记期限为1年，登记到期日为2014年3月11日的应收账款质押登记证明。

贷款到期后，鄂通橡塑公司未能清偿借款本息，山推楚天公司未按承诺支付货款至指定账户，工行鄂州分行向法院提起诉讼，请求判令：1.鄂通橡塑公司偿还工行鄂州分行融资本金3500000元及按融资合同约定计算的利息（利息计算至融资本金还清之日止）；2.山推楚天公司按承诺将全部应付账款支付至工行鄂州分行指定的账户中，并对未按约定支付的款项承担连带赔偿

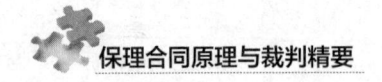

责任。

【法院裁判】

法院判决：1.鄂通橡塑公司于本判决生效之日起十日内向工行鄂州分行返还借款本金3500000元，并按照约定支付下欠的利息（计算至2014年3月21日为420248.81元，自2014年3月22日至本判决指定的付清之日止按年利率12.6%的标准支付逾期罚息、复利）；2.山推楚天公司于本判决生效之日起十日内将其承诺的应付账款4544913.84元支付至鄂通橡塑公司在原告工行鄂州分行东门支行开立的18×51账户中，如逾期支付，则对鄂通橡塑公司所欠原告工行鄂州分行的上述借款本息在4544913.84元的范围内承担连带赔偿责任。

【裁判理由】

法院判决认为：工行鄂州分行与鄂通橡塑公司签订的有追索权的《国内保理业务合同》虽名为保理合同，但双方当事人在履行合同过程中，鄂通橡塑公司并未转让其对山推楚天公司的应收账款所有权，而是以其对山推楚天公司的应收账款进行质押担保贷款，并先后办理了两次应收账款质押登记手续。依据《合同法》第80条第1款之规定，该应收账款转让行为并未生效，工行鄂州分行并未取得应收账款的所有权，保理合同缺乏生效的必要条件，而后工行鄂州分行依约发放了贷款，双方当事人实际就合同主要约定履行了相关权利和义务，保理合同已转变为一般的金融借款合同，且鄂通橡塑公司告知山推楚天公司办理的是涉案10张发票项下应收账款的质押贷款，山推楚天公司向工行鄂州分行出具的《付款确认书》和《应付账款确认书》亦表明其知晓的是涉案10张发票项下应收账款办理质押，并承诺将货款支付至指定账户，故两份确认书是其真实意思表示，合法有效，具有法律约束力。工行鄂州分行依据两份确认书与鄂通橡塑公司办理第一次质押初始登记时虽未签订书面质押合同，但结合山推楚天公司出具的两份确认书确认的内容，工行鄂州分行与鄂通橡塑公司、山推楚天公司已就质押担保达成了合意，且应收账款所有权并未转让给工行鄂州分行，鄂通橡塑公司仍拥有应收账款的所有权，其有权将应收账款作为质物进行处置，该质权自人民银行征信中心登记时已设立，鄂通橡塑公司其后与工行鄂州分行签订了《保理合同》与《质押合同》，其行为明确了质押初始登记的效力，其目的是为名为保理合同，实为借款合同提供质押担保，《质押合同》因质权已设立而生效，且质权设立时，山推楚天公司出具的确认书确认的应收账款数额与司法鉴定意见一致（司法鉴定时，山推楚天公司未提供全部发票，但其认可确认的应收账款数额），故质权设立后，质权人工行鄂州分行与出质人鄂通橡塑公司就质物没有其他约定的情况下，山推楚天公司明知鄂通橡塑公司仅有10张应收账款发票金额，而未履行其付款承诺，应承担相应的民事责任。如前所述，本案《质押合同》为借款合同的从合同，鄂通橡塑公司以其所有的应收账款提供质押担保符合法律规定，山推楚天公司作为应收账款的债务人，应当按其承诺履行付款义务，其辩称工行鄂州分行的诉状描述的事实和其提供的证据不符、书面函件与本案主合同不具备关联性、本案保理合同成立并生效、应收账款所有权已转让导致质押合同无效、工行鄂州分行对其的诉讼缺乏法律依据，请求依法予以驳回的抗辩理由均不能成立，本院依法不予支持。

工行鄂州分行与鄂通橡塑公司签订的《国内保理业务合同》在合同履行过程中已转变为金融借款合同，其与各当事人签订的《质押合同》《抵押合同》《保证合同》均为主合同提供担保的从合同，前述合同及被告山推楚天公司向工行鄂州分行出具的《付款确认书》和《应付账款确认书》均合法有效。被告鄂通橡塑公司未依约偿还借款，是造成本次纠纷的责任方，应承担相应的民事责任，其他义务人均应依法和依约承担相应的民事责任。

【案例评析】

本案中，工行鄂州分行与鄂通橡塑公司签订有追索权保理业务合同。根据保理合同约定，鄂通橡塑公司应当将应收账款转让给工行鄂州分行，但实际上，鄂通橡塑公司并未转让应收账款所有权，而是以应收账款进行质押，并先后办理了两次应收账款质押登记手续。正是由于应收账款所有权并未转让给工行鄂州分行,鄂通橡塑公司仍拥有应收账款的所有权,才有权将应收账款出质。鄂通橡塑公司与工行鄂州分行签订的《保理合同》与《质押合同》,其名为保理合同,实为借款合同提供质押担保。

需要指出的是,判决书中"工行鄂州分行并未取得应收账款的所有权,保理合同缺乏生效的必要条件"这一论述值得商榷。在法律未规定保理合同的生效要件情况下,保理合同的生效仅与当事人约定有关,如果保理合同并没有附生效期限或生效条件,成立时即生效,应收账款是否转让给保理商并非保理合同的生效要件。

(二)合同履行不相符

有的合同虽然名称为保理合同,但如果合同约定的权利义务内容以及实际履行情况与保理法律关系不符,则应以实际构成的法律关系认定当事人之间的权利义务。

【典型案例6】合同权利义务与保理法律关系不符,不构成保理法律关系[①]

【基本案情】

2014年3月12日,中国工商银行股份有限公司杭州经济技术开发区支行(以下简称工商银行)与浙江光大锦豪交通工程有限公司(以下简称锦豪公司)签订国内保理业务合同,合同约定:锦豪公司以其与义乌市交通运输局之间形成的应收账款向工商银行申请办理有追索权国内保理业务;有追索权国内保理业务是指锦豪公司将其应收账款转让给工商银行,由工商银行为其提供应收账款融资及相关的国内保理服务,若购货方在约定期限内不能足额偿付应收账款的,则工商银行有权向锦豪公司追索未偿融资款;锦豪公司

[①] 一审:杭州经济技术开发区人民法院(2014)杭经开商初字第646号民事判决书;申诉:杭州市中级人民法院(2016)浙01民申77号民事裁定书。

将应收账款债权及相关权利转让给工商银行，工商银行审查确认后，给予锦豪公司总额为1100万元的保理融资；保理融资利率以基准利率加浮动幅度确定；发放融资款后，按日计息，按月结息，融资到期，利随本清；锦豪公司对本合同项下融资承担最终偿还责任，无论何种原因致使锦豪公司不能及时、足额收回应收账款，均不影响工商银行对锦豪公司行使并实现追索权。同日，工商银行向锦豪公司发放了融资款。

截至2014年10月30日，锦豪公司尚欠融资款本金1100万元、利息324925.98元。后因锦豪公司到期未偿还融资款，工商银行提起诉讼，请求法院判令锦豪公司返还融资款本金1100万元、利息324925.98元（暂计算至2014年10月30日，此后按照国内保理业务合同约定计算至融资本息全部清偿之日止）。

法院另查明，锦豪公司未将应收账款转让通知义乌市交通运输局。

【法院裁判】

杭州经济技术开发区人民法院判决：锦豪公司于判决生效之日起10日内返还工商银行借款本金1100万元、利息324925.98元（暂计算至2014年10月30日，此后按照国内保理业务合同约定计算至借款本息全部清偿之日止）。

判决生效后，保证人向杭州市中级人民法院申请再审，杭州市中级人民法院裁定：驳回其再审申请。

【裁判理由】

案涉合同是否构成保理法律关系为争议焦点之一。

浙江省杭州经济技术开发区人民法院认为：首先，保理业务是以债权人转让其应收账款为前提，集应收账款催收、管理、坏账担保及融资于一体的综合性金融服务。本案中，根据保理合同约定，锦豪公司向工商银行申请办理的是有追索权国内保理业务，其应收账款由锦豪公司负责催收，工商银行无需催收，且工商银行仅提供应收账款融资服务而没有其他金融服务。因此，双方的关注点集中在融资款是否发放，是否收回。事实上，工商银行对应收账款的确定数额以及是否依法有效转让只作形式审查，对锦豪公司是否实际用应收账款归还融资款以及能够归还多少并不关心。锦豪公司也并未将应收账款转让通知债务人义乌市交通运输局，该转让对债务人不发生效力，且锦豪公司对应收账款的催收亦不积极。其次，根据双方约定，工商银行只是计收相应融资款利息，并不收取其他费用。最后，双方就融资数额、利率、期限、用途、还款方式等作了约定，而且工商银行已发放融资款，锦豪公司也支付了部分利息。综上，案涉保理合同并不具有保理合同的典型特征，却符合借款合同的特征，可以认定名为保理合同实为借款合同。

关于案涉保理合同的效力。首先，根据保理合同约定，合同自双方加盖公章并由法定代表人签字之日起生效，故该合同已经生效。其次，案涉应收账款虽未有效转让，但不能以此认定合同无效。因此，案涉保理合同应属有效，双方均应恪守履行。根据保理合同约定，锦豪公司对合同项下融资承担最终偿还责任，无论何种原因致使其不能及时、足额收回应收账款，均不影响工商银行对其行使并实现追索权。同时，案涉保理合同作为事实上的借款合同，工商银行已按约向锦豪公司发放了贷款，锦豪公司理应按约返还贷款本息。故工商银行要求其返还融资款本金、利息的诉请符合双方约定，应予支持。

杭州市中级人民法院裁定认为：原审判决根据工商银行与锦豪公司签订的案涉《国内保理业务合同》之约定，尤其是合同对双方当事人具体权利义务的约定，认定案涉《国内保理业务合同》实质上乃是金融借款合同，该分析认定并无不当。该《国内保理业务合同》系双方当事人自愿签订，亦不违反法律、行政法规的强制性规定，并不存在《合同法》第52条规定的合同无效的情形，故原审判决认定该合同合法有效也是正确的。

【案例评析】

除合同约定内容外，还应结合当事人的实际履行情况来认定合同性质。

本案中保理合同性质的认定应紧紧围绕保理合同双方权利义务来展开。从保理合同约定来看，工商银行仅提供应收账款融资服务而未提供其他金融服务，相反，合同约定了应收账款由锦豪公司负责催收，工商银行只是计收相应融资款利息，并不收取其他费用；双方约定发放融资后，按日计息，按月结息，融资到期，利随本清，但并未约定将债务人支付的应收账款作为保理融资的第一还款来源。此约定足以说明双方关注的是融资款是否发放、是否收回，至于应收账款的数额、是否有效转让、是否实际用应收账款归还融资款以及能够归还多少，双方并不关心。工商银行已经发放了融资款，锦豪公司也支付了部分利息，法律关系实质上是锦豪公司向工商银行借款，到期返还借款并支付利息，符合借款合同的特征。因此，案涉合同名为保理合同实为借款合同，应按照借款法律关系进行处理。

第三章
保理合同的效力

合同效力是法官对当事人之间法律关系的合法性评价。判断合同效力是合同类案件审理的必经程序。《九民会议纪要》指出：人民法院在审理合同纠纷案件时，要坚持鼓励交易原则，充分尊重当事人的意思自治。要依法审慎认定合同效力。……要依职权审查合同是否存在无效的情形，注意无效与可撤销、未生效、效力待定等合同效力形态之间的区别，准确认定合同效力，并根据效力的不同情形，结合当事人的诉讼请求，确定相应的民事责任。

在保理合同纠纷案件的审理过程中，关于合同的成立、生效、效力等问题，既是当事人争议的焦点，也是案件审理的基础。由于保理交易涉及三方主体，除保理合同和基础合同外，保理商为了确保债权的实现，往往还会与第三人签订保证合同、抵押合同、质押合同等诸多担保类合同。在发生纠纷时，债权人、债务人或担保人常会对保理合同或担保合同的成立及效力提出异议，比如有债权人认为保理合同实为借贷合同，合同应无效；有债务人认为应收账款系虚假应收账款或合同约定禁止转让，债权转让应无效；有担保人认为不构成保理法律关系，担保合同应无效。保理合同是否有效以及保理合同或担保合同无效后应如何处理是实践中常会遇到的问题。此外，应收账款转让后，基础合同变更的效力应如何认定的问题也亟待解决。

第一节　合同的效力问题

除普通保理业务外,实践中还出现暗保理、反向保理等业务模式,其合同效力如何认定?在普通保理中,保理商常会要求债务人对应收账款的真实性、金额及付款责任进行确认。债务人出具的确认书的法律效力该如何认定,债务人是否受此拘束?此外,在保理合同当事人涉嫌刑事犯罪时,刑事犯罪是否会影响保理合同的效力,也是需要解决的问题。

一、保理合同的效力

(一)保理合同的成立

合同成立,是指订约当事人经由要约、承诺,就合同的主要条款达成合意而建立了合同关系,表明合同订立过程的完结。合同的成立主要体现当事人意思自治原则。合同的成立要件是指依照法律规定或当事人约定合同所必不可少的事实因素。合同只有具备成立要件,才能在法律上被视为一种客观存在,否则,应视为不存在。合同的成立要件可分为一般成立要件和特别成立要件。一般成立要件,是指一切合同依法成立所必不可少的共同条件,包括存在双方或多方当事人、当事人须达成合意。特别成立要件,是指按照法律规定或当事人特别约定合同成立应具备的条件。比如在实践性合同中,按照法律规定,交付标的物时合同才可成立,因而交付标的物为实践性合同的特别成立要件。①

---

① 马俊驹、余延满:《民法原论》(第四版),法律出版社2011年版,第515~516页。

合同成立是合同生效的前提。根据《民法典》第502条第1款（《合同法》第44条第1款）的规定，依法成立的合同，自成立时生效。合同的生效时间通常为合同的成立时间。但在一些有特别约定的情况下，合同成立时间与生效时间可能并不同步，合同成立之后，有可能并未生效。合同未生效，是指合同成立之后，因欠缺法定或约定的生效条件，导致合同介于成立和生效之间的中间阶段，比如附期限、附生效条件的合同，或法律、行政法规规定合同生效需履行一定批准、登记手续的合同。附期限或附生效条件的合同需要期限届至或条件成就时，合同才生效。

需要办理批准、登记等手续的合同自办理完批准、登记手续时生效。《民法典》第502条第2款规定："依照法律、行政法规的规定，合同应当办理批准等手续的，依照其规定。未办理批准等手续影响合同生效的，不影响合同中履行报批等义务条款以及相关条款的效力。应当办理申请批准等手续的当事人未履行义务的，对方可以请求其承担违反该义务的责任。"《合同法》第44条第2款规定："法律、行政法规规定应当办理批准、登记等手续生效的，依照其规定。"《合同法解释（一）》第9条第1款规定：依照《合同法》第44条第2款的规定，法律、行政法规规定合同应当办理批准手续，或者办理批准、登记等手续才生效，在一审法庭辩论终结前当事人仍未办理批准手续的，或者仍未办理批准、登记等手续的，人民法院应当认定该合同未生效。从现有规定来看，并无法律法规规定保理合同应办理批准、登记手续，或者保理合同需应收账款转让办理登记时才生效，故保理合同只需要保理商与债权人意思表示达成一致即可成立并生效。

关于保理合同为实践合同还是诺成合同，有不同的观点。有观点认为，《民法典》第679条（《合同法》第210条）规定："自然人之间的借款合同，自贷款人提供借款时生效。"参照该规定，保理商向债权人提供融资款是保理合同生效的必要条件，故保理合同应为实践合同。另一种观点则认为，保理合同为诺成合同。保理商向债权人提供融资款并非保理合同生效的必要条件，保理合同既可以支付对价，也可以不支付对价。笔者同意后一种观点，理由如下：

首先，法律对保理合同的生效并无特殊规定，保理合同的成立与生效应当遵循一般合同成立规则。只要保理商与债权人意思表示一致，保理合同即告成立，且自成立时生效。保理合同是负担行为，应收账款转让为处分行为。债权人负有将应收账款转让给保理商的义务，至于该义务是否履行只是合同履行的问题，并不影响保理合同的性质与效力。[①]保理合同不应将支付应收账款转让对价作为成立的必要条件。[②]司法实践中，有裁判观点认为，债权转让具有无因性，不以支付对价为生效要件，受让人是否向让与人支付转让款，不影响债权转让效力。[③]亦有裁判观点认为，应收账款债权转让合同的效力只需按照合同法的一般原则，即主体具有行为能力，作出真实意思表示，形成合意即可。至于债权人与保理商之间的应收账款转让合同是否存在真实的对价，这些事实是否成立，无需进行实质性审查。[④]

其次，现代合同法有不断压缩实践合同之势，将保理合同视为实践合同不仅没有法律依据，也不符合立法趋势。毫无疑问，在保障交易安全上，诺成合同比实践合同更合理，当事人对将来的履行更有把握。《民法典》并未规定保理合同为实践合同。除法律明确规定的实践合同外，比如自然人之间的借款合同和定金合同，其他合同一般应为诺成合同。

最后，保理合同与债权转让合同、借款合同均有一定的相似之处，根据类比规则，都可得出保理合同为诺成合同的结论。债权转让合同本质上是一种买卖合同，只不过买卖标的物不是有形物而是无形的债权。《买卖合同

---

① 李宇：《保理合同立法论》，载《法学》2019 年第 12 期。
② 李新征：《保理立法建议思考之一：保理合同定义不必要强调"支付对价"》，载微信公众号广东省商业保理协会，2018 年 8 月 14 日推送。
③ 河南省郑州市中级人民（2018）豫 01 民终 7388 号民事判决书。
④ 衢州市中级人民法院（2011）浙衢商终字第 102 号民事判决书。

解释》第 45 条第 1 款规定：法律或者行政法规对债权转让、股权转让等权利转让合同有规定的，依照其规定；没有规定的，人民法院可以根据《合同法》第 124 条和第 174 条的规定，参照适用买卖合同的有关规定。买卖合同为诺成合同无疑。"债权转让合同自双方当事人意思表示达成一致时成立，无需以实际转移权利为要件，是诺成合同。"[①] 即便保理合同在因欠缺构成要件被认定为借款合同时，也与自然人之间的借款存在明显差异。当保理商为银行时，其与债权人之间的融资关系为金融借款合同；当保理商为商业保理公司时，其与债权人之间为企业间借贷合同。无论上述哪种，均为诺成合同。

综上所述，保理商是否支付应收账款转让对价并非保理合同的成立要件。《民法典》第 490 条规定："当事人采用合同书形式订立合同的，自当事人均签字、盖章或者按指印时合同成立。"只要是保理商与债权人真实意思表示一致，不违反法律、行政法规强制性规定，保理合同就依法成立并生效。

（二）保理合同有效要件

《民法典》第 143 条对民事法律行为的有效要件进行了规定。合同作为一种典型的民事法律行为，自不例外。根据该条对"民事法律行为有效"的规定来看，有效合同应符合以下几个条件：（1）行为人具有相应的民事行为能力；（2）意思表示真实；（3）不违反法律、行政法规的强制性规定，不违背公序良俗。根据上述规定，保理合同有效应当符合以下构成要件：

1. 合同当事人具备相应缔约能力

保理合同通常在保理商与企业法人之间订立，双方均为营利性法人，具有缔约资格。保理商应具备经营保理业务的资质。但需要注意的是，《民法

---

① 最高人民法院民事审判第二庭编著：《最高人民法院关于买卖合同司法解释理解与适用》，人民法院出版社 2012 年版，第 659 页。

典》第505条规定："当事人超越经营范围订立的合同的效力，应当依照本法总则编第六章第三节和本编的有关规定确定，不得仅以超越经营范围确认合同无效。"《合同法解释（一）》第10条规定："当事人超越经营范围订立合同，人民法院不因此认定合同无效。但违反国家限制经营、特许经营以及法律、行政法规禁止经营规定的除外。"

2. 当事人意思表示真实

如果在保理合同订立过程中存在欺诈、胁迫、乘人之危、重大误解、显失公平等情形，保理合同属于可撤销合同，受害方可以在法定期限内行使撤销权。如果应收账款为虚假，但经保理商向债务人确认，债务人向保理商确认基础合同债务真实有效，为了保护保理商的信赖利益，保理商可以选择撤销保理合同，也可以不撤销合同。《深圳前海法院保理合同案件裁判指引》第14条规定："第三人或债务人向保理商确认基础合同债务的真实性，善意保理商主张合同有效，并请求债务人或第三人按照其确认的范围内为保理申请人的债务承担清偿责任的，人民法院应予支持。"

当事人签字或盖章是对书面合同意思表示真实的确认。但司法实践中发现，有些公司有意刻制两套甚至多套公章，有的法定代表人或者代理人甚至私刻公章，订立合同时恶意加盖非备案的公章或者假公章，发生纠纷后法人以加盖的是假公章为由否定合同效力的情形并不鲜见。

关于法定代表人加盖假公章的合同是否有效的问题，存在两种观点：一种观点认为合同有效，法定代表人以法人名义从事的民事法律行为，其后果由法人承受，不问其是否加盖公司，抑或加盖的是假公章。退一步说，对于某一枚公章是否为假公章，法定代表人应该比任何人都清楚。法定代表人弃真公章而不用，故意选择加盖假公章，本身就是不诚信的。如果仅仅因为加盖的是假公章，就不认可合同效力，无异于让不诚信的当事人从中获益，对善意相对人不公，也有违诚信原则。另一种观点则认为无效。合同书上盖章的意义在于，该书面形式的意思表示系公章或合同专用章显示的主体所为。假公章意味着该意思表示并非公司真实的意思表示，依法应当认定合同无效。2018年6月27日，最高人民法院民二庭召开的第18次法官会议专门针对保理合同中假公章的问题进行了研究，并采纳了有效说。会议纪要认为，公章之于合同的效力，关键不在公章的真假，而在盖章之人有无代表权或代理权。对于盖章行为的效力，不宜过分夸大。在合同书上加盖公司公章的法律意义在于，盖章之人所为的是职务行为，即其是代表或代理公司作出意思表示。但章有真假之分，人也有有权无权之别，不可简单根据加盖公章这一事实就认定公章显示的公司就是合同当事人，关键要看盖章之人有无代表权或代理权。盖章之人为法定代表人或有权代理人的，即便其未在合同上盖章甚至盖的是假章，只要其在合同书上的签字是真实的，或能够证明该假章是其自己加盖或同意他人加盖的，仍应作为公司行为，由公司承担法律后果。反之，盖章之人如无代表权或超越代理权的，则即便加盖的是真公章，该合同仍然可能会因为无权代表或无权代理而最终归于无效。①

2019年11月出台的《九民会议纪要》更是重申了"看人不看章"原则，第41条指出："人民法院在审理案件时，应当主要审查签约人于盖章之时有无代表权或者代理权，从而根据代表或者代理的相关规则来确定合同的效力。法定代表人或者其授权之人在合同上加盖法人公章的行为，表明其是以法人名义签订合同，除《公司法》第16条等法律对其职权有特别规定的情形外，应当由法人承担相应的法律后果。法人以法定代表人事后已无代表权、加盖的是假章、所盖之章与备案公章不一致等为由否定合同效力的，人民法院不予支持。代理人以被代理人名义签订合同，要取得合法授权。代理人取得合法授权后，以被代理人名义签订的合同，应当由被代理人承担责任。被代理人以代理人事后已无代理权、加盖的是假章、所盖之章与备案公

---

① 贺小荣主编：《最高人民法院民事审判第二庭法官会议纪要——追寻裁判背后的法理》，人民法院出版社2018年版，第310页。

章不一致等为由否定合同效力的，人民法院不予支持。"

假公章的认定往往需要借助举证责任分配规则予以解决。通常情况下，公章显示的公司以加盖在合同书上的某一枚公章是假公章为由提出合同不成立或无效的抗辩，此时，应由该公司承担举证责任，公司可通过申请鉴定、比对备案公章等方式进行举证。公司举证后，合同相对人可通过举证证明盖章之人有代表权（如为法定代表人或负责人）、代理权（职务代理、个别代理）或其有合理理由相信盖章之人有代表权或代理权等事实，从而主张根据相关规则认定合同对公司有效。此时，公司只能通过举证证明交易相对人为恶意相对人来否定合同的效力。[①]

3. 不违反法律、行政法规的强制性规定

《合同法》施行后，针对一些法院动辄以违反法律、行政法规的强制性规定为由认定合同无效，不当扩大无效合同范围的情形，《合同法解释（二）》第14条将《合同法》第52条第5项规定的"强制性规定"明确限于"效力性强制性规定"。《民法典》第153条第1款规定："违反法律、行政法规的强制性规定的民事法律行为无效。但是，该强制性规定不导致该民事法律行为无效的除外。"2009年，《最高人民法院关于当前形势下审理民商事合同纠纷案件若干问题的指导意见》提出了"管理性强制性规定"的概念，指出违反管理性强制性规定的，人民法院应当根据具体情形认定合同效力。随着这一概念的提出，审判实践中又出现了另一种倾向，有的法院认为凡是行政管理性质的强制性规定都属于"管理性强制性规定"，不影响合同效力。这种望文生义的认定方法，应予纠正。

所谓效力性强制性规定，是指法律行政法规明确规定违反该类规定将导致合同无效的规范，或者虽未明确违反之后将导致合同无效，但若使合同继

---

① 贺小荣主编：《最高人民法院民事审判第二庭法官会议纪要——追寻裁判背后的法理》，人民法院出版社2018年版，第314~315页。

续有效将损害国家利益或社会公共利益的规范。此类规范不仅旨在处罚违反之行为，而且意在否定其民商法上的效力。管理性强制性规定旨在管理和处罚违反规定的行为，但并不否认该行为在民商法上的效力。关于强制性规定的识别，《九民会议纪要》第 30 条第 2 款规定："人民法院在审理合同纠纷案件时，要依据《民法总则》第 153 条第 1 款（现《民法典》第 153 条第 1 款）和《合同法解释（二）》第 14 条的规定慎重判断'强制性规定'的性质，特别是要在考量强制性规定所保护的法益类型、违法行为的法律后果以及交易安全保护等因素的基础上认定其性质，并在裁判文书中充分说明理由。下列强制性规定，应当认定为'效力性强制性规定'：强制性规定涉及金融安全、市场秩序、国家宏观政策等公序良俗的；交易标的禁止买卖的，如禁止人体器官、毒品、枪支等买卖；违反特许经营规定的，如场外配资合同；交易方式严重违法的，如违反招投标等竞争性缔约方式订立的合同；交易场所违法的，如在批准的交易场所之外进行期货交易。关于经营范围、交易时间、交易数量等行政管理性质的强制性规定，一般应当认定为'管理性强制性规定'。"《九民会议纪要》起草人特别指出，很难说违反某一个规范就是有效的或者无效的。在认定合同是否因违反法律、行政法规强制性规定而无效时，要作个案判断。此处所谓的"强制性规定"不仅包括公法上的强制性规定，还包括私法上的强制性规定，但不包括专门规范合同效力的强制性规定，如关于批准生效、无权处分等规定。[①]

4. 不损害国家或社会公共利益，不违背公序良俗

《民法通则》第 58 条第（5）项规定，违反法律或者社会公共利益的民事行为无效。根据《合同法》第 52 条第（4）项的规定，损害社会公共利益的合同无效。《民法典》第 153 条第 2 款规定："违背公序良俗的民事法律行

[①] 最高人民法院民事审判第二庭编著：《〈全国法院民商事审判工作会议纪要〉理解与适用》，人民法院出版社 2019 年版，第 242 页。

为无效。"《九民会议纪要》第 31 条规定:"违反规章一般情况下不影响合同效力,但该规章的内容涉及金融安全、市场秩序、国家宏观政策等公序良俗的,应当认定合同无效。人民法院在认定规章是否涉及公序良俗时,要在考察规范对象基础上,兼顾监管强度、交易安全保护以及社会影响等方面进行慎重考量,并在裁判文书中进行充分说理。"

在考察违反规章尤其是金融领域的规章是否构成违背公序良俗时,一般要考察以下几方面因素:(1)规范对象。即考察规章规范的对象究竟是交易行为本身,还是市场主体的准入条件,抑或对监管对象进行合规性监管。一般来说,只有当规章的规范对象是交易行为本身,或者是市场主体的准入条件时,才可能影响合同效力。对监管对象的合规性要求,一般不影响合同效力。(2)交易安全保护因素。主要是考察规章规范的是一方的行为还是双方的行为。如果仅是规范一方的行为的,在确定合同效力时,就要考虑交易相对人保护的问题。(3)监管强度。即考察规章中有无刑事犯罪的规定。如果违反规章的后果仅仅是导致行政处罚的,说明监管强度较弱,一般不宜以违反规章为由否定合同效力。但是违反规章的行为可能构成犯罪的,表明监管强度较强,在认定合同效力时就要予以考虑。(4)社会影响。只有当违反规章的行为可能造成严重的社会后果,如导致系统性金融风险时,才可以违背善良风俗为由认定合同无效。在考察社会后果是否严重时,要看某类违规现象是否普遍,肯定或者否定某一类交易行为的效力对整个行业有何影响。[①]

比如,最高人民法院在审理的福建伟杰投资有限公司(以下简称伟杰公司)与福州天策实业有限公司(以下简称天策公司)、君康人寿保险股份有限公司营业信托纠纷一案中,裁定认为:天策公司、伟杰公司签订的《信托持股协议》内容,虽然违反保监会《保险公司股权管理办法》第 8 条关于

[①] 最高人民法院民事审判第二庭编著:《〈全国法院民商事审判工作会议纪要〉理解与适用》,人民法院出版社 2019 年版,第 257 页。

"任何单位或者个人不得委托他人或者接受他人委托持有保险公司的股权"的规定,但该股权代持协议在一定程度上具有与直接违反《保险法》等法律、行政法规一样的法律后果,还将出现破坏国家金融管理秩序、损害包括众多保险法律关系主体在内的社会公共利益的危害后果,故依据《合同法》第52条的规定,认定《信托持股协议》无效。①

商事活动应充分尊重当事人意思自治,尽可能减少公权力对商事交易行为的干涉。《天津高院保理纪要(一)》第3条规定:"保理合同是真实意思表示,内容合法,不违反我国法律、行政法规强制性规定的,应认定为有效。保理合同属于反向保理且符合前款规定的,应认定为有效。"《深圳前海法院保理合同案件裁判指引》第12条规定:"认定保理合同效力时原则上应当以《合同法》第52条为依据。下列情形不影响保理合同的效力:(1)债权人将与债务人约定不得转让的应收账款债权转让给保理商的;(2)当事人仅以保理商所受让的应收账款不成立(如虚假应收账款、已被清偿的应收账款等)进行抗辩的;(3)当事人仅以保理商所受让的应收账款为未来应收账款进行抗辩的;(4)当事人仅以保理商所受让的应收账款为已被处分的应收账款进行抗辩的;(5)债务人仅以未收到债权转让通知进行抗辩的;(6)其他不影响保理合同效力的情形。"

(三)暗保理合同的效力

根据应收账款转让是否通知债务人,保理可分为明保理和暗保理。暗保理在实践中并不少见。据《上海市浦东新区人民法院2014~2019年涉自贸区商业保理案件审判情况通报》披露的数据显示,在该院受理的472件案件中,明保理有290件,占比61.5%;暗保理182件,占比38.5%。在暗保理中,债权人与保理商约定不将应收账款转让事实通知债务人,仅在约定期限届满或特定事由出现后,才通知债务人,故应允许债权人与保理商约定不

---

① 最高人民法院(2017)最高法民终529号民事裁定书。

将债权转让的事实通知债务人,对此约定可能会带来的风险,由当事人自行承担。

【典型案例7】暗保理合同效力的认定及责任承担[①]

【基本案情】

2015年12月3日,正奇国际商业保理有限公司(以下简称正奇保理公司)与百仪家具有限公司(以下简称百仪公司)签订《隐蔽型有追索权商业保理合同》,根据合同约定,正奇保理公司为百仪公司提供应收账款保理融资服务,融资信用额度为150万元,信用期限为2015年12月4日至2016年12月4日。在信用期限内,百仪公司可提出应收账款转让申请,正奇保理公司进行审核后发出《应收账款转让核准书》,正奇保理公司如在"中征动产融资统一登记平台"进行应收账款转让登记,应通知百仪公司;正奇保理公司在核准后将相应的单笔基本保理款发放给百仪公司;单笔业务保理期间在《应收账款转让核准书》中予以注明,在保理期间内应收账款回款应汇入双方设立的保理特户;百仪公司承诺按期无条件对转让给正奇保理公司的应收账款进行回购,回购款包括正奇保理公司已支付的基本保理款、手续费、保理费以及逾期罚息等;保理费按融资利率1.2%/月计算,按月结息,逾期按照每日千分之一标准计收逾期罚息;如发生合同违约,守约方可要求违约方承担违约责任;双方在合同中还约定了其他事项。

上述合同签订后,2015年12月4日,百仪公司向正奇保理公司提交了《应收账款转让申请书》,申请转让其享有的对应主债务人为中国电信股份有限公司湖北分公司的应收账款3461200元,要求正奇保理公司发放基本保理款150万元。同日,正奇保理公司经审核后发出了《应收账款转让核准书》,核定基本保理款为150万元,保理期间为3个月即2015年12月4日至2016年3月4日,百仪公司的回购日为2016年3月5日。正奇保理公

[①] 合肥市庐阳区人民法院(2016)皖0103民初2702号民事判决书。

司于核准后当日，按照约定向百仪公司发放了150万元基本保理款。

保理期间届满后，主债务人并未将应收账款回款汇入保理特户，百仪公司也未在承诺回购日履行回购义务。

2016年3月8日，正奇保理公司向百仪公司发出《应收账款回购通知书》，要求百仪公司立即支付回购款，但百仪公司没有履行回购义务，故正奇保理公司向法院提出诉讼，请求法院判令百仪公司支付保理回购款即保理本金150万元，并自2016年4月16日起按保理本金的每日1‰标准支付逾期罚息直至实际支付之日。

【法院裁判】

法院判决：百仪公司于本判决生效之日起十日内向正奇保理公司支付应收账款回购款150万元及逾期付款的利息损失（以未付回购款为基数，按年24%，自2016年4月16日起计付至款清）。

【裁判理由】

法院判决认为：涉案《隐蔽型有追索权商业保理合同》系签约各方真实意思表示，除《隐蔽型有追索权商业保理合同》中"每日1‰的罚息费率"过高外，其他内容不违反法律法规的禁止性规定，应为合法有效。百仪公司未在保理期间届满后按合同约定回购应收账款，构成违约，应承担支付应收账款回购款及逾期付款利息损失的违约责任。双方在保理合同中约定的逾期罚息利率标准日1‰过高，本院酌情按年24%调整。百仪公司在保理期满后支付逾期罚息至2016年4月15日，此后至款清之日的利息损失，百仪公司应以未支付的回购款为基数，按年24%的标准给付。

【案例评析】

暗保理合同属于保理合同的一种，其与明保理的区别在于应收账款转让事实未通知债务人。暗保理合同只要双方当事人意思表示真实，不违反法律行政法规的强制性规定，且不属于《合同法》第52条规定的无效情形，应认定合法有效。应收账款转让未通知债务人，只是对债务人不发生法律效力，并不影响保理合同的效力。保理商仍有权要求债权人依据保理合同约定承担违约责任。

（四）反向保理合同效力

近年来，反向保理在我国迅速发展。正向保理是主流交易模式，少数企业开始创新性地以大企业融资需求为支点开展反向保理。据北京市朝阳区人民法院统计，自2016年1至2018年10月该院受理的保理合同纠纷案件中，正向保理为2258件，占总案件量的98.48%；反向保理35件，占比1.52%。

反向保理不是一种具体产品或者合同名称，而是一种保理营销策略。[①] 反向保理，是指债务人作为保理业务的发起人或主导人向保理商提出叙做保理业务并经债权人同意后，以债权人转让其应收账款为前提，由保理商为债权人提供融资、信用风险担保、应收账款催收、销售分户账管理等服务的一种综合性金融服务。反向保理是以基础合同项下买方为中心，由保理商为位于买方供应链上游的卖方提供保理服务。保理商对交易风险关注点主要集中于实力较强、信誉较好、违约风险较低的核心买方大企业，而非信誉风险、违约风险相对较高的中小供应商。反向保理的核心意义在于针对中小供应商授信额度不高，融资规模较小的特点，利用信用替代机制，以核心企业信用替代中小供应商信用，实现供应链上下游资金融通的目的。反向保理在大幅降低保理商风险的同时，为中小企业提供了更多融资机会，可有效缓解中小企业融资困难，颇受商业保理公司和中小企业欢迎。[②]

与正向保理相比，反向保理在发起人、操作模式、风险负担、合同关系等方面均存在较大区别。

1. 发起人不同

正向保理的发起人为卖方，反向保理的发起人为买方。但在反向保理

[①] 李宇：《保理合同立法论》，载《法学》2019年第12期。

[②] 张宇馨：《我国发展反向保理的对策分析》，载《对外经贸实务》2009年第5期。

中，需要注意区分发起人与申请人的概念，买方虽然是发起人，但仍然是由卖方作为申请人向保理商申请叙做保理。反向保理的发起人只能是买方，而不能由买方与卖方共同发起，否则就与正向保理没有区别。

2. 操作模式不同

在实务操作中，保理商首先与资信较好的买方协商，确定由保理商为向买方供货的中小企业提供保理融资，然后保理商与卖方签订保理合同，或者由保理商、卖方和买方共同签订保理合同。卖方履行基础合同中的供货义务后，向保理商申请叙做保理业务，保理商向卖方提供保理融资及其他金融服务。

3. 风险不同

在正向保理中，保理商看重的是卖方的信用，卖方转让应收账款时无需征得买方同意，买方到期不能清偿应收账款的风险较大。在反向保理中，保理商主要看重买方的信用，对买方信用比较了解。买方发起保理业务时要先征得卖方同意，同时会向保理商确认应收账款的真实性并承诺到期付款，买方支付应收账款的意愿较高，能力较强，可以降低保理商的融资风险。

4. 合同关系不同

在反向保理中，一般存在着两份合同：先是保理商与买方之间签订的合作合同或框架合同，内容主要是买方向保理商推荐可以叙作保理的应收账款，以及买方对应收账款的真实性进行确认并承诺还款；另一份合同是保理商与卖方签订的保理合同，该合同约定的内容与正向保理合同并无多大差别。

5. 反向保理均为明保理

由于反向保理是由买方发起的保理，买方对应收账款的转让显然是知情的，保理商或卖方一般还会专门就某笔保理业务项下的应收账款转让再行通知买方，故反向保理通常是明保理。在正向保理中，则存在明保理与暗保理之分。

反向保理与正向保理仅是业务操作模式不同，二者并无本质区别。通过上述对反向保理与正向保理的区分可以发现，虽然反向保理是由买方发起的保理，但万变不离其宗，保理申请人仍然为卖方，反向保理对保理的基本属性并无改变。反向保理是将买方的应付账款转化为卖方的应收账款进行融资，对应收账款的转让要求与正向保理相同。出面与保理商签订保理合同的仍然是卖方。实践中，并不存在当事人签订《反向保理合同》之说，签订的仍然是正常的保理合同。只要买方与保理商签订的合作合同以及卖方与保理商签订的保理合同，均出自当事人真实意思表示，内容合法，不违反法律、行政法规禁止性规定，应认定有效。《天津高院保理纪要（一）》第3条规定："保理合同是真实意思表示，内容合法，不违反我国法律、行政法规强制性规定的，应认定为有效。保理合同属于反向保理且符合前款规定的，应认定为有效。"

二、几种特殊情形下合同效力的认定

（一）不构成保理法律关系合同效力

实践中，名实不符保理合同主要是指保理合同被法院认定为"名为保理，实为借贷"的情形。在保理合同实际构成借款法律关系时，效力如何认定要区别情形看待。

首先要区分保理商的类型。对于银行保理而言，由于银行本身具有经营放贷的资格，故其签订的保理合同即便被认定为借款法律关系，也可按照金融借款合同规则来认定合同效力，通常为有效。对于商业保理而言，由于商业保理公司不具有经营放贷资格，一旦其签订的保理合同被认定为借款，则可按企业间借贷处理。此时，保理合同是否有效实际变成对企业间借贷合同效力的认定问题。

关于企业间借贷的效力问题，有观点认为，商业保理合同被认定为企间借贷时，违反了法律、行政法规的强制性规定，应归于无效。理由在于：《商业银行法》第11条第2款规定："未经国务院银行业监督管理机构批准，任何单位和个人不得从事吸收公众存款等商业银行业务，任何单位不得在名称中使用'银行'字样。"《银行业监督管理法》第19条规定："未经国务院银行业监督管理机构批准，任何单位和个人不得设立银行业金融机构或者从事银行业金融机构的业务活动。"《中国人民银行贷款通则》第61条规定："各级行政部门和企事业单位、供销合作社等合作经济组织、农村合作基金会和其他基金会，不得经营存贷款等金融业务。企业之间不得违反国家规定办理借贷或者变相借贷融资业务。"1996年，最高人民法院对四川省高级人民法院作出的《关于对企业借贷合同借款方逾期不归还借款的应如何处理的批复》（法复〔1996〕15号）规定如下：企业借贷合同违反有关金融法规，属无效合同。1998年，中国人民银行条法司在给最高人民法院的《关于对企业间借贷问题的答复》（银条法〔1998〕13号）中阐明："根据《银行管理暂行条例》第四条的规定，禁止非金融机构经营金融业务。借贷属于金融业务，因此非金融机构的企业之间不得相互借贷。企业间的借贷活动，不仅不能繁荣我国的市场经济，相反会扰乱正常的金融秩序，干扰国家信贷政策、计划的贯彻执行，削弱国家对投资规模的监控，造成经济秩序的紊乱。因此，企业间订立的所谓借贷合同（或借款合同）是违反国家法律和政策的，应认定无效。"商务部于2012年发布的《关于商业保理试点有关工作的通知》（商资函〔2012〕419号）更是明确规定："开展商业保理原则上应设立独立的公司，不混业经营，不得从事吸收存款、发放贷款等金融活动，禁止专门从事或受托开展催收业务，禁止从事讨债业务。"

笔者认为，在维护国家金融安全和金融秩序的前提下，对企业间借贷的效力要区别对待。对企业间借贷的效力认定，应采用辩证的、发展的观点，根据不同时期的经济金融政策和社会经济发展需要而相应变化调整。就目前来看，完全因循计划经济时期形成的一概否定态度已经难以适应市场经济条件下企业的融资需求；完全承认其有效，也不利于维护金融秩序和金融安全。因此，采取一种相对较为折中的司法政策，根据企业间借贷的具体情形分类处理可能是比较适当的政策选择。[①] 在 2015 年 12 月召开的第八次全国法院民事商事审判工作会议上，最高人民法院有关负责人在讲话中指出："如果确实是名为保理、实为借贷的，仍应当按照借款合同确定案由并据此确定当事人之间的权利义务。"[②]2017 年最高人民法院出台的《关于进一步加强金融审判工作的若干意见》（法发〔2017〕22 号）第 1 条指出："对以金融创新为名掩盖金融风险、规避金融监管、进行制度套利的金融违规行为，要以其实际构成的法律关系确定其效力和各方的权利义务。"在 2019 年 7 月召开的全国法院民商事审判工作会议上，最高人民法院审判委员会专职委员刘贵祥在讲话中指出："要树立穿透式审判思维。商事交易如融资租赁、保理、信托等本来就涉及多方当事人的多个交易，再加上当事人有时为了规避监管，采取多层嵌套、循环交易、虚伪意思表示等模式，人为增加查明事实、认定真实法律关系的难度。妥善审理此类案件，要树立穿透式审判思维，在准确揭示交易模式的基础上，探究当事人真实交易目的，根据真实的权利义务关系认定交易的性质与效力。"[③]

因此，对于"名为保理，实为借贷"的情形，应谨慎认定保理合同无效，按借贷法律关系处理较为妥当。《商务部关于商业保理试点有关工作的通知》虽禁止商业保理公司发放贷款，但该通知仅为部门规章，不属于《合同法》第 52 条第（5）项所称的"法律、行政法规的强制性规定"。虽然商

[①] 最高人民法院民事审判第二庭编著：《最高人民法院商事裁判观点》（总第 1 辑），法律出版社 2015 年版，第 16 页。

[②] 杜万华主编：《第八次全国法院民事商事审判工作会议（民事部分）纪要理解与适用》，人民法院出版社 2017 年版，第 84 页。

[③] 最高人民法院民事审判第二庭编著：《〈全国法院民商事审判工作会议纪要〉理解与适用》，人民法院出版社 2019 年版，第 69 页。

业保理公司不具备发放贷款的资质，但为生产经营所需进行的临时性资金拆借行为有利于缓解企业融资难问题，不违反法律强制性规定，合同效力不能因此被否定。《民间借贷规定》第11条规定："法人之间、非法人组织之间以及它们相互之间为生产、经营需要订立的民间借贷合同，除存在合同法第五十二条、本规定第十四条规定情形外，当事人主张民间借贷合同有效的，人民法院应予支持。"即除了《合同法》第52条、《民间借贷规定》第14条规定情形外，企业相互之间为生产、经营需要订立的借贷合同原则上有效。通常而言，在符合以下条件时，即便保理合同被认定为企业间借贷，合同效力仍可以得到维持：（1）借款人借款系为生产经营需要；（2）保理商系以自有资金拆借，并不以资金拆借为常业；（3）保理商不存在故意向借款人提供融资用于违法犯罪活动。

1.在借款用途及目的方面，借贷应为生产经营需要，不能用于违法犯罪活动。《民间借贷规定》第14条规定："具有下列情形之一的，人民法院应当认定民间借贷合同无效：……（四）出借人事先知道或者应当知道借款人借款用于违法犯罪活动仍然提供借款的；（五）违反法律、行政法规强制性规定的；（六）违背公序良俗的。"在金融监管趋紧的态势下，若商业保理公司出借资金的行为危害金融安全或市场秩序的，保理合同可认定为无效。《九民会议纪要》第31条规定："违反规章一般情况下不影响合同效力，但该规章的内容涉及金融安全、市场秩序、国家宏观政策等公序良俗的，应当认定合同无效。人民法院在认定规章是否涉及公序良俗时，要在考察规范对象基础上，兼顾监管强度、交易安全保护以及社会影响等方面进行慎重考量，并在裁判文书中进行充分说理。"由于商业保理公司不具有经营放贷的资格，如其长期以保理名义经营放贷业务，法院则可以违背公序良俗原则为由认定企业间借贷合同无效。

2.保理商应以自有资金出借，不能从事高利转贷活动。《民间借贷规定》第14条规定："具有下列情形之一，人民法院应当认定民间借贷合同无效:(1)套取金融机构贷款转贷的;(2)以向其他营利法人借贷、向本单位职工集资,或者以向公众非法吸收存款等方式取得的资金转贷的。"《九民会议纪要》第52条规定:"民间借贷中,出借人的资金必须是自有资金。出借人套取金融机构信贷资金又高利转贷给借款人的民间借贷行为,既增加了融资成本,又扰乱了信贷秩序,根据民间借贷司法解释第14条第1项的规定,应当认定此类民间借贷行为无效。人民法院在适用该条规定时,应当注意把握以下几点:一是要审查出借人的资金来源。借款人能够举证证明在签订借款合同时出借人尚欠银行贷款未还的,一般可以推定为出借人套取信贷资金,但出借人能够举反证予以推翻的除外;二是从宽认定'高利'转贷行为的标准,只要出借人通过转贷行为牟利的,就可以认定为是'高利'转贷行为;三是对该条规定的'借款人事先知道或者应当知道的'要件,不宜把握过苛。实践中,只要出借人在签订借款合同时存在尚欠银行贷款未还事实的,一般可以认为满足了该条规定的'借款人事先知道或者应当知道'这一要件。"

3.商业保理公司不能为职业放贷人。如何判断商业保理公司是否为职业放贷人?一般应考虑以下几个方面:(1)资金拆借行为是否具有经常性、反复性,比如一年拆借资金三笔以上。(2)以借贷利息为主要收入来源。[①](3)企业的注册资本、流动资金、借贷数额、借贷收益占企业所收入的比例、出借人与借款人之间的关系等。《九民会议纪要》第53条规定:"未依法取得放贷资格的以民间借贷为业的法人,以及以民间借贷为业的非法人组织或者自然人从事的民间借贷行为,应当依法认定无效。同一出借人在一定期间内多次反复从事有偿民间借贷行为的,一般可以认定为是职业放贷人。民间借贷比较活跃的地方的高级人民法院或者经其授权的中级人民法院,可以根据

---

① 最高人民法院民事审判第二庭编著:《最高人民法院商事裁判观点》(总第1辑),法律出版社2015年版,第72页。

本地区的实际情况制定具体的认定标准。"①

比如，最高人民法院在审理的某企业间借贷纠纷案件中认为，根据查明的事实，高金公司贷款对象主体众多，除了本案债务人德享公司以外，高金公司于 2009 年至 2011 年间分别向新纪元公司、金华公司、荟铭公司、鼎锋公司和顺天海川公司等出借资金，通过向社会不特定对象提供资金以赚取高额利息，出借行为具有反复性、经常性，借款目的也具有营业性，未经批准，擅自从事经常性的贷款业务，属于从事非法金融业务活动。《银行业监督管理法》第 19 条规定："未经国务院银行业监督管理机构批准，任何单位和个人不得设立银行业金融机构或者从事银行业金融机构的业务活动"，该强制性规定直接关系国家金融管理秩序和社会资金安全，事关社会公共利益，属于效力性强制性规定。根据《合同法》第 52 条关于"有下列情形之一的，合同无效：…（5）违反法律、行政法规的强制性规定"的规定，以

---

① 比如，2018 年 11 月 16 日，浙江省高级人民法院、浙江省人民检察院、浙江省公安厅、浙江省司法厅、国家税务总局浙江省税务局、浙江省地方金融监督管理局共同发布《关于依法严厉打击与民间借贷相关的刑事犯罪强化民间借贷协同治理的会议纪要》（浙高法〔2018〕192 号），该纪要第 2 条明确规定，纳入"职业放贷人名录"，一般应当符合以下条件："1. 以连续三年收结案数为标准，同一或关联原告在同一基层法院民事诉讼中涉及 20 件以上民间借贷案件（含诉前调解，以下各项同），或者在同一中级人民法院及辖区各基层法院民事诉讼中涉及 30 件以上民间借贷案件的；2. 在同一年度内，同一或关联原告在同一基层法院民事诉讼中涉及 10 件以上民间借贷案件，或者在同一中级人民法院及辖区各基层法院民事诉讼中涉及 15 件以上民间借贷案件的；3. 在同一年度内，同一或关联原告在同一中级人民法院及辖区各基层法院涉及民间借贷案件 5 件以上且累计金额达 100 万元以上，或者涉及民间借贷案件 3 件以上且累计金额达 1000 万元以上的；4. 符合下列条件两项以上，案件数达到第 1、2 项规定一半以上的，也可认定为职业放贷人：（1）借条为统一格式的；（2）被告抗辩原告并非实际出借人或者原告要求将本金、利息支付给第三人的；（3）借款本金诉称以现金方式交付又无其他证据佐证的；（4）交付本金时预扣借款利息或者被告实际支付的利息明显高于约定的利息的；（5）原告本人无正当理由拒不到庭应诉或到庭应诉时对案件事实进行虚假陈述的。"

及《合同法解释（二）》第 14 条关于"合同法第五十二条第（五）项规定的'强制性规定'，是指效力性强制性规定"的规定应认定案涉《借款合同》无效。高金公司的经营范围为项目投资（不含专项审批）、财务咨询、企业管理咨询，高金公司所从事的经常性放贷业务，已经超出其经营范围。《合同法解释（一）》第 10 条规定："当事人超越经营范围订立合同，人民法院不因此认定合同无效，但违反国家限制经营、特许经营以及法律、行政法规禁止经营规定的除外。"金融业务活动系国家特许经营业务，故依照上述规定也应认定案涉《借款合同》无效。①

【典型案例 8】保理公司通过 P2P 平台放贷行为无效②

【基本案情】

上海高风互联网金融信息服务有限公司（以下简称高风互联网公司）系提供借贷居间服务的有限责任公司。刘某、程某系宁国市裕民商贸有限公司（以下简称裕民公司）的股东，刘某系裕民公司的法定代表人。裕民公司 2018 年 1 月 12 日的《股东会决议》中载明：刘某、程某所持有的有表决权的股数占公司股权总数的 100%，一致同意向高风互联网公司平台的注册用户借款，借款金额不逾 30 万元，借款到期日不逾 2018 年 6 月 30 日，借款具体事宜以借款协议为准，借款用于公司正常的经营周转，全体股东一致同意将借款所得资金汇入被告裕民公司的对公账户。

经高风互联网公司撮合，上海惟精商业保理有限公司（以下简称惟精保理公司）作为出借人同意向裕民公司提供借款。2018 年 1 月 12 日，惟精保理公司作为出借人与作为借款人的裕民公司签订了《借款协议》，约定裕民公司向惟精保理公司借款 30 万元，用于经营周转，借款期限 3 个月，按月付息到期还本；居间服务费为借款本金的 3%，放款时一次性收取；综合

---

① 最高人民法院（2017）最高法民终 647 号民事判决书。
② 上海市浦东新区人民法院（2018）沪 0115 民初 36585 号民事判决书。

年利率12%（含年利率10%及年账户管理费率2%），于每月起息日付息，借款起息日为惟精保理公司将出借资金转入裕民公司指定银行账户之日，利息按借款本金总额30万元×综合年利率×借款期限计算；如借款人逾期不能按时还款，则逾期利息按欠款金额及借期内利率均按24%计算，平台催收费按年化服务费率及逾期天数上浮50%计算。同日，刘某、程某向惟精保理公司出具《担保函》，承诺对惟精保理公司在前述《借款协议》项下的债权提供连带责任保证担保，担保范围为惟精保理公司在《借款协议》项下的本金、利息、复利、罚息等。上述合同签订后，惟精保理公司于2018年1月15日向裕民公司发放贷款30万元，但裕民公司未按约偿还本息。

惟精保理公司向法院提出诉讼，请求判令：1.裕民公司向其支付借款本金30万元，刘某、程某承担连带还款责任；2.裕民公司向惟精保理公司支付利息7397.25元，刘某、程某承担连带还款责任；3.裕民公司向惟精保理公司支付自2018年4月16日起至判决生效之日止的逾期利息（以本金30万元为计算，按年利率15%，以实际欠款天数计算），刘某、程某承担连带还款责任。

法院另查明，惟精保理公司营业执照中的经营范围为进出口保理业务、国内及离岸保理业务、与商业保理相关的咨询服务。

【法院裁判】

法院判决：1.裕民公司于本判决生效之日起十日内返还惟精保理公司30万元；2.裕民公司于本判决生效之日起十日内赔偿惟精保理公司自2018年4月16日起至判决生效之日止的利息损失（以30万元为基数，按中国人民银行同期银行贷款利率计算）；3.刘某、程某对裕民公司上述第1、2项付款义务中不能清偿部分的三分之一承担连带赔偿责任，刘某、程某履行赔偿责任后，有权向裕民公司追偿。

一审宣判后，双方当事人均未上诉，判决已发生法律效力。

【裁判理由】

法院判决认为：本案争议焦点在于案涉《借款协议》的效力，应在认定涉案《借款协议》是否有效的基础上，确定各方如何承担责任。

首先，涉案《借款协议》无效。惟精保理公司系一家商业保理公司，商业保理公司原来由商务部负责监管，目前由银保监会负责监管，具备准金融机构的特点。根据《商务部关于商业保理试点有关工作的通知》的规定，商业保理公司为企业提供贸易融资、销售分户账管理、客户资信调查与评估、应收账款管理与催收、信用风险担保等服务，不得从事吸收存款、发放贷款等金融活动。一方面，根据《银行业监督管理法》第19条的规定，未经国务院银行业监督管理机构批准，任何单位或者个人不得设立银行业金融机构或者从事银行业金融机构的业务活动。惟精保理公司作为准金融机构，通过与高风互联网公司合作，通过互联网借贷平台向不特定对象发放贷款，具备了经营性特征，亦非为解决资金困难或生产急需偶然为之。故惟精保理公司违反了《银行业监督管理法》的强制性规定，符合《合同法》第52条规定的合同无效的情形。另一方面，根据《合同法解释（一）》第10条的规定，当事人超越经营范围订立合同，人民法院不因此认定合同无效，但违反国家限制经营、特许经营以及法律、行政法规禁止经营规定的除外。商业保理公司应在监管机构允许的经营范围内从事业务，由监管机构监管的金融机构及准金融机构从事发放贷款业务，属于特许经营的范围，须取得相应的资质。惟精保理公司经营范围中不包括发放贷款，其超越经营范围发放贷款，违反了国家限制经营、特许经营的规定，故案涉《借款协议》应为无效合同。

其次，合同无效后的处理。根据《合同法》第58条的规定，合同无效或者被撤销后，因该合同取得的财产，应当予以返还；不能返还或者没有必要返还的，应当折价补偿；有过错的一方应当赔偿对方因此所受到的损失，双方都有过错的，应当各自承担相应的责任。现惟精保理公司与裕民公司之间系无效借款关系，则依照上述法律规定，裕民公司应返还因无效行为取得的财产，惟精保理公司实际支付给裕民公司的 30 万元，裕民公司应对该钱款负返还之责。本案中，裕民公司承担上述返还义务后，并未因无效借款关系遭受损失，而惟精保理公司因其资金为裕民公司所占用，如裕民公司仅返还本金的，则惟精保理公司将遭受相应利息损失。惟精保理公司作为准金融机构，应知晓相关法律法规之强制性规定，其发放贷款的行为不仅违法违规，更产生了扰乱正常金融秩序的不良后果，故惟精保理公司应自行承担系争《借款协议》合同期内的相应利息损失。而裕民公司在系争《借款协议》期满后仍实际占用原告的钱款，应向惟精保理公司支付相应利息，故裕民公司除负担借款本金返还之责外，还应就该钱款向惟精保理公司赔偿自系争《借款协议》到期日起按银行同期贷款利率计算的利息损失。

最后，担保责任的认定。根据《担保法》第 5 条的规定，担保合同是主合同的从合同，主合同无效，担保合同无效。在涉案《借款协议》无效的情况下，刘某、程某向惟精保理公司出具的《担保函》作为从合同，亦为无效。《担保法解释》第 8 条规定，主合同无效而导致担保合同无效，担保人无过错的，担保人不承担民事责任；担保人有过错的，担保人承担民事责任的部分，不应超过债务人不能清偿部分的三分之一。本案中，刘某作为公司法定代表人和股东，程某作为公司股东，其提供担保时应审慎了解出借人的相关情况，两被告应当知晓惟精保理公司作为商业保理公司不具有对外发放贷款的资质，在涉案《借款协议》无效的情况下仍为借款人提供担保，存在过错，应当承担被告裕民公司不能清偿部分债务的三分之一。

【案例评析】

本案系上海市高级人民法院 2019 年 7 月发布的"2018 年度上海法院金融商事审判十大案例"之一。本案认定商业保理公司通过 P2P 平台放贷行为无效的理由有以下两个方面：一方面，从事发放贷款业务属于特许经营范围，商业保理公司并无此资质，故不符合《合同法解释（一）》第 10 条规定的超越经营范围依然有效的情形。另一方面，商业保理公司通过互联网借贷平台向不特定对象发放贷款，具备了经营性特征，并非为解决资金困难或生产经营需要，故违反了《银行业监督管理法》的强制性规定，符合《合同法》第52条规定的合同无效的情形。

《最高人民法院关于进一步加强金融审判工作的若干意见》（法发〔2017〕22号）第1条规定："遵循金融规律，依法审理金融案件。以金融服务实体经济为价值本源，依法审理各类金融案件。对于能够实际降低交易成本，实现普惠金融，合法合规的金融交易模式依法予以保护。对以金融创新为名掩盖金融风险、规避金融监管、进行制度套利的金融违规行为，要以其实际构成的法律关系确定其效力和各方的权利义务。对于以金融创新名义非法吸收公众存款或者集资诈骗，构成犯罪的，依法追究刑事责任。"上海市高级人民法院在阐释本案裁判意义时指出，互联网借贷具有普惠金融服务的特点，其通过利用互联网信息技术，更好地满足中小微企业和个人之间的投融资需求，商业保理公司、融资租赁公司等准金融机构有其特定的金融业务经营范围，但均不具有吸收存款、发放贷款的资质。对于准金融机构与互联网金融平台合作开展的业务模式，应根据相关法律法规和监管规则予以审查，防止以金融创新为名规避金融监管的行为，本案的裁判有助于促进商业保理公司合法合规经营，引导互联网金融规范发展，也有利于防范金融风险的交叉传递。

（二）通谋虚伪保理合同的效力问题

《民法典》第146条规定："行为人与相对人以虚假的意思表示实施的民事法律行为无效。以虚假的意思表示隐藏的民事法律行为的效力，依照相关法律规定处理。"比如，最高人民法院在审理的一起票据追索权纠纷案中即认为通谋虚伪的票据贴现行为无效。[1]

保理商与债权人共同虚构应收账款签订的保理合同是否无效？有观点认

---

[1] 最高人民法院（2017）最高法民终41号民事判决书。

为，根据《民法典》第146条的规定，保理合同为虚伪意思表示，应认定无效。笔者不同意这个观点，名实不符保理合同的特殊性在于真实意思和虚伪意思在同一个合同中体现，应对两个法律行为的效力进行区分，不能一概而论。《民法典》第146条所称的无效针对的对象为虚伪的民事法律行为。如果一个合同只包含一个虚伪行为，比如"阴阳合同"中"阳合同"，那么认定"阳合同"无效符合《民法典》第146条的规定。如果一个合同中同时包含虚伪行为和隐藏行为，则不能对合同整体的效力进行否定；否则，载有真实意思表示的隐藏行为也会受到牵连。虚伪表示背后隐藏的民事法律行为体现了双方当事人的真实意思表示，不应否定其效力。隐藏行为的效力最终如何，应当根据该行为自身的效力要件进行判断，既不能简单地认定无效，也不能不加限制地一律承认其效力。故，在同时存在虚伪表示与隐藏行为时，虚伪表示无效，隐藏行为并不因此无效，其效力如何，应当依据有关法律规定处理。① 因此，对于一个合同中包含双重或多重意思表示时，只需要区分其中哪些为真实意思表示，哪些为虚伪意思表示，再对它们的各自效力进行认定，就整个合同而言，则为部分有效、部分无效。

在"名为保理，实为借贷"的保理合同中，如果债权人与债务人通谋虚构基础交易合同，目的在于骗取保理融资，由于基础交易并不真实，故双方签订的基础交易合同为虚伪意思表示，应属无效。如果保理商在明知应收账款不真实的情况下仍签订保理合同，则对保理合同中的意思表示要一分为二进行看待。其中，保理为虚伪行为，借款为隐藏行为，保理行为无效，借款行为仍然有效。根据《民法典》第146条第2款对于隐藏行为"依照有关法律规定处理"的规定，在法律适用时，可按照《民法典》和《民间借贷规定》关于借款行为的规则进行处理。

---

① 李适时：《中华人民共和国民法总则释义》，法律出版社2017年版，第456页。

(三)债务人确认债权真实性的效力

以应收账款进行融资,确权是一个难题。2017年9月1日,新修订的《中小企业促进法》第20条规定:"中小企业以应收账款申请担保融资时,其应收账款的付款方,应当及时确认债权债务关系,支持中小企业融资。国家鼓励中小企业及付款方通过应收账款融资服务平台确认债权债务关系,提高融资效率,降低融资成本。"

实践中,保理商为了确保受让的应收账款债权能够顺利实现,通常会在签订保理合同时要求应收账款债务人对应收账款的数额、还款期限及合同履行情况等进行书面确认,有的甚至会要求债务人作出付款承诺。债务人的确认行为是否具有法律约束力?有观点认为,债务人的确认可视为一种自认。关于自认,《民事诉讼法解释》第92条规定:"一方当事人在法庭审理中,或者在起诉状、答辩状、代理词等书面材料中,对于己不利的事实明确表示承认的,另一方当事人无需举证证明。对于涉及身份关系、国家利益、社会公共利益等应当由人民法院依职权调查的事实,不适用前款自认的规定。自认的事实与查明的事实不符的,人民法院不予确认。"不过,上述规定是对诉讼过程中自认效力作出的规定,而债务人的确认行为是在诉前作出的,不受该司法解释的约束。鉴于目前我国民事诉讼制度中没有关于诉前自认效力的规定,法院可以依据诚信原则进行处理。

诚信原则被称为"帝王条款",是各国民法公认的基本原则。诚信原则要求人们从事民事活动应当秉持诚实,恪守承诺,善意行使权利和履行义务。诚信原则包含两方面内容:一是对待他人诚信不欺,二是对自己的承诺要信守不怠。应收账款债务人的确认行为也应遵守诚信原则,保理商基于债务人的确认行为才作出相应的判断和决定,如果债务人的确认不受法律约束,保理商的信赖利益势必受到损害,有悖公平正义。《深圳前海法院保理合同案件裁判指引》第14条规定:"第三人或债务人向保理商确认基础合同债务的真实性,善意保理商主张合同有效,并请求债务人或第三人按照其确认的范围内为保理申请人的债务承担清偿责任的，人民法院应予支持。"

《民法典》第763条规定："应收账款债权人与债务人虚构应收账款作为转让标的，与保理人订立保理合同的，应收账款债务人不得以应收账款不存在为由对抗保理人，但是保理人明知虚构的除外。"根据立法机关的阐释，本条的立法理由为："债务人向保理商确认应收账款的真实性，制造了虚假应收账款的外观。虽然债权一般不具有权利外观，原则上不适用善意取得。但是，在本条所针对的情形中，债权在例外情况下具有一定的权利外观，对据此产生信赖的保理商应当予以保护。"[①]因而，如果债务人的确认行为构成与债权人虚构应收账款的，即便应收账款并不真实存在，债务人仍应承担相应的付款责任。

需要注意的是，保理商在调查核实应收账款的过程中应重视债务人的确认，但也不能迷信债务人的确认。一方面，在债务人确认的情形中，保理商对债权真实性的审核义务较低，仅限于"明知"债权不存在的情形方可不适用本条规定，这有助于避免过分增加保理商的审核义务；另一方面，保理商如因为债务人对应收账款的真实性予以确认就完全不对应收账款进行任何调查与核实，在保理商完全可以通过成本较低的审核措施就能够发现应收账款不存在的情形中，就有理由认为保理商对应收账款不存在是明知的。[②]最高人民法院民法典贯彻实施工作领导小组亦认为："本条规定将债务人的抗辩事由限定在保理人明知的场合，并非立法机关的疏漏，而是一种刻意选择的规范立场，意在使与应收账款债权人通谋造假的债务人承担不利益的后果。但是，如果在案件审理中，保理人没有就应收账款的真实性进行任何尽职调

[①] 黄薇主编：《中华人民共和国民法典合同编释义》，法律出版社2020年版，第608页。

[②] 黄薇主编：《中华人民共和国民法典合同编释义》，法律出版社2020年版，第608页。

查,或者案件事实表明,应收账款的虚假性是如此明显,保理人只要稍加核实就不可能不知道,在这些情形中,是否需要给予保理人以如此程度的信赖保护,并非没有讨论的空间。"①有观点认为,在对"明知"进行认定时,应以一个普通人的常识作为判断标准,对基础交易合同或债务确认书的审查,应以形式审查为标准,而不应苛求保理商对整个基础交易及所有可能的交易凭证进行实质审查,更不应苛求保理商去实地勘察,但如债务人提供录音、视频、邮件等证据证明保理商直接参与、甚至指导虚构应收账款,则应当认定保理商属明知。②

债务人向保理商作出付款承诺的,应承担付款责任。债务人作出付款承诺,实质上是一种增信。司法实践中可类比信托交易中的增信文件进行处理。《九民会议纪要》第91条规定:"信托合同之外的当事人提供第三方差额补足、代为履行到期回购义务、流动性支持等类似承诺文件作为增信措施,其内容符合法律关于保证的规定的,人民法院应当认定当事人之间成立保证合同关系。其内容不符合法律关于保证的规定的,依据承诺文件的具体内容确定相应的权利义务关系,并根据案件事实情况确定相应的民事责任。"对于债务人的付款承诺,法院首先要分辨是否构成保证担保。如果符合保证的构成要件,保理商可以要求债务人承担保证责任;如果不构成保证,则可按照付款承诺的具体内容进行处理。如果债务人向保理商作出无条件足额支付应收账款至保理专户的承诺,付款承诺不仅包含已知晓应收账款转让事实的意思表示,还包含确认应收账款真实性并愿意向保理商履约的意思表示。债务人应受其承诺约束,向保理商指定的账户付款,否则有违诚信原则,保理商可要求其承担清偿责任。在应收账款不真实的情况下,债务人的付款承

---

① 最高人民法院民法典贯彻实施工作领导小组主编:《中华人民共和国民法典合同编理解与适用》(三),人民法院出版社2020年版,第1776页。

② 李志刚:《〈民法典〉保理合同章的三维视角:交易实践、规范要旨与审判实务》,载《法律适用》2020年第15期。

诺可按照"债的加入"规则进行处理。《民法典》第 552 条规定："第三人与债务人约定加入债务并通知债权人，或者第三人向债权人表示愿意加入债务，债权人未在合理期限内明确拒绝的债权人可以请求第三人在其愿意承担的债务范围内和债务人承担连带债务。"保理商可要求债务人在其承诺付款的范围内承担连带清偿责任。

关于债务人向保理商作出确认或承诺的行为是否可视为其放弃了基础合同项下的抗辩权或抵销权问题，将在本书第四章第三节中再行详述。

【典型案例 9】债务人向保理商出具应收账款确认书的法律效力[①]

【基本案情】

2013 年 3 月 12 日，工行钢城支行与诚通公司签订《国内保理业务合同》，诚通公司作为销货方以其与购货方中铁新疆公司之间形成的应收账款，向工行钢城支行申请办理有追索权国内保理业务，由工行钢城支行为诚通公司提供总额为 150000000 元的保理融资。

同日，诚通公司、工行钢城支行向中铁新疆公司发出《应收账款债权转让通知书》，要求中铁新疆公司按照该购销合同约定及时将应收账款付至保理银行的账户。

2013 年 3 月 13 日，工行钢城支行以借款形式向诚通公司提供 1.5 亿元融资。

中铁新疆公司在《应收账款保理业务确认书》中称："截至诚通公司（销货方）在本确认书上签字之日止，确认以下销货方应收账款（发票未付金额为 150012150 元）尚未支付。对于确认的未付款项，根据购销合同及《应收账款债权转让通知书》约定，将向账号为 30×26 的收款专户进行支付。且不出于任何原因对该等款项进行任何抵销、反请求或扣减。"

[①] 一审：新疆维吾尔自治区高级人民法院（2013）新民二初字第 32 号民事判决书；二审：最高人民法院（2014）民二终字第 271 号民事判决书。

2013年11月，工行钢城支行向法院提起诉讼，请求判令中铁新疆公司支付应收账款 150012150 元，诚通公司对上述应收账款承担回购责任。

【法院裁判】

一审法院判决：1. 中铁新疆公司向工行钢城支行支付价款（应收账款）150012150 元；2. 诚通公司对中铁新疆公司所承担的上述债务在 149995458.68 元融资范围内向工行钢城支行承担回购责任。

中铁新疆公司不服一审判决，向最高人民法院提起上诉，二审判决：驳回上诉，维持原判。

【裁判理由】

一审判决认为：工行钢城支行提供的涉案相关《买卖合同》《发货通知书》《出仓单》《中铁新疆公司入库单》《广东增值税专用发票》《应收账款保理业务确认书》表明中铁新疆公司与诚通公司之间基于涉案相应《买卖合同》形成了应收账款债权债务关系、中铁新疆公司在诉讼前对于涉案应收账款债权债务关系的真实性及数额均认可且无异议、诚通公司对涉案应收账款数额均认可且无异议、中铁新疆公司在诉讼前亦向工行钢城支行明确表示其对基于涉案相应《买卖合同》向诚通公司负有债务的事实及应收账款数额认可且无异议。中铁新疆公司提供的收货凭证记载的发货时间虽然与工行钢城支行提供的《出仓单》《发货通知书》所记载的时间不一致，但《出仓单》载明的"收货部门"是"经营二部"而不是中铁新疆公司；《发货通知书》与收货凭证的功能不同，中铁新疆公司在相关收货凭证上加盖印章的行为表明其收到涉案相应《买卖合同》项下的标的物，因而相应《发货通知书》与收货凭证记载的发货时间不一致这一事实并不能否定工行钢城支行所提供的证据、不能证明涉案买卖合同民事法律关系不真实的事实。故，中铁新疆公司在本案中所提供的证据并不能证明涉案相应《买卖合同》未实际履行、所形成的应收账款债权不真实的事实。因此，中铁新疆公司认为其与诚通公司之间不存在真实的买卖合同民事法律关系、不存在真实应收账款债权的理由不能成立。涉案《国内保理业务合同》所转让的应收账款债权真实、合法，对《国内保理业务合同》的效力不产生影响。中铁新疆公司在本案中提供的证据并不能证明涉案《国内保理业务合同》存在以合法形式掩盖非法目的事实，其主张涉案保理业务存在以合法形式掩盖非法目的情形的理由不能成立。中铁新疆公司在本案中提供的证据也并不能证明涉案《国内保理业务合同》属于以银行保理融资为表现形式、实际是为诚通公司以外的其他人提供资金且工行钢城支行对此明知且无异议的事实。综上，涉案《国内保理业务合同》是各方当事人的真实意思表示，内容不违反法律、行政法规的效力性强制性规定、不损害国家、集体、第三人和社会公共利益，应当认定为有效。

二审判决认为：关于中铁新疆公司在《应收账款保理业务确认书》中向工行钢城支行作出的无异议承诺的法律效果问题，《合同法》第82条规定："债务人接到债权转让通知后，债务人对让与人的抗辩，可以向受让人主张。"第83条规定："债务人接到债权转让通知时，债务人对让与人享有债权，并且债务人的债权先于转让的债权到期或者同时到期的，债务人可以向受让人主张抵销。"就当事人能否通过合同约定排除上述法律规定之适用，立法本身未设明文规定。而在本案中，中铁新疆公司在收到债权转让通知后，于2013年3月5日向工行钢城支行出具《应收账款保理业务确认书》，确认其对诚通公司负有150012150元债务尚未清偿，承诺将依买卖合同的约定和应收账款债权转让通知书的指定，向收款专户进行支付，且承诺不出于任何原因对该等款项进行任何抵销、反请求或扣减。由此，中铁新疆公司在《应收账款保理业务确认书》中的上述承诺能否发生切断抗辩的法律效果，即中铁新疆公司能否再就涉案债权不成立、成立时有瑕疵、无效或可撤销、债权消灭等可以对抗让与人诚通公司的抗辩事由向受让人工行钢城支行提出抗辩，成为本案当事人争议的焦点问题之一。

最高人民法院认为：首先，《合同法》第82条和第83条所规定的抗辩权和抵销权,其立法目的系为保护债务人之利益不至因债权转让而受损害,根据上述规定,债权转让后债务人对抗辩权和抵销权的行使享有选择权,其既可以对原债权人主张,也可以向受让人主张。因此,即便债务人向保理银行预先承诺放弃行使抗辩权和抵销权,其所享有的实体权利并未因此而消灭,其仍然可以向原债权人主张相关的权利。因此,从当事人之间利益状态来看,债务人对受让人预先承诺放弃抵销权和抗辩权并不会导致当事人之间利益的失衡。其次,从当事人在保理融资业务中所追求的经济目的来看,债务人事先向受让人作出无异议承诺具有一定的合理性。对保理融资业务中涉及的基础交易合同的双方当事人而言,经由保理银行的垫款,能够使相关基础合同的交易得以顺利进行;对保理银行而言,其为客户垫款而受让债权,其真实意思并非终局地获得该债权,而是希望借此从客户(债权人)那里获得报酬及利息,并由债务人归还融资本金。因此,债务人事先向债权受让人作出无异议承诺的做法,有利于促进保理融资业务的顺利开展。从实践中的情况来看,无异议承诺也已经成为保理融资实务中较为通行的做法。根据本案已经查明的事实,中铁新疆公司在《应收账款保理业务确认书》中向工行钢城支行作出"不出于任何原因对该等款项进行任何抵销、反请求或扣减"的承诺,是其真实意思表示,故应依法认定为合法有效。根据《应收账款保理业务确认书》中的承诺内容,中铁新疆公司在本案中不得再就涉案债权不成立、成立时有瑕疵、无效或可撤销、债权消灭等可以对抗诚通公司的抗辩事由向工行钢城支行提出抗辩。故对中铁新疆公司在本案中向工行钢城支行提出的案涉买卖合同系双方虚伪意思表示、应收账款债权并非真实存在等抗辩理由,本院不予采信。对中铁新疆公司在本案中所提交的拟证明涉案应收账款债权并非真实存在、相关当事人之间存在虚假的闭合贸易圈等相关证据,因诚通公司已经就涉案买卖合同的价款支付问题另案提起诉讼要求中铁新疆公司支付价款,本院业已裁定指令一审法院就双方之间的债权债务关系予以实体审理,中铁新疆公司可在该案中进行抗辩并由一审法院对双方之间买卖合同的效力进行实事求是的认定，本院在本案中不予审理，对工行钢城支行和诚通公司提出的关于涉案应收账款债权合法有效的诉讼理由，本院在本案中亦不作评判。

【案例评析】

诚信原则是商事交易活动中的一项重要原则。在商事交易中，如果允许当事人动辄推翻其在先行为，将使得交易相对方无法预料合同后果，从而损害交易的积极性。中铁新疆公司在《应收账款保理业务确认书》中确认了应收账款的金额，并承诺根据购销合同及《应收账款债权转让通知书》约定，向保理收款专户进行支付，且不出于任何原因对该等款项进行任何抵销、反请求或扣减。工行钢城支行基于对该确认、承诺的信赖而进行了放款。根据承诺内容，中铁新疆公司已明确放弃案涉买卖合同、应收账款债权真实性的抗辩权。这属于对自身权利的处分，合法有效，具有法律拘束力。但在诉讼中，中铁新疆公司又主张"买卖合同不真实，应收账款不存在"，与其承诺相悖，有违诚信原则，法院对其抗辩不予采信。中铁新疆公司与诚通公司基于买卖合同产生的纠纷可另案解决，本案可不予审查。

（四）保理业务涉嫌犯罪时合同效力

关于民事合同涉嫌刑事犯罪时合同是否无效的问题，存在不同观点：一种观点认为，为保持法秩序的一致性，应当认定构成刑事犯罪的民事合同无效。另一种观点则认为，违法性程度考察仅是法益衡量的一个因素，但不是全部因素，在确定违法合同的效力时，还要兼顾考察交易安全保护等其他因素，如合同诈骗在合同法的效力是可撤销，为充分保护受害人的合法权益，应赋予受害人以撤销权，并由其决定合同是否无效。最高人民法院民一庭和民二庭均赞同后一种观点。《民间借贷规定》第13条规定："借款人或者出借人的借贷行为涉嫌犯罪，或者已经生效的裁判认定构成犯罪，当事人提起民事诉讼的，民间借贷合同并不当然无效。人民法院应当依据《中华人民共和国合同法》第五十二条以及本规定第十四条之规定，认定民间借贷合同的效力。"最高人民法院民二庭在编著的《〈全国法院民商事审判工作会议纪要〉理解与适用》一书中亦持此观点。①

在保理合同纠纷中，有债权人或债务人主张，由于保理合同的订立涉嫌刑事犯罪，法院应将案件移送侦查机关。保理合同为当事人实施犯罪的手段，属于以合法形式掩盖非法目的的合同，应归于无效。

笔者不赞同此观点，以合法形式掩盖非法目的，应当是双方共同追求的目的，而非一方的目的。在一方以签订合同作为犯罪手段时，合同相对方并不知情，也未参与，而是受害方。如果认定合同无效，则是对受害方的二次伤害。故，单方以合同作为犯罪手段并不属于以合法形式掩盖非法目的的情形。

法人工作人员涉嫌犯罪不影响法人对外民事行为的效力。比如，保理公司法定代表人或代理人在签订保理合同时存在受贿，受贿与签订合同是两个不同的事实与法律关系。法定代表人或代理人是代表公司签订合同，只要是出于公司真实意思表示，则应由公司承受合同项下的权利、义务。法人工作人员的犯罪问题可另行通过刑事程序追究。《民间借贷规定》第 8 条规定："借款人涉嫌犯罪或者生效判决认定其有罪，出借人起诉请求担保人承担民事责任的，人民法院应予受理。"可见，借款人涉嫌犯罪并不表示借款合同无效，担保人还可能要承担担保责任。

保理合同是否无效要严格依据《民法典》总则编第六章第三节，并结合《合同法》第 52 条规定的几种情形进行认定，不能简单以保理合同签订过程中涉嫌刑事犯罪为由认定合同无效。对于债权人虚构应收账款，涉嫌诈骗类刑事犯罪时，在民事上，保理合同属于因欺诈可撤销的合同，保理商具有撤销权。在保理商未撤销合同的情况下，不宜认定合同无效。法院可继续审

---

① 最高人民法院民事审判第二庭编著：《〈全国法院民商事审判工作会议纪要〉理解与适用》，人民法院出版社 2019 年版，第 252 页。

理，并将发现的犯罪线索移送侦查机关。

【典型案例 10】保理合同涉嫌刑事犯罪并不必然导致合同无效[①]

【基本案情】

2011 年 11 月 17 日，莱芜市恒鲁经贸有限公司（以下简称莱芜公司）与中国建设银行股份有限公司莱芜分行（以下简称莱芜建行）签订有追索权国内保理合同，合同约定莱芜公司以转让应收账款债权的方式向莱芜建行申请保理预付款 600 万元，保理业务类型为隐蔽型有追索权保理，额度有效期自合同生效之日起至 2012 年 11 月 3 日，保理预付款利息按照保理预付款发放当日中国人民银行公布的同期限同档次贷款基准利率基础上浮 15%，应收账款管理费为应收账款票面金额的 8‰。

高某、莱芜市北方金源新材料有限公司（以下简称北方金源公司）、莱芜市金春塑业有限公司（以下简称金春塑业公司）、李某、张某与莱芜建行签订保证合同，自愿为保理合同的履行承担连带保证责任。

后因莱芜公司欠莱芜建行借款本金 300 万元及利息，莱芜建行向法院提起诉讼，请求判令：1.莱芜公司偿还保理预付款 300 万元及相应利息；2.高某、北方金源公司、金春塑业公司、李某、张某承担连带偿还责任。

庭审过程中，莱芜建行明确表明：1.保理合同签订后，因保理业务类型为隐蔽型保理，莱芜建行未向山东泰山钢铁集团有限公司等债务人主张债权，莱芜建行在本案中行使的是保理合同约定的追索权。2.在向各被告行使追索权后，对山东泰山钢铁集团有限公司等债务人不再享有债权。

高某代理人辩称，高某因该笔保理款已被莱城区人民法院以骗取贷款罪判刑，莱芜公司已向莱芜建行转让债权，莱芜建行应当向山东泰山钢铁集团有限公司主张权利。

[①] 山东省莱芜市中级人民法院（2014）莱中商初字第 10 号民事判决书。

【法院裁判】

法院判决：1.莱芜公司向莱芜建行支付保理预付款300万元，并按保理合同的约定支付利息。2.高某、北方金源公司、金春塑业公司、李某、张某对本判决第1项确定的还款义务承担连带清偿责任。保证人承担保证责任后，有权向莱芜公司追偿。

【裁判理由】

法院判决认为：1.关于莱芜公司是否承担还款责任的问题。刑事犯罪行为与民事行为是由刑民两个不同法律体系调整的，民法和刑法有其自身的体系和规则，民法规范与刑法规范的法规竞合必然引发民事责任与刑事责任的共同存在，被告高某的行为在刑法领域被认定为犯罪行为，并不能自然否定在民法上评价的必要。骗取贷款罪是指以欺骗手段取得银行或者其他金融机构贷款、票据承兑等，给银行或其他金融机构造成重大损失或者有其他严重情节的行为。在骗取贷款罪中，行为人为骗取银行融资往往要与银行签订各类合同，刑法否定的对象只是采用虚假手段取得银行贷款的行为，而在此过程中所订立的合同本身并非刑事法律评价的对象。合同效力的认定应当依照民法的相关规定，符合《合同法》第52条合同无效之一的，才能认定合同无效。本案中，莱芜建行与莱芜公司签订保理合同是其真实意思表示，莱芜公司在质证中对保理合同的效力亦予以认可。该份保理合同不违背法律、行政法规的禁止性规定，应为有效合同。原告在支付保理款后，未能从应收账款中收回保理预付款，根据合同约定，原告享有"追索权"，即原告有权向莱芜公司追索，要求其承担还款责任。原告基于保理合同的约定要求莱芜公司偿还保理预付款300万元并按合同约定支付利息的诉讼请求，符合法律规定，本院应予支持。庭审中原告明确表示行使追索权后，不再享有保理合同中转让的债权，可视为原告对在保理合同中取得的到期债权完成了退还义务。

2.保证人是否应当承担保证责任。担保制度的价值和目的，在于主债务人不能清偿时担保人代为清偿,担保人提供担保本身就是要承担一定风险,这种风险包括担保人对主债务人偿债能力或诚信的误判。本案中,高某、北方金源公司、金春塑业公司、李某、张某与原告签订保证合同,自愿为保理合同的履行承担保证责任,是其真实意思表示,该保证合同合法有效。原告在保证期间内向其主张权利,符合法律规定,本院应予支持。

【案例评析】

保理合同中关于当事人权利义务的约定,只要出于真实意思表示,且不违反法律行政法规的强制性规定,应当认定为有效。被告高某的行为虽然在刑法上被认定为骗取贷款罪,但在民事领域只能将其定性为欺诈,受欺诈一方,即保理商有权撤销合同,在未撤销之前,合同仍应有效,民事案件可继续审理,债务人与保证人的责任不受刑事案件的影响。

三、担保合同的效力

(一)法律关系性质变化时担保合同效力

在"名为保理,实为借贷"的情形下,有担保人抗辩称担保合同应无效,该抗辩理由能否成立?目前来看,大部分法院裁判认为担保人应承担担保责任。主要理由包括:(1)对应收账款的审查义务系保理商内部风险控制要求,而非其在保证合同项下的义务。(2)借贷合同项下的债务与保理合同项下的债务具有同一性,并未加重担保人的担保责任。(3)担保人通常与债权人之间存在关联关系,为了配合债权人从保理商处融资,才提供的担保,对应收账款不真实的情况也知悉明了,承担担保责任并未超出其签订担保合同时的预期。即使债权人同时欺骗了保证人,亦属商事交易伙伴之间的虚假陈述,虽影响保证人承担责任的风险程度,但不构成保证人减责事由等。

比如,有裁判观点认为,即便应收账款不真实,保证人仍应承担保证责任。重庆市第三中级人民法院(2014)渝三中法民初字第00133号民事判决书认为，虽然由于卖方提供的虚假应收账款转让通知书致保理商不能向买方主张这部分应收账款，但根据保理合同的约定，卖方仍负有无条件向银行偿还预付款及利息的义务，而保证人自愿为卖方履行《有追索权国内保理合同》提供连带责任保证担保，故保证人仍应承担连带保证担保责任。保证人认为由于卖方提供虚假的债权转让通知书致保理合同无效，其不应当承担保证担保责任的抗辩理由，于法不符，本院不予采纳。

笔者认为，保理合同不构成保理法律关系，只是合同性质发生了变化，并不等同于合同无效，故担保合同并不必然无效。如果主合同有效，担保人对主合同的内容、权利义务的约定均了解，担保合同本身也无《合同法》第52条规定的合同无效情形的，则不应因主合同的性质发生变化必然导致担保合同无效。① 在担保合同有效的情况下，担保人是否应承担担保责任又要分两种情况：

1. 如果担保合同只是笼统约定对主合同项下的债务提供担保，则担保范围应包括保理债务或借贷债务。即便合同转性，担保人也应承担担保责任。比如，在无真实贸易背景的保兑仓交易中，《九民会议纪要》第69条规定："保兑仓交易以买卖双方有真实买卖关系为前提。双方无真实买卖关系的，该交易属于名为保兑仓交易实为借款合同，保兑仓交易因构成虚伪意思表示而无效，被隐藏的借款合同是当事人的真实意思表示，如不存在其他合同无效情形，应当认定有效。保兑仓交易认定为借款合同关系的，不影响卖方和银行之间担保关系的效力，卖方仍应当承担担保责任。"

2. 如果担保合同明确约定仅担保保理合同项下的债务，那么合同转性之后，债务由"保理之债"转化为"借贷之债"，担保对象发生了变化，担保人的担保责任明显加重。因为在保理合同项下，债务人为第一偿债义务人，

---

① 最高人民法院民事审判第二庭编著：《最高人民法院关于融资租赁合同司法解释理解与适用》，人民法院出版社2014年版，第59页。

保理合同变成借贷合同后，债务人这一道屏障消失，担保的顺位利益消失，对担保人明显不利，故此时担保人不应承担担保责任。

【典型案例11】不构成保理法律关系时保证人仍应承担保证责任[①]

【基本案情】

2014年3月3日，中国工商银行股份有限公司杭州经济技术开发区支行（以下简称工商银行）与光大华璞建设发展有限公司（以下简称华璞公司）签订最高额保证合同，约定华璞公司为浙江光大锦豪交通工程有限公司（以下简称锦豪公司）向工商银行融资提供最高额连带责任保证。

2014年3月11日，工商银行与中达建设集团股份有限公司（以下简称中达公司）签订保证合同，约定中达公司为锦豪公司向工商银行融资提供连带责任保证。

2014年3月12日，工商银行与锦豪公司签订国内保理业务合同，约定：锦豪公司以其与义乌市交通运输局之间形成的应收账款向工商银行申请办理有追索权国内保理业务；有追索权国内保理业务是指锦豪公司将其应收账款转让给工商银行，由工商银行为其提供应收账款融资及相关的国内保理服务，若购货方在约定期限内不能足额偿付应收账款的，则工商银行有权向锦豪公司追索未偿融资款；锦豪公司将应收账款债权及相关权利转让给工商银行，工商银行审查确认后，给予锦豪公司总额为1100万元的保理融资；保理融资利率以基准利率加浮动幅度确定；发放融资款后，按日计息，按月结息，融资到期，利随本清；锦豪公司对本合同项下融资承担最终偿还责任，无论何种原因致使锦豪公司不能及时、足额收回应收账款，均不影响工商银行对锦豪公司行使并实现追索权。同日，工商银行向锦豪公司发放了融资款。

[①] 一审：杭州经济技术开发区人民法院（2014）杭经开商初字第646号民事判决书；申诉：杭州市中级人民法院（2016）浙01民申77号民事裁定书。

第三章
保理合同的效力

截至2014年10月30日，锦豪公司尚欠融资款本金1100万元、利息324925.98元。工商银行向法院提起诉讼，请求判令：1.锦豪公司返还融资款本金1100万元、利息324925.98元（暂计算至2014年10月30日，此后按照国内保理业务合同约定计算至融资本息全部清偿之日止）；2.中达公司、华璞公司对上述债务承担连带清偿责任。

中达公司、华璞公司辩称，在工商银行与锦豪公司签订保理合同时，虽然锦豪公司与义乌市交通运输局之间确实存在交易关系，但没有确定债权可转让的事实基础，而且锦豪公司也未将应收账款转让通知义乌市交通运输局。签订合同后，工商银行也从未向义乌市交通运输局主张过债权，而是主张由锦豪公司对债权进行回购，系其与锦豪公司签订虚假保理合同，恶意串通骗取保证人提供保证。因此，案涉保证合同并非其真实意思表示。根据担保法相关规定，主合同双方恶意串通骗取保证人提供保证的，保证合同无效，其不应承担保证责任。

【法院裁判】

杭州经济技术开发区人民法院判决：1.锦豪公司于判决生效之日起10日内返还工商银行借款本金1100万元、利息324925.98元（暂计算至2014年10月30日，此后按照国内保理业务合同约定计算至借款本息全部清偿之日止）；2.中达公司、华璞公司对上述债务承担连带清偿责任；3.中达公司、华璞公司承担清偿责任后有权向锦豪公司追偿。

判决生效后，锦豪公司向杭州市中级人民法院申请再审，杭州市中级人民法院裁定：驳回其再审申请。

【裁判理由】

法院判决认为：根据合同约定和当事人履约情况，本案不构成保理法律关系，而构成借款法律关系。

关于中达公司、华璞公司是否需要承担保证责任的问题，法院认定如下：

1.案涉保证合同均约定中达公司、华璞公司"完全了解主合同项下债务的用途,为债务人提供保证担保完全出于自愿,在本合同项下的意思表示完全真实",故中达公司、华璞公司签订保证合同系基于自愿,其为锦豪公司提供保证系其真实意思表示,不违反法律、行政法规的强制性规定,应属有效。

2.根据保证合同约定,主债权到期而锦豪公司未予清偿的,中达公司、华璞公司应自接到工商银行通知之日起5个工作日内,无条件履行合同项下的保证责任。因此,中达公司、华璞公司在锦豪公司未能清偿到期债务的情形下,应当依约承担保证责任。

3.案涉应收账款未有效转让并未加重中达公司、华璞公司的保证责任。案涉保证合同已经明确约定保证担保的范围为主债权本金、利息、罚息、复利等,而不是除已收回的应收账款之外的剩余主债权本金、利息、罚息、复利等。中达公司、华璞公司对应收账款未有效转让情形下其所担保的范围以及应收账款有效转让而工商银行未能收回任何应收账款情形下其所担保的范围都是可以预见的。而且案涉保证合同均签订于保理合同之前,此时中达公司、华璞公司对其担保应负更多的注意义务,对可能出现的风险应当预见。现应收账款未有效转让,工商银行要求中达公司、华璞公司承担保证责任并未超出其可预见的保证范围,也未加重其保证责任,该请求理应得到支持。

杭州市中级人民法院裁定亦认为:中达建设与工行开发区支行签订的案涉《保证合同》系双方当事人的真实意思表示,合法有效,对合同双方当事人均有约束力。中达建设作为担保人亦有责任对所担保的债务及其风险进行必要的审查了解。现中达建设在该《保证合同》中明确表示其以连带责任保证的方式,对上述《国内保理业务合同》项下的主债权本金、利息、复利等等承担担保责任,并承诺当主债权到期而光大锦豪未予清偿时,其无条件履行合同项下的保证责任等;且中达建设在原审及再审审查中也没有证据证明工行开发区支行与光大锦豪存在恶意串通、骗取保证人提供担保的情形。

故，原审判决根据查明的事实，认定案涉应收账款未有效转让并未加重中达建设等担保人的保证责任、本案保证合同有效并最终判决中达建设须承担案涉担保责任，其事实认定和法律适用及实体处理并无不当。

【案例评析】

本案保证人主张保证合同无效的理由主要在于工商银行与锦豪公司签订虚假保理合同，恶意串通骗取保证人提供保证。

首先，债权人与债务人之间是否存在真实的交易关系以及银行对应收账款及其转让是否尽到审查义务，是认定保理合同双方当事人是否存在恶意串通骗取保证人提供保证的关键。经法院查明，本案债权人与债务人之间存在真实交易关系，且工商银行对应收账款已经尽到审查义务。尽管法院认定不构成保理法律关系，也并不表示存在恶意串通的情形。

其次，从举证责任的角度来看，《民事诉讼法解释》对恶意串通事实的证明标准提出了更高的要求。民事诉讼的一般证明标准为高度盖然性标准，但《民事诉讼法解释》第109条规定："当事人对欺诈、胁迫、恶意串通事实的证明，……人民法院确信该待证事实存在的可能性能够排除合理怀疑的，应当认定该事实存在。"可见，恶意串通的证明标准要高于高度盖然性标准，需要达到刑事诉讼中排除合理怀疑的程度。司法解释之所以采取这样高的标准，主要是为了维护交易的安定性。如果标准为高度盖然性，则容易导致推翻既定的法律关系。本案中，中达公司、华璞公司虽举证证明了应收账款债权转让通知书上加盖的债务人义乌市交通局的印章系伪造，但凭此并不能够达到排除合理怀疑的证明标准，应承担举证不能的法律后果。此外，《担保法解释》第40条规定："主合同债务人采取欺诈、胁迫等手段，使保证人在违背真实意思的情况下提供保证的，债权人知道或者应当知道欺诈、胁迫事实的，按照担保法第三十条的规定处理。"由于工商银行对应收账款转让是否通知债务人已经尽到了审查义务，对应收账款未有效转让没有过错，因此，即使锦豪公司采取欺诈手段使中达公司、华璞公司在违背真实意思的情形下提供保证，也不能认定工商银行知道或者应当知道欺诈事实，故该规定不适用于本案。

最后，中达公司、华璞公司对应收账款未有效转让情形下其所保证的范围是可以预见的，事实上，应收账款未有效转让并未加重其保证责任，其仍应按约承担保证责任。中达公司、华璞公司在签订保证合同时，对应收账款有效转让而工商银行未能收回任何应收账款情形下其所保证的范围是可以预见的，尽管法院认定本案构成借款法律关系，但保证人的保证范围并未超出其可预见范围，并未加重保证人的保证责任。①

综上，法院在按照借款法律关系处理时，主合同仍然有效，在未加重保证人保证责任的情况下，保证人仍应承担保证责任。

（二）债务人同时作为保理合同的保证人

实践中，应收账款债务人还可能存在身份重叠的问题。比如，债务人一方面作为基础合同项下的债务人，另一方面作为保证人与保理商签订保证合同。债权人或保理商向债务人送达应收账款转让通知书后，债务人予以确认并承诺在应收账款到期时向保理商清偿应收账款，此种情况下，保理商该如何主张权利？

笔者以为，保理商享有对债务人的求偿权和对债权人的追索权时，既可以择一主张，也可以同时主张。债务人的保证责任依附于追索权。如果保理商仅行使对债权人的追索权，可要求债务人承担连带责任。如果保理商仅行使对债务人的求偿权或仅要求债务人承担保证责任，债务人只能承担清偿责任与保证责任中的一种。如果保理商同时行使对债务人的求偿权与对债权人的追索权，相当于放弃要求债务人承担保证责任。无论保理商选择上述三种诉请方式中的哪一种，都属于对其请求权的选择与处分，并不违反法律规

---

① 李良峰：《应收账款转让未通知债务人情形下保理合同案件的裁判思路》，载《人民司法·案例》2016年第32期。

定，法院应予尊重。

第二节　基础合同与保理合同效力关系

基础合同是产生应收账款的来源，也是保理合同存在的基础。没有基础合同，就没有应收账款以及应收账款转让之说。在处理基础合同与保理合同之间的关系时，常见的问题有：一是基础合同不真实或无效时，保理合同是否有效？常有债务人、债权人或担保人以基础合同不真实或无效为由，辩称保理合同应归于无效。二是基础合同变更对保理合同的效力是否会有影响？基础合同约定应收账款不得转让，保理合同是否有效？司法实践中对上述问题有不同的裁判观点。

一、基础合同对保理合同之影响

基础合同与保理合同既相互独立，又密切联系。因基础合同与保理合同之间的关系产生的争议，主要有基础合同成立时间、基础合同变更以及基础合同虚假三方面问题。

（一）基础合同成立时间

审判实践中，法院应审查应收账款的真实性、合法性、有效性。银监会发布的《关于加强银行保理融资业务管理的通知》（银监发〔2013〕35号）第6条和《商业银行保理业务管理暂行办法》第13条均规定，开展保理业务的商业银行不得基于不合法的基础交易合同、寄售合同、代理销售合同、未来应收账款、权属不清的应收账款、因票据或其他有价证券而产生的付款请求权等开展保理融资业务。由于保理是以应收账款转让为前提，故应收账款对应的基础交易合同应在保理合同成立之前，但也不排除在特殊情形下，保理合同订立之时，基础合同尚未订立。如果债权人与债务人在签订基础合同时对保理合同进行追认，在不损害他人合法权益，不违背公序良俗的情况下，保理合同应合法有效。

笔者注意到，最高人民法院审理平安银行股份有限公司重庆分行（以下简称平安银行）与重庆重铁物流有限公司（以下简称重铁物流公司）、巫山县龙翔商贸有限责任公司（以下简称龙翔商贸公司）等保理合同纠纷一案中，关于能否因保理融资合同先于应收账款债权设立，即否定保理融资合同的效力的问题，法院判决认为，保理融资业务涉及债权转让、金融借款两种合同关系，两种合同关系并无主从之分。本案中，平安银行与龙翔商贸公司于2012年12月18日签订《国内保理业务合同》，明确约定以龙翔商贸公司对重铁物流公司享有的4500万元债权为前提。该《国内保理业务合同》签订时，龙翔商贸公司与重铁物流公司之间尚未建立煤炭买卖合同关系，《国内保理业务合同》所约定的应收账款债权并未成立。虽然相关规范性文件规定了保理融资业务应当以真实、合法、有效的应收账款债权为前提，但该规定的目的在于规范商业银行按规定开展保理融资业务。在现实的经济活动中，因民商事活动当事人磋商协议的周期性、协议签订与履行的时间顺序不一致性等因素，允许存在先确定实体法律关系，后签订有关协议的情形。在保理融资合同先于应收账款债权设立的情况下，如果后设立的应收账款债务人对该保理融资合同约定的债权予以确认或者追认，属于当事人对自己民事权利义务的处分，并不损害他人合法权益，也不违背公序良俗，故不应以此否定保理融资合同的效力，债务人也不应以此抗辩免除相应的民事责任。[①]

（二）基础合同变更

合同变更，是指在保持原合同关系的基础上使合同内容发生变化。合同

---

① 最高人民法院（2018）最高法民终31号民事判决书。

变更的实质是以变更后的合同代替了原合同。因此，在合同发生变更后，当事人应当按照变更后的合同履行义务，任何一方违反变更后的合同内容都将构成违约。

1. 合同变更的条件

（1）原已存在合法有效的合同关系

合同变更是改变原合同关系，无原合同关系便无变更的对象，所以合同的变更离不开原合同关系这一条件。如果原合同关系非法或无效，比如合同无效、被撤销、追认权人拒绝追认效力未定的合同，则无变更合同的余地。

（2）合同的内容发生变化

我国合同变更采狭义说，不包括合同主体的变更，仅指合同内容的变更，比如合同标的物质量、数量、价格、履行期限、履行地点、履行方式以及结算方式等的变更。合同主体的变更则纳入合同转让的范畴，即通常意义上的债权转让及债务承担。

（3）当事人就合同变更已经协商一致

《民法典》第543条（《合同法》第77条第1款）规定："当事人协商一致，可以变更合同。"《民法典》第544条（《合同法》第78条）规定："当事人对合同变更的内容约定不明确的，推定为未变更。"也就是说，合同变更应由当事人各方协商一致，达不成协议便不发生合同变更的法律效力。当事人通过订立一个新合同或补充协议来变更原合同的内容。

（4）办理变更手续

合同变更实质上是产生一份新合同，故要遵循合同生效规则。与合同生效规则相似，如果法律法规规定合同变更必须办理批准、登记等手续的，还应办理相应的手续才能发生变更效力。未办理相应手续的，合同变更不生效。

2. 保理业务中基础合同变更的效力

债权人与债务人为基础合同的当事人，拥有变更基础合同的决定权。关于基础合同变更的主体，有观点认为，在债权转让通知送达债务人后，债权转让对债务人产生效力，原债权人退出合同，受让人进入合同。此时，若要对基础合同进行变更，须债务人与受让人协商一致才可行。笔者认为，债权转让给保理商后，难言保理商完全取代债权人在基础合同中当事人的地位。保理商只是受让了基础合同项下的应收账款债权，合同的缔约权并未转让给保理商。因此，基础合同的债权人和债务人仍有权变更基础合同。

关于基础合同变更的效力，《民法典》第765条进行了规定："应收账款债务人接到应收账款转让通知后，应收账款债权人与债务人无正当理由协商变更或者终止基础交易合同，对保理人产生不利影响的，对保理人不发生效力。"根据上述规定，需要从变更时点、有无正当理由以及是否对保理商产生不利影响三个方面判断是否会对保理商产生法律效力。

若基础合同变更发生在应收账款转让通知债务人之前，则基础合同变更对保理商具有拘束力。在通知债务人之前，债务人对应收账款转让事实并不知情，其作为基础合同的当事人，自然有权与债权人变更基础合同。《联合国国际贸易中应收账款转让公约》第20条第1款规定："在发出转让通知前，转让人与债务人之间订立的涉及受让人权利的协议对受让人具有效力，而受让人也取得相应的权利。"上述规定肯定了通知债务人之前基础合同变更的效力，变更后果应由受保理商继受。债务人可基于基础合同变更事由向保理商抗辩。保理商若因基础合同变更遭受损失，可以保理合同目的无法实现为由解除保理合同并要求债权人赔偿损失，或者要求债权人承担违约责任。

若基础合同变更发生在应收账款转让通知债务人之后，能否拘束保理商则依有无正当理由或是否损害保理商利益而定。此种情形下，债务人已知晓应收账款债权转让给保理商的事实，应收账款转让对债务人发生法律效力。如果债务人和债权人无正当理由变更基础合同，且对保理商产生不利影响的，该变更行为对保理商不发生法律效力。通过对《民法典》第765条作反面解释，若基础合同变更虽有正当理由（比如不可抗力）但对保理商不利，或者虽无正当理由但对保理商有利（比如付款金额、方式、条件和期限对保理商更为有利），则可对保理商产生法律效力。

  基础合同变更若征得保理商同意是否会对保理商发生法律效力，立法未予明确。《联合国国际贸易应收账款转让公约》第 20 条第 2 款规定："在发出转让通知后，转让人与债务人之间订立的涉及受让人权利的协议对受让人不具有效力，除非：（a）受让人同意；或（b）履约不足未挣得全部应收账款以及原始合同中写明可作修改，或根据原始合同，通情达理的受让人会同意此种修改。"《深圳前海法院保理合同案件裁判指引》第 29 条规定："债务人收到应收账款转让通知后，未经保理商同意，债权人与债务人擅自变更基础合同的，该变更对保理商不产生法律约束力。"最高人民法院民事审判第二庭第 9 次法官会议纪要认为，债权转让通知到达债务人后，原债权人与债务人对基础交易合同所作的修改、变更，不能对抗债权的受让人即保理商，除非保理商明确表示同意。① 笔者认为，如果保理商对基础合同变更知情并同意，属于权利处分，法律自不应干涉。此外，保理商同意变更一般也是因为基础合同变更对其更加有利，否则不会同意变更。在解释上，经过保理商同意属于《民法典》第 765 条规定的正当理由。② 因此，基础合同变更若经保理商同意，便可对保理商产生法律效力。保理商的同意可以是债权人、债务人及保理商事先就基础合同的变更作出的约定，也可以是在债权人与债务人变更基础合同时征得保理商明示同意。

（三）基础合同虚假

  大量保理合同纠纷案例显示，虚假贸易已成为保理商主要融资风险之一，也是导致保理纠纷频发的主要诱因。虚假应收账款，是指债权人与债务人之间没有真实的基础交易，债权人伪造或与债务人串通伪造虚假的基础交

---

① 贺小荣主编：《最高人民法院民事审判第二庭法官会议纪要——追寻裁判背后的法理》，人民法院出版社 2018 年版，第 282 页。

② 黄薇主编：《中华人民共和国民法典合同编释义》，法律出版社 2020 年版，第 611 页。

易合同产生的不真实应收账款。主要有以下几种：（1）债权人与债务人之间根本就不存在真实的交易关系，交易合同单据材料纯系为了骗取融资款而伪造。（2）债权人与债务人存在交易关系，但转让给保理商申请保理融资的特定应收账款系伪造的交易关系。（3）应收账款是基于真实交易产生，但在转让给保理商时业已清偿完毕而归于消灭。（4）保理商受让的是没有合同基础的"纯粹未来应收账款"，或受让的应收账款因不具有可转让性被法院认定不存在。[1]

基础交易虚假是否影响保理合同的效力？司法实践中有无效说与有效说两种观点。

1. 基础交易虚假，保理合同应无效

有观点认为，对于缺乏真实、合法的基础买卖关系的保理合同应认定无效。[2]应收账款应当是合法、有效的债权，不合法的基础合同产生的债权及虚假债权的转让不发生保理法律效力。[3]有裁判观点亦认为，成立保理合同法律关系的前提是存在真实有效的债权，在债权并不存在的情形下，保理合同也就失去了事实基础，不能形成合法有效的保理合同法律关系。根据《合同法》第52条第（3）项之规定，保理合同系以合法形式掩盖非法目的的合同，应认定无效。[4]

2. 基础交易虚假，保理合同不一定无效

有观点认为，保理合同的效力不受基础合同真实性影响。即便基础合同虚假，保理合同依然有效，但是否构成保理法律关系则存在不同看法。

---

[1] 林思明、戈云阳：《应收账款虚假，保理收益还能要得回来吗？》，载微信公众号保理法律研究，2019年4月22日推送。

[2] 高佳运：《"立法真空期"的探索：破解保理合同纠纷"无法可依"的困境》，载中国法院网上海法院，2015年9月7日。

[3] 冯宁：《保理合同纠纷案件相关法律问题分析》，载《人民司法·应用》2015年第17期。

[4] 江西省高级人民法院（2014）赣民二终字第32号民事判决书。

（1）保理法律关系不能成立。有观点认为，应收账款虚假，保理法律关系不能成立，应认定为借款法律关系。比如，湖南省高级人民法院（2016）湘民终151号民事判决书认为，债权人与债务人之间的基础交易合同是成立保理法律关系的前提，而债权人与保理商之间的应收账款债权转让则是保理法律关系的核心。本案所涉保理合同法律关系因不存在真实、有效的应收账款而失去了有效成立的前提与基础，应认定保理合同法律关系不能依法成立。又因双方签订虚假基础贸易合同的真实意图是以保理之名行获取银行贷款之实，故本案所涉法律关系的真实属性应认定为金融借款法律关系，本案应以金融借款法律关系来确定当事人之间的权利义务。①

（2）如果保理商为善意，保理法律关系成立。有观点认为，如果保理商善意且已尽到合理审查义务，债权人与债务人之间的通谋虚伪意思表示不得对抗保理商，保理合同不仅有效，而且保理法律关系成立。

比如，最高人民法院（2017）最高法民再164号民事判决书认为，根据民法基本原理，双方当事人通谋所为的虚伪意思表示，在当事人之间发生绝对无效的法律后果。但在虚伪表示的当事人与第三人之间，则应视该第三人是否知道或应当知道该虚伪意思表示而发生不同的法律后果：当第三人知道该当事人之间的虚伪意思表示时，虚伪表示的无效可以对抗该第三人；当第三人不知道当事人之间的虚伪意思时，该虚伪意思表示的无效不得对抗善意第三人。据此，江西燃料公司（债务人）关于案涉应收账款虚假的理由能否对抗珠海华润银行（保理商），取决于珠海华润银行在受让债权是否善意。珠海华润银行在签订案涉保理合同前，审核了基础交易合同和增值税发票的原件，并指派工作人员现场调查贸易背景的真实性，并对债务人签署确认应收账款转让文件等行为进行面签见证，因而，珠海华润银行已经就基础债权

---

① 类似案例还可以参见湖南省郴州市中级人民法院（2017）湘10民终2233号民事判决书、深圳市中级人民法院（2015）深中法商终字第2992号民事判决书。

的真实性问题进行了必要的调查和核实，已经尽到了审慎的注意义务。因此，即使应收账款虚假，保理合同仍旧有效，保理申请人应按照保理合同的约定承担保理融资本息，债务人在应收账款本息范围内向保理商承担支付保理融资本息的责任。①

（3）如果保理商为善意，保理商享有合同撤销权。有观点认为，在保理商为善意的情况下，如果应收账款为虚假，保理商有权撤销保理合同。在保理商未撤销保理合同时，保理法律关系成立并有效。受欺诈的保理商主张保理合同有效，并请求虚构基础合同的债务人及债权人按照合同约定承担清偿责任的，应予支持。②

比如，上海市第一中级人民法院（2016）沪01民终1759号民事判决书认为，本案即使没有真实贸易往来，在保理商并无恶意的情形下，亦仅系保理商享有对保理合同的撤销权，债权人和债务人无权主张保理合同无效。故债权人与债务人之间存在本案系争应收账款，保理合同合法有效。最高人民法院（2019）最高法民申1518号民事裁定书认为，本案各方当事人对中厦公司（债务人）与麟旺公司（债权人）串通虚构基础交易对建行二支行（保理商）构成合同欺诈这一事实均不持异议。根据《合同法》第54条"一方以欺诈、胁迫的手段或者乘人之危，使对方在违背真实意思的情况下订立的合同，受损害方有权请求人民法院或者仲裁机构变更或撤销"的规定，建行二支行可以据此行使撤销权并要求中厦公司承担赔偿责任。但经一审法院释明，建行二支行明确表示不行使撤销权，该行为属于建行二支行自由处分民事权利的行为，一、二审法院认定案涉保理合同仍属合法有效，并无不当。

---

① 类似判例还可参见最高人民法院（2019）最高法民申1518号民事裁定书、（2017）最高法民申2536号民事判决书、武汉市中级人民法院（2018）鄂01民终526号民事判决书、湖北省高级人民法院（2015）鄂民二终字第00205号民事判决书、湖南省高级人民法院（2016）湘民终827号民事判决书。

② 殷勇主编：《金融审判理论与实务研究》，人民法院出版社2018年版，第476页。

在案涉保理合同合法有效的前提下，中厦公司依约应承担相应付款义务。

笔者认为，原则上讲，应收账款虚假时，不构成保理法律关系，保理合同效力不受此影响。但如果债务人与债权人故意虚构应收账款作为转让标的与保理商签订保理合同的，则保理合同的性质与效力均不受影响。理由如下：

（1）《商业银行保理业务管理暂行办法》属于部门规章，不能作为否定合同效力的依据。尽管该办法第13条对不合法应收账款作出了禁止叙做保理业务的规定，但该办法第33条同时指出，商业银行违反第13条规定的，由银监会及其派出机构责令其限期改正，银监会及其派出机构可采取《银行业监督管理法》第37条规定的监管措施。① 故《商业银行保理业务管理暂行办法》第13条禁止以不合法应收账款叙做保理业务的规定属于行业管理性规定，不能影响保理合同的法律效力。

（2）保理合同的效力应独立于基础合同进行评价。虽然基础合同与保理合同相互影响，但二者并非主从合同关系，而是相对独立的两份合同。保理合同效力应独立于基础合同进行评价。只要保理合同出于真实意思表示，内容合法且不违反法律、行政法规的强制性规定，应认定有效。无论基础交易是否真实或有效，皆不宜直接以此作为认定保理合同效力之依据。保理合同

---

① 《银行业监督管理法》第37条规定：银行业金融机构违反审慎经营规则的，国务院银行业监督管理机构或者其省一级派出机构应当责令限期改正；逾期未改正的，或者其行为严重危及该银行业金融机构的稳健运行、损害存款人和其他客户合法权益的，经国务院银行业监督管理机构或者其省一级派出机构负责人批准，可以区别情形，采取下列措施：（1）责令暂停部分业务、停止批准开办新业务；（2）限制分配红利和其他收入；（3）限制资产转让；（4）责令控股股东转让股权或者限制有关股东的权利；（5）责令调整董事、高级管理人员或者限制其权利；（6）停止批准增设分支机构。银行业金融机构整改后，应当向国务院银行业监督管理机构或者其省一级派出机构提交报告。国务院银行业监督管理机构或者其省一级派出机构经验收，符合有关审慎经营规则的，应当自验收完毕之日起3日内解除对其采取的前款规定的有关措施。

是否无效应依据《民法典》的相关规定进行认定。正如有裁判观点认为，保理合同中的基础债权是否真实，属于是否能够履行合同的问题，与保理合同效力无关。①从合同相对性来说，虚构、伪造的基础合同被确认无效或根本不成立，是债权人与债务人之间的事，不应对保理商和债权人订立的保理合同的效力产生影响。②虽然保理商主要通过受让应收账款以确保保理融资回款，但基础交易不真实仅导致保理商无法要求债务人支付应收账款，并不应导致保理合同无效。③

（3）债权人与债务人虚构基础交易，不能对抗善意保理商。通谋虚伪意思表示在当事人之间发生绝对无效的法律后果，但在当事人与第三人之间，则应视第三人是否知道或应当知道该虚伪意思表示而发生不同的法律后果。当第三人不知道当事人之间的虚伪意思时，该意思表示不能对抗善意第三人。④比如，在新疆维吾尔自治区高级人民法院审理的浦发银行乌鲁木齐分行与博湖公司合同纠纷案中，法院判决认为，保理合同是否有效取决于浦发银行乌鲁木齐分行在签订保理业务时是否有理由相信应收账款债权真实、合法、有效。中泰公司提供了凯进公司（债务人）的《审计报告》《客户明细账》《供应商明细账》等，均不能证明浦发银行乌鲁木齐分行参与了博湖公司（债权人）与凯进公司之间买卖合同的缔约过程，亦不能证明浦发银行乌鲁木齐分行应当知道涉案债权的基础合同系博湖公司与凯进公司之间的虚伪

---

① 吉林省高级人民法院（2018）吉民再 111 号民事判决书。
② 李超：《保理合同纠纷裁判规则与典型案例》，中国法制出版社 2017 年版，第 137 页。
③ 许建添：《基础交易真实性是否影响保理合同效力》，载微信公众号申骏律师，2015 年 9 月 24 日推送。
④ 刘琼、李渭红：《当事人主张基础合同无效并不当然导致保理合同无效——浦发银行乌鲁木齐分行诉博湖公司等合同纠纷案》，载《人民法院报》2017 年 3 月 2 日。

意思表示，保理合同应当认定为有效合同。① 尽管债权人存在虚伪意思表示，但作为保理合同另一方的保理商如果并无通谋意思表示，则不应以通谋虚伪意思表示为由认定保理合同无效。②

（4）应收账款不真实，保理合同并不当然无效，保理商可以行使合同撤销权或解除权，追究债权人的违约责任。若因债权人欺骗保理商导致保理商受让的应收账款不真实，保理商作为被欺诈一方，可依《民法典》第148条之规定行使合同撤销权，若未行使撤销权，则保理合同继续有效。《深圳前海法院保理合同案件裁判指引》第13条规定："债权转让人与第三人虚构基础合同关系，并以无真实交易关系的应收账款债权作为转让标的，与保理商订立应收账款转让合同，善意保理商请求撤销该合同，并向债权转让人主张返还财产、赔偿损失等法律责任的，应予支持。"债权人故意隐瞒真实情况，虚构基础交易关系，制作虚假材料，诱使保理商作出错误意思表示，应认定系争保理合同因债权人欺诈而使保理商有权撤销。在保理商坚持不请求撤销合同的情况下，法院应认定保理合同合法有效，合同当事人仍应依约履行。③ 此外，保理商也可以债权人存在重大违约、保理合同目的无法实现为由，依据《民法典》第563条之规定行使法定解除权，要求解除保理合同、债权人赔偿损失。

（5）关于基础交易真实性对保理合同性质的影响，应区分情况看待。保理是以真实有效的应收账款转让为前提。真实的应收账款是保理法律关系的构成要件，但并非保理合同的效力要件。也就是说，基础合同是否真实有效，不会对保理合同的效力产生影响，但会对保理合同的性质产生影响。

---

① 乌鲁木齐市中级人民法院（2015）乌中民二初字第112号民事判决书、新疆维吾尔自治区高级人民法院（2016）新民终257号民事判决书。

② 江苏省高级人民法院民二庭课题组：《国内保理纠纷相关审判实务问题研究》，载《法律适用》2015年第10期。

③ 上海市第二中级人民法院（2015）沪二中民六（商）初字第142号民事判决书。

但是，如果债权人与债务人故意虚构应收账款导致保理商产生合理信赖而签订保理合同的，则仍可构成保理法律关系，保理商仍可向债务人主张付款。《民法典》第763条规定："应收账款债权人与债务人虚构应收账款作为转让标的，与保理人订立保理合同的，应收账款债务人不得以应收账款不存在为由对抗保理人，但是保理人明知虚构的除外。"根据立法机关的阐释，本条的立法理由在于：国外立法例已形成共识，无论保理商是采取违约损害赔偿救济方式，抑或侵权损害赔偿救济方式，债务人均应向保理商承担责任。至于保理商是必须履行本不存在的债权所对应的债务，还是承担侵权赔偿责任，最终的结果并无实质区别。立法机关经研究认为，对此种情形明确予以规定，并采取债务人不得以债权不存在为由对保理人提出抗辩的方式，有助于实践中债务人责任数额的确定，能够对保理商的利益予以充分保护。[①]

综上所述，对保理合同的效力评价应从保理合同自身是否具有无效情形出发，不应受基础合同牵连。[②] 基础合同不真实，不能作为认定保理合同无效的根据。但由于应收账款是保理法律关系的核心要件，在基础合同不真实的情况下，保理法律关系不能成立，保理商无权要求债务人支付应收账款。

【典型案例12】应收账款的真实性不影响保理合同的效力[③]

【基本案情】

2013年2月1日，广州诚通金属公司（卖方，以下简称诚通公司）与中铁物资集团新疆有限公司（买方，以下简称中铁新疆公司）签订《买卖合同》，约定由诚通公司向中铁新疆公司出卖价款共计为150012150元的铅

---

① 黄薇主编：《中华人民共和国民法典合同编释义》，法律出版社2020年版，第607页。

② 顾权、赵瑾：《商业保理合同纠纷的裁判路径》，载《人民司法·案例》2016年第32期。

③ 一审：疆维吾尔自治区高级人民法院（2013）新民二初字第32号民事判决书；二审：最高人民法院（2014）民二终字第271号民事判决书。

锭 5051 吨和锌锭 4808 吨、中铁新疆公司在合同签订后 6 个月内将所有货款付清。2013 年 2 月 1 日、4 日、18 日，诚通公司向中铁新疆公司共计开具 134 张《广东增值税专用发票》，价税合计 150012150 元。2013 年 2 月 1 日、4 日、5 日，诚通公司共计出具了收货部门为"经营二部"、客户名称为中铁新疆公司的《出仓单》10 份，载明货物为锌锭 4808 吨、铅锭 5051 吨。2013 年 2 月 4 日，诚通公司出具了提货单位为中铁新疆公司的《发货通知书》8 份，载明货物为锌锭 4808 吨和铅锭 5051 吨。中铁新疆公司于 2013 年 2 月 6 日制作的《入库单》载明：其于 2013 年 2 月 6 日进库锌锭 4808 吨、价款为 75004800 元，铅锭 5051 吨、价款为 75007350 元，价款合计为 150012150 元。

2013 年 3 月 5 日，诚通公司、中铁新疆公司、中国工商银行股份有限公司乌鲁木齐钢城支行（以下简称工行钢城支行）在《应收账款保理业务确认书》上加盖印章，诚通公司、中铁新疆公司还在该《应收账款保理业务确认书》上加盖了法定代表人的私章。诚通公司在该《应收账款保理业务确认书》中称："我公司将与中铁新疆公司于 2013 年 2 月 1 日签订的《买卖合同》项下应收账款（发票未付金额为 150012150 元）转让给工行钢城支行叙作保理业务，并授权保理银行直接从以上账户扣收融资本息及有关费用，即使该保理融资尚未到期。"工行钢城支行在该《应收账款保理业务确认书》中称："鉴于销货方已将与购货方签订的《买卖合同》项下的以上应收账款债权及相关权利转让给本保理银行，请销货方按照购销合同及《应收账款债权转让通知书》的约定及时将以上应收账款以现金、转账、电汇方式付至账号为 30×26 的账户，如你单位开立银行/商业承兑汇票，请将银行/商业承兑汇票的收款人填写为本行。"中铁新疆公司在该《应收账款保理业务确认书》中称："截至诚通公司（销货方）在本确认书上签字之日止，确认以下销货方应收账款（发票未付金额为 150012150 元）尚未支付。对于确认的未付款项，根据购销合同及《应收账款债权转让通知书》约定，将向账号为

30×26 的收款专户进行支付。且不出于任何原因对该等款项进行任何抵销、反请求或扣减。"

2013年3月12日，工行钢城支行与诚通公司签订《国内保理业务合同》，约定诚通公司作为销货方以其与购货方之间形成的应收账款，向工行钢城支行申请办理有追索权国内保理业务，由工行钢城支行为诚通公司提供总额为150000000元的保理融资。

同日，诚通公司、工行钢城支行向中铁新疆公司发出《应收账款债权转让通知书》，称："根据诚通公司（销货方）与工行钢城支行（保理银行）于2013年3月12日签订的《国内保理业务合同》，销货方已将与贵公司签订的购销合同项下的以下应收账款债权及相关权利转让给保理银行，请贵公司按照该购销合同约定及时将以下应收账款付至保理银行的账户30×26：发票编号08230269—08230284、发票金额18470400元、发票未付余额18470400元；发票编号04126207—04126330、发票金额131541750元、发票未付余额131541750元。"

2013年3月13日，工行钢城支行向诚通公司提供1.5亿元融资。

2013年11月，工行钢城支行向法院提起诉讼，请求判令：1.中铁新疆公司支付应收账款150012150元；2.诚通公司对上述应收账款承担回购责任；3.诚通公司承担逾期利息2497518.77元（计算至2013年11月20日）。

中铁新疆公司抗辩称，不存在真实的应收账款，涉案《买卖合同》系虚假合同。由于涉嫌刑事诈骗，案件应当移送公安机关处理。

【法院裁判】

一审法院判决：1.中铁新疆公司向工行钢城支行支付价款（应收账款）150012150元；2.诚通公司对中铁新疆公司所承担的上述债务在149995458.68元融资范围内向工行钢城支行承担回购责任；3.诚通公司向工行钢城支行支付2013年9月12日至2013年11月20日期间的逾期利息2449925.80元。

中铁新疆公司不服一审判决，向最高人民法院提起上诉，二审判决：驳回上诉，维持原判。

【裁判理由】

一审判决认为：虽然银行保理融资合同会涉及债务人与债权人之间的买卖合同等基础民事法律关系，债务人也可能会就应收账款债权的真实性、数额及抗辩权的放弃等事项向银行进行某种形式的确认，但是银行保理融资合同在一般情况下是债权人与银行之间就保理融资事宜所签订的合同，内容只涉及债权人与银行的权利义务关系问题，并不涉及债务人的权利义务关系问题。因此，原则上债务人并不是银行保理融资合同的合同当事人，除非债务人作为合同当事人签订银行保理融资合同并且银行保理融资合同的内容涉及债务人的权利义务关系。在银行保理融资合同中，债权转让与金融借款均是银行保理融资合同的重要且存在因果关系、联系紧密的组成部分，债权转让是金融借款的前提和基础，不能将债权转让与金融借款割裂看待而认为债权转让与金融借款是两个独立的、可相互区分的、没有密切关联性的行为，也不能将债权转让看作是银行保理融资合同的基础民事法律关系，而不是其重要组成部分，从而将债权转让与银行保理融资合同割裂看待、将债权转让看作是独立于银行保理融资合同的行为。《合同法》第56条规定："无效的合同或者被撤销的合同自始没有法律约束力。合同部分无效，不影响其他部分效力的，其他部分仍然有效。"据此，如果合同部分无效影响到合同的其他部分效力或者合同的整体效力，则合同的其他部分或者合同整体应当认定为无效。因而，如果债权转让行为被认定为无效，银行保理融资合同也应当被认定为无效。《合同法》第82条规定："债务人接到债权转让通知后，债务人对让与人的抗辩，可以向受让人主张。"根据该规定，虽然银行保理融资合同的合同当事人为银行与债权人，而不包括债务人，但是银行保理融资合同中应收账款债权转让行为的效力问题会涉及债务人，如果债权人与债务人之间不存在真实的应收账款债权债务关系，就会对银行保理融资合同中应收账款债权转让行为的效力产生影响，进而对整个银行保理融资合同的效力产生影响。因此，人民法院在审查银行保理融资合同效力时，既应当审查银行保理融资合同本身是否存在无效的情形，又应当审查应收账款债权转让行为的效力，在债务人对应收账款债权真实性提出异议时应当审查应收账款债权的真实性。如果应收账款债权不真实存在，则银行保理融资合同应当认定为无效。因债权人与债务人的共同过错导致银行保理融资合同被认定无效时，债权人与债务人应当共同向银行承担相应的民事责任。

二审判决认为：保理融资业务是一种以应收账款债权转让为核心的综合性金融服务业务，商业银行开展保理融资业务，固然应当以真实、合法、有效的应收账款转让为前提，但应收账款债权得以产生的货物销售、服务提供等基础合同系存在于债权人和债务人之间，保理银行并非基础合同的当事人，故基础合同无效并不当然导致保理业务合同无效。根据民法基本原理，双方当事人通谋所为的虚伪意思表示，在当事人之间发生绝对无效的法律后果。但在虚伪表示的当事人与第三人之间，则应视该第三人是否知道或应当知道该虚伪意思表示而发生不同的法律后果：当第三人知道该当事人之间的虚伪意思表示时，虚伪表示的无效可以对抗该第三人；当第三人不知道当事人之间的虚伪意思时，该虚伪意思表示的无效不得对抗善意第三人。据此，在基础合同因债权人和债务人双方通谋实施的虚伪意思表示而无效的情况下，保理业务合同并不当然因此无效。本案中，在债务人中铁新疆公司以应收账款不真实为由向债权受让人工行钢城支行提出抗辩时，保理业务合同是否有效取决于工行钢城支行在签订保理业务合同时是否有理由相信应收账款债权真实、合法、有效，即其对债务人中铁新疆公司所主张的债权不真实瑕疵是否知道或应当知道。一审判决关于在债务人对应收账款的真实性提出异议时应当审查应收账款的真实性，如果应收账款债权虚假则应当认定保理融资合同无效的论理逻辑，未能准确区分虚伪意思表示在当事人之间的效力和对第三人的效力，本院予以纠正。

本案中，中铁新疆公司就其关于工行钢城支行对应收账款虚假一事明知并积极配合的诉讼主张，提交了涉案保理融资的资金流转凭证、合慧伟业商贸（北京）有限公司、济南龙大盛源珏贸易有限公司、北京城乡建设集团有限责任公司山东分公司、北京乾路达商贸有限公司和北京北嘉弘科技有限公司等公司的工商登记信息，以及工行新疆分行行长孙某的任职经历、黄某、鞠某与于某之间的谈话录音等证据。本院认为，上述证据并不能够证明工行钢城支行参与了本案当事人之间买卖合同的缔约过程，亦不能证明工行钢城支行应当知道涉案债权的基础合同系中铁新疆公司和诚通公司之间的虚伪意思表示。与此相反，工行钢城支行在本案中已经举证证明其在办理涉案保理业务之前已经以《应收账款保理业务确认书》的形式向中铁新疆公司和诚通公司确认了买卖合同的真实性，并审查了双方提交的买卖合同、出入库单据及增值税发票的真实性。据此应当认定，中铁新疆公司和诚通公司向工行钢城支行提交的相关文件，足以使工行钢城支行产生合理信赖并有理由相信涉案应收账款债权真实、合法、有效。因此，即便中铁新疆公司和诚通公司之间的涉案买卖合同确系虚伪意思表示，双方亦不得以此对抗作为善意第三人的工行钢城支行。故一审判决关于涉案《保理业务合同》合法有效的认定正确，本院予以维持。中铁新疆公司关于工行钢城支行明知涉案应收账款虚假并积极配合的诉讼主张，因无充分的事实依据，本院不予采信。

【案例评析】

本案二审判决虽然维持了一审结果，但论证逻辑却大相径庭。一审法院的裁判前提为"人民法院在审查银行保理融资合同效力时，既应当审查银行保理融资合同本身是否存在无效的情形，又应当审查应收账款债权转让行为的效力，在债务人对应收账款债权真实性提出异议时应当审查应收账款债权的真实性。如果应收账款债权不真实存在，则银行保理融资合同应当认定为无效"。因中铁新疆公司不能证明基础买卖合同系虚假合同，故应收账款转让有效，保理合同有效。笔者不赞同这一裁判逻辑，基础合同与保理合同是相互独立的两份合同，应收账款是否真实有效与保理合同的效力并无必然联系。而基础合同的效力则与应收账款的真实性密切相关，如果基础合同项下的应收账款系当事人虚构，根据《民法典》第146条的规定，因构成通谋虚伪意思表示而无效。

二审判决不认同一审判决的裁判思路，而是从虚伪意思表示能否对抗第三人的角度来判断保理合同的效力。正如二审判决所言"一审判决关于在债务人对应收账款的真实性提出异议时应当审查应收账款的真实性，如果应收账款债权虚假则应当认定保理融资合同无效的论理逻辑，未能准确区分虚伪意思表示在当事人之间的效力和对第三人的效力，本院予以纠正"。根据二审判决的裁判思路，即便应收账款为债权人和债务人虚构，如果保理商对此并不知情，并对基础合同尽到了合理注意义务，则应保护保理商的信赖利益，认定保理合同有效。如果保理商明知应收账款虚假而与债权人开展保理业务，是否就能因此认定保理合同无效呢？笔者以为，保理商对应收账款的真实性是否知情并不是保理合同效力的决定性因素。即便保理商明知应收账款虚假而与债权人叙做保理业务，也只会对合同性质产生影响，并不能因此否定合同效力。对于名为保理实为借款的合同，法院应按照实际构成的借款法律关系处理，而不是简单认定保理合同无效。

本案中，工行钢城支行在办理保理业务之前，已经通过买卖双方即中铁新疆公司和诚通公司以《应收账款保理业务确认书》的形式确认了买卖合同的真实性、应收账款的真实性，审查了相应的买卖合同、出入库单据及增值税发票的真实性。为了核实应收账款的真实性，还通过税务系统进行了核查。此外，中铁新疆公司还向工行钢城支行出具了《付款承诺函》进一步确认了应收账款的真实性。案涉《保理合同》《买卖合同》、出入库单据、增值税发票、《应收账款保理业务确认书》均加盖当事人真实印章，足以证明案涉基础买卖关系的真实性与合法性。故法院最终认定案涉应收账款真实、有效，保理合同合法有效，中铁新疆公司和诚通公司应依法履行各自的合同义务。

二、应收账款对保理合同之影响

（一）禁止债权转让约定

在基础合同明确约定应收账款不得转让的情况下，债权人仍向保理商转让的，保理合同是否有效，能否对债务人发生约束力，在实践中存在一定争议。

1. 禁止转让的债权类型

应收账款本质上属于债权。债权人可以将合同的权利全部或者部分转让给第三人，但《民法典》第545条（《合同法》第79条）规定以下三种债权不能转让：

（1）根据合同性质不得转让

有的合同性质决定了债权人不得将合同权利转让给第三人，改变债权人就不能维持同一性或不能实现债权目的。此种债权主要是指，基于特定当事人的身份关系订立的合同，比如当事人基于信任关系订立的委托合同、雇佣合同及赠与合同等。此种合同的权利如果转让给第三人，会使合同的内容发生变化，动摇合同订立的基础，违反当事人订立合同的目的，因而不能转让给第三人。[①]

（2）依当事人约定不得转让

当事人可以在订立合同时对合同权利的转让作出特别约定，禁止债权人将合同权利转让给第三人。如果当事人有此约定，那么该约定就对合同双方具有法律约束力，债权人不得将合同权利转让给第三人，否则就构成违约。

[①] 胡康生主编：《中华人民共和国合同法释义》（第二版），法律出版社2009年版，第131~132页。

（3）依照法律规定不得转让

法律明确规定不得转让的债权，让与人与受让人签订的转让合同为自始客观不能履行的合同，债务人有权拒绝向受让人履行债务。比如，《保险法》第34条第2款规定："按照以死亡为给付保险金条件的合同所签发的保险单，未经被保险人书面同意，不得转让或质押。"《合同法》第346条规定，专利实施许可合同的受让人应当按照约定实施专利，不得许可约定以外的第三人实施该专利。关于"法律规定"的范围，长沙市中级人民法院（2014）长中民二终字第04509号民事判决书认为，债权不得转让的法律依据仅为"法律"，而《财政部、银监会关于印发〈金融企业不良资产批量转让管理办法〉的通知》（财金〔2012〕6号）仅为规范性文件，故该通知不能作为法院认定债权转让无效的法律依据。

2. 债权转让的效力

就禁止转让约定之效力，一种观点认为，当事人在基础交易合同中明确约定应收账款不得转让的，保理商受让该应收账款的行为无效，不仅对债务人不发生法律效力，在保理商与原债权人之间，同样也不发生转让效力。比如，江苏省宜兴市人民法院（2015）宜官商初字第351号民事判决书认为，中兴公司与电力公司在2014年批次的采购合同中明确约定未经电力公司同意不得转让债权，故属于当事人约定不得转让的情形，……中兴公司与凯达公司的债权转让协议中金额为5551843.8元的债权，存在当事人约定不得转让的情形，故该部分转让无效。也有法院判决认为，保理商明知基础合同约定了债权不得转让，仍与债权人签订债权转让协议，保理商无权向债务人主张权利。[1]

另一种观点认为，对于当事人约定不得转让的应收账款，不能转让，但保理商为善意受让人的除外。比如，《深圳前海法院保理合同案件裁判指引》

---

[1] 陕西省西安市新城区人民法院（2018）陕0102民初1433号民事判决书。

第17条规定:"债权人与债务人约定债权不得转让的,保理合同又约定债权人将应收账款全部或者部分转让给保理商的,对债务人不产生应收账款转让的效力,但保理商善意取得应收账款债权的除外。"

笔者认为,当事人之间禁止应收账款债权转让的约定不得对抗保理商,即便保理商对禁止转让约定知情,债权转让行为仍然有效。理由如下:

(1) 从比较法的角度来看,认定应收账款债权转让有效符合国际惯例。《国际保理公约》第6条第1款规定:"尽管供应商和债务人之间订有禁止转让应收账款的任何协议,供应商向保理商进行的应收账款转让仍然有效。"《德国民法典》第399条规定:"非经变更其内容便不能对原债权人之外的第三人履行给付,或者因与债务人约定不得让与的债权,不得让与。"因该规定对应收账款融资产生负面影响,学者普遍认为禁止让与的约定违背了善良风俗,严重阻碍了以债权让与或担保进行融资业务的开展。立法者最终在1994年修订了《德国商法典》,其中第354a条对《德国民法典》第399条作了重大变更,规定转让仍然有效,但债务人可以选择给付对象。[①]

美国对禁止转让条款的效力也持否定态度。《美国统一商法典》出于对商业自由与效率的推崇,明确规定了某些禁止转让条款不产生效力。依据该商法典第9编第406条的规定,禁止、限制应收账款转让的约定都是无效

[①]《德国商法典》第354a条规定:"如果某金钱债权的让与已经通过债务人的商议依照《民法典》第399条而排除,并且设定此债权的法律行为对双方均系商行为,或者债务人系公法人或公法特别财产,则有关让与有效。但债务人可以对原债权人给付,并具有免责的效力。对此的另行约定无效。"依照法律起草者的意图,将通过该条第一句的规定使债权所有人不再承受以上不利益,同时通过该条规定"不限制地保护债务人能够自身不出现在变动的债权人面前,并保持与原债权人的结算及支付约定的利益。"如果债务人利用了自己的这一权利依旧选择向让与人支付的话,则依照《德国民法典》第816条第2款的规定,让与人有义务向债权让与后的真正权利人——受让人返还其所得。上述德国法从对禁止让与条款完全承认到在商事交易中作出让步的改变体现出对于促进商事交易的积极态度。

的、禁止、限制应收账款之上有效成立、实行担保物权的法律规定一般也是无效的。同时还明确规定对禁止转让条款的违反不会引起任何违约责任,债务人也没有解除合同的权利。《美国第二次合同法重述》第322条规定:"……(b)赋予债务人因对方当事人违反禁止转让条款而获得的损害赔偿权,但不会使该转让行为无效。"上述规定在未否定禁止转让条款约定的情况下赋予债务人请求损害赔偿的权利。之所以这样规定,美国学界认为,"市场经济有两条基本的法律原则,其一是合同自由,其二是财产处分自由,包括自由转让合同权利。如果当事人约定金钱债权不得转让,这两条原则就会发生冲突。这种情况下,合同自由原则服从于财产处分自由原则。"①

(2)由于债权转让缺乏公示性,保护受让人是维护交易安全的客观需要。实践中,可能存在合同当事人通过补充协议或口头约定的方式约定债权禁止转让。如果债权出让人未向受让人披露或说明,受让人不可能知晓债权人与债务人之间的约定。如果要求受让人在受让债权前对债权的可转让性进行翔实调查,会大大增加交易成本,阻碍债权流通,危害交易秩序,因此,要求受让人知道或应当知道债权人与债务人之间的全部约定过于苛刻,不符合客观实际。受让人只需要尽到必要的注意义务即可认定为善意,其信赖利益就应予以保护。《日本民法典》承认禁止转让条款的效力,但其不得对抗善意第三人(第466条第2项)。我国台湾地区"民法"(第294条第2项)也持相同态度。

(3)类推无权处分规则,根据举重明轻规则,有必要保护受让人。关于无权处分合同的效力,一般认定为有效。处分人将他人之物进行处分尚且可以认定有效,在债权转让中,债权让与人本身就是债权所有人,其转让债权的行为更不应被认定无效。如果仅仅因为合同约定债权不得转让,就一概认定转让行为无效,对受让人显然不公平。没有理由保护无权处分中的第三人

---

① 杨明刚:《合同转让论》,中国人民大学出版社2006年版,第112页。

而不保护债权转让中的受让人。

（4）承认债权转让有效并不影响债务人的权利救济。如果债权人不遵守与债务人之间禁止债权转让的约定，在第三人不知情的情况下将债权转让给了第三人，该转让行为有效，第三人成为新的债权人，转让行为造成债务人利益损失的，债权人应承担违约责任。①

（5）根据《民法典》相关规定，应收账款不在当事人可以约定不得转让的债权之列。《深圳前海法院保理合同案件裁判指引》第15条规定："法律、行政法规未禁止转让的应收账款债权，可依法转让。"从《民法典》第545条"当事人约定非金钱债权不得转让的，不得对抗善意第三人。当事人约定金钱债权不得转让的，不得对抗第三人"之规定来看，对于非金钱债权而言，需要考虑第三人是否为善意；对于金钱债权而言，均可以转让，不受当事人约定之限制，且不需要考虑第三人是否为善意。由于应收账款为金钱债权，即便基础合同约定不得转让，该约定也不得对抗保理商，而不论保理商善意与否。

由于立法的变化，当前的司法政策需要进行调整。在过去，主流观点认为，如果债权人与债务人约定应收账款不得转让，该约定能否对抗保理商，取决于保理商是否出于善意。根据2015年12月第八次全国民商事审判工作会议讲话精神，如果保理商明知基础合同约定应收账款债权不得转让，但仍然受让债权的，保理商向基础合同债务人主张债权的，并不能以此约束债务人，债务人仍可以此抗辩。②《天津高院保理纪要（二）》第2条规定："债权人与债务人约定债权不得转让的，债权人不得将应收账款全部或者部分转让给保理商，但该约定不能对抗善意保理商。债权人违反约定转让应收账款

---

① 胡康生主编：《中华人民共和国合同法释义》（第二版），法律出版社2009年版，第132页。

② 杨临萍：《当前商事审判工作中的若干具体问题》，载《人民司法·应用》2016年第4期。

的，应当按照约定向债务人承担违约责任。"《深圳前海法院保理合同案件裁判指引》第17条规定："债权人与债务人约定债权不得转让的，保理合同又约定债权人将应收账款全部或者部分转让给保理商的，对债务人不产生应收账款转让的效力，但保理商善意取得应收账款债权的除外。"根据上述观点，如果保理商明知基础合同约定了应收账款不得转让仍受让的，则不构成善意，该转让行为对债务人不能产生拘束力，保理商无权向债务人主张权利。①但由于《民法典》第545条规定应收账款不再属于当事人可以约定禁止转让的债权，债务人不能以禁止转让约定对抗保理商，债务人仍需向保理商承担清偿责任，但可以追究债权人的违约责任。

如果保证人与转让人事先约定禁止债权转让的，债权转让后保证人是否仍需承担保证责任？《担保法解释》第28条规定："保证期间，债权人依法将主债权转让给第三人的，保证债权同时转让，保证人在原保证担保的范围内对受让人承担保证责任。但是保证人与债权人事先约定仅对特定的债权人承担保证责任或者禁止债权转让的，保证人不再承担保证责任。"可见司法解释并未区分受让人是否善意，而是直接规定债权转让后保证人不再承担保证责任。江苏省高级人民法院民二庭则认为，应当按照受让人是否善意无过失作区别认定。如果保理商为善意，保证人同样要对保理商承担保证责任；如果保理商为恶意，保证人则无需承担保证责任。②

（二）未来应收账款问题

未来应收账款，是指合同项下卖方义务未履行完毕的预期应收账款。关于未来应收账款叙做保理的适格性问题，在第二章第三节中已做详细论述，下文仅讨论未来应收账款叙做保理的效力问题。

有观点提出，《商业银行保理业务管理暂行办法》第13条第1款规定：

---

① 石家庄市中级人民法院（2018）冀01民终8772号民事判决书。
② 江苏省高级人民法院民二庭课题组：《国内保理纠纷相关审判实务问题研究》，载《法律适用》2015年第10期。

"商业银行不得基于不合法基础交易合同、寄售合同、未来应收账款、权属不清的应收账款、因票据或其他有价证券而产生的付款请求权等开展保理融资业务。"该规定明确禁止商业银行以未来应收账款开展保理业务。以未来应收账款叙做保理的，保理合同应无效。笔者不赞同这一观点。

1.在体系上看，上述规定出现在"保理融资业务管理"章节，旨在引导保理商控制经营风险，并不涉及合同效力的判断。《商业银行保理业务管理暂行办法》第13条的目的是防范金融交易风险而对所属金融机构实施的风险管理措施。因未来应收账款转化为现实应收账款具有一定的或然性，在债权人尚未履行基础合同义务时，保理商很可能面临债务人行使先履行抗辩权或同时履行抗辩权的风险。商业银行应遵循安全性、流动性、盈利性的经营管理原则，加强信贷风险控制，故有必要限制商业银行基于未来应收账款开展保理融资业务。但是该暂行办法属于部门规章，不属于效力性强制性规定，不能成为否定合同效力的依据。实践中亦有判例持此观点。[①]

2.《商业银行保理业务管理暂行办法》只是针对商业银行，并不能限制商业保理公司以未来应收账款叙做保理业务。比如，上海市浦东新区人民法院在审理的永丰余（上海）商业保理有限公司（以下简称永丰余保理公司）与上海赛科利汽车模具技术应用有限公司（以下简称赛科利公司）保理合同纠纷一案中，法院判决认为，未来应收账款的保理虽属商业银行禁止业务，但并不被商业保理所禁止。尽管如此，本案中，仍需审查系争债权是否具备可转让性。本案将来债权系蓝姆公司（债权人）基于《采购合同》产生的约定金额之债，即合同标的物验收完成所对应的600万元，蓝姆公司与永丰余保理公司达成该笔债权的转让合意时，《采购合同》已履行过半，故该笔将来债权具有合理可期待性及相对确定性，本院认定该未来应收账款具备可转让性，可作为商业保理业务的标的。故本案中永丰余保理公司与蓝姆公司签

[①] 北京市第三中级人民法院（2017）京03民终9853号民事判决书。

订的《标准商业保理合同》均系当事人真实意思表示，内容不违反法律、行政法规的强制性规定，合法有效。①

3.转让未来应收账款与买卖合同中出卖将来之物十分相似，可以类推适用。买卖合同标的物既可以是现实存在之物，也可以是将来产生之物。社会经济生活中存在大量的期货买卖和以将来财产为标的物的买卖合同。主流观点认为，出卖将来之物的合同为债权行为（负担行为），虽然不能导致所有权发生转移（处分行为），但买卖合同仍然有效。②根据《买卖合同解释》第45条第1款类推适用规则，法律或者行政法规对债权转让、股权转让等权利转让合同有规定的，依照其规定；没有规定的，人民法院可以根据《合同法》第124条和第174条的规定，参照适用买卖合同的有关规定。转让未来应收账款的保理合同效力亦可作同样理解。

当前，主流实务观点认可以未来应收账款签订保理合同的效力。《最高人民法院关于当前商事审判工作中的若干具体问题》（2015年12月24日）指出："对于未来债权能否作为保理合同的基础债权的问题，在保理合同订立时，只要存在基础合同所对应的应收账款债权，则即使保理合同所转让的债权尚未到期，也不应当据此否定保理合同的性质及效力。"③江苏省高级人民法院民二庭认为，保理商开展未来应收账款保理融资业务，在增加自身经营风险的同时，也会带来额外收益和正外部效应，司法不宜过度介入市场主体基于商事判断作出的选择，不宜认定保理合同无效。④《天津高院保理纪

---

① 上海市浦东新区人民法院（2015）浦民六（商）初字第19410号民事判决书。

② 最高人民法院民事审判第二庭编著：《最高人民法院关于买卖合同司法解释理解与适用》，人民法院出版社2012年版，第87页。

③ 杨临萍：《当前商事审判工作中的若干具体问题》，载《人民司法·应用》2016年第4期。

④ 江苏省高级人民法院民二庭课题组：《国内保理纠纷相关审判实务问题研究》，载《法律适用》2015年第10期。

要（一）》第 1 条在对保理法律关系的定义中认可债权人将未来产生的应收账款转让给保理商。《天津高院保理纪要（二）》第 3 条第 2 款又规定："债权人向保理商转让未来的应收账款债权时，债务人对应收账款债权进行确认的，不影响其行使基础合同项下的抗辩权。"《深圳前海法院保理合同案件裁判指引》第 12 条第（3）项亦规定，当事人仅以保理商所受让的应收账款为未来应收账款进行抗辩的，不影响保理合同的效力。武汉市中级人民法院（2014）鄂武汉中民商初字第 0884 号民事判决书对保理商受让未来应收账款的合同效力亦予认可。

第三节　合同无效情形及法律后果

保理合同或担保合同一旦被认定无效或被撤销后，合同自始无效，双方权利义务需要进行清理。合同不成立按照合同无效进行处理。《九民会议纪要》第 32 条第 1 款规定："《合同法》第 58 条就合同无效或者被撤销时的财产返还责任和损害赔偿责任作了规定，但未规定合同不成立的法律后果。考虑到合同不成立时也可能发生财产返还和损害赔偿责任问题，故应当参照适用该条的规定。"

一、保理合同无效情形及后果

（一）保理合同无效的情形

《民法典》从正反两个方面对合同的效力进行了规定。第 143 条从正面规定："具备下列条件的民事法律行为有效：（一）行为人具有相应的民事行为能力；（二）意思表示真实；（三）不违反法律、行政法规的强制性规定，不违背公序良俗。"第153条从反面规定:"违反法律、行政法规的强制性规定的民事法律行为无效,但是该强制性规定不导致该民事法律行为无效的除外。违背公序良俗的民事法律行为无效。"《合同法》第52条规定,有下列情形之一的,合同无效:(1)一方以欺诈、胁迫的手段订立合同,损害国家利益;(2)恶意串通,损害国家、集体或者第三人利益;(3)以合法形式掩盖非法目的;(4)损害社会公共利益;(5)违反法律、行政法规的强制性规定。需要注意的是,《民法典》第737条就融资租赁合同专门规定了一种无效情形:"当事人以虚构租赁物方式订立的融资租赁合同无效。"保理合同与融资租赁合同的交易结构十分相似,都是以让与标的物所有权的方式担保融资,只不过保理的标的物为应收账款债权,而融资租赁的标的物为实体物。以此类推,如果保理商与债权人以虚构应收账款方式订立保理合同的,也应归于无效。

基于此,保理合同无效的情形为:(1)保理合同当事人以欺诈、胁迫的手段订立合同,损害国家利益;(2)保理商与债权人恶意串通,以虚假合同损害国家、集体或第三人利益;(3)保理商与债权人虚构应收账款;(4)以合法形式掩盖非法目的;(5)违背公序良俗;(6)违反法律、行政法规的强制性规定。

(二)保理合同可撤销情形

关于可撤销合同,需要注意《民法典》的变化。《合同法》第54条规定:"下列合同,当事人一方有权请求人民法院或者仲裁机构变更或者撤销:(一)因重大误解订立的;(二)在订立合同时显失公平的。一方以欺诈、胁迫的手段或者乘人之危,使对方在违背真实意思的情况下订立的合同,受损害方有权请求人民法院或者仲裁机构变更或者撤销。当事人请求变更的,人民法院或者仲裁机构不得撤销。"《民法典》第147条规定:"基于重大误解实施的民事法律行为,行为人有权请求人民法院或者仲裁机构予以撤销。"第148条规定:"一方以欺诈手段,使对方在违背真实意思的情况下实施的民事法律行为，受欺诈方有权请求人民法院或者仲裁机构予以撤销。"第149条规定："第三人实施欺诈行为，使一方在违背真实意思的情况下实施的民事法律行为，对方知道或者应当知道该欺诈行为的，受欺诈方有权请求人民法院或者仲裁机构予以撤销。"第150条规定："一方或者第三人以胁迫手段，使对方在违背真实意思的情况下实施的民事法律行为，受胁迫方有权请求人民法院或者仲裁机构予以撤销。"第151条规定："一方利用对方处于危困状态、缺乏判断能力等情形，致使民事法律行为成立时显失公平的，受损害方有权请求人民法院或者仲裁机构予以撤销。"与《合同法》相比，《民法典》有三处变化：（1）关于欺诈、胁迫问题，根据《合同法》的规定，只有合同当事人之间存在欺诈、胁迫行为的，被欺诈、胁迫一方才享有撤销合同的权利。而依《民法典》的规定，第三人实施的欺诈、胁迫行为，被欺诈、胁迫一方也有撤销合同的权利。（2）《合同法》视欺诈、胁迫行为所损害利益的不同，对合同效力作出了不同规定：损害合同当事人利益的，属于可撤销或者可变更合同；损害国家利益的，则属于无效合同。《民法典》则未加区别，规定一律按可撤销合同对待。（3）关于显失公平问题，《合同法》将显失公平与乘人之危作为两类不同的可撤销或者可变更合同事由，而《民法典》则将二者合并为一类可撤销合同事由。

根据上述规定，当保理合同在签订过程中存在欺诈、胁迫、重大误解、显失公平等情形时，受损害一方有权撤销保理合同，合同自始无效。《深圳前海法院保理合同案件裁判指引》第13条规定："债权转让人与第三人虚构基础合同关系，并以无真实交易关系的应收账款债权作为转让标的，与保理商订立应收账款转让合同，善意保理商请求撤销合同，并向债权转让人主张返还财产、赔偿损失等法律责任的，应予支持。"

比如，最高人民法院在审理的上海浦东发展银行股份有限公司乌鲁木齐分行（以下简称浦发银行）与新疆博湖苇业股份有限公司（以下简称博湖苇业）、新疆中泰化学股份有限公司（以下简称中泰公司）、新疆七星建工集团有限责任公司（以下简称七星建工）保理合同纠纷一案中，关于博湖苇业（卖方，债权人）与凯进苇业（买方，债务人）《产品购销合同》的真实性是否影响中泰公司（保证人）、七星建工（保证人）承担担保责任的问题，法院裁定认为，即使博湖苇业与凯进苇业之间的《产品购销合同》是虚假的，浦发银行亦属被欺诈一方，根据《合同法》第54条的规定，浦发银行对合同享有撤销权，然而其并未主张撤销，故本案所涉《保理融资申请书》《保理协议书》均为有效合同。中泰公司、七星建工分别自愿与浦发银行签订《最高额保证合同》，分别为博湖苇业提供主债权余额在债权确定期限以内最高不超过等值人民币3500万元、1400万元的连带责任保证担保。中泰公司、七星建工的意思表示真实，不违反法律和行政法规的效力性强制性规定，两份《最高额保证合同》均为有效合同。在债务人博湖苇业不能履行债务的情况下，中泰公司、七星建工应当按照合同约定向浦发银行承担最高额保证连带担保责任。①

关于撤销权的行使，《九民会议纪要》第42条规定："撤销权应当由当事人行使。当事人未请求撤销的，人民法院不应当依职权撤销合同。一方请求另一方履行合同，另一方以合同具有可撤销事由提出抗辩的，人民法院应当在审查合同是否具有可撤销事由以及是否超过法定期间等事实的基础上，对合同是否可撤销作出判断，不能仅以当事人未提起诉讼或者反诉为由不予审查或者不予支持。一方主张合同无效，依据的却是可撤销事由，此时人民法院应当全面审查合同是否具有无效事由以及当事人主张的可撤销事由。当事人关于合同无效的事由成立的，人民法院应当认定合同无效。当事人主张合同无效的理由不成立，而可撤销的事由成立的，因合同无效和可撤销的后果相同，人民法院也可以结合当事人的诉讼请求，直接判决撤销合同。"

---

① 最高人民法院（2017）最高法民申2536号民事裁定书。

（三）保理合同无效的后果

关于合同无效的法律后果，《民法典》第157条规定："民事法律行为无效、被撤销或者确定不发生效力后，行为人因该行为取得的财产，应当予以返还；不能返还或者没有必要返还的，应当折价补偿。有过错的一方应当赔偿对方由此所受到的损失；各方都有过错的，应当各自承担相应的责任。法律另有规定的依照其规定。"根据上述规定，合同无效的法律后果有三：一是返还财产；二是折价补偿；三是赔偿损失。

1. 返还财产

返还财产，是指合同当事人对已经交付给对方的财产，享有返还财产的请求权，对方当事人对于已经接受的财产负有返还财产的义务。返还财产以恢复原状为原则，以损害赔偿为例外。所谓恢复原状，是指恢复到当事人缔约前的财产状况。如果当事人接受财产是实物或者货币时，原则上应返还原物或货币，而不能以货币代替实物，或者以实物代替货币。如果原物已经毁损灭失，不能返还原物的，原物是替代物的，应以同一种类物返还。财产不能返还或者没有必要返还的，应当折价补偿。

返还财产有以下两种形式：（1）单方返还。单方返还，是指一方当事人履行了合同，另一方当事人还没有履行合同的情形，在合同被确认无效或被撤销后，只存在单方返还的情形。（2）双方返还。双方返还，是在双方当事人都从对方接受了给付的财产，双方当事人互相返还财产。根据《九民会议纪要》第33条、第34条之规定，"合同不成立、无效或者被撤销后，在确定财产返还时，要充分考虑财产增值或者贬值的因素。双务合同不成立、无效或者被撤销后，双方因该合同取得财产的，应当相互返还。""双务合同不成立、无效或者被撤销时，标的物返还与价款返还互为对待给付，双方应当同时返还。"

2. 折价补偿

折价补偿是在因财产不能返还或者没有必要返还时，按照所取得的财产的价值进行折算，以金钱的方式对对方当事人进行补偿的责任形式。不能返还可分为法律上的不能返还和事实上的不能返还。法律上的不能返还，主要是受善意取得的限制。比如给付的财产已由相对人转让给第三人，如果第三人构成善意取得，第三人可以不返还该财产。事实上的不能返还，主要是指标的物毁损灭失造成不能返还原物，并且原物又不可替代的情况。所谓没有必要返还，是指根据实际情况的需要，当事人互相协商后认为不采用返还原物的方式于双方并无弊害，反而对双方都有利的情况。衡量有无必要返还，唯以当事人合意为准，而不能以其他方式来判断。①

在保理合同中，由于交易的标的物应收账款为无形物，资金为可替代物，故不存在法律上不能返还、事实上不能返还以及没有必要返还的情况。一旦合同被宣告无效或被撤销，不存在折价补偿的问题。

3.赔偿损失

在合同无效或被撤销场合，如果因一方当事人的过错给对方当事人造成损失时，过错方还要承担损害赔偿责任。这种责任在性质上属于缔约过失责任。所谓缔约过失责任，是指在合同订立过程中，一方当事人因其过错，致使合同不成立、无效或被撤销，使对方当事人受到信赖利益损失时过错方应承担的责任。根据《九民会议纪要》第32条第2款之规定，"在确定合同不成立、无效或者被撤销后财产返还或者折价补偿范围时，要根据诚实信用原则的要求，在当事人之间合理分配，不能使不诚信的当事人因合同不成立、无效或者被撤销而获益。合同不成立、无效或者被撤销情况下，当事人所承担的缔约过失责任不应超过合同履行利益。"

保理合同无效的法律后果主要是相互返还财产及赔偿损失。保理商支付的融资款是购买应收账款的对价，在保理合同被认定为无效后，根据互相返还规则，保理商应当向债权人返还应收账款，债权人应当向保理商返还融

---

① 王家福：《中国民法学·民法债权》，法律出版社1991年版，第334~335页。

资款。由于债权人客观上占用了保理商的资金，给保理商造成一定的利息损失，故债权人应赔偿资金占用期间的利息损失。

关于利息如何计算的问题，笔者认为，保理商在受让应收账款之前应尽到合理审查义务，若未尽到合理审查义务就发放保理融资款，在保理合同被认定无效后，保理商因自身存在过错，不能主张保理合同约定的利息、罚息、资金管理费等。考虑到资金被债权人占用，债权人客观上因此受益，且融资期限到期后债权人未返还占用资金，故对到期后的资金占用费，债权人应向保理商支付资金占用期间的利息。

至于是按贷款利率还是存款利率支付，存在不同观点。一般来说，贷款利率比存款利率高，所以参照贷款利率显然对保理商更为有利。参照贷款利率的依据为：一方需要向银行贷款以获得同等资金，故应参照贷款利率。而参照存款利率的依据为：资金方并不需要向银行借钱，因此，其损失的不过是同期存款利息。最高人民法院民事审判第二庭认为："在商事审判中，原则上应当参照贷款利率支付。"[①] "职业放贷人签订的民间借贷合同认定无效后，依据《民法总则》第157条、《合同法》第58条的规定，双方对于取得的财产应予返还。借款人应当返还借款，同时应当支付资金占用期间的利息损失，法院一般应当按照贷款市场报价利率确定损失的数额，不应支持合同中约定的高额利息。"[②]

比如，上海市第一中级人民法院在审理的卡得万利商业保理有限公司（以下简称卡得万利保理公司）与福建省佳兴农业有限公司（以下简称佳兴农业公司）借款合同纠纷一案中，法院判决认为，至于卡得万利保理公司事先已扣除的保理手续费32280元，其性质实为无效借款关系中之利息，并

[①] 最高人民法院民事审判第二庭编著：《〈全国法院民商事审判工作会议纪要〉理解与适用》，人民法院出版社2019年版，第267页。

[②] 最高人民法院民事审判第二庭编著：《〈全国法院民商事审判工作会议纪要〉理解与适用》，人民法院出版社2019年版，第341页。

不受法律保护，且卡得万利保理公司亦未实际支付，佳兴农业公司自无需对该部分钱款履行任何义务，故佳兴农业公司应返还卡得万利保理公司钱款413780.75元。依照上述法律规定，合同无效的，负有过错的一方尚应对相关损失承担相应赔偿责任，本案中，佳兴农业公司承担上述返还义务后，并未因无效借款关系遭受损失，而卡得万利保理公司因其资金为佳兴农业公司所占用，如佳兴农业公司仅返还本金的，则卡得万利保理公司将遭受相应利息损失。卡得万利保理公司作为准金融机构，应知晓相关法律法规之强制性规定，其未能对本案所涉将来债权予以审核，实有不当，故卡得万利保理公司自行承担系争《商业保理申请及协议书》合同期内的相应利息损失。而佳兴农业公司作为合同一方当事人，在合同履行过程中对其经营状况作出虚假陈述，亦系导致双方当事人间法律关系无效的原因之一，故佳兴农业公司亦具有相应过错。佳兴农业公司在系争《商业保理申请及协议书》期满后仍实际占用卡得万利保理公司的钱款，应向卡得万利保理公司支付相应利息，且如佳兴农业公司无需对此承担任何责任的，则其实际将因自身过错而得利，显然有悖于公平原则，故佳兴农业公司除负担融资本金返还之责外，还应就该钱款向卡得万利保理公司赔偿自系争《商业保理申请及协议书》到期日起按银行同期贷款利率计算的利息损失。①

需要注意的是，根据《九民会议纪要》的规定，为深化利率市场化改革，推动降低实体利率水平，自2019年8月20日起，中国人民银行已经授权全国银行间同业拆借中心于每月20日（遇节假日顺延）9时30分公布贷款市场报价利率（LPR），中国人民银行贷款基准利率这一标准已经取消。自此之后人民法院裁判贷款利息的基本标准应改为全国银行间同业拆借中心公布的贷款市场报价利率。贷款利率标准尽管发生了变化，但存款基准利率

---

① 上海市第一中级人民法院（2015）沪一中民六（商）终字第640号民事判决书。类似案例还可参见上海市浦东新区人民法院（2017）沪0115民初34483号民事判决书、江西省高级人民法院（2014）赣民二终字第32号民事判决书。

并未发生相应变化,相关标准仍可适用。

4.合同无效的释明

关于合同无效法院如何释明的问题,《九民会议纪要》第36条亦明确进行了规定。

在双务合同中,原告起诉请求确认合同有效并请求继续履行合同,被告主张合同无效的,或者原告起诉请求确认合同无效并返还财产,而被告主张合同有效的,都要防止机械适用"不告不理"原则,仅就当事人的诉讼请求进行审理,而应向原告释明变更或者增加诉讼请求,或者向被告释明提出同时履行抗辩,尽可能一次性解决纠纷。例如,基于合同有给付行为的原告请求确认合同无效,但并未提出返还原物或者折价补偿、赔偿损失等请求的,人民法院应当向其释明,告知其一并提出相应诉讼请求;原告请求确认合同无效并要求被告返还原物或者赔偿损失,被告基于合同也有给付行为的,人民法院同样应当向被告释明,告知其也可以提出返还请求;人民法院经审理认定合同无效的,除了要在判决书"本院认为"部分对同时返还作出认定外,还应当在判项中作出明确表述,避免因判令单方返还而出现不公平的结果。

第一审人民法院未予释明,第二审人民法院认为应当对合同不成立、无效或者被撤销的法律后果作出判决的,可以直接释明并改判。当然,如果返还财产或者赔偿损失的范围确实难以确定或者双方争议较大的,也可以告知当事人通过另行起诉等方式解决,并在裁判文书中予以明确。

当事人按照释明变更诉讼请求或者提出抗辩的,人民法院应当将其归纳为案件争议焦点,组织当事人充分举证、质证、辩论。

二、担保合同无效及免责情形

担保合同是主合同的从合同,其效力既受自身内容影响,也会受主合同效力的影响。担保合同无效主要有两种情形：一是担保合同因自身违反法律的强制性规定而无效，比如担保合同符合《民法典》第 153 条规定的无效情形。二是主合同无效导致担保合同无效。《民法典》第 682 条第 1 款规定："保证合同是主债权债务合同的从合同。主债权债务合同无效的，保证合同无效，但是法律另有规定的除外。"

（一）担保合同无效情形

关于担保合同无效后的责任承担，《民法典》第 388 条第 2 款（《担保法》第 5 条第 2 款）规定："担保合同被确认无效后，债务人、担保人、债权人有过错的，应当根据其过错各自承担相应的民事责任。"在担保合同被认定无效时，导致担保合同无效的有过错方应承担相应的缔约过失责任。这里的"相应的民事责任"，是指当事人只承担与其过错程度相当的民事责任。债权人、债务人和担保人因各自过错的不同，需要承担的责任并不相同。

1. 主合同有效而担保合同无效的情形

《担保法解释》第 7 条规定："主合同有效而担保合同无效，债权人无过错的，担保人与债务人对主合同债权人的经济损失，承担连带赔偿责任；债权人、担保人有过错的，担保人承担民事责任的部分，不应超过债务人不能清偿部分的二分之一。"

（1）在债权人无过错的情况下，担保人要与债务人承担连带赔偿责任。债权人的无过错是指对担保合同无效无过错，按照缔约过失理论，担保人应承担缔约过失责任，而且承担的是连带赔偿责任。此时，债权人可期待的利益与担保合同有效情形下并无不同，担保人的责任较重，地位与债务人相等，均为连带债务人。

（2）当债权人、担保人都有过错的，担保人承担民事责任的部分，不应超过债务不能清偿部分的 1/2。之所以定 1/2，是因为债权人与担保人均有过错，根据均分原则进行分担。比如，根据《民法典》第 683 条的规定，债权人在法律禁止机关法人作为保证人的情况下，仍然接受其保证的，对产生的损失存在过错。机关法人明知自己不能作为保证人,而仍为他人提供保证,对保证合同的无效,也应承担相应的责任。

需要注意两点:①担保人承担责任部分,司法解释仅规定了上限,即债务人不能清偿部分的 1/2。法官具有一定的自由裁量权,可根据当事人过错程度,判决只要不超过 1/2 的上限即可。②作为上限的 1/2,是债务人不能清偿部分的 1/2,而不是债权人全部损失的 1/2。所谓"不能清偿部分",是指在民事执行中以债务人方便执行的财产是否受到执行为标准,方便执行的财产,已经受到执行的,债务的剩余部分即为不能清偿的部分。①《担保法解释》第 131 条规定:"本解释所称'不能清偿'指对债务人的存款、现金、有价证券、成品、半成品、原材料、交通工具等可以执行的动产和其他方便执行的财产执行完毕后,债务仍未能得到清偿的状态。"

2. 主合同无效导致担保合同无效的情形

此种担保无效的情况在司法实践中比较常见。《担保法解释》第 8 条规定:"主合同无效而导致担保合同无效,担保人无过错的,担保人不承担民事责任;担保人有过错的,担保人承担民事责任的部分,不应超过债务人不能清偿部分的三分之一。"可见,在主合同无效导致担保合同无效的情形下,担保人应承担的责任原则上比在担保合同自身无效情形下的责任要轻,甚至可能不承担担保责任。

(1)在担保人无过错的情况下,担保人无需承担责任。担保人不是主合同的缔约方,与主合同无效的原因并不相干,主合同无效的结果应由债权人与债务人承担,担保人不应承担责任。

(2)在担保人有过错的情况下,担保人承担的责任不应超过债务人不能清偿部分的三分之一。担保人有过错,是指担保人明知主合同无效仍为

---

① 曹士兵:《中国担保制度与担保方法》(第四版),中国法制出版社 2017 年版,第 99 页。

之提供担保或担保人明知主合同无效仍促成主合同成立或为主合同作中介等。此种情形下，因为债权人、债务人、担保人三方均有过错，根据责任均分原则，司法解释确定担保人承担的责任不超过债务人不能清偿部分的三分之一。

（二）保证人免责的情形

除因担保合同无效可能导致免责外，担保人还常以恶意串通、欺诈、胁迫，借新还旧，应收账款不真实为由进行抗辩，认为不应承担担保责任。

1.恶意串通、欺诈、胁迫情形

《担保法》第30条规定："有下列情形之一的，保证人不承担民事责任：（1）主合同当事人双方串通，骗取保证人提供保证的；（2）主合同债权人采取欺诈、胁迫等手段，使保证人在违背真实意思的情况下提供保证的。"

高度盖然性标准是我国民事诉讼法的一般证明标准，但《民事诉讼法解释》第109条确立了在三种情形下必须达到"排除合理怀疑"的证明标准，即"当事人对欺诈、胁迫、恶意串通事实的证明，以及对口头遗嘱或者赠与事实的证明，人民法院确信该待证事实存在的可能性能够排除合理怀疑的，应当认定该事实存在"。之所以对欺诈、胁迫、恶意串通事实的证明，以及对口头遗嘱或赠与事实的证明采用类似于刑事诉讼中的"排除合理怀疑"这样高的标准，主要是为了维护交易的安定性。如果标准为高度盖然性，则容易导致推翻既定的法律关系。如果保证人未提供充分证据证明保理商虚构事实、隐瞒真相，使其陷入错误认识并作出虚假的意思表示，或未提供充分证据证明保理商以未来的不法损害相恐吓使其陷入恐惧并作出不自由的意思表示，便不能以《担保法》第30条为由主张免责。

2.借新还旧

关于借新还旧后担保责任的承担问题，《担保法解释》第39条规定："主合同当事人双方协议以新贷偿还旧贷，除保证人知道或者应当知道外，保证人不承担民事责任。新贷与旧贷系同一保证人的，不适用前款的规定。"

《九民会议纪要》第 57 条实际上改变了上述规定。根据该条规定,"贷款到期后,借款人与贷款人订立新的借款合同,将新贷用于归还旧贷,旧贷因清偿而消灭,为旧贷设立的担保物权也随之消灭。贷款人以旧贷上的担保物权尚未进行涂销登记为由,主张对新贷行使担保物权的,人民法院不予支持,但当事人约定继续为新贷提供担保的除外。"《民法典》第 695 条规定:"债权人和债务人未经保证人书面同意,协商变更主债权债务合同内容,减轻债务的,保证人仍对变更后的债务承担保证责任;加重债务的,保证人对加重的部分不承担保证责任。债权人与债务人对主债权债务合同履行期限作了变更,未经保证人书面同意的,保证期间不受影响。"

比如,最高人民法院在审理的建行城南支行(保理商)与化建公司(债权人)、广福鑫公司(债务人)、福燃公司(保证人)保理合同纠纷案中,福燃公司主张建行城南支行发放给化建公司的融资款是用于借新还旧,福燃公司不应承担保证责任。法院裁定认为,根据建行城南支行二审提交的化建公司银行交易流水可知,银行将案涉保理预付款汇入案外人账户,并未用于偿还旧贷。虽然福燃公司再审申请过程中提交证据线索,以在案涉保理合同签订后,化建公司有五笔保理款到期,且部分数额与案涉保理款相近等理由主张化建公司与建行城南支行存在协议借新还旧的事实,由于福燃公司并未举证证明化建公司偿还到期保理款的资金直接来源建行城南支行发放的案涉保理预付款,仅以时间存在交叉、金额相近为由主张借新还旧事实的存在,事实依据不充分,本院不予采信。①

3. 应收账款不真实

在有追索权保理中,如果保理商对基础交易审查不严,存在过错,导致以虚假应收账款叙做保理,债权人的保证人可否以此作为免责或减责的理由?

---

① 最高人民法院(2017)最高法民申 3796 号民事裁定书。

实践中，对此问题存在不同观点。江苏省高级人民法院民二庭课题组认为，保证人并非以应收账款转让作为提供担保前提，保理商是否尽到审查义务，不影响保证人责任承担。①但是，笔者注意到在该院审理的中行姜堰支行与万基公司、正达公司保理合同纠纷案中，判决认为，万基公司提交给中行姜堰支行的增值税发票系编造，且其提交了自行签发的发货清单，并未按照约定提交运输单据以证明其向买方实际交付了货物，中行姜堰支行也未能证明应收账款转让的事实已经通知了买方，也未证明在商业发票到期后，其依约向买方催收了账款，故上述事实可以印证，万基公司和其所谓的买方之间并无真实的交易关系。《担保法》第30条第（1）项规定，主合同当事人双方串通，骗取保证人提供保证的，保证人不承担民事责任。因为国内保理业务是以债权人转让其应收账款为前提，但如前所述，万基公司和其所谓的买方之间并无真实的交易关系，中行姜堰支行在贴现过程中也未尽到审查义务，故正达公司（保证人）不应承担保证责任。②还有观点认为，在正常情形下，债务人是第一顺位还款义务人，债权人是第二顺位还款义务人，保证人是为债权人提供的保证，故同样享有顺位利益。保理商若未尽到注意义务导致应收账款落空，自身存在一定过错，要求保证人承担全部保证责任有损保证人的顺位利益，对保证人不公平，故应减轻或免除保证人的责任。至于保证人承担责任的比例，则依据保理商的过错程度，综合考虑保证人与债权人之间的关系（是否为关联方等）、保证人对风险的预见及控制能力（是否为专业的担保公司等）等因素在个案中进行评判。③

笔者赞同江苏省高级人民法院民二庭课题组的观点。如本书第二章所

---

① 江苏省高级人民法院民二庭课题组：《国内保理纠纷相关审判实务问题研究》，载《法律适用》2015年第10期。

② 江苏省高级人民法院（2014）苏商终字第66号民事判决书。

③ 吴雅琼：《保证人应否为保理商的疏忽背锅——假保理中的保证人减责路径分析》，载微信公众号天同诉讼圈，2018年5月28日推送。

述，有追索权保理为"借款+债权让与担保"法律关系，债权人应承担第一还款责任。认为损害保证人顺位利益的观点是建立在有追索权保理为债权转让法律关系基础之上，不能成立。在应收账款不真实的情况下，保理合同项下债务的同一性并未改变，由保证人承担保证责任并未超出其预期，亦未加重其保证责任。

第四节 名实不符保理合同的处理规则

实践中，构成保理法律关系与不构成保理法律关系的保理合同应如何处理是法院需要解决的问题。在不构成保理法律关系时，法院一般应按照其实际构成的法律关系进行处理。法院具体应如何处理，是本节要讨论的内容。

一、保理合同纠纷法律适用规则

（一）按照保理法律关系处理规则

1. 国内保理

在《民法典》出台之前，保理合同为无名合同，应按照《合同法》第124条规定的无名合同进行处理。《合同法》第124条规定："本法分则或者其他法律没有明文规定的合同，适用本法总则的规定，并可以参照本法分则或者其他法律最相类似的规定。"《天津高院保理纪要（一）》第6条第1、2款规定如下："审理保理合同纠纷案件，应以保理合同的约定作为确定各方当事人权利义务的主要依据。除合同约定的内容之外，应依据合同法第一百二十四条无名合同的相关规定，适用合同法总则的规定，并可以参照合同法分则或者其他法律最相类似的规定。"《深圳前海法院保理合同案件裁判指引》第39条规定:"人民法院审理国内保理合同纠纷案件,以保理合同、基础合同的相关约定确定各当事人的权利义务。当事人没有约定的,可以适用《合同法》总则的规定,并可以参照分则或者其他法律最相类似的规定。"《北京市高级人民法院关于当前商事审判中需要注意的几个法律问题》规定如下:"对于在我国境内依法设立的商业银行经营保理业务,应当适用《商业银行保理业务惯例暂行办法》。对于在我国境内依法设立的商业保理企业经营的保理业务,在《商业保理业管理办法》出台以前,可以参照适用《商业银行保理业务惯例暂行办法》。"根据契约自由与意思自治原则,如果当事人在保理合同中对双方权利义务有明确的约定,且不违反法律法规强制性规定和公序良俗,则应当尊重当事人约定。当合同对相关内容没有约定、约定不明时,法院可根据合同目的、交易惯例等因素,类推适用有名合同中的相关规定进行处理。

比如,最高人民法院在审理的中国工商银行股份有限公司乌鲁木齐钢城支行与广州诚通金属公司、中铁物资集团新疆有限公司保理合同纠纷一案中,法院判决认为,因涉案《国内保理业务合同》同时包含了债权转让、金融借款、劳务提供等多种法律关系,该《国内保理业务合同》法律性质依法应当认定为同时包括有名合同和无名合同关系的准混合契约。《合同法》第124条规定:"本法分则或者其他法律没有明文规定的合同,适用本法总则的规定,并可以参照本法分则或者其他法律最相类似的规定。"因此,判断涉案《国内保理业务合同》的效力以及确定当事人的权利义务,可以直接适用《合同法》总则的相关规定,并可就其中的无名合同部分类推适用最相类似之有名合同的相关规定。此外,根据契约自由原则,如果当事人在合同中对双方的权利义务存在明确的约定,则应当尊重相关的约定内容。当合同对相关内容没有约定、约定不明,或者合同约定的条款存在相互矛盾时,人民法院应当根据其间各种合同的具体类型、合同目的、交易惯例等因素,对所类推适用的有名合同中的相关规定加以调整，衡平当事人之间的利益。[①]

《民法典》出台之后，保理合同首先应遵循《民法典》合同编下保理合同章相关规则进行调整，对于该章没有规定的，应适用合同编第六章债权转让的有关规定。《民法典》第761条至第769条对保理合同的成立、履行、违约责任以及债权转让、通知、登记效力等问题均作出了规定。

2. 涉外保理

涉外保理需要考虑国际公约或准据法的适用。关于涉外保理的法律适用问题，《天津高院保理纪要（一）》第6条第3款规定："当事人在保理合同中约定参照《国际保理公约》等国际公约确定各方权利义务的，尊重当事人之间的约定。"《北京市高级人民法院关于当前商事审判中需要注意的几个法律问题》关于涉外保理的法律适用问题规定如下："对于债权人和债务人中至少有一方在境外（包括保税区、自贸区、境内关外等）的国际保理业务，当事人之间因签订保理协议构成的法律关系应属涉外民事法律关系，当事人约定适用国际通行的从事保理活动的国际惯例《国际保理业务惯例》的，不违背我国社会公共利益，可以在国际保理业务纠纷中予以适用。"《深圳前海法院保理合同案件裁判指引》第40条规定："有涉外因素的保理合同纠纷，当事人约定适用国际条约、国际惯例或域外法的，按照《民法通则》《涉外民事关系法律适用法》的相关规定进行处理。"

（二）不构成保理法律关系处理规则

关于原告主张的法律关系的性质与法院根据案件事实作出的认定不一致时该如何处理的问题，需要注意新旧民事诉讼证据规定的变化。2002年《民事诉讼证据规定》第35条第1款规定："诉讼过程中，当事人主张的法律关系的性质或者民事行为的效力与人民法院根据案件事实作出的认定不一致的，不受本规定第三十四条规定的限制，人民法院应当告知当事人可以

[①] 最高人民法院（2014）民二终字第271号民事判决书。

变更诉讼请求。"2019年修正的《民事诉讼证据规定》第53条第1款规定："诉讼过程中，当事人主张的法律关系性质或者民事行为效力与人民法院根据案件事实作出的认定不一致的，人民法院应当将法律关系性质或者民事行为效力作为焦点问题进行审理。但法律关系性质对裁判理由及结果没有影响，或者有关问题已经当事人充分辩论的除外。"

笔者认为，新规定不再将释明作为法官的义务，但也并不禁止释明，法官若认为有必要释明的，仍可以释明。如果经审理后认为实际不构成保理法律关系时，仍可向保理商进行释明。如果保理商坚持不变更诉讼请求，法院应如何处理？实践中有三种做法：第一种是驳回起诉；第二种是驳回诉讼请求；第三种为法院依法变更民事案由，按实际构成的法律关系处理。

支持第一种处理方式的观点认为，在当事人主张的保理法律关系不符合案件事实时，可以理解为起诉事实和理由不当，不符合《民事诉讼法》第119条规定的法定起诉条件，应裁定驳回起诉。也有观点认为，当事人具有处分自己诉讼权利的自由，可以决定是否变更诉讼请求，法院不得主动裁判，否则既限制和剥夺了当事人诉讼权利，也违反了法院审理民事案件的法定程序，法院的裁判公正性和居中裁判功能亦不能得以实现。经法官释明后，原告仍未变更诉讼请求，法院不应作出实体判决，而应驳回起诉。[①]

比如，在最高人民法院审理的上诉人北京新中实经济发展有限责任公司（以下简称新中实公司）、海南中实（集团）有限公司（以下简称海南中实公司）与被上诉人华润置地（北京）股份有限公司（以下简称华润公司）房地产项目权益纠纷一案中，判决认为，一审期间华润公司在起诉状、庭审陈述及所附证据材料中，均明确表示其主张项目转让款的依据为双方之间存在房地产项目转让的法律关系。一审法院基于审理查明的事实认为，华润公司诉请主张的"项目转让关系"不能成立，遂于庭审结束后至一审判决前，多次

[①]《最高人民法院裁判意见精选》（下），人民法院出版社2011年版，第1531页。

向华润公司行使释明权，告知其变更诉讼请求，否则自行承担诉讼风险，但华润公司拒绝对诉讼请求予以变更。由于华润公司主张的法律关系与一审法院根据案件事实认定的不一致，一审法院不应作出实体判决，而应驳回华润公司的起诉。一审法院在华润公司经释明仍未变更诉讼请求的情形下，径行对华润公司未予主张的法律关系予以裁判，既替代行使了华润公司的起诉权利，又剥夺了新中实公司和海南中实公司的抗辩权利，违反了人民法院审理民事案件的法定程序，遂裁定撤销北京市高级人民法院的一审判决，驳回了原告华润公司的起诉。①

支持第二种处理方式的观点认为，从诉讼理论上讲，原告诉讼请求与实际法律关系不符就意味着请求权基础错误，诉讼请求不当，法院可以原告诉请没有事实和法律依据为由驳回其诉讼请求。在当事人拒绝变更诉讼请求的情况下，其诉讼请求没有对应的法律事实予以支撑，故应作出实体判决，判决驳回诉讼请求。比如《浙江省高级人民法院关于审理民间借贷纠纷案件若干问题的指导意见》第15条第2款明确规定："对能够查明双方存在借贷关系的，按照民间借贷纠纷审理；查明债务属其他法律关系引起的，法院应向当事人释明，由债权人变更诉讼请求和理由后，按其他法律关系审理，债权人坚持不予变更的，判决驳回诉讼请求。判决驳回诉讼请求后，债权人可按其他法律关系另行起诉。"山东省济南市中级人民法院（2015）济民五终字第638号民事判决书认为，本案中双方之间的法律关系并非民间借贷关系，一审法院在查明事实后，明确向原审原告释明是否变更诉讼请求，原审原告拒绝变更，仍然要求按照民间借贷纠纷予以审理，在此情况下，原审法院以其提交的证据不足以证明双方借贷关系成立，判决驳回其诉讼请求，并让其另案主张权利，并无不当，本院予以确认。

---

① 最高人民法院（2004）民一终字第107号民事裁定书，载《最高人民法院公报》2006年第8期。

就保理合同纠纷案件而言，简单地驳回起诉或驳回诉讼请求均不可取，理由如下：

1. 裁定驳回起诉是对当事人诉权的否定，即法院认为原告的起诉不符合法定起诉条件，因而在程序上予以拒绝。《民事诉讼法》第119条第（3）项所要求的"有具体的诉讼请求和事实、理由"是形式上的要求，事实和理由"恰当正确与否"不是形式上的"有无"判断，已然是实体上的判断，因此，以此作为裁定驳回起诉的理由，并不充分。在名为保理实为借款的情况下，保理商的诉讼请求并非不明确，保理商的诉讼目的无非就是收回融资款与利润，表现为金钱债权的请求权。如果仅因实际构成借款法律关系，法院就驳回起诉，不仅徒增保理商另行起诉的诉累，也不能解决实际问题，法院还得重新立案、重新审理，既不利于保护当事人的合法权益，也不符合诉讼经济原则。

2. 判决驳回诉讼请求是法院对无事实依据或法律依据的实体请求以判决的形式予以拒绝，是对当事人实体请求权的一种否定性评价。审判实践中，有的案件当事人基于诉讼策略考量，导致其主张的法律关系性质和民事行为效力与人民法院根据案件事实作出的认定不一致，在当事人的认识出现上述偏差时，若判决驳回其诉讼请求，则会引发当事人另行提起其他诉讼，这无疑增加了当事人的诉累，也会造成司法资源过度消耗。此外，判决驳回诉讼请求直接导致的法律后果是，判决生效后，原告没有新证据的，不能就同一诉讼请求和事实向法院重新提起诉讼，否则将违反一事不再理原则。从保障当事人诉讼权利、提高审判效率的角度出发，允许当事人在诉讼中对其主张的法律关系性质或者民事行为效力依法进行变更，是十分必要的。① 基于此，新旧《民事诉讼证据规定》均没有规定直接驳回诉讼请求，而是允许原

---

① 最高人民法院民事审判第一庭编著：《最高人民法院新民事诉讼证据规定理解与适用（下）》，人民法院出版社2020年版，第499页。

告变更诉讼请求。经法官释明后，原告坚持不变更诉讼请求的，法官同样可以将法律关系性质作为争议焦点进行审理。

3.法院可根据查明的法律关系，依职权变更民事案由。根据《最高人民法院关于印发修改后的〈民事案件案由规定〉的通知》（法〔2011〕42号）的规定，当事人起诉的法律关系与实际诉争的法律关系不一致的，人民法院结案时应当根据法庭查明的实际法律关系的性质，相应变更案件的案由。

一般而言，法律关系一旦改变，管辖法院、归责原则、责任形式、责任范围等都可能会发生变化。但对于名为保理实为借款而言，案由变更为借款合同纠纷后，并不影响案件审理。即便保理商不变更诉讼请求，案件并非不能继续审理，这是由保理法律关系与借款法律关系的相似性决定的。保理合同具有较强的融资性，债务性质为金钱债务。保理商的诉讼请求一般为收回融资款及利润，这与借款合同中贷款人收回本金及利息的目的极其相似。就管辖而言，保理合同中常有协议管辖的约定，管辖法院通常依据双方协议确定。就违约责任而言，债权人承担的违约责任范围为保理融资款本金及利息，这与借款合同中借款人还本付息的违约责任相类似。通过上述比较不难发现，保理合同与借款合同之间的共通性决定了按照借款法律关系进行处理并不存在程序上的障碍，且合同双方的权利义务不会因为法院变更案由而出现重大变化，法院可在查明案件事实的基础上进行处理。

4.主流实务观点认为，在名为保理实际不构成保理法律关系时，法院应按照实际构成的法律关系进行处理。《融资租赁合同解释》第1条第2款规定："对名为融资租赁合同，但实际不构成融资租赁法律关系的，人民法院应按照其实际构成的法律关系处理。"该规定对保理合同同样具有借鉴意义。在2015年12月召开的第八次全国法院民事商事审判工作会议上，最高人民法院有关负责人指出："应注意的是，实务中确实有部分保理商与交易相对人虚构基础合同，以保理之名行借贷之实。对此，应查明事实，从是否存在基础合同、保理商是否明知虚构基础合同、双方当事人之间实际的权利义务关系等方面审查和确定合同性质。"①《天津高院保理纪要（一）》第 2 条规定："保理商与债权人签订的合同名为保理合同，经审查不符合保理合同的构成要件，实为其他法律关系的，应按照实际法律关系处理。"《深圳前海法院保理合同案件裁判指引》第 2 条第 2 款亦规定："对名为保理合同，但实际不构成保理法律关系的，应当按照其实际构成的法律关系处理。"

综上所述，在审理名为保理实际构成其他法律关系的案件时，法官首先可向保理商释明，引导保理商变更诉讼请求。经释明后，法官应将法律关系性质或者民事行为效力作为焦点问题进行审理，在查明案件事实的基础上按照实际构成的法律关系进行判决。

二、名为保理实为借款合同处理规则

法院在处理名为保理实为金融借款或企业间借贷时，需要正确认识保理合同与借款合同的相同点和不同点。相同点是二者共通的地方，便于法院将保理合同中的权利义务转化为借款合同中的权利义务。不同点又是二者区别所在，要注意防止法律关系混淆，法律适用错误。

（一）与借款法律关系之异同

二者最大的共同之处在于：均存在融资法律关系。保理商作为资金融出方，其提供融资的目的是从债务人或债权人处收回资金成本及利息。这与借款法律关系中出借人收回借款本金及利息的目的是一致的。

保理又与借款存在明显区别，表现以下几个方面：（1）交易结构不同。借款法律关系发生在出借人与借款人之间，由一份借款合同、两方当事人构成。保理法律关系则由保理合同与基础合同两份合同，保理商、债权人、债

---

① 杜万华主编：《第八次全国法院民事商事审判工作会议（民事部分）纪要理解与适用》，人民法院出版社 2017 年版，第 84 页。

务人三方构成。（2）交易本质不同。保理融资是以应收账款转让为核心，不是单纯的借款关系。保理商提供的资金是购买应收账款的对价，不是出借款项。（3）请求权不同。在保理法律关系中，保理商享有的权利包括对债务人的求偿权和对债权人的追索权。在借款法律关系中，出借人只享有债权请求权，是基于借款合同产生的返还资金请求权。（4）会计处理不同。在保理中，融资资金转移后，并不在债权人的资产负债表上列为负债。在借款法律关系中，借款在借款人的资产负债表上列为负债。（5）权利救济方式不同。从还款来源看，保理融资的第一还款来源是债务人支付应收账款，在债务人到期不能清偿时，保理商可向债权人追索。在借款法律关系中，借款人即为还款义务人，在借款人不偿还借款时，出借人只能向担保人主张偿还借款。

（二）按借款法律关系处理规则

保理合同按借款合同处理时，需要注意三个方面的转化：（1）将保理合同项下保理商"追索权＋收取权"的双重行权方式转化为借款合同项下"求偿权"的单一行权方式。（2）将保理合同项下的预付款或融资款转化为借款合同项下的借款本金。（3）将保理合同项下约定的利率转化为借款合同项下的利率。

1. 保理商行权方式

在保理法律关系中，保理商可基于保理合同项下的追索权起诉债权人，也可基于基础合同项下的应收账款债权起诉债务人。一旦保理合同转化为借款合同，债权债务关系仅发生在保理商与债权人之间，保理商只能向债权人主张还本付息，不存在要求债权人回购应收账款的问题，更不存在要求债务人清偿应收账款的问题。

2. 借款本金的确定

借款本金数额应以保理商实际支付的融资款为准。借款合同中一般不涉及除资金出借之外的其他附加服务。在合同被认定为借款时，保理商收取因保理服务产生的手续费、服务费、咨询费没有依据，实属变相利息。如果上述费用已在保理融资款中预先扣除,则该部分款项应从借款本金中扣除。《民法典》第670条(《合同法》第200条)规定:"借款的利息不得预先在本金中扣除。利息预先在本金中扣除的,应当按照实际借款数额返还借款并计算利息。"《九民会议纪要》第51条规定:"金融借款合同纠纷中,借款人认为金融机构以服务费、咨询费、顾问费、管理费等为名变相收取利息,金融机构或者由其指定的人收取的相关费用不合理的,人民法院可以根据提供服务的实际情况确定借款人应否支付或者酌减相关费用。"

3. 借款利率的确定

关于如何确定借款利率的问题,实践中有不同观点。有观点认为,借款利息、逾期利息均可按保理合同约定的利率标准计算并支付。比如,有判决认为,保理商、债权人明知双方之间名为保理实为借贷的事实,并对该借款100万元约定了年利率15%的利息,结合该事实及公平诚信原则,在债权人未能按期归还借款本息的情形下,保理商有权要求债权人归还尚余的借款本金及按年利率15%计算的利息。① 也有判决认为,合同约定融资利率为1.2%/月,如债权人未按照本合同的约定偿还融资本金及利息,保理商有权在原融资利率基础上加收50%的利率计收逾期利息,所以保理商主张融资利息及逾期利息分别以实际借款数额为基数按月息1.2%和1.8%的标准计算,具有事实和法律依据,应予以支持。但关于复利的请求,没有法律依据,不予支持。②

也有观点认为,应按中国人民银行同期贷款基准利率计算并支付利息,不支持逾期违约金。比如,有判决认为,保理商、债权人虽在《商业保理确认书》中约定了相关费用,但案涉纠纷实为借贷纠纷,参照《民间借贷规定》第25条第2款之规定,确定该借款借期内的利率按中国人民银行同期

---

① 苏州市中级人民法院(2017)苏05民终11232号民事判决书。
② 天津市滨海新区人民法院(2016)津0116民初2863号民事判决书。

贷款利率计算。双方在《商业保理确认书》中约定的逾期违约金系基于保理合同关系而约定的条款，因本案实质上系借款合同关系，故保理商要求债权人按保理合同关系支付逾期违约金，于法无据，不予支持。①

笔者同意前一种观点，在确定借款利息时，可按照保理合同约定的利率计算利息和逾期利息。即使保理合同性质发生变化，并不影响合同双方基于意思自治约定的利率的效力。而且，债权人向保理商支付按保理合同约定的利息或逾期利息并未超出其订立合同时的预期。只要保理合同约定的利率或逾期利率不超过国家有关借款利率的上限规定，法院应予以尊重。

借款合同应遵循年利率不超过"一年期贷款市场报价利率四倍"的上限规定。《最高人民法院关于进一步加强金融审判工作的若干意见》（法发〔2017〕22号）第2条规定："严格依法规制高利贷，有效降低实体经济的融资成本。金融借款合同的借款人以贷款人同时主张的利息、复利、罚息、违约金和其他费用过高，显著背离实际损失为由，请求对总计超过年利率24%的部分予以调减的，应予支持，以有效降低实体经济的融资成本。"《民间借贷规定》第26条规定："出借人请求借款人按照合同约定利率支付利息的，人民法院应予支持，但是双方约定的利率超过合同成立时一年期贷款市场报价利率四倍的除外。前款所称'一年期贷款市场报价利率'，是指中国人民银行授权全国银行间同业拆借中心自2019年8月20日起每月发布的一年期贷款市场报价利率。"

---

① 江西省新余市渝水区人民法院（2017）赣0502民初8号民事判决书。

第四章
保理合同的履行

保理法律关系是由两份合同、三方主体构成。债权人与债务人之间的权利义务关系由基础交易合同调整，债权人与保理商之间的权利义务关系由保理合同调整。确定各方权利义务不仅是履行基础交易合同和保理合同的需要，也是出现违约时认定违约方及违约责任的依据。但由于我国现行债权转让的法律规定过于笼统，许多问题仍有待明确，比如应收账款转让通知的主体与形式、保理商的谨慎注意义务与追索权、债权人的回购义务，以及债务人的抗辩权、抵销权等。此外，保理专户是保理中一项很独特的制度。保理专户是合同顺利履行的重要组成部分。一般来说，债务人只有向保理专户支付应收账款，才能构成有效履行。

第一节　债权人的权利与义务

债权人的权利义务首先是基于基础交易合同产生，但由于应收账款转让的介入，其权利义务发生了变化。确保应收账款真实、合法、有效并向保理商转让应收账款是债权人最基本的义务。从法理上解释，通知债务人应收账款转让属于债权人的义务，但也并非一成不变。与此同时，债权人有权获得保理商提供的融资及其他保理服务。在有追索权保理中，一旦债务人不能清偿到期应收账款，债权人还负有回购义务。

一、转让应收账款

（一）签订转让协议

转让适格的应收账款是债权人的主合同义务。保理以应收账款转让为核心，债权人应当将基础交易合同项下合格的应收账款转让给保理商。《民法典》第762条第1款规定："保理合同的内容一般包括业务类型、服务范围、服务期限、基础交易合同情况、应收账款信息、保理融资款或者服务报酬及其支付方式等条款。"保理合同需要载明基础交易合同的情况、应收账款信息等核心内容。由于应收账款为无形资产，无需实际交付，债权人与保理商在保理合同上签字或盖章即可表示债权转让完成，除非当事人约定另行签订债权转让协议或对债权转让生效附条件或附期限。

债权人还应承担一定的从合同义务及附随义务。《民法典》第599条规定了买卖合同中出卖人交付有关单证和资料的从给付义务。在应收账款转让后，债权人应向保理商移交债权证明文件，并应告知行使债权所必要的一切情形。所谓债权证明文件，包括商品销售或服务合同、增值税发票原件、货运单据、保险单据、提货单及验收合同单据等。所谓行使债权所必要的一切情形，一般指履行期、履行地、履行方式、债务人的住所、债权担保的方式以及债务人可能主张的抗辩等。如果基础交易合同附有担保的，债权人还应将相关的担保证明文件移交保理商，债权人所占有的担保物也应一并移交保理商。《民法典》第509条第2款（《合同法》第60条第2款）规定："当事人应当遵循诚信原则，根据合同的性质、目的和交易习惯履行通知、协助、保密等义务。"

实践中，还有债权人与保理商对应收账款转让登记进行了约定。除非合同另有约定，登记并不是转让应收账款的必备要件。办理应收账款转让登记是转让应收账款的后续行为，一般由保理商来完成。需要说明的是，登记的目的在于公示，以产生对抗第三人的法律效力。无论是应收账款转让登记，还是保理专户登记，均不能产生通知债务人应收账款转让的法律效力。

（二）瑕疵担保义务

在保理中，债权人作为应收账款的转让方，应承担应收账款瑕疵担保义务。债权人所负的瑕疵担保义务为债权转让的原因行为中给付义务的应有内容。虽然《民法典》未在合同编第一分编通则以及第十六章保理合同中对债权人的瑕疵担保义务作出规定，但债权人的瑕疵担保义务可参照买卖合同规则予以确定。《买卖合同解释》第45条第1款规定：法律或者行政法规对债权转让、股权转让等权利转让合同有规定的，依照其规定；没有规定的，人民法院可以根据《合同法》第124条和第174条的规定，参照适用买卖合同的有关规定。在有形物买卖合同中，出卖人的瑕疵担保义务包括物的瑕疵（即价值瑕疵、效用瑕疵以及品质瑕疵）和权利瑕疵担保。[1] 比如，《民法典》

---

[1] 最高人民法院民事审判第二庭编著：《最高人民法院关于买卖合同司法解释理解与适用》，人民法院出版社2012年版，第668页。

第 612 条（《合同法》第 150 条）规定："出卖人就交付的标的物，负有保证第三人对该标的物不享有任何权利的义务，但是法律另有规定的除外。"此即权利不被他人追及的担保。《民法典》第 614 条（《合同法》第 152 条）规定权利瑕疵担保责任的效力（中止支付价款权），此规定亦适用于应收账款转让。

确立债权人的瑕疵担保义务有助于保护保理商的利益，维护交易安全和秩序。债权人瑕疵担保义务的主要内容包括：（1）应收账款真实、合法、有效。应收账款应产生于实际发生的合法交易，如出售、出租货物或提供服务。（2）出售、出租货物或提供服务符合基础交易合同的约定。此外，债权人还应保证只有保理商获得完整的应收账款债权。债权人一般应承诺或保证以下事项：（1）应收账款此前没有转让给其他人，并且不会有第三方向保理商主张权利；（2）应收账款上并不存在在先权利，即不存在质押或者其他权利担保；（3）应收账款不存在保留所有权的情况。[1] 在有追索权保理中，债权人的瑕疵担保义务表现得最为明显，因为一旦债务人拒付应收账款，保理商就有权向债权人追索。有观点认为，有追索权保理可看作对应收账款转让的特性附加一定的限制，可理解为债权人对其所转让的债权承担一定的瑕疵担保义务。[2]

当然，债权人的瑕疵担保义务并不是绝对的，而是相对的。首先，债权人的瑕疵担保义务只及于应收账款的真实性、合法性与有效性，并不及于信用性。换言之，债权人所担保的内容仅为应收账款真实合法存在，并不担保债务人的支付能力。其次，与债权人瑕疵担保义务相对的是保理商的谨慎注意义务。虽然债权人不能向保理商转让有瑕疵的应收账款，但保理商在受让时也应尽到必要的谨慎注意义务。对于存在明显瑕疵的应收账款，保理商一

---

[1] 朱宏文：《国际保理法律实务》，中国方正出版社 2001 年版，第 65~66 页。
[2] 李珂丽：《国际保理法律机制研究》，知识产权出版社 2014 年版，第 10 页。

般不应受让,如果受让,可能会被认定为不构成善意或导致债权人、债务人责任的减轻。

二、债权转让通知

债权人与保理商签订应收账款转让协议后,应当通知债务人。《民法典》第546条第1款规定:"债权人转让债权,未通知债务人的,该转让对债务人不发生效力。"《天津高院保理纪要(二)》第2条规定:"除另有约定外,债权人向保理商转让应收账款的,应当通知债务人。未经通知,该应收账款转让对债务人不发生效力。"①但司法实践中,通知债务人应收账款转让的主体、通知形式与内容等问题都有待明确。

(一)通知主体

债权转让后是由让与人还是受让人通知债务人,大致有三种立法例:(1)由受让人通知,如《法国民法典》第1690条、《意大利民法典》第1539条。(2)由让与人通知,如《日本民法典》第467条。(3)由让与人或受让人通知,如《瑞士债务法》第167条、我国台湾地区"民法"第297条。②

理论界通说认为,我国立法采取了第二种立法例,即由让与人进行通知。理由在于:(1)《合同法》第80条第1款规定:"债权人转让合同的,应当通知债务人……"从语法结构上分析,债权转让通知的主体当属让与人。如果再结合该条第2款"债权人转让权利的通知不得撤销,但经受让人同意的除外"之文义来理解,应将通知主体限定为让与人(债权人)。③(2)

---

① 其中所谓的"另有约定",一般是指在暗保理中,原债权人与保理商协商一致,不将债权转让的结果通知债务人。
② 韩世远:《合同法总论》(第三版),法律出版社2011年版,第476页。
③ 厦门市中级人民法院(2014)厦民终字第2768号民事判决书。

从立法本意上来看,"综观合同法的立法过程,在最早的《合同法专家建议稿》中,对受让人的通知进行了规定,但是,在以后的各草案以及最终的立法中,都删去了这一规定。可见,立法者的本意是认为受让人无权进行这种通知的。"①(3)由受让人进行通知不利于交易安全。因为由受让人通知,债务人难以确信债权转让的真实性。比如,日本民法规定只能由让与人进行通知。"依日本通说,如果允许受让人为让与通知,难免有虚假通知频发之虞。在日本判例上,亦不许受让人代为让与人为让与通知。"②在债权转让通知由受让人发出之场合,如果转让通知为虚假,债务人对虚假受让人的清偿并不能免除其向真正债权人的清偿义务。由此,债务人不得不对通知所涉债权转让的真实性进行判断,并承担履约风险。(4)从通知的便利性角度来考虑,让与人对债务人的情况比较熟悉,由让与人通知会更加经济、便利。(5)根据《最高人民法院关于审理涉及金融资产管理公司收购、管理、处置国有银行不良贷款形成的资产的案件适用法律若干问题的规定》第6条第1款的规定,"金融资产管理公司受让国有银行债权后,原债权银行在全国或者省级有影响的报纸上发布债权转让公告或通知的,人民法院可以认定债权人履行了《合同法》第八十条第一款规定的通知义务。"该司法解释进一步确认债权转让通知的主体为让与人。实务中,有裁判观点认为以保理商名义单独发出的债权转让通知无效。③

从上述理由来看,由让与人通知主要还是出于交易安全的考虑。不可否认,将通知主体严格限定为让与人,有利于维系债权流转关系的稳定,保护债务人的利益,但可能会损害受让人的利益。为平衡好债务人与受让人的利益,在能够确保交易安全的情况下,有必要扩大通知的主体范围,允许受让

---

① 王利明主编:《中国民法典学者建议稿及立法理由(债法总则编合同编)》,法律出版社2005年版,第126页。
② 韩世远:《合同法总论》(第三版),法律出版社2011年版,第560页。
③ 厦门市中级人民法院(2014)厦民终字第2768号民事判决书。

人进行通知。理由如下：

1. 限定只能由让与人通知不利于保护债权受让人的利益。实践中发现有债权人与债务人通谋欺诈受让人骗取融资款，或者债权人在取得融资款后故意不通知，以及因破产、注销等原因不能通知等情况，此时债务人可以债权人未通知为由向受让人进行抗辩，损害受让人的利益。有学者认为，对于保理来说，禁止保理商通知，无异于取缔该行业的生存空间。因为如果保理商作为真正权利人，不能直接通知债务人，却要依赖于债权人的行为，则其权益将处于严重不确定状态，交易安全受到严重损害，行业发展必将难以为继。① 相反，如果受让人有权通知债务人，其必然积极通知债务人，以维护自身利益，对社会总体交易秩序也有增进作用。② 从经济交往实际情况来看，受让人较之让与人更具有通知的主动性和积极性。赋予保理商通知的自主权，在债权人不愿意通知或在其注销、破产的情形下，保理商仍有救济途径。③

2. 允许让与人与受让人商定通知主体符合意思自治原则，法律没有必要进行限制。不限制债权受让人的通知权限，充满了意思自治的精神，有利于交易安全，降低交易成本。④ 如果保理合同约定由保理商通知债务人，并未损害债务人的利益，不在法律禁止之列。有实务观点认为，尽管事前没有约定，如果受让人向债务人进行通知得到让与人的认可，同样应当允许。广东省高级人民法院民二庭 2012 年 3 月 7 日发布的《关于民商事审判实践中有关疑难法律问题的解答意见》第 17 条规定："由于原债权债务法律关系在

---

① 汪发相：《论保理之应收账款债权转让的法律问题——兼论〈合同法〉第 80 条的解释》，载《荆楚学刊》2014 年第 5 期。

② 张林春：《应收账款转让若干法律问题研究》，厦门大学 2006 年博士学位论文。

③ 孙超：《保理所涉纠纷中的利益衡量与裁判规则》，载《人民司法·案例》2016 年第 32 期。

④ 王勤劳：《债权转让制度研究》，西南政法大学 2012 年博士学位论文。

原债权人和债务人之间设立，原债权人转让债权后，应由原债权人通知债务人新的履行义务主体，为此，《合同法》第八十条规定，原债权人负有债权转让通知的义务。若债权受让人通知债务人，经原债权人认可后，即可认定已经履行通知义务。"在一些暗保理操作中，有保理商为了掌握"反暗为明"的主动权，往往要求债权人将盖有其公司公章的债权转让通知书交由保理商保管。保理商根据合同履约情况，自行决定是否向债务人送达通知以及何时送达。这种操作模式属于债权人对保理商的授权或认可。即便将《合同法》第80条理解为仅由让与人通知，债权人授权保理商代为通知并无法律上的障碍。比如，江苏省高级人民法院（2015）苏商终字第00518号民事判决书亦认可让与人与受让人共同向债务人发送债权转让通知的做法。

3.《合同法》第80条存在法律漏洞，通过目的论解释应允许受让人进行通知。崔建远教授认为，《合同法》第80条第1款规定让与人为债权转让的通知人，过于狭窄，排除了受让人可以为让与通知的情形，构成一个法律漏洞，可以通过目的性扩张予以填补，即允许受让人也作为让与通知的主体，从而有利于灵活地解决实际中的问题。① 债权转让制度的创设，是基于债权人享有自由处分其财产权利的自由。债权转让制度对于从事经济活动的主体实现资金流动、催收债权等都有积极意义，还可以作为债权的担保方式加以运用。② 从债权转让通知制度的目的来看，主要是为了避免债务人因不清楚转让人和受让人之间已经达成转让合意而误为清偿。因此，债务人是否知晓以及能否确认债权转让的事实，应当作为认定债权转让通知法律效力的关键。那么，运用目的解释方法对《合同法》第80条第1款的规定进行适

---

① 崔建远：《合同法学》，法律出版社2015年版，第189页。
② 韩世远：《合同法总论》（第三版），法律出版社2011年版，第458~459页。

度扩张解释，即将受让人纳入债权转让通知主体范围是可行的。① 有实务观点认为，债权转让通知目的是告知债务人债权已转让的事实，使得债权转让对债务人发生效力，基于此目的，应允许受让人作为转让通知的主体。② 值得注意的是，《民法典》第546条第1款"债权人转让债权，未通知债务人的，该转让对债务人不发生效力"之规定删去了《合同法》第80条"应当通知债务人"之规定。从文义上理解，已无法得出债权人当然为通知主体之结论。

4. 从比较法上来看，让与人和受让人均可通知已被域外立法广泛接受。典型的立法包括《俄罗斯联邦民法典》第830条、《美国统一商法典》第9-406条、《联合国国际贸易应收账款转让公约》第13条、《欧洲示范民法典草案》第119条。在保理相关国际公约中，也允许债权人或保理商对债务人进行通知。《联合国国际贸易应收账款转让公约》第13条的立法进程正好与我国《合同法》的立法进程相反，最初的条文只允许让与人进行债权转让通知，但经过反复讨论，最终接受的条文是让与人和受让人均可进行债权转让通知。③ 该条规定："除非转让人与受让人之间另行约定，转让人或受让人或双方均可向债务人发出转让通知和付款指示，但在通知发出后，只有受让人才可发出这种指示。"根据《国际保理公约》第8条的规定，供应商或经供应商授权的保理商可以向债务人作出通知。

综上所述，在可确认债权转让真实性的前提下，不应否定受让人进行通

---

① 最高人民法院民一庭：《受让人为债权转让通知的法律效力认定》，载最高人民法院民一庭编：《民事审判指导与参考》（2017年第1辑），人民法院出版社2017年出版，第176页。

② 江苏省高级人民法院民二庭课题组：《国内保理纠纷相关审判实务问题研究》，载《法律适用》2015年第10期。

③ 方新军：《合同法第80条的解释论问题——债权转让通知的主体、方式及法律效力》，载《苏州大学学报》2013年第4期。

知的法律效力。① 相较于让与人为债权转让通知，受让人为该通知时最大的障碍在于债务人如何确认债权转让的事实。由于债权债务发生于让与人和债务人之间，转让债权的合意达成于让与人和受让人之间，受让人和债务人之间并没有发生过直接联系，受让人向债务人通知债权转让时，应同时提示确已受让债权的相关债权凭证或转让协议等供债务人核实。② 从保护债务人履行安全出发，受让人为转让通知时，如果不加重债务人的负担，不增加交易风险，应当也是允许的。正是基于此种考虑，《民法典》第764条规定："保理人向应收账款债务人发出应收账款转让通知的，应当表明保理人身份并附有必要凭证。"

（二）通知形式

通知的形式为不要式。《民法典》第135条规定："民事法律行为可以采用书面形式、口头形式或者其他形式；法律、行政法规规定或者当事人约定采用特定形式的，应当采用特定形式。"《民法典》第546条并未限制通知的形式，口头形式与书面形式都应当允许，但原则上以书面形式订立的合同的债权转让应采取书面形式。如果法律、行政法规有特别规定的，应当遵照其规定，如保险单、商业票据等债权的让与，以背书方式进行。③

在保理实践中，以书面通知为宜。常见书面形式有以下四种：（1）在书面转让通知书上载明债权转让的主体、内容。（2）在转让的应收账款所对应的发票上明确记载了债权转让内容。该发票不仅可以作为对债务人关于应收

---

① 最高人民法院民一庭：《受让人为债权转让通知的法律效力认定》，载最高人民法院民事审判第一庭编：《民事审判指导与参考》2017年第1辑（总第69辑），人民法院出版社2017年出版，第176页。

② 最高人民法院民一庭：《受让人为债权转让通知的法律效力认定》，载最高人民法院民事审判第一庭编：《民事审判指导与参考》2017年第1辑（总第69辑），人民法院出版社2017年出版，第176页。

③ 马俊驹、余延满：《民法原论》（第四版），法律出版社2011年版，第597页。

账款转让的提示，还可以作为债务人知晓转让的证据，其效力等同于书面债权转让通知书。在发票上加注转让条款等符合通知要件，但内容上必须明确转让的意思表示，只是更改付款账户不能达到通知的要求。①（3）保理商与债权人、债务人共同签订债权转让协议。如果有证据证明债务人已经知晓了债权转让的事实，仍向让与人履行债务，则显然有违诚信原则。②三方对债权转让达成一致意见，债务人作为合同一方当事人，当然知晓债权转让的事实。（4）数据电文、电子签名的形式。随着电子信息技术的发展，越来越多的市场主体通过数据电文、电子签名等形式完成债权转让通知及对债权转让事实的确认和承诺。《国际保理公约》第1条规定："书面通知"包括但不限于电报、电传以及其他任何可以恢复成有形格式的电讯手段。我国《电子签名法》第2条第1款规定："本法所称电子签名，是指数据电文中以电子形式所含、所附用于识别签名人身份并表明签名人认可其中内容的数据。"第3条规定："民事活动中的合同或者其他文件、单证等文书，当事人可以约定使用或者不使用电子签名、数据电文。当事人约定使用电子签名、数据电文的文书，不得仅因为其采用电子签名、数据电文的形式而否定其法律效力。"《买卖合同解释》第4条规定："人民法院在按照合同法的规定认定电子交易合同的成立及效力的同时，还应当适用电子签名法的相关规定。"故在债权转让中，当事人采用电子签名、数据电文形式进行债权转让通知，以及对债权转让事实的确认与承诺均合法有效。

《天津高院保理纪要（二）》对上述四种通知的形式均予以认可。该纪要第2条规定："保理商或者债权人与债务人对于债权转让通知的形式有约定的，按照约定的形式通知债务人。约定使用电子签名、数据电文形式，或者约定通过各类电子交易平台在线上采用电子签名、数据电文等形式发送债

---

① 孙超：《保理所涉纠纷中的利益衡量与裁判规则》，载《人民司法·案例》2016年第32期。

② 崔建远：《合同法学》，法律出版社2015年版，第189页。

权转让通知的,以及债务人对债权转让的事实使用电子签名、数据电文形式,或者通过各类电子交易平台在线上采用电子签名、数据电文等形式作出承诺或者确认的,在符合《电子签名法》相关规定的情况下,可以认定债权转让对债务人发生效力。保理商或者债权人与债务人未对债权转让通知的形式作出约定的,下列情形可以视为履行了债权转让通知义务:(1)债权人在债权转让通知文件上签章并实际送达债务人;(2)债权人在所转让应收账款的对应发票上明确记载了债权转让主体和内容并实际送达债务人;(3)保理商与债权人、债务人共同签订债权转让协议;(4)经公证证明债权转让通知已经送达债务人,但有相反证据足以推翻公证的除外。"

《深圳前海法院保理合同案件裁判指引》第20条规定:"基础合同及保理合同对应收账款转让通知的方式有特别约定的,从其约定。基础合同与保理合同对应收账款转让通知方式约定不一致的,按照基础合同约定的方式进行通知。"第21条规定:"基础合同或保理合同未对应收账款转让通知的方式作出约定,但有下列情形之一的,可以视为履行了债权转让通知义务:(1)债权人在所转让应收账款的对应发票上对应收账款转让主体与内容等相关事项予以明确标记,且债务人收到该发票的;(2)保理商与债权人、债务人共同签订债权转让协议的;(3)将应收账款转让通知以邮寄形式向债务人法定注册地址或约定通讯地址寄送,且已实际送达的;(4)将应收账款转让通知书向基础合同中债务人指定的联系人邮寄,且已实际送达的;(5)将应收账款转让通知书向基础合同中债务人指定的电子邮箱发送,且债务人回复确认的;(6)其他可以视为已履行通知义务的情形。"

关于债权转让通知的其他方式,目前争议较大的是公告通知、诉讼通知与登记通知三种方式。

1. 在报纸上刊登公告能否视为通知?

在立法层面,没有法律明确规定公告能否作为债权转让通知的形式。目前,只有根据《最高人民法院关于审理涉及金融资产管理公司收购、管理、处置国有银行不良贷款形成的资产的案件适用法律若干问题的规定》第 6 条第 1 款的规定，金融资产管理公司受让国有银行债权后，原债权银行在全国或者省级有影响的报纸上发布债权转让公告或通知的，人民法院可以认定债权人履行了《合同法》第 80 条第 1 款规定的通知义务。实践中，也有法院支持这一做法。比如，上海市第一中级人民法院（2015）沪一中民四（商）终字第 405 号民事判决书认为："中远公司（债务人）以债权转让未对其发出通知，对其不发生法律效力为由提出抗辩，但系争两次债权转让均已登报公告，该公告对外具有公示力……上述债权转让公告应视为已通知中远公司相关事实，对中远公司具有法律效力。"有保理商提出，在集合应收账款转让中，由于债务人人数众多，逐个通知债务人难度很大，应允许采取公告通知的方式。

笔者以为，采取公告通知的方式具有历史性与特殊性，不具有普遍性。公告通知与立法规定的债权转让通知应送达债务人的精神相悖，普通的债权（包括应收账款）转让并不适用公告通知。理由如下：

（1）《最高人民法院关于审理涉及金融资产管理公司收购、管理、处置国有银行不良贷款形成的资产的案件适用法律若干问题的规定》出台的历史背景是为了处置大量国有银行不良贷款而采取的一项应急措施，具有政策上的特殊性。正如上述规定第 12 条所称："本规定仅适用于审理涉及金融资产管理公司收购、管理、处置国有银行不良贷款形成的资产的有关案件。"故上述规定是特殊历史时期的产物，不具有普适性。允许普通债权转让通知也采取公告方式缺乏法律依据。比如，最高人民法院（2013）民申 1253 号民事裁定书认为："以在报纸上刊登公告的方式主张债权的主体仅限于上述规定中明确的国有银行及金融资产管理公司。张某、华河资产管理公司及中发投资公司均不属于上述规定中明确的国有银行及金融资产管理公司，不能依据上述规定以在报纸上刊登公告的方式主张债权。"

（2）公告送达效果欠佳，很难向债务人通知债权转让的事实。司法实践证明，以刊登公告的方式通知债务人，很难实现通知效果。在报纸上刊登公告并不能确保债务人能看到公告内容。通常而言，如果仅有个别或者少数债务人且联系方式明确详细，对其通知并不困难，债权人不应采取公告通知的方式，否则就不能构成有效通知。①

（3）以公告方式通知债务人，债务人无法及时知晓债务履行的变化，增加了履约成本。立法规定通知债务人的目的在于使债务人明确债务履行的对象以便做好必要的履约准备。转让通知作为需受领的意思表示，其相对人是特定的债务人，而公告指向的是社会上不特定的多数人。有学者认为，《最高人民法院关于审理涉及金融资产管理公司收购、管理、处置国有银行不良贷款形成的资产的案件适用法律若干问题的规定》违背了无正当理由不得为特定主体单独立法的法理和债权转让不得恶化债务人地位的原则。如果允许债权转让以公告方式通知，相当于给不特定的多数人增加了关注报刊、媒体的义务，增加了交易成本，造成社会资源浪费。

针对有保理商提出的在集合应收账款转让场合下应允许公告通知的问题，笔者认为，债务人只有一人时也可能出现通知困难，债务人为多数时也可能不存在通知困难。因此，债务人人数多寡及通知难度不应作为公告通知的理由。保理商作为理性的商事主体，其在受让集合应收账款前应能预知无法通知的风险，故产生的不利后果应由其自行承担。

2. 向法院起诉可否视为通知？

在债权转让未通知债务人时，受让人直接向法院起诉债务人，能否视为通知，存在不同的观点。

否定的观点认为，债权转让通知的目的是将债权转让的事实告知债务人以便对债务人行使权利，在诉讼时进行通知为时已晚，没有意义。②还有观点认为，债权转让通知没有送达债务人，受让人与债务人之间没有法律关

---

① 江必新、何东宁等：《最高人民法院指导性案例裁判规则理解与适用：合同卷二》，中国法制出版社2012年版，第259页。

② 王利明：《合同法研究（第二卷）》，中国人民大学出版社2006年版，第233页。

系，受让人不能向债务人提出诉讼主张。也有法院认为，债权转让通知不能以诉讼方式进行。比如，海南省高级人民法院（2013）琼民三终字第79号民事判决书认为："至于诉讼文书的送达，是发生争议后，人民法院为解决争议而进行的职权行为，不能视为正常交易情况下替合同当事人完成的合同行为，且诉讼文书无法明确告知受送达人履行时间、地点、银行账户等履行义务所必需的细节，库高公司主张法院送达诉讼文书是合法的债权转让通知形式，本院不予支持。"荆州市中级人民法院（2015）鄂荆州中民三终字第00073号民事裁定书认为："一审法院认为受让人焦某以诉讼的方式通知了债务人郑州大道公司，从而认定该转让协议发生效力，该判决理由有误。"

笔者认为，通常情况下，通知应当以非诉的方式进行，但受让人以诉讼的方式进行通知并不违反法律规定。

（1）以诉讼方式通知债务人能使债务人知晓债权转让的结果，理应对债务人产生法律效力。《民法典》第546条第1款并没有限制"通知"的形式。债权转让通知债务人的关键在于保证债务人知晓债权转让的事实。诉讼行为不是纯粹的、孤立的行为。如果诉讼行为可以实现让债务人知晓债权转让的效果，应当也是允许的。法院依法向债务人送达载有债权转让意思表示内容的起诉状能够使债务人获知债权转让的事实，故不应排除受让人通过向法院起诉的方式进行通知。① 崔建远教授亦认为，债权转让通知通常采取非诉的形式，但也可以采取诉讼通知的形式。让与债权的意思表示自到达债务人及其继承人或其代理人时生效。②

（2）受让人通过诉讼方式通知有时是为了维护自身权益不得已而为之的措施。在债务人缺乏诚信的情况下，尽管债权人进行了转让通知，但是在很

---

① 最高人民法院民一庭：《受让人为债权转让通知的法律效力认定》，载最高人民法院民事审判第一庭编：《民事审判指导与参考》2017年第1辑（总第69辑），人民法院出版社2017年出版，第176页。

② 崔建远：《合同法学》，法律出版社2015年版，第188页。

多时候很难证明已履行了通知义务，在此情况下，债权受让人为减少自己的损失不得不通过司法救济，在诉讼中通过举出债权转让的有效证据来通知对方，从而实现自己的权利。①此时，起诉是受让人权利救济的一种手段，并非为时已晚。

（3）经由法院送达起诉状的通知方式对债务人权利并未造成实质不利影响。诉讼方式通知债务人既符合诉讼经济原则，亦未实质性损害债务人的利益，因为在债权转让通知到达债务人之前，债务人对债权人所履行的债务部分仍被承认。②债务人在收到起诉状后如对债权转让存有异议，可以在诉讼中行使抗辩权。比如，四川省德阳市旌阳区人民法院（2016）川0603民初3532号民事判决书认为，以起诉方式履行债权转让通知义务，法律并无禁止，亦有利于节约司法资源，且从本质上并未损害债务人利益，本案给予被告九益公司充分的诉讼权利保证了其有足够时间可提供证据反驳原告诉请，故原告汉州公司关于以应诉材料送达之日为债权转让通知到达之日的主张，本院予以认可。

当前，以诉讼方式进行通知的法律效力已获得普遍认可。最高人民法院民一庭认为，如果转让人或受让人在向法院提起诉讼前没有将债权转让的事实通知债务人，受让人通过直接向人民法院提起诉讼的方式向债务人主张权利的，可认定为通知债权转让的一种方式，在相关诉讼材料送达债务人时，该债权转让通知对债务人发生法律效力。③北京市高级人民法院2007年出台

---

① 陈丛蓉、张旭琳：《债权转让能否以诉讼形式进行通知》，载《人民法院报》2002年2月21日。

② 许建添：《保理业务债权转让实务分歧问题之三：债权转让通知能否以诉讼方式进行》，载微信公众号申骏律师，2016年3月12日推送。

③ 最高人民法院民一庭：《受让人为债权转让通知的法律效力认定》，载最高人民法院民事审判第一庭编：《民事审判指导与参考》2017年第1辑（总第69辑），人民法院出版社2017年出版，第176页。

的《审理民商事案件若干问题的解答之五（试行）》第 20 条规定："债权转让没有通知债务人，受让债权人直接起诉债务人的，视为'通知'，法院应该在满足债务人举证期限后直接进行审理，而不应驳回受让债权人的起诉。"《民法典》第 565 条第 2 款已肯定合同解除权人以提起诉讼的方式解除合同。根据该条规定，"当事人一方未通知对方，直接以提起诉讼或者申请仲裁的方式依法主张解除合同，人民法院或者仲裁机构确认该主张的，合同自起诉状副本或者仲裁申请书副本送达对方时解除。"举重以明轻，合同解除都可以采取诉讼方式通知对方当事人，在债权转让中以诉讼方式通知更无不可。

3. 办理应收账款转让登记可否视为通知？

保理中的应收账款转让通常会办理转让登记。《应收账款质押登记办法》第 34 条规定："权利人在登记公示系统办理以融资为目的的应收账款转让登记，参照本办法的规定。"《中国人民银行征信中心应收账款质押登记操作规则》"附则"部分第 25 条规定："登记系统为保理业务中的应收账款转让提供权利公示服务。"从文字表述看，该登记系统对债权转让登记的定位为"公示服务"，且登记系统对债权转让所提供的公示服务是自愿性质的，既不强制登记，也不强制查询。法律规定债权转让对债务人发生法律效力的前提条件是通知债务人。法律、司法解释或相关规范性法律文件未规定应收账款转让登记可以代替转让通知。因此，即便应收账款转让在登记系统中进行了登记，且债务人已经查询或获知债权已经转让的事实，也不能免除债权转让通知义务。有法官认为，应收账款转让登记不能替代合同法规定的债权人对债务人的通知。经登记而未通知的，该转让对债务人不发生效力。[①]

---

① 冯宁：《保理合同纠纷案件相关法律问题分析》，载《人民司法·应用》2015 年第 17 期。

【典型案例13】办理应收账款转让登记和更改付款账户申请,不能视为履行了通知义务[①]

【基本案情】

2011年11月23日,中国工商银行股份有限公司上海市青浦支行(以下简称工行青浦支行)与上海康虹纺织品有限公司(以下简称康虹公司)签订《国内保理业务合同》,约定:康虹公司作为销货方以其与购货方之间形成的应收账款向工行青浦支行申请办理有追索权国内保理业务;康虹公司在工行青浦支行开立的账号为1X0016057的保理账户用于收取相应应收账款以及扣划保理融资本息;工行青浦支行给予康虹公司335万元的保理融资;应收账款由康虹公司进行催收,督促购货方及时将应收账款存入保理融资账户,如有保理融资余款的,工行青浦支行及时将保理余款给付康虹公司;保理融资到期后,工行青浦支行未收到购货方付款,或购货方付款金额不足以偿付融资本金及利息等费用的,康虹公司应按照工行青浦支行的通知事项对未收回的应收账款进行回购,也可以行使在应收账款到期时直接向购货方追索等多项措施;对未按期偿还合同项下融资本金及利息的(含被宣布提前到期),工行青浦支行有权自逾期之日起在原融资利率基础上加收50%的利率计收罚息。

同日,工行青浦支行与康虹公司签订了《应收账款转让清单》及明细,约定康虹公司将其在上海大润发有限公司(以下简称大润发公司)处的应收账款债权及相关权利转让给工行青浦支行,所涉应收账款发票302份,债权总金额为3788766.01元;应收账款还款日为2011年11月23日,保理融资发放日为2011年11月23日,保理融资到期日为2012年1月6日;同时还约定了贷款利率为6.405%,利息计收方式为按月,手续费为4050元。

---

① 一审:上海市青浦区人民法院(2012)青民二(商)初字第330号民事判决书;二审:上海市第二中级人民法院(2012)沪二中民六(商)终字第147号民事判决书。

同日，工行青浦支行在中国人民银行征信中心应收账款质押登记系统（以下简称央行登记系统）作了应收账款转让登记。工行青浦支行与康虹公司共同出具了应收账款债权转让通知书。

2011年11月25日，工行青浦支行向康虹公司发放了335万元保理融资款。2012年1月6日，保理融资到期，工行青浦支行未收到大润发公司的应收账款，康虹公司亦未履行相应的义务。工行青浦支行向法院提起诉讼，请求判令：1.大润发公司支付应收账款债权本金3788766.01元及相应的利息损失（利息以3788766.01元为本金，按照中国人民银行同期贷款利率计自2012年1月7日起至判决确定的履行期限届满之日止）；2.康虹公司在融资本金335万元及利息的范围内对大润发公司的债务承担回购责任（利息以335万元为本金，按照9.6075%利率计自2012年1月7日起至判决确定的履行期限届满之日止）……

法院另查明：2011年12月31日，上海市浦东新区人民法院向大润发公司发出（2012）浦民二（商）初字第75号协助执行通知书，要求协助冻结康虹公司在大润发公司处的应收账款240万元；2012年1月4日，江苏省南通市通州区人民法院向大润发公司发出（2012）通执字第121号协助执行通知书，要求协助冻结康虹公司在大润发公司处的应收账款320万元。截至2012年2月5日，上海市闸北区人民法院、浙江省安吉县人民法院、上海市长宁区人民法院及上海市青浦区人民法院相继向大润发公司发出协助执行通知书，要求大润发公司协助冻结康虹公司在大润发公司处的应收账款。

【法院裁判】

一审法院判决：1.康虹公司应于判决生效之日起十日内支付工行青浦支行融资本金335万元及利息（以335万元为本金，自2012年1月7日起至判决书确定的履行期限届满之日止，按照9.6075%利率计算）；2.驳回工行青浦支行要求大润发公司向其支付应收账款债权本金3788766.01元及相应利息损失的诉讼请求……

工行青浦支行不服一审判决，向上海市第二中级人民法院提起上诉，二审判决：驳回上诉，维持原判。

【裁判理由】

一审判决认为：工行青浦支行与康虹公司签订的国内保理业务合同及应收账款转让明细所约定的保理融资金额、保理融资到期日、贷款利率等，均是各方当事人真实意思表示，且不违反我国法律、行政法规的禁止性规定，合法有效。保理合同签订后，工行青浦支行虽与康虹公司订立了应收账款转让清单及明细，也共同出具了应收账款债权转让通知书，但康虹公司未将应收账款债权转让事实通知大润发公司。由于康虹公司未履行债权转让通知义务，工行青浦支行与康虹公司之间的应收账款债权转让对大润发公司不发生效力，工行青浦支行与康虹公司之间及康虹公司与大润发公司之间的原有的合同权利与义务关系未发生改变。同时，在本案诉讼前，诸多法院依法冻结了康虹公司在大润发公司处的应收账款，上述应收账款因受司法限制，现已无法转让。因此，工行青浦支行按约向康虹公司发放了335万元保理融资款，在保理合同所约定的保理融资到期日到期后，工行青浦支行依据保理合同的约定要求大润发公司在应收账款到期时直接支付应收账款本金及利息的诉讼请求，缺乏相应的事实依据，本院不予支持。工行青浦支行认为工行青浦支行及康虹公司已共同向大润发公司发出应收账款债权转让通知，因依据不足，难以采信；保理合同明确约定了康虹公司的偿还责任，在工行青浦支行未收到购货方付款时，康虹公司应按照工行青浦支行的通知进行回购，且康虹公司对有追索权保理业务项下融资承担最终偿还责任，无论何种原因致使应收账款不能及时、足额收回，均不影响工行青浦支行对康虹公司行使并实现追索权。因此，在应收账款债权转让不成立的前提下，工行青浦支行要求康虹公司在保理融资本金335万元及利息的范围内承担清偿责任的诉讼请求应予支持；上述工行青浦支行的计息方式依据合同约定，且不违反法律、行政法规的禁止性规定，应予采纳。

二审判决认为：康虹公司与工行青浦支行签订《国内保理业务合同》的目的，在于以转让对大润发公司的债权为对价，获得工行青浦支行的资金融通。本案中，各方围绕债权转让是否对大润发公司发生法律效力发生争议。《合同法》第80条规定：债权人可以将合同的权利全部或者部分转让给第三人。债权人转让权利的，应当通知债务人。未经通知，该转让对债务人不发生效力。争议的核心在于债权转让通知是否已到达债务人大润发公司。就本案而言，应解决以下两个问题：一是康虹公司发出的《更改付款账户申请》是否有债权转让通知的效力；二是保理合同项下债权转让登记于央行登记系统是否可以免除债权转让通知的义务。

关于《更改付款账户申请》的法律效力问题，本院认为：在《更改付款账户申请》中康虹公司称"因我公司在工商银行青浦支行办理应收账款保理贷款业务"，要求变更结算账户及付款方式。虽然该申请提及工行青浦支行，也提及应收账款保理贷款业务，但该申请未就以下事项予以明确：（1）未通知大润发公司就哪一部分应收账款进行保理贷款，债权转让标的不明；（2）未告知保理贷款合同（对大润发公司而言即债权转让合同）是否成立并生效；（3）未明确表明债权转让的意思，变更后的结算账户户名仍为康虹公司。因此，虽然大润发公司确认收到该申请，也不能从该申请推定出康虹公司履行了系争保理合同项下债权转让的通知义务。

关于债权转让登记于央行登记系统是否可以免除债权转让通知义务的问题，本院认为：首先，央行登记系统根据《物权法》等规范性法律文件，为应收账款质押登记而设。《物权法》第228条规定："以应收账款出质的，当事人应当订立书面合同。质权自信贷征信机构办理出质登记时设立。"《中国人民银行应收账款质押登记办法》第2条规定："中国人民银行征信中心是应收账款质押的登记机构。征信中心建立应收账款质押登记公示系统，办理应收账款质押登记，并为社会公众提供查询服务。"上述规定明确了央行登记系统对应收账款质押登记的法律效力。其次,保理业务中债权转让登记无法律法规赋予其法律效力。唯一可参照的依据是《中国人民银行征信中心应收账款质押登记操作规则》附则的规定。"附则"部分第 25 条规定:"登记系统为保理业务中的应收账款转让提供权利公示服务。"从表述看,央行登记系统对债权转让登记的定位为"公示服务",且央行登记系统对债权转让登记并不作实质性审查,故与应收账款质押登记不同,债权转让登记于央行登记系统不发生强制性排他对抗效力。第三,《合同法》明确规定债权转让对债务人发生法律效力的前提是通知,法律、司法解释或相关规范性法律文件未赋权任何形式的登记以债权转让通知的法律效力。因此,即便债权转让在系争登记系统中进行了登记,也不能免除《合同法》确定的债权转让通知义务。

【案例评析】

应收账款转让登记系统为应收账款转让提供权利公示服务。《民法典》第 768 条对应收账款转让登记的优先效力进行了规定。在应收账款转让登记系统进行登记并不能实现对债务人通知之效果。因此,即便应收账款在应收账款转让登记系统中进行了登记,也不能免除法律确定的债权转让通知义务。此外,本案还涉及《更改付款账户申请》能否代替通知的问题,由于《更改付款账户申请》未明确载明债权转让的意思表示、被转让的应收账款,以及受让人等要素,故也不符合债权转让通知的要求。虽然大润发公司确认收到该申请,并不能据此认定康虹公司履行了债权转让通知义务。实践中,也有相似判例认为,账号更改通知书与应收账款转让通知书的法律性质不同,其主要内容为付款账号更改,不涉及债权转让的内容,不能产生债权转让通知的效果。[1]

---

[1] 江阴市人民法院(2013)澄商初字第 0329 号民事判决书。

(三)通知内容

通知形式是通知内容的载体。相比形式,债权转让通知的内容更为重要。通知的内容直接关系到债务人向谁履约、如何履约的问题。实践中,通知内容不规范的情形并不少见。债权转让通知的内容至少应符合明确性和安全性两项要求。

1. 应收账款的明确性

通知应明确载明债权转让的事实。债权转让通知系观念通知,内容应当明确。转让通知的目的是使债务人知晓谁是债权受让人、转让的是哪笔债权及如何履行债务。实践中,有的债权转让通知表述笼统、模糊,使用概括性表述而未明确转让债权的范围。有两种情形比较常见:(1)有的保理商及债权人仅向债务人发送账户更改通知书,仅是变更了还款账户,变更后的结算账户户名仍为债权人。有法院认为,账户更改通知并不能反映债权转让观念,不能产生债权转让通知效力。[1] 有法院判决认为,账号更改通知书与应收账款转让通知书的法律性质不同,不涉及债权转让的内容,不能产生债权转让通知的效果。[2](2)转让的应收账款不具体。比如,有法院判决认为:"债权人应向债务人履行债权转让通知义务,并清楚明确告知已转让债权所基于产生的订单月份、对应发票及金额,否则债务人无法得知是否应向保理商履行付款义务。"[3] 美国判例法要求债权转让通知必须载明以下三方面的信息:①债权已被转让的指示;②债务应向受让人而非转让人履行的明确说

---

[1] 江苏省高级人民法院民二庭课题组:《国内保理纠纷相关审判实务问题研究》,载《法律适用》2015年第10期。

[2] 无锡市中级人民法院(2013)锡商终字第0306号民事判决书。

[3] 惠州市中级人民法院(2015)惠中法民二终字第163号民事判决书。

明；③权利转移的合理证明。[1]

就保理而言，明确的应收账款转让通知应包含以下内容：（1）明确所转让的应收账款（包括对应的基础合同、应收账款金额等）；（2）明确告知债务人应收账款转让的事实；（3）明确披露保理商及保理账户；（4）明确应收账款向保理商履行的指示（包括付款方式、付款时间等）。

2. 应收账款转让的安全性

如果由受让人进行通知，除明确性之外，还要注意保障履约安全。由于受让人与债务人之间并无合同关系，受让人通知债务人向其履行基础合同项下的债务，债务人有理由要求受让人出具债权转让的相关证据，否则债务人向受让人履行债务就存在较大风险。为了消除债务人对债权转让真实性的疑虑，从保护债务人履行安全的角度考虑，受让人在为让与通知时，必须举证证明自己已经取得了债权，比如让与公证书、债权转让合同；否则，债务人可以拒绝履行。[2]《欧洲合同法原则》也作了类似规定，第11：303 条规定：（1）根据第11：301 条、第11：302 条、第11：307 条和第11：308 条的规定，在且仅在债务人收到转让人的书面通知或者受让人合理地证明债权已被转让并要求债务人对受让人予以履行时，债务人才对受让人进行履行。（2）然而，如果转让通知是受让人提出的，债务人可以在合理时间内要求受让人提供转让的合理证据，在此之前债务人可以拒绝履行。（3）债务人获得了与第1款中通知不同的转让信息后，可以拒绝向受让人履行或者向受让人履行。（4）债务人向转让人履行的，在且仅在履行是不知转让的情况下作出

---

[1] See *Surety Savings & Loan Co. V. Kanzig*, 372 NE 2d 602（Ohio 1978）: In order to obligate the account debtor to make payment to the assignee, rather than the assignor, the notification must set forth: (1) an indication that the account has been assigned; (2) a specific direction that payment is to be made to the assignee, rather than the assignor; and (3) a reasonable identification of the rights assigned.

[2] 崔建远：《合同法学》，法律出版社2015年版，第189页。

时，债务人责任得以免除。

如果由保理商通知债务人，债务人有权要求保理商在合理时间内提供应收账款确已转让的证据。①《联合国国际贸易中应收账款转让公约》第17条第7款规定，债务人收到受让人发出转让通知的，债务人有权要求受让人在一段合理期间内，提供关于初始转让人的转让和任何中间转让确已作出的充分证据，除非受让人这样做，债务人可以如同未曾收到受让人的通知一样，通过根据本条付款而解除义务。转让的充分证据包括但不限于由转让人签发并指明转让确已发生的任何书面文件。《天津高院保理纪要（二）》第2条规定，债权人与保理商在保理合同中约定由保理商通知债务人的，保理商向债务人发送债权转让通知的同时，应当证明应收账款债权转让的事实并表明其保理商身份。《民法典》第764条规定："保理人向应收账款债务人发出应收账款转让通知的，应当表明保理人身份并附有必要凭证。"必要凭证包括保理合同、债权转让协议、包含让与人签字的债权转让通知、应收账款转让公证书、商业发票等。②《中华人民共和国民法典合同编释义》一书认为，考虑到我国当前的信用环境，上述凭证伪造的可能性较高，并不必然构成充分的必要凭证，需要结合其他具体情况予以具体判断。但是，"如果保理人提交了经过公证的债权转让合同、保理合同或者转让通知等，由于公证书的证明力较强，此时债务人无需审核，因此保理人向债务人发出转让通知的，如果表明了保理人的身份并且附有经过公证的债权转让合同、保理合同或者转让通知等必要凭证，可以认为具有同债权人发出转让通知同等的效力。"③债

---

① 孙超：《保理所涉纠纷中的利益衡量与裁判规则》，载《人民司法·案例》2016年第32期。

② 江苏省高级人民法院民二庭课题组：《国内保理纠纷相关审判实务问题研究》，载《法律适用》2015年第10期。

③ 黄薇主编：《中华人民共和国民法典合同编释义》，法律出版社2020年版，第610页。

务人只有在合理并善意地确信应收账款已转让给保理商时，才能放心向保理商清偿债务。保理商未提供或拒绝提供必要凭证的，债务人有权拒绝向其履行债务，仍可继续向原债权人履行债务。

三、返还保理融资款或回购应收账款

根据《民法典》第766条的规定，在有追索权保理中，债权人负有返还保理融资款本息或回购应收账款的义务。

（一）二者的含义

回购是保理商收回保理融资款本息的重要保障。所谓"回购"，是指当应收账款到期后保理商不能从债务人处收回或不能足额收回应收账款时，债权人负有按约定的回购价格从保理商处购回应收账款的义务。根据《天津高院保理纪要（二）》对回购义务的定义，"回购义务，是指债权人向保理商转让应收账款后，当发生保理合同约定的情形时，债权人应依约从保理商处购回所转让的应收账款债权。"根据保理合同约定，如出现债务人到期拒付应收账款的情况，保理商有权通知债权人回购应收账款。

返还保理融资款本息实为回购应收账款的对价。《深圳前海法院保理合同案件裁判指引》第27条规定："在有追索权保理纠纷中，保理商要求债权人以支付保理融资款本息和相关费用的方式履行应收账款回购义务的，人民法院予以支持。"

（二）二者的区分

立法之所以采取返还保理融资款或回购应收账款的二元结构，应是为了与保理合同的主债务性质相适应，以满足不同类型保理业务的需要。根据保理商的主体不同，保理可分为商业保理（保理商为商业保理公司）与银行保理（保理商为商业银行）。由于两种主体的经营范围不同，保理合同的主债务会存在一定差异。

在商业保理合同中，回购债务为主债务。由于商业保理公司无经营放贷资质，从事放贷业务会触犯行业禁止性规定。《银行业监督管理法》第19条规定："未经国务院银行业监督管理机构批准，任何单位和个人不得设立银行业金融机构或者从事银行业金融机构的业务活动。"《商务部关于商业保理试点有关工作的通知》（商资函〔2012〕419号）更是明确规定："开展商业保理原则上应设立独立的公司，不混业经营，不得从事吸收存款、发放贷款等金融活动，禁止专门从事或受托开展催收业务，禁止从事讨债业务。"为规避合规风险，商业保理合同一般不会采取"返还保理融资款本息"或"返本付息"等与借款相类似的表述。通过回购条款设计确保保理商收回保理融资款本息渐渐成为行业惯例。

而银行保理合同则有返还保理融资款本息债务或回购债务两种设计。《民法典》中采返本付息表述方式的典型为借款合同（《民法典》第667条）。其他具有资金返还性质的合同通常不采返本付息之表述，比如融资租赁合同中承租人负有支付租金义务（《民法典》第735条）、信托合同中受托人负有支付信托利益义务（《信托法》第34条）等。《民法典》第766条采返还保理融资款本息的表述方式，有意向借款合同靠拢，似在表明保理融资款的借款属性。实践中，确实存在很多商业银行将保理视为信贷渠道并在保理合同中约定债权人到期归还保理融资款本息的现象。比如，《中国银行业保理业务规范》第10条规定："（银行）应制定符合保理业务特点的授信政策，根据风险承担的实质确定授信主体、评估标准和放款条件。银行可在不通知债务人的情况下发起对债务人的主动授信，且不必与债务人签署授信协议。"《商业银行保理业务管理暂行办法》第10条第2款亦规定银行可要求债权人归还保理融资款。因而，商业银行在保理合同中约定债权人返还保理融资款本息于法有据。当然，商业银行若采回购应收账款之设计，亦无不可。

因此，返还保理融资款本息或回购应收账款系针对不同的保理模式而作出的规定，具有一定的容纳空间。对于保理商而言，究竟是采返还保理融资款本息抑或回购应收账款方式根据实际情况而定，因此，债权人的合同义务会有所不同。

回购与返还保理融资款本息的结果应大体相当，否则立法允许保理商"二选一"就失去了意义，因为，保理商必然会想方设法规避收益小的方式而选择收益大的方式。实践中，回购协议通常会约定回购价款为未获清偿的保理融资款本息，本质上与返还保理融资款本息无异。

此外，回购通知不影响保理商仍为应收账款债权人的地位，保理商仍有权要求债务人向其付款。只有在债权人向保理商支付完全部回购价款后，应收账款才全部反转让至债权人，债务人才可以解除对保理商的付款义务。《天津高院保理纪要（二）》第7条规定："债务人未依约支付全部应收账款的，保理商享有以下权利：……3.债权人负有回购义务的，债权人应向保理商退还融资本金并支付相应利息；4.回购义务履行完毕前，保理商仍有权向债务人要求付款及收取债务人支付的应收账款。"

第二节　保理商的权利与义务

保理商的权利来源于保理合同与基础交易合同两份合同约定。也就是说，保理商可基于保理合同对债权人享有权利，也可基于基础交易合同对债务人享有权利。保理商的义务则只来源于保理合同的约定，一般仅对债权人负有义务，对债务人不负有义务。

一、提供保理服务

向债权人提供保理服务是保理商的合同义务。保理合同是一种综合性金融服务合同，包括融资、销售分户账管理、应收账款催收、坏账担保及资信调查等多种服务。一般来说，保理商应至少提供上述五项保理服务中的一项。

（一）保理服务种类

关于保理服务类型，我国《民法典》、国际条约、管理规定及地方法院的规定并不完全一致。

保理业务的类型及内容

来源	相关规定	保理服务项目
全国人大	《民法典》	①资金融通 ②应收账款管理或催收 ③应收账款债务人付款担保等
国际保理联合会	《国际保理通则》	①融通资金，包括贷款和预付款 ②管理与应收账款有关的账户（销售分户账） ③代收应收账款 ④坏账担保 保理商须至少提供上述四项服务中的两项
银保监会办公厅	《关于加强商业保理企业监督管理的通知》（银保监办发〔2019〕205号）	①保理融资 ②销售分户（分类）账管理 ③应收账款催收 ④非商业性坏账担保 商业保理企业应主要经营商业保理业务，同时可经营客户资信调查与评估、与商业保理相关的咨询服务
银监会（现为银保监会）	《商业银行保理业务管理暂行办法》（中国银行业监督管理委员会令2014年第5号）	①保理融资 ②应收账款管理 ③应收账款催收 ④坏账担保 银行须至少提供上述四项服务中的一项

续表

来源	相关规定	保理服务项目
商务部	《关于商业保理试点有关工作的通知》（商资函〔2012〕419号）	①贸易融资 ②应收账款管理、催收 ③销售分户账管理 ④坏账担保 ⑤客户资信调查与评估 保理商须至少提供上述四项服务中的一项
天津市地方金融监督管理局	《天津市商业保理试点管理办法（试行）》（津金监规范〔2019〕1号）	①贸易融资 ②销售分户账管理 ③应收账款收付结算、管理和催收 ④与本公司业务相关的非商业性坏账担保 ⑤客户资信调查与评估 ⑥相关咨询服务 ⑦法律法规准予从事的其他业务
上海市商务委、市工商局	《上海市商业保理试点暂行管理办法》（沪府办〔2014〕65号）	①融资 ②应收账款催收 ③销售分户账管理 ④坏账担保 ⑤经许可的其他业务
中国银行业协会	《中国银行业保理业务规范》	①保理融资 ②应收账款管理 ③应收账款催收 ④信用风险担保 保理商须至少提供上述四项服务中的一项
北京市高级人民法院	《关于当前商事审判中需要注意的几个法律问题》	①保理融资 ②应收账款管理 ③应收账款催收 ④坏账担保 保理商须至少提供上述四项服务中的一项

续表

来源	相关规定	保理服务项目
天津市高级人民法院	《天津高院保理纪要（一）》	①融资 ②销售分户账管理 ③应收账款催收 ④坏账担保 ⑤资信调查与评估 ⑥信用风险控制 保理商须至少提供上述六项服务中的一项
江苏省高级人民法院	《国内保理纠纷相关审判实务问题研究》	①保理融资 ②应收账款催收 ③应收账款管理 ④坏账担保 保理商须至少提供上述四项服务中的一项
深圳前海合作区人民法院	《深圳前海法院保理裁判指引》	①应收账款融资 ②销售分户账管理 ③应收账款管理 ④应收账款催收 ⑤信用担保风险 ⑥其他可认定为保理性质的金融服务 保理商须至少提供上述六项服务中的一项

（二）保理服务内容

1. 保理融资

保理融资，是指保理商为债权人提供资金融通，通常以保理融资款或预付款的形式发放。保理商应按照保理合同约定的时间、方式和金额向债权人支付保理融资款或预付款。在国内保理中，以融资性保理最为常见，非融资性保理很少。债权人签订保理合同的目的主要在于从保理商处获取融资服务。资金融通是保理服务的重要内容，但不是全部。如果将保理服务仅仅理解为融资，就跟纯粹的应收账款买卖无异了。

保理商在提供融资后，就有权获取相应的利息收益。保理商的收益以保理融资款本息为限。《天津高院保理纪要（二）》第 8 条规定，债务人依约支付全部应收账款的，保理商在扣除保理融资本息及相关费用后，应将保理回款的余款返还债权人。《深圳前海法院保理合同案件裁判指引》第 28 条规定："在有追索权保理纠纷中，债务人依约向保理商支付全部应收账款的，保理商应按照保理合同的约定扣除保理融资本息及相关费用后，将保理回款的余款返还债权人。"

2. 销售分户账管理

销售分户账管理，是指保理商根据债权人的要求，定期或不定期向其提供关于应收账款回收情况、逾期账款情况、信用额度变化情况、对账单等各种财务和统计报表，协助债权人进行应收账款管理。

销售分户账管理是保理商获得应收账款信息的必要手段。通过管理销售分户账，保理商可以详细了解应收账款信息，统计分析应收账款回款的准确率、逾期率和坏账率等，充分了解应收账款质量，选择符合条件的应收账款进行保理融资，确定保理融资额度和期限。保理商通过规模化和专业化管理销售分户账，也能带来相当可观的管理费收益。但国内保理商很少能提供销售分户账管理服务，通常只是登记已受让的应收账款并监控回款账户。由于缺乏对客户销售情况的整体了解，应收账款额度控制、应收账款核准、期限确定等工作比较困难。保理商之所以很少从事销售分户账管理工作，主要有两方面原因：（1）客户认为自己有足够多的财务人员，能够处理应收账款账务，没有销售分户账管理的需求，也担心泄露商业信息；（2）销售分户账管理技术要求不高，属于劳动密集型工作，需要较多的账户管理人员，还需要建设销售分户账管理系统。保理商认为管理销售分户账工作繁琐，无利可图，从事意愿较低。

3. 应收账款催收

应收账款催收，是指保理商根据应收账款账期，主动或应债权人要求，采取电话、函件、上门等方式或运用法律手段对债务人进行催收。

应收账款催收是一项重要的保理服务。保理商在开展保理业务中已进行了赊销信用管理和应收账款管理，比较了解应收账款债务人的基本情况，且保理商通常有专业的法律人员，具备应收账款催收的条件。保理商通过催收，可以降低应收账款坏账率，还可以收取相关费用，提高盈利能力。需要注意的是，保理商催收应当是建立在真实保理业务上的催收，不能从事与保理业务无关的催收业务。《银保监会关于加强商业保理企业监督管理的通知》（银保监办发〔2019〕205号）第1条第（4）项明确将"专门从事或受托开展与商业保理无关的催收业务、讨债业务"纳入商业保理企业不得经营的业务范围之内。

4. 坏账担保

坏账担保，是指保理商为债务人核定信用额度，并在核准额度内，对债权人无商业纠纷的应收账款提供约定的付款担保。《民法典》第761条将坏账担保称为"应收账款债务人付款担保"。根据风险与收益相适应原则，保理商一般愿意提供坏账担保，因为保理商可以向债权人收取坏账担保费用。保理融资与坏账担保常为保理商营销重点，也是保理商的主要收益来源。

5. 资信调查

资信调查，是指保理商提供机构或个人的信用信息记录、信用状况调查与分析、信用评价等服务。

资信调查是控制风险的重要手段。赊销信用风险管理业务模式要求保理商具有企业资信调查和商业信用风险评估能力。赊销实际上是向买方贷款，买方不付款就会形成坏账。因此，卖方签署赊销合同其实也是在签署一份信贷合同。在签署合同前，企业应该像银行一样了解买方的经营状况、信用信息，进行信用评级，确定是否赊销以及赊销的期限和额度。如果提前没有做资信调查工作，出现坏账的风险就很高。由于卖方通常缺乏判断信用风险的专业能力，作为专业商业信用管理的保理商可以为卖方提供相应服务，帮助卖方调查买方的资信状况，选择赊销客户，设定赊销额度和赊销条件，控制坏账风险，并根据实际交易情况调整赊销额度和条件。

二、追索与反转让

追索权是有追索权保理的一项重要制度，也是保理商享有的一项重要权利。实践中，保理商行使追索权的诉求表述方式不一，有"返还保理融资款""支付溢价回购款""支付债权回购款""偿还融资本金""回购应收账款"等，目的都是要求债权人返还保理融资款本金及利息。

（一）追索权的性质

所谓追索权，是指债务人到期不能清偿应收账款时，保理商有权向债权人索回融资款本金和利息。保理中的追索权与票据法中的追索权是不同的概念。后者有明确的法律规定，而前者则来源于《商业银行保理业务管理暂行办法》。该办法为部门规章，仅规范商业银行保理业务。

关于追索权的法律性质，有三种不同的观点：

第一种观点认为，追索权为附生效条件的债权请求权。追索权的条件不是法定，而是由保理合同约定。只有在保理合同约定的违约情形出现时，比如债务人到期不能清偿应收账款，保理商行使追索权的条件方能成就。保理商一般是以在保理合同中订立回购条款的方式实现追索权。在回购条件成就时，保理商有权通知债权人回购应收账款并追回已付的融资款本息。[①]

第二种观点认为，保理商的追索权是债权人承担的瑕疵担保责任。保理商受让应收账款本质上是债权买卖，保理商向债权人支付了购买债权的对价，债权人就应对买卖标的物承担瑕疵担保责任。

第三种观点认为，追索权是对保理借款的保证担保。保理商借款给债权人，是以追索权作为借款的担保。追索权是债权人以自己的信用作为保证的

[①] 田浩为：《保理法律问题研究》，载《法律适用》2015年第5期。

一种担保方式。

笔者认为，《民法典》第766条虽未对追索权作出明确定义，但通过比较第766条有追索权保理与第767条无追索权保理之区别可以发现，保理商在有追索权保理中可以"向应收账款债权人主张返还保理融资款本息或者回购应收账款债权"，而在无追索权保理中无此规定。因此，立法上追索权的内涵应包括返还保理融资款本息请求权与回购应收账款请求权两种。

关于追索权之行使条件，有观点认为，"保理商的两类请求权行使具有先后顺序，即保理商应向债务人主张应收账款付款请求权，在债务人拒绝偿还或不能清偿应收账款的情况下，才能行使追索权。"[1]《天津高院保理纪要（二）》第8条和《深圳前海法院保理合同案件裁判指引》第24条均将"债务人未依约支付全部应收账款"作为保理商向债权人追索的前提。笔者认为，上述观点系将保理中的追索权与票据中的追索权混为一谈。票据中的追索权为法定权利。依《票据法》的规定，票据追索权为第二次请求权，在第一次请求权（持票人要求票据主债务人或其他付款义务人按票据上记载的金额付款的权利）得不到满足时，权利人才行使追索权。[2]而保理中的追索权为意定权利，可由当事人自行约定追索权的行使条件。追索权本系保理合同的主债权，不应以从债权的实现为前提。从《民法典》第766条来看，立法采"可以……也可以……"之表述表明追索权与收取权为并列关系，不存在先后之分，故不存在一种请求权须以另一种请求权为前提的情况。据此，保理商是否有权向债务人追索应以合同约定为准。如保理合同约定债权人"未依保理合同约定向保理商及时足额支付反转让价款"的，保理商有权"将未受偿的已受让应收账款（无论已到期或未到期）反转让给债权人"并要求债权人赔偿损失。其中，反转让即为追索之意，此约定当属有效。当然，如保

---

[1] 贺小荣主编：《最高人民法院第二巡回法庭法官会议纪要（第一辑）》，人民法院出版社2019年版，第59页。

[2] 谢怀栻：《票据法概论》（增订版），法律出版社2006年版，第67页。

理合同对追索权附加债务人到期未清偿应收账款之条件，此为附条件合同，亦无不可。此时，保理商行使追索权须同时满足债务人不清偿到期应收账款与债权人不履行返还或回购义务两项要件。前者为追索权的间接要件；后者为追索权的直接要件。

【典型案例14】暗保理中保理商行使追索权不以通知债务人为前提条件[①]

【基本案情】

2014年4月5日，深圳市定兴印刷有限公司（以下简称定兴公司）与深圳宝嘉能源有限公司（以下简称宝嘉公司）签订《购销合同》，主要约定：宝嘉公司购买定兴公司彩盒298000个，价款149万元，交货期限2014年4月15日至2014年4月25日。

2014年8月7日，广东恒昇商业保理有限公司（甲方，以下简称恒昇保理公司）与定兴公司（乙方）签订《国内保理业务合同》，合同约定：定兴公司以与宝嘉公司《购销合同》项下应收账款149万元的所有权益转让给恒昇保理公司，恒昇保理公司受让应收账款，向乙方提供有追索权的暗保理融资服务；有追索权的保理业务指乙方将其因买方/债务人提供货物、服务或设施所产生的应收账款转让给甲方，由甲方为乙方提供应收账款融资及相关的综合性金融服务，若买方/债务人在约定期限内不能足额偿付应收账款，甲方有权按照本合同约定向乙方追索未偿融资款；暗保理是指一定期限内，乙方或甲方都未将应收账款转让事项通知买方/债务人的保理方式；暗保理业务中，约定期限届满或约定事项出现后，甲方可将应收账款转让事项通知买方/债务人；保理融资额度为70万元一次性额度，有效期从2014年8月14日至2015年8月14日，每笔融资利息为年利率25％，每笔年费方

[①] 一审：广州市越秀区人民法院（2015）穗越法金民初字第398号民事判决书；二审：广州市中级人民法院（2016）粤01民终2661号民事判决书。

式按保利融资额度的3%支付保理费；乙方每月按等额本息还款，从融资金额发放的次月15日及以后的每月15日还本付息；逾期还款，乙方按逾期天数向甲方支付逾期罚息，逾期罚息为合同约定融资利率的150%。

2014年8月14日，恒昇保理公司扣除保理费21000元后向定兴公司划款679000元。同日，恒昇保理公司在中国人民银行征信中心进行动产权属登记，内容：出让人定兴公司将与宝嘉公司签订的《购销合同》项下应收账款全部转让给恒昇保理公司。

截至2015年1月20日，定兴公司尚欠本金540887.90元、利息21385.70元、罚息4989.83元。恒昇保理公司向法院提起诉讼，请求判令：定兴公司向恒昇保理公司清偿保理融资本金540887.90元；定兴公司向恒昇保理公司支付上述融资款的利息及逾期利息（暂计至2015年1月20日利息为21385.70元，逾期利息为4989.83元，自2015年1月21日起，逾期利息以本金540887.90元及年利率25%的150%计至本息全部清偿之日止）。

【法院裁判】

一审法院判决：驳回恒昇保理公司的诉讼请求。

恒昇保理公司不服一审判决，向广州市中级人民法院提起上诉，二审法院判决：1.撤销一审民事判决；2.定兴公司于本判决生效之日起十日内向恒昇保理公司清偿保理融资本金540887.90元并支付利息及逾期利息（暂计至2015年1月20日利息为21385.70元，逾期利息为4989.83元；以540887.90元为本金自2015年1月21日起至实际清偿之日止按照中国人民银行同期贷款利率的4倍计付逾期利息）。

【裁判理由】

一审判决认为：恒昇保理公司与定兴公司签订的《国内保理业务合同》是其真实意思表示，没有违反法律法规的强制性规定，合法有效。定兴公司通过转让应收账款的形式向恒昇保理公司融资借款，符合保理法律关系。双方约定的保理类型为有追索权的暗保理融资业务，恒昇保理公司应在定兴公司出现逾期还款时行使通知权，要求宝嘉公司履行付款义务。本案中，恒昇保理公司无举证证实其已行使通知权，要求宝嘉公司付款，故无权向定兴公司主张归还融资。

恒昇保理公司上诉称：1.通知债务人/买方宝嘉公司既非恒昇保理公司的法定义务，亦非恒昇保理公司的合同义务。根据恒昇保理公司与定兴公司签订的《国内保理业务合同》第1条关于暗保理的释义"暗保理业务中，约定期限届满或约定事项出现后，甲方可将应收账款转让事项通知买方/债务人。"该约定赋予了恒昇保理公司对于通知债务人的选择权，即可以选择通知也可以选择不通知。因此通知债务人也并非恒昇保理公司的合同义务。2.无论债务人/买方宝嘉公司是否偿付应收账款，均不影响恒昇保理公司要求定兴公司清偿保理融资款的追索权。也就是说行使通知权并非恒昇保理公司对定兴公司行使追索权的前提条件。本案保理类型为有追索权的保理业务。若债务人/买方宝嘉公司未按照《购销合同》的约定支付应收账款的，则根据《国内保理业务合同》第1条关于有追索权的保理业务释义的约定，恒昇保理公司依约可向定兴公司追索保理融资款，即该种情形下的追索权是基于合同约定。也就是说，在保理融资期限届满后，恒昇保理公司是否对债务人行使通知权并不能影响恒昇保理公司的追索权。

二审判决认为：本案争议焦点为恒昇保理公司向定兴公司行使追索权是否以恒昇保理公司向应收账款债务人宝嘉公司行使通知权为前提条件。本院认为，本案所涉保理业务为有追索权的暗保理，根据《国内保理业务合同》的相关约定，在应收账款债务人未按时支付货款的情况下，恒昇保理公司则有权随时宣布融资提前到期，并向定兴公司追索未偿融资款。在合同约定期限届满或约定事项出现后，恒昇保理公司可以将应收账款转让事项通知应收账款债务人。可见，恒昇保理公司向定兴公司行使追索权并非以通知应收账款债务人宝嘉公司为前提条件。原审法院对此认定有误，本院予以纠正。恒昇保理公司要求定兴公司偿还全部剩余融资款本金540887.90元，并支付利息及逾期利息，理据充分，本院依法予以支持。关于利息及逾期利息的标准。合同约定的利息标准为年利率25%，逾期利息标准为年利率37.5%。根据《合同法》第114条的相关规定，当事人约定的违约的损失赔偿额不得过分高于造成的损失。本案中，定兴公司逾期偿还保理融资款对恒昇保理公司造成的损失即为资金占用的损失，合同约定的逾期利息标准过高，本院依法调整为中国人民银行同期贷款利率的4倍。

【案例评析】

本案系有追索权暗保理合同纠纷。关于保理商行使追索权是否以通知应收账款债务人为前提的问题，一审法院与二审法院判决观点并不一致。笔者同意二审法院的判决观点。恒昇保理公司追索权源于保理合同的约定，案涉保理合同明确约定："若买方/债务人在约定期限内不能足额偿付应收账款，甲方（恒昇保理公司）有权按照本合同约定向乙方（定兴公司）追索未偿融资款。"在符合行使追索权的约定条件时，法院应尊重当事人意思自治。

在暗保理合同中，当事人通常约定不将应收账款转让的事实通知债务人。案涉保理合同明确约定："暗保理是指一定期限内，乙方（定兴公司）或甲方（恒昇保理公司）都未将应收账款转让事项通知买方/债务人的保理方式；暗保理业务中，约定期限届满或约定事项出现后，甲方可将应收账款转让事项通知买方/债务人。"根据该约定内容，约定期限届满或约定事项出现后，恒昇保理公司有权自主决定是否通知债务人。恒昇保理公司未通知债务人并不违反合同约定，也符合暗保理合同的特点。

综上所述，本案应收账款转让未通知债务人宝嘉公司，对宝嘉公司不发生法律效力，恒昇保理公司无权要求宝嘉公司清偿应收账款。但根据保理合同的约定，恒昇保理公司向定兴公司行使追索权的条件已经成就，故可向定兴公司行使追索权。是否通知宝嘉公司并非恒昇保理公司行使追索权的前提条件。

保理商的追索权与债权人的回购义务是相对应的，是同一给付内容的两种表述。实践中，保理商行使"追索权"的方式多为"要求债权人回购应收账款"或"要求债权人返还保理融资款本息"。《湖北省高级人民法院民二庭当前商事审判疑难问题裁判指引》第 30 条规定："债务人不履行义务，保理商按照保理合同的约定向债权人行使追索权，或者请求债权人按照约定回购应收账款债权的，应予支持。"

（二）反转让的含义

所谓反转让，是指保理商将从债权人手中受让的应收账款逆向地再次转让给债权人。应收账款反转让会产生债权再次转让的法律效果。《国际保理通则》第 15 条规定："如根据本规则允许进口保理商反转让一笔账款，则其对反转让的账款的所有义务被一并解除，并可以从出口保理商处索回原先已就该账款支付的款项。"在国际保理中，一旦保理商反转让应收账款，该项应收账款的相关权利义务将全部转回至债权人，包括强制收款权、起诉权、留置权、停送权、对流通票据的背书权和对该应收账款的再转让权、未收货款的供应商对债务人可能拒收或退回的货物所拥有的其他权利，以及应收账款项下负担的一切义务，比如第三人对于应收账款的担保权益等。可见，保理商反转让应收账款后，便从基础债权债务关系中退出，不再负担管理和催收有关应收账款的责任，也不再承担应收账款得不到偿付的风险。

追索权与反转让既有密切联系，也存在明显区别。二者的联系在于，保理商行使追索权是以向债权人反转让应收账款为对价。不存在不以反转让应收账款为条件的追索。保理商一旦选择向债权人行使追索权，在索回保理融资款本息后就应当向债权人反转让相应的应收账款。二者的差别在于，首先，追索权是一种权利，反转让是一种义务。其次，保理商追索的是"钱"，反转让的是"权"。《天津高院保理纪要（二）》第 8 条规定："债权人履行回购义务后，保理商应将应收账款及其项下的权利返还债权人，债权人取得基础合同项下对债务人的相应债权，保理商不得再向债务人主张还款。"最后，行使追索权并不必然导致反转让。有的保理合同约定"在保理商提供保理融资的情况下，债权人向其支付保理融资款及相关未结清费用后，与该应收账款有关的一切权益亦应同时转让回债权人"。应收账款反转让的前提应是债权人已向保理商返还全部保理融资款本息，而不是保理商一旦行使追索权，应收账款就立即转回债权人，否则追索权的担保功能将无从发挥。

三、保理商的收取权

（一）收取权的内涵

根据《民法典》第766条的规定，保理商可以向债务人主张应收账款债权。保理商可以自己的名义向债务人收取应收账款，并归自己所有（超出保理融资款本息及费用的部分除外），故可将此种给付请求权称为收取权。

根据让与担保构造，收取权在性质上属于应收账款变价权。学说上认为，担保权是以担保债务清偿为目的的变价权、价值权，在担保权可得实现之时，应对标的物进行变价，并就变价款优先受偿。[1] 所谓变价，是指就担保物的价值与被担保的债务余额之间进行评价，多退少补，目的在于确定担保物的公允价格以衡平当事人之间的利益。在动产让与担保中，变价是通过课以担保权人清算义务来实现的。[2] 清算在学理上有归属清算与处分清算两种，但司法实务中仅承认后者。[3] 处分清算，是指在让与担保权可得实现之时，担保权人须将标的物变价处分，并以其价款优先受偿。[4] 因此，在有追索权保理中，若债权人到期不返还保理融资款或履行回购义务，债权人并不

---

[1] 高圣平：《担保法论》，法律出版社2009年版，第241页。

[2] 王闯：《关于让与担保的司法态度及实务问题之解决》，载《人民司法·案例》2014年第16期。

[3]《九民会议纪要》第71条规定，当事人约定归属清算型让与担保无效，约定处分清算型让与担保有效。

[4] 谢在全：《民法物权论》，中国政法大学出版社2011年版，第1109~1110页。

能依据事先达成的应收账款转让协议主张享有应收账款的所有权,而是须经过处分清算程序确定应收账款的公允价值。然而,与普通动产或不动产价值具有不确定性不同,应收账款本身为金钱债务,其价值金额是确定的。此种特性决定依照实现质权的一般规则,即通过折价,拍卖或变卖应收账款的方式再转化为金钱,并无实际意义。而且,债务人本就负有清偿应收账款的义务,向保理商清偿并不会增加其履约负担,亦不会产生不公平结果。由于应收账款让与担保与质押极其类似,故可参照应收账款质权实现方式处理。在比较法上,多数大陆法系国家和地区的民法都支持质权人直接要求债务人直接付款。① 我国学界与实务界亦有观点支持这一做法。② 综上,保理商的收取权本质上为实现担保物权的变价权,只是由于应收账款的清算程序被简化为保理商直接向债务人收取,才显得与普通变价程序有所不同。

(二)收取权行使条件

与普通让与担保仅涉及债权人与债务人两方当事人不同,应收账款让与担保还会涉及应收账款债务人。由此,对应收账款让与担保的效力需加以区分。对内而言,债权人向保理商转让应收账款系"假转让、真担保",故保理商并非应收账款真正的所有权人,仅能享有应收账款的担保价值;对外而言,由于应收账款债务人无法知晓保理商与债权人之间的让与担保安排,故

---

① 例如,《德国民法典》第 1282 条第 1 款规定:"第 1228 条第 2 款的要件已成就的,质权人有收取债权的权利,且债务人只能向质权人履行给付。"《日本民法典》第 367 条第 1 款规定:"质权人可以直接收取作为质权标的的债权"。台湾地区"民法"第 905 条规定:"为质权目标物之债权,以金钱给付为内容,而其清偿期先于其所担保债权之清偿期者,质权人得请求债务人提存之,并对提存物行使其质权。为质权目标物之债权,以金钱给付为内容,而其清偿期后于其所担保债权之清偿期者,质权人于其清偿期届至时,得就担保之债权额,为给付之请求"。

② 曹士兵:《中国担保制度与担保方法》(第四版),中国法制出版社 2017 年版,第 375 页。最高人民法院第 53 号指导性案例与最高人民法院(2019)最高法民终 1023 号民事判决书持同样态度。

应收账款转让对其为"真转让",应按债权转让规则处理。亦即,应收账款转让只要通知了债务人,即可对其发生效力,保理商有权以自己的名义请求债务人给付而径直优先受偿。

由此,应收账款转让已通知债务人为保理商行使收取权的前提条件。有追索权保理依是否通知债务人可分为公开型有追索权保理与隐蔽型有追索权保理。依《民法典》第546条债权转让效力规则,应收账款转让只有通知了债务人才能对债务人发生法律效力。否则,债务人有权拒绝向保理商清偿。比如,《北京市高级人民法院民二庭关于当前商事审判中需要注意的几个法律问题》第3条规定,在公开型有追索权保理中,由于应收账款转让已通知债务人,故对债务人发生法律效力。偿债义务主体为债务人和债权人。因而,尽管《民法典》第766条未明示是否通知了债务人,但通过反向解释,既然该条明定保理商可向债务人收取应收账款,那么"通知债务人"则为其缺省条件,否则就构成体系违反。故第766条所指的有追索权保理应限缩解释为"公开型有追索权保理"。

四、谨慎注意义务

保理商的注意义务主要有审核义务、登记义务和查询义务三种。谨慎注意义务,是指作为具有一定识别能力、分析能力、判断能力的商事主体在交易过程中应尽到必要的调查、核实、登记、查询、评估等义务。注意义务不仅是商事主体避免或降低交易风险的措施,也是诉讼过程中厘定双方责任的考量因素。保理商在受让应收账款时如果未尽到必要的注意义务,可能要承担不利的后果,对内有通谋虚伪表示之嫌,对外则难言善意第三人。

(一)应收账款审核

保理以应收账款转让为前提,故必须建立在真实、合法、有效的应收账款基础之上。实践中,债权人伪造基础交易合同,虚构应收账款,保理商审查流于形式，受让虚假应收账款的情形并不少见。一旦债务人抗辩称应收账款不真实，保理商又无法进一步举证证明应收账款真实存在，则要承担不利后果。故，保理商应重视对应收账款真实性、合法性和有效性的审查。

银行或商业保理公司的风险意识一般高于普通的商事主体，也具备较高的风险识别、分析和判断能力。虽然债权人在转让应收账款时负有一定的瑕疵担保义务，但并不意味着应收账款瑕疵责任全部由债权人承担。保理商作为债权交易的相对方，在明知应收账款虚假或因重大过失未发现应收账款虚假而受让时，其自身也具有一定的过错，也应承担相应的责任。保理商在受让应收账款时既要对应收账款的真实性、合法性和有效性进行审核，也要对其权属状况进行查询，防止应收账款重复转让或质押产生的权属冲突。

从行业管理规定来看，《银行业监督管理法》第 21 条规定，银行业金融机构应当严格遵守审慎经营规则，其中审慎经营规则的内容即包括风险管理。《关于加强银行保理融资业务管理的通知》第 6 条明确要求："银行不得基于以下内容开展保理融资：不合法基础交易合同……"《中国银行业保理业务规范》第 10 条规定："银行应根据自身情况建立规范的业务管理办法和操作规程。（二）保理业务操作规程至少应包含以下内容：4.交易真实性审查。"《商业银行保理业务管理暂行办法》第 7 条规定："商业银行应当按照'权属确定，转让明责'的原则，严格审核并确认债权的真实性，确保应收账款初始权属清晰确定、历次转让凭证完整、权责无争议。"该暂行办法第 14 条和第 15 条对于如何审查应收账款的真实性作出了详细规定。第 14 条规定："商业银行受理保理融资业务时，应当严格审核卖方和/或买方的资信、经营及财务状况，分析拟做保理融资的应收账款情况，包括是否出质、转让以及账龄结构等，合理判断买方的付款意愿、付款能力以及卖方的回购能力，审查买卖合同等资料的真实性与合法性。对因提供服务、承接工程或其他非销售商品原因所产生的应收账款，或买卖双方为关联企业的应收账款，应当从严审查交易背景真实性和定价的合理性。"第 15 条规定："商业银行应当对客户和交易等相关情况进行有效的尽职调查,重点对交易对手、交易商品及贸易习惯等内容进行审核,并通过审核单据原件或银行认可的电子贸易信息等方式,确认相关交易行为真实合理存在,避免客户通过虚开发票或伪造贸易合同、物流、回款等手段恶意骗取融资。"在行业规范如此明确、具体的情况下,商业银行在开展保理业务时,理应知晓上述规定并遵照执行,不能以不知晓规定为由而逃避注意义务。对于商业保理公司而言,虽然目前没有明确的行业管理性规定,但银保监会关于银行保理的规定对商业保理也具有较强的参照价值。可以说,对应收账款的审核业已成为保理行业的惯例。

综上,无论银行保理还是商业保理,保理商都应尽到必要的审核义务。这种审核义务应当是实质审查,而非形式审查。参考监管部门的相关规定和行业惯例,保理商可以从以下几个方面加强对应收账款的审查:

1. 对基础交易合同真实性与合法性进行审查。保理商要重点审查基础交易合同中合同标的、合同期限、标的物价格、交货方式、付款方式、付款条件、付款时间、质量保证、违约责任等关键内容。此外,交易真实性往往是通过对单据的审查进行判断的,其中发票审核尤为常见。保理商除了在税务局官方网站上查验发票真伪外,还需要对发票信息进行审核,如收款人与债权人是否一致、货物描述与基础交易合同中的货物描述是否一致、票据金额与基础交易合同的约定是否一致等。除发票之外,运输单据、保险单据、包装单据、原产地证书、检验证书、结汇单据、退税和核销单证等也会对交易真实性的核查起到佐证作用。

2. 对应收账款的有效性进行审查。主要包括:(1)基础合同是否约定禁止转让条款。(2)应收账款是否已经产生,如审查发票、发货单、交货凭证、质检证明等能够证明债权人已经履行基础交易合同项下义务的材料。(3)应收账款金额及其明细情况。保理商通过核对金额,确定保理融资款的额度,通过核对应收账款明细,可以与基础交易合同、发票、送货凭证等内容进行印证。保理商应当对前述证据材料彼此之间的金额、货物数量等进行核对，核实应收账款产生的时间、结算的方式，以及是否存在债务人可以行使抵销权或抗辩权的情形，确保应收账款明确、特定、无争议。

3.对债务人资信情况进行审查。保理商比较注重对债权人信用情况、经营情况、还款能力等各方面的审查，容易忽视对债务人的审查。债务人的信用记录、经营情况及所处行业状况、与债权人历史交易情况及交易习惯都可能会影响应收账款的支付。

保理商如在应收账款转让环节未尽到必要的审核义务，可能要承担不利后果。（1）应收账款不真实、不合法或转让无效，则不构成保理法律关系。（2）保理合同被法院认定为借贷，保理商可能要受到监管部门的处罚，主要负责人可能会承担行政责任。企业间借贷还可能会因为违反强制性规定或公序良俗而被认定无效。（3）保证人的责任可能得以减轻。实践中，有保证人以保理商未尽到审核义务为由主张免责或减轻责任。如果保证人以应收账款真实、合法、有效作为提供保证的前提，保理商未尽到审查义务的，法院可能会根据保理商过错大小免除或减轻保证人的责任。

（二）应收账款登记

应收账款可能会因重复转让而产生权属冲突问题。在债权处分中，由于权利本身具有的抽象性以及债权转让的不公开性，如何判断债权出让人是否具有处分权是难点所在，也是债权交易风险的集中点。关于债权重复转让的优先规则，有以下三种立法例：（1）签约优先主义，即合同在先，权利在先。德国采取此种模式。（2）通知优先主义，即通知在先，权利在先。法国、日本、意大利等采取此种模式。（3）登记优先主义，即登记在先，权利在先。美国采取此种模式。《联合国国际贸易应收款转让公约》以附件形式规定，缔约国可选择适用上述三种规则中的一种。我国立法并未明确一般债权重复转让时的优先规则。比较而言，登记最具公示力，通知次之，签约最末。以签约或通知确定优先顺序，存在较大道德风险。在我国当前社会诚信状况下，有的债权人、债务人可能会串通倒签合同日期或谎称通知到达日期，损害在先受让人的利益，在先受让人对此又难以举证。受让人为确保债权不存在重复转让，需要花费大量时间和精力调查，会显著增加债权转让交易成本。登记具有客观、公开、统一和安全的特点。在权利发生冲突时，以登记时间的先后确定权利优先次序，可谓简单明了，也可有效防止当事人恶意串通损害他人利益情况的发生。

为了解决应收账款转让的公示难题，商务部和地方政府主管部门对应收账款转让登记问题进行了规定。商务部在对上海和天津两地发出的《关于商业保理试点实施方案的复函》（商资函〔2012〕919号）中，第1条第（5）项规定："商业保理公司应在人民银行征信中心的应收账款质押登记公示系统办理应收账款转让登记，将应收账款权属状态予以公示。"《上海市商业保理试点暂行管理办法》（沪府办〔2014〕65号）第19条规定："商业保理企业应当在人民银行征信中心的应收账款质押登记公示系统，办理应收账款转让登记，将应收账款权属状态予以公示。"2014年9月，天津市金融工作局、中国人民银行天津分行、天津市商务委员会联合出台的《关于做好应收账款质押及转让业务登记查询工作的通知》（津金融局〔2014〕8号）第1条规定："各机构在办理应收账款质押、转让业务时，应在中国人民银行征信中心的中征动产融资统一登记平台办理应收账款权属状况登记……"2019年4月出台的《天津市商业保理试点管理办法（试行）》（津金监规范〔2019〕1号）第20条规定："商业保理公司以及各银行、金融资产管理公司、信托公司、财务公司、汽车金融公司、消费金融公司、金融租赁公司、融资租赁公司、典当行、小额贷款公司、融资性担保公司等在开展应收账款质押、转让等业务时，应当按照有关规定在中国人民银行征信中心动产融资统一登记公示系统对应收账款的权利状况进行查询、登记公示……"《中国银行业协会中国银行业保理业务规范》对银行在应收账款质押登记系统办理转让登记的做法也持肯定态度。该规范第11条规定："银行根据内部管理要求决定保理业务是否在中国人民银行'应收账款质押登记公示系统'进行转让登记。"

从地方司法实践来看,应收账款转让经登记可产生对抗第三人的效力。《天津高院保理纪要(一)》第9条第2款规定:"《通知》(即天津市金融工作局、中国人民银行天津分行、天津市商务委员会联合发布的《关于做好应收账款质押及转让业务登记查询工作的通知》)中所列主体办理应收账款质押、转让业务时,应当对应收账款的权属状况在中国人民银行征信中心动产融资统一登记平台予以登记公示,未经登记的,不能对抗善意保理商。"《深圳前海法院保理合同案件裁判指引》第35条第2款亦规定:"其他民事主体办理应收账款质押、转让业务时,未在中国人民银行征信中心动产融资统一登记平台予以登记公示的,不能对抗善意第三人。"江苏省高级人民法院民二庭课题组认为,在立法尚未规定登记作为对抗要件的情况下,金融主管部门关于登记查询应作为办理保理业务必经程序的规定,可以作为判断第二受让人是否善意的依据。[1] 也有法院判决认为,债权只在特定的相对方之间发生法律效力,法律对于债权的转让并不像物权转让那样明确规定了公示方式及其相应的法律效力。当事人自愿在中国人民银行征信中心办理了应收账款转让登记,可以产生债权转让事实的公示效力,即在有关的权利冲突中,作为判断相关当事人是否善意、无过错的一个考察因素。[2]

关于应收账款重复转让的优先权规则,立法已明确作出规定。《深圳前海法院保理合同案件裁判指引》第38条规定:"债权人对同一应收账款重复转让,导致多个保理商主张权利的,按照如下原则确定权利人:(1)应收账款转让有登记的,优先保护。在登记之前,债务人已收到其他债权转让通知,且已实际支付部分或全部应收款项的,办理登记的保理商可向原债权人

---

[1] 江苏省高级人民法院民二庭课题组:《国内保理纠纷相关审判实务问题研究》,载《法律适用》2015年第10期。

[2] 重庆市第一中级人民法院(2016)渝01民终9199号民事判决书。

主张权利;(2)应收账款转让均未办理登记手续的,以债务人收到应收账款转让通知的先后顺序确定。但债务人与他人恶意串通的除外;(3)债权转让既未办理登记手续也未向债务人发出转让通知书的,按照发放保理融资款的先后顺序确定。"《民法典》第768条规定:"应收账款债权人就同一应收账款订立多个保理合同,致使多个保理人主张权利的,已经登记的先于未登记的取得应收账款;均已经登记的,按照登记时间的先后顺序取得应收账款;均未登记的,由最先到达应收账款债务人的转让通知中载明的保理人取得应收账款;既未登记也未通知的,按照保理融资款或者服务报酬的比例取得应收账款。"基于立法已有的明文规定,保理商作为理性的商事主体,理应办理应收账款转让登记。

(三)应收账款查询

登记与查询相辅相成,密不可分。没有登记,就无法查询;没有查询,登记就失去了意义。根据行业惯例,保理商在受让应收账款之前应先进行查询,以防与在先权利人发生权利冲突。若应收账款已有在先转让登记,保理商未查询的,则要承担劣后清偿风险。

查询是尽职调查的一项必经程序,也是判断保理商是否尽到谨慎注意义务的一条重要标准。《融资租赁合同解释》第9条第(3)项将"第三人在与承租人交易时,未按照法律、行政法规、行业或者地区主管部门的规定在相应机构进行融资租赁交易查询的",视为第三人不构成善意的一条判断标准。有鉴于此,保理商的查询义务不仅来源于法律或行政法规,还可以来源于行业或者地区主管部门的规定。在立法尚付阙如的情况下,行业或者地区主管部门的规定可以作为法院认定保理商是否负有查询义务的依据。《天津市关于做好应收账款质押及转让业务登记和查询工作的通知》第3条规定:"各机构在办理应收账款质押、受让等业务时,应登录征信中心的应收账款质押登记公示系统,查询应收账款的权属状况。该查询是办理应收账款质押、受让业务的必要程序。对已在征信中心应收账款质押登记公示系统办理登记公示的应收账款，未经质权人、受让人同意，不得办理质押、转让业务。"《天津高院保理纪要（一）》第9条规定："天津市金融工作局、中国人民银行天津分行、天津市商务委员会联合发布的《关于做好应收账款质押及转让业务登记查询工作的通知》中所列主体受让应收账款时，应当登陆中国人民银行征信中心动产融资统一登记平台，对应收账款的权属状况进行查询，未经查询的，不构成善意。"《深圳前海法院保理合同案件裁判指引》第35条第1款规定："保理商应当登陆中国人民银行征信中心动产融资统一登记平台，对应收账款的权属状况进行查询，未经查询的，不构成善意。"江苏省高级人民法院民二庭课题组亦认为，在立法尚未规定登记作为对抗要件的情况下，金融主管部门关于登记查询应作为办理保理业务必经程序的规定，可以作为判断第二受让人是否善意的依据。[1] 因此，天津市内商业银行、商业保理公司及从事金融交易的相关机构作为第三人，以及深圳前海合作区内保理商在受让应收账款时，应当进行查询，未尽查询义务的，不认定构成善意。

关于查询义务，需要注意以下三方面问题：

1.上述《天津高院保理纪要（一）》与《深圳前海法院保理合同案件裁判指引》均有效力层级和适用边界的限制。二者的效力范围有"特定对象，特定区域"之限。天津市人民政府《关于做好应收账款质押及转让业务登记查询工作的通知》规定的登记与查询义务主体为天津市辖区内各银行、商业保理公司、金融资产管理公司、信托公司、财务公司、汽车金融公司、消费金融公司、金融租赁公司、外商投资融资租赁公司、内资融资租赁试点企业、典当行、小额贷款公司、融资性担保公司。《天津高院保理纪要（一）》的效力也仅限于天津市三级法院。《深圳前海法院保理合同案件裁判指引》针对的对象仅为其辖区内的保理商。

---

[1] 江苏省高级人民法院民二庭课题组：《国内保理纠纷相关审判实务问题研究》，载《法律适用》2015年第10期。

2. 查询仅是注意义务的一个方面，而不是全部。没有查询，不能认定构成善意，但不能理解为只要进行了查询，就一定构成善意。法院在认定保理商是否构成善意时要综合多方面的因素来看，除查询之外，还要考虑保理商受让应收账款的动机、目的、支付的对价、基础合同的审查情况等。这就要求保理商尽职调查工作要全面具体，既要在征信中心进行查询，也要对应收账款充分调查。

3. 未尽查询义务会对受偿顺序产生不利影响。依据《民法典》第768条的规定，保理商在未查询或经查询后明知应收账款已办理转让登记的情况下仍受让应收账款的，并非不能主张就应收账款受偿，只是其受偿顺序要劣后于在先登记的受让人。

五、破产抵销权

实践中，有的保理商在受让应收账款后并不立即向卖方支付全部保理融资款，一旦卖方破产，可能会产生债务抵销问题。保理商从受让应收账款到支付全部转让价款之间还存在一定的时间间隔。在此期间，卖方有可能会出现破产风险。保理商有两方面的担心：（1）卖方破产后，卖方无力承担回购责任，回购债权只能作为破产债权参加破产债权分配；（2）由于卖方破产时保理商尚欠保理融资款未付，破产管理人会依据破产法要求保理商立即支付剩余保理融资款。因此，有保理商希望运用破产法下的抵销权避免上述风险。所谓破产抵销权，是指破产债权人在破产宣告前对破产人负有债务的，无论债的种类和到期时间，得于清算分配前以破产债权抵销其所负债务的权利。破产法中的抵销权是民法中抵销权的扩张，其价值在于保护债权人利益，简化破产程序。

实践中，保理商为了保证抵销权的行使，在保理合同的条款设计上一般会约定，当卖方破产或即将破产时，保理商即有权终止保理合同，要求卖方立即回购应收账款。这样卖方的回购义务会因条件成就成为保理商的到期债权。《企业破产法》第40条规定:"债权人在破产申请受理前对债务人负有债务的,可以向管理人主张抵销……"第46条第1款规定:"未到期的债权在破产申请受理时视为到期。"根据上述规定,在卖方破产时,虽然此时保理商因未支付或全额支付融资款对卖方负有债务,但同时存在因卖方回购义务而产生的到期债权。保理商可以依据破产法的规定行使抵销权。[①]《天津高院保理纪要(二)》第9条关于"破产抵销权的行使"规定:"保理商按保理合同约定享有向债权人主张回购应收账款权利的,如果债权人进入破产程序,保理商可以就其尚未向债权人支付或者足额支付的保理融资款,与其享有的要求债权人回购应收账款的债权,向破产管理人主张抵销。"

保理商的抵销权只存在于有追索权保理中。在无追索权保理中,债务人未按基础合同约定支付应收账款的,保理商不享有要求债权人回购应收账款的债权。因此,即使债权人破产,保理商也无债权用于抵销。

保理商行使破产抵销权的,应向破产管理人提出抵销主张。破产管理人收到保理商提出的抵销通知后,应审查该主张是否符合抵销条件。经审查符合条件,管理人无异议的,抵销自破产管理人收到通知之日起生效。如果管理人对抵销有异议,应在约定的异议期限内或自收到主张抵销的通知之日起三个月内向法院提起诉讼。如果法院判决驳回管理人提起的抵销无效之诉讼请求,抵销自破产管理人收到主张抵销通知之日生效。

[①] 田浩为:《保理法律问题研究》,载《法律适用》2015年第5期。

第三节　债务人的权利与义务

在保理合同纠纷中，债务人的主要义务是根据应收账款转让通知书的要求向保理商支付应收账款，主要权利则是向保理商主张基础合同项下的抗辩权和抵销权。

一、清偿应收账款

（一）还款对象

债务人在收到应收账款转让通知前向债权人付款的，可构成有效清偿。《法国民法典》第1691条规定："债务人如在收到让与人或受让人关于转让的通知前，已向让与人清偿其债务者，其所负义务即有效免除。"《联合国国际贸易中应收款转让公约》第17条规定："债务人通过付款解除义务：（1）债务人在收到转让通知前，有权根据原始合同付款而解除其义务。（2）债务人收到转让通知后，除本条第3款至第8款的情况外，债务人仅可通过向受让人付款而解除其义务；转让通知中另有指示的，或受让人此后在债务人收到的书面通知中另有指示的，债务人须按该付款指示付款而解除其义务。"《国际统一私法协会国际商事合同通则》第9.1.10条规定："通知债务人（1）在收到让与人或受让人发出的转让通知以前，债务人可通过向让与人清偿来解除债务。（2）在收到该通知后，债务人只有通过向受让人清偿才能解除债务。"

债务人在收到应收账款转让通知后仍向债权人付款的，不能构成有效清偿，保理商仍有权要求债务人付款。根据《民法典》第546条第1款之规定，债权人或保理商将应收账款债权转让事实通知债务人后，债务人即有义务向保理商还款，不应再向债权人还款。实践中，保理商一般会要求债务人出具书面同意书或承诺书:"如果其未按照应收账款债权转让的通知将相关的款项支付给保理商,而是支付给了原债权人,则不能免除债务人对保理商的付款责任。"湖北省高级人民法院民二庭的《当前商事审判疑难问题裁判指引》第30条规定:"债务人收到债权转让通知后,未按照基础合同约定及通知要求付款,保理商请求债务人支付欠付款项的,应予支持。"《天津高院保理纪要(二)》第8条规定:"债务人应当按照应收账款债权转让通知向保理商或者债权人支付应收账款。债务人知道或者应当知道其向保理商支付应收账款的,如果仍向债权人支付,保理商向债务人主张支付应收账款的,应予支持。保理合同签订后,债权转让通知送达债务人之前,债务人已经向债权人支付的应收账款,保理合同对此有约定的从约定。保理合同无约定的,保理商向债权人主张给付其所收取的应收账款的,应予支持。"综上规定,债务人在收到应收账款转让通知后,只有向保理商支付应收账款才能消除其在基础合同项下的付款义务。

比如,宁波市鄞州区人民法院在审理的中国建设银行股份有限公司宁波国家高新区支行(以下简称建行高新区支行)与宁波诺冠国际贸易有限公司(以下简称诺冠公司)、宁波市中喜贸易发展有限公司(以下简称中喜公司)等保理合同纠纷一案中,法院判决认为:中喜公司(债务人)既已向原告建行高新区支行出具上述付款承诺,即构成了对其具有法律约束力的意思表示,理应按照《通知书》的要求向原告履行支付应收账款的义务,违背承诺需依法自行承担相应的不利后果。《保理合同》第20条系原告与诺冠公司之间的约定,意味着原告有权按合同约定要求诺冠公司偿付应收账款,但该约定并未免除中喜公司将款项支付至保理专用账户的义务。虽然中喜公司辩称已向诺冠公司支付了全部价款,但未向本院提供证据证明其将款项支付至诺冠公司开立在原告的保理账户的事实,其抗辩理由依法不能成立,中喜公司违背承诺擅自向诺冠公司清偿系单方行为，仍应对原告承担付款清偿责任。[①]

（二）还款方式

债务人向保理商付款有直接付款和委托收款两种路径。直接付款，是指债务人直接付款至保理专户。委托收款在暗保理中比较常见。

委托收款又可分为主动的委托收款和被动的委托收款。前者是指债权人受保理商委托，代保理商向债务人收款，收到款项后再支付给保理商。后者是指债务人将相关款项支付给债权人，由债权人主动或基于保理商的请求再将该款项支付给保理商。

对债务人而言，被动的委托收款又称间接付款。间接付款对债务人的风险比较大，原因在于：

1.债权人收到债务人的付款后虽然向保理商进行了转付，但由于债权人与保理商之间还存在其他债务（比如回购债务），债权人可能会辩称其转付行为并非代替债务人还款，而是偿还自身债务，与债务人无关。比如，有法院判决认为，债务人未按照《应收账款转让通知书》要求的付款账户付款，而是仍然向债权人账户付款的行为，不能构成对保理商的有效还款。债权人根据其与保理商之间的《有追索权国内保理合同》之约定，即使在债权转让后，仍有义务向保理商还款，故其将债务人向其账户汇入的款项划转至保理商要求的保理专户的行为，构成其对保理商的还款。[②]

2.债权人收到债务人的付款后未向保理商转付，导致保理商要求债务人二次付款。债权人收到债务人的付款后如果未向保理商转付，保理商仍有权要求债务人偿付应收账款。债务人可能需要为同一笔应收账款重复清偿。比如，在上海市浦东新区人民法院审理的（2013）浦民二（商）初字第2712号案件中，债权人在收到债务人支付的货款后，未将款项转移至保理专户而

[①] 宁波市鄞州区人民法院（2015）甬鄞商初字第429号民事判决书。

[②] 最高人民法院（2016）最高法民申1519号民事裁定书。

是提取用作他用，保理商起诉债务人，由此导致债务人再次向保理商支付应收账款。债务人只能向债权人主张返还不当得利。

3. 如果债务人与债权人之间还存在其他债务，债务人无法证明付款系对保理商的间接还款，该付款行为可能会被法院认定为清偿债务人名下其他债务。比如，有法院判决认为，债务人在向债权人付款1000万元之后仍欠债权人2000余万元煤款，债务人在同时对保理商、债权人负有债务的情况下，向其中一方还款的行为，不能当然构成对另一方的还款，债务人主张该笔还款系归还保理商的债务，未能提供证据予以佐证，故难以认定是对保理商的还款。①

二、对保理商的抗辩权

（一）抗辩权的内涵

抗辩权，是指债权人主张债权时，债务人根据法定事由对抗债权人行使请求权的权利。抗辩权是债务人享有的一项固有权利。抗辩权以法律规定的抗辩事由为依据，以对方当事人请求权的存在和有效为前提，这一权利的行使可以造成对方请求权消灭或者效力延期之结果。

债权受让人从债务人处获得清偿的权利并不比原债权人优越。债权转让是债之主体的变更，并不改变债的内容，债的同一性不因债权转让而丧失。而且，由于债权转让不需要经过债务人同意，债务人也不得拒绝，故不应因债权转让使债务人陷于不利地位，此即"债务人不能因债权转让而受不利益"规则。为了保障债权转让行为不损害债务人的利益，《民法典》第548条（《合同法》第82条）规定："债务人接到债权转让通知后，债务人对让与人的抗辩，可以向受让人主张。"

---

① 最高人民法院（2016）最高法民申1519号民事裁定书。

所谓"债务人对让与人的抗辩",在解释上应包括足以阻止或排斥债权的成立、存续或行使的一切事由在内。这种抗辩既包括实体法上的抗辩(权),也包括诉讼法上的抗辩(权)。常见抗辩权包括:基于双务合同的抗辩权(比如同时履行抗辩权、先履行抗辩权、不安抗辩权)、基于形成权行使的抗辩权(比如合同撤销、解除、抵销)、债务已履行完毕的抗辩权(比如清偿、提存、免除)、债权无效或未发生的抗辩以及诉讼上的抗辩(比如诉讼管辖协议的抗辩、仲裁协议的抗辩、诉讼时效已过的抗辩)。

关于债务人行使抗辩权的时间节点问题,《民法典》第548条(《合同法》第82条)的立法用语为"债务人接到债权转让通知后",语义比较模糊,没有指明截止时点。在比较法上观察,大多数国家和地区民法均界定为"债务人受通知时"。我国立法亦应作相同理解,即截至债务人受通知时。① 债权转让后,债务人还可能因某项事实产生新的抗辩权,如附解除条件的合同权利转让后,合同规定的解除条件成就时,债务人可以向受让人提出终止合同的抗辩。②

(二)保理中的抗辩权

国际公约对债务人的抗辩权进行了规定。《国际保理公约》第9条第1款规定:"在保理商要求债务人支付根据货物销售合同产生的应收账款时,债务人在该合同项下可用来对抗供应商付款要求的所有抗辩都可用来对抗保理商。"《联合国国际贸易应收款转让公约》第18条第1款规定:"受让人向债务人提出关于所转让的应收款的付款要求时,债务人可向受让人提出由原始合同产生的,或由构成相同交易一部分的任何其他合同产生的、在如同未发生转让时若转让人提出此种要求,则债务人可予利用的所有抗辩和抵销权。"

---

① 韩世远:《合同法总论》(第三版),法律出版社2011年版,第479页。
② 胡康生主编:《中华人民共和国合同法释义》(第二版),法律出版社2009年版,第136页。

我国司法实践亦认可"债务人对债权人享有的抗辩权可以向保理商主张"之规则。在 2015 年 12 月召开的第八次全国法院民事商事审判工作会议上,最高人民法院相关负责人在讲话中指出:"债务人收到债权转让通知后,应当按照通知支付应收账款。当然,债务人依据基础合同享有的抵销权及抗辩权可以对抗保理商,但保理商与债务人另有约定的除外。"[①]《天津高院保理纪要(二)》第 6 条规定:"债务人收到债权转让通知后,其因基础合同而享有的抗辩权、抵销权可以向保理商主张,债务人明确表示放弃抗辩权、抵销权的除外。债务人收到债权转让通知后新产生的抗辩事由,如果该抗辩事由的发生基础是在债权转让通知前已经存在的,可以向保理商主张。"《深圳前海法院保理合同案件裁判指引》第 31 条规定:"债务人收到债权转让通知后,其因基础合同享有的抗辩权可以向保理商主张。"

需要明确的是,《天津高院保理纪要(二)》中"抗辩事由的发生基础是在债权转让通知前已经存在的"的表述并不严谨,容易产生误解。通常而言,并不要求在债权转让时抗辩事实已经发生,只要在债权转让时该抗辩发生的原因或者基础已经存在即可。比如,在债权转让时诉讼时效正在进行,在转让后不久时效期间届满,此时债务人仍可向受让人主张时效届满的抗辩。[②] 因此,债务人抗辩事由无论是在债权转让通知之前业已存在还是在通知之后新产生的并不重要,只要是基于基础合同产生,债务人就可以向保理商主张。

在保理中,债务人的抗辩理由主要有以下几种:(1)基础合同不真实;(2)基础合同项下债务人的付款条件未成就;(3)合同相对性抗辩;(4)债务人已履行完付款义务;(5)未收到应收账款转让通知或保理商向债务人通知时未附必要证明文件;(6)基础合同有禁止债权转让的约定;(7)他人对

[①] 杜万华主编:《第八次全国法院民事商事审判工作会议(民事部分)纪要理解与适用》,人民法院出版社 2017 年版,第 84 页。

[②] 韩世远:《合同法总论》(第三版),法律出版社 2011 年版,第 479 页。

应收账款享有优先权。下面仅针对前三种争议比较大的抗辩理由进行论述。

1. 对基础合同真实性的抗辩

应收账款的真实性直接决定保理合同的性质，间接决定债务人是否应承担付款责任。保理合同以应收账款转让为核心要件，如果欠缺这一核心要件，保理法律关系就不能成立。如果保理商与债权人之间不构成保理法律关系而为借款关系，保理商便不能依据基础合同要求债务人偿还应收账款，而仅能依据保理合同要求债权人返还保理融资款本息。

如果债务人就债权数额、还款期限已向保理商作出确认，在诉讼中又就基础合同真实性提出异议，且不能提交充分证据予以证明的，法院对其抗辩不应支持。《天津高院保理纪要（二）》第3条规定："债务人对应收账款债权数额、还款期限以及基础合同、交付凭证、发票等内容一并进行确认的，或者保理合同中对应收账款性质、状态等内容的具体表述已作为债权转让通知或者应收账款确认书附件的，根据诚实信用原则，可以作为债务人对基础合同项下的应收账款不持异议的有效证据，但债务人能够提供其他证据足以推翻的除外。债务人仅以应收账款不存在或者基础合同未履行为由提出抗辩的，不予支持。"

比如，在日照市中级人民法院审理的建设银行与方泰公司、宸金公司保理合同纠纷案中，方泰公司（债务人）抗辩认为建设银行（保理商）要求其还款的依据是宸金公司（债权人）的应收账款，但方泰公司并未和宸金公司发生该笔业务，故不应承担还款责任。法院判决认为：经审查建设银行提交的证据，《应收账款转让通知书》中载明宸金公司已完成发票项下的发货，并已将应收账款债权转让给建设银行；方泰公司在其出具的《回执》中确认并同意债权转让通知书中的内容，确保按通知要求及时足额付款至银行指定账户；方泰公司与宸金公司签订的买卖合同及宸金公司为方泰太公司开具的增值税发票，原告建设银行已就买卖合同的成立生效以及应收账款转让等基本事实完成了举证责任。方泰太公司抗辩认为买卖合同及回执中加盖的公章不真实，应对此承担举证责任，因其未向法院提交公司印章，亦未申请鉴定，故应承担举证不能的法律后果。①

此外，如果债务人与债权人虚构应收账款，则不能以应收账款不存在为由进行抗辩。《民法典》第763条规定："应收账款债权人与债务人虚构应收账款作为转让标的，与保理人订立保理合同的，应收账款债务人不得以应收账款不存在为由对抗保理人，但是保理人明知虚构的除外。"根据上述规定，债务人若故意与债权人虚构应收账款叙做保理，保理商不知情的，债务人不得以应收账款不存在为由对抗保理商。需要注意的是，立法规定的是保理商明知情形，不包括应知而未知。这就要求债权人或债务人必须举证证明保理商对虚构应收账款的事实是明确知悉的。是否明知以保理商是否尽到合理审核义务而定。保理商负有对应收账款真实性进行调查核实的义务，如果债务人对应收账款的真实性予以确认，保理商据此完全不对应收账款进行任何的调查与核实，在保理商完全可以通过成本较低的审核措施就能够发现应收账款不存在的情形中，就有理由认为保理商对应收账款不存在是明知的。②

2. 对付款条件是否成就的抗辩

关于先履行抗辩权，《民法典》第526条（《合同法》第67条）规定："当事人互负债务，有先后履行顺序，应当先履行债务一方未履行的，后履行一方有权拒绝其履行请求。先履行一方履行债务不符合约定的，后履行一方有权拒绝其相应的履行请求。"在"先货后款"的交易模式下，债务人付款的前提是债权人已提供完合同约定的商品或服务。如果债权人未提供商品、服务或提供的商品、服务不符合合同要求，债务人有权主张先履行抗辩权。

债务人以基础合同项下付款条件未成就为由进行抗辩的，法院应根据基

---

① 山东省日照市中级人民法院（2014）日商初字第129号民事判决书。
② 黄薇主编：《中华人民共和国民法典合同编释义》，法律出版社2020年版，第608页。

础合同相关证据查明债务人的付款条件是否成就。比如,最高人民法院在审理的北京银行股份有限公司天津和平支行(以下简称北京银行)与中再资源再生开发有限公司(买方,以下简称中再公司)、天津乾坤特种钢铁有限公司(卖方,以下简称乾坤公司)等保理合同纠纷一案中,中再公司辩称,其作为买卖合同项下的债务人,有权依法行使买卖合同项下的抗辩权,在卖方乾坤公司未履行交货义务前,其有权拒绝支付货款。最高人民法院裁定认为,当事人双方争议的问题之一是乾坤公司是否已向中再公司交付货物。《买卖合同解释》第8条第1款规定:"出卖人仅以增值税专用发票及税款抵扣资料证明其已履行交付标的物义务,买受人不认可的,出卖人应当提供其他证据证明交付标的物的事实。"根据上述规定,在买受人中再公司以及乾坤公司均不认可乾坤公司已交付货物的情形下,原审法院仅以中再公司对大部分增值税专用发票而非全部发票进行了认证及抵扣的事实认定乾坤公司已经履行了案涉基础合同项下的交货义务、继而判令中再公司承担给付保理款本息责任,证据不够充分,一审法院认定事实不清,故将案件发回重审。①

针对债务人提出的付款条件未成就之抗辩,保理商应承担付款条件已经成就的举证证明责任。比如,最高人民法院在审理的招商银行股份有限公司武汉水果湖支行(以下简称水果湖支行)与国网湖北招标有限公司(以下简称国网公司)保理合同纠纷案中,法院裁定认为:根据《煤炭买卖合同》第四条约定的结算方式,债务人国网公司承担付款责任的条件有三:(1)交货完成且收到煤炭接收方电厂的验收清单;(2)收到债权人开具的增值税发票;(3)收到电厂支付的该批次煤款。水果湖支行作为一审原告,同时作为涉案债权的受让人,对其主张该笔债权的付款条件成就有责任提供证据证明,二审法院依据《民事诉讼法》第64条之规定认定水果湖支行依法承担对于付款条件成就的举证责任并无不当。本案中,水果湖支行在办理案涉保

---

① 最高人民法院(2016)最高法民终45号民事裁定书。

理业务时即应审核债权人与国网公司之间《煤炭买卖合同》，审核该煤炭买卖合同约定合同履行的条件是否成就。但在一二审诉讼中，水果湖支行并未举证证实《煤炭买卖合同》约定的交货已经完成且收到煤炭接收方电厂的验收清单，亦未举证电厂已经向国网公司支付该批次煤款。因此，水果湖支行并未完成其举证责任，二审法院据此认为《煤炭买卖合同》约定的付款条件未成就而驳回水果湖支行对国网公司的诉讼请求，适用法律并无不当。[①]

3. 合同相对性的抗辩

有债务人辩称，根据合同相对性原理，合同责任应限于合同主体之间，债务人不应承担保理合同项下的违约责任。保理合同项下的融资款是保理商直接支付给债权人的，应由债权人偿还，而非保理合同之外的债务人偿还。

合同具有相对性。《民法典》第 465 条规定："依法成立的合同受法律保护。依法成立的合同，仅对当事人具有法律约束力，但是法律另有规定的除外。"合同仅是当事人之间的债权债务关系，不涉及第三人，因而合同一般不对第三人产生法律拘束力，这就是所谓的合同相对性原理。保理法律关系是由三方主体，两份合同构成。保理法律关系项下的权利义务应结合两份合同来确定，不能仅由保理合同或基础合同来确定。债务人偿还应收账款的义务来源于基础合同，偿还对象为债权人，但由于应收账款发生转让，保理商取代了债权人在基础合同中的地位，成为基础合同的主体。因此，在应收账款转让通知了债务人之后，债务人向保理商清偿应收账款不仅没有违反合同相对性原理，相反是遵循了合同相对性原理。

比如，最高人民法院在审理的中国工商银行股份有限公司太原迎宾路支行（以下简称工行迎宾路支行）与中铁十五局集团西北工程有限公司（以下简称西北公司）、太原建机工程机械销售有限公司（以下简称建机公司）等保理合同纠纷案中，法院裁定认为：保理合同所形成的法律关系，是基于两

---

① 最高人民法院（2017）最高法民申 366 号民事裁定书。

个或者两个以上的合同形成一个新的符合商业运作惯例的法律关系,不能将一般合同的相对性原则简单地理解和套用在保理合同的纠纷中。本案中,西北公司自认在《应收账款债权转让通知书》《应收账款余额确认书》上加盖印章并出具债权确认书,在与建机公司之间的购销合同基础上,确立了向工行迎宾路支行融资的权利义务关系。工行迎宾路支行以西北公司为被告提起诉讼,西北公司在一、二审中均应诉,且并未因此提出异议。二审法院判决西北公司承担全部偿还责任,建机公司承担补充赔偿责任,基于西北公司为案涉款项的实际受益人、资金使用人的考量,公平合理,既符合保理合同运作惯例,也符合本案实际情况。①

(三)抗辩权的放弃

根据权利处分原则,债务人可以合同书或承诺书的形式放弃抗辩权。承认债务人可以明示放弃抗辩权系国外通行立法例,如《日本民法典》第468条、《法国民法典》第1295条、《德国民法典》第405条。《联合国国际贸易应收款转让公约》第19条规定:"关于不提出抗辩和抵销权的协议。债务人可与转让人以债务人签署的书面文件议定不向受让人提出依照第18条规定可提出的抗辩和抵销权。此种协议限制债务人不得向受让人提出这些抗辩和抵销权。"由于法律设置抗辩权和抵销权的目的在于保护债务人不因债权转让而利益受损,因此该等权利虽属于法定权利,但依意思自治原则,在不损害社会公共利益和他人利益的情况下,债务人可以明示放弃该等权利。②债务人享有的抗辩权可以预先或嗣后与保理商协商一致的方式予以放弃。

债务人明确表示放弃抗辩权的,不得再向保理商主张。《天津高院保理纪要(二)》第6条规定:"债务人收到债权转让通知后,其因基础合同而享有的抗辩权、抵销权可以向保理商主张,债务人明确表示放弃抗辩权、抵

---

① 最高人民法院(2015)民申字第2394号民事裁定书。
② 田浩为:《保理法律问题研究》,载《法律适用》2015年第5期。

销权的除外。"《深圳前海法院保理合同案件裁判指引》第 33 条规定："有下列情形之一的，债务人不得再主张抗辩权、抵销权：（1）债务人单方明确表示或以自己的行为表明放弃抗辩权、抵销权的；（2）债权转让通知书中明确注明债务人放弃抗辩权、抵销权，债务人在债权转让通知书上盖章确认，且未在合理期限内明确提出异议的；（3）其他可以视为放弃抗辩权、抵销权的情形。"最高人民法院（2014）民二终字第 271 号民事判决书亦认为，债务人向保理商作出"不出于任何原因对该等款项进行任何抵销、反请求或扣减"的承诺是其真实意思表示，依法认定合法有效。根据该承诺内容，债务人在本案中不得再就涉案债权不成立、成立时有瑕疵、无效或可撤销、债权消灭等可以对抗原债权人的抗辩事由向保理商提出抗辩。

比如，在天津市滨海新区人民法院审理的约翰迪尔融资租赁有限公司（以下简称迪尔融资公司）与绥中县西甸子镇新型农机专业合作社（买方，以下简称西甸子农机合作社），绥中县惠民农机有限责任公司（卖方，以下简称惠民农机公司）保理合同纠纷案中，法院判决认为：关于西甸子农机合作社抗辩因涉案设备存在质量瑕疵而不履行其付款义务的问题。双方在《保理合同》中约定西甸子农机合作社的付款义务将不因西甸子农机合作社可能与惠民农机公司、制造商、供应商、保险商的任何争议，或因设备存在任何缺陷、损害或不合适而受到任何影响；西甸子农机合作社不得以对惠民农机公司、任何供应商、保险商或制造商存在请求，或以设备存在缺陷、被损坏或不合适，作为对迪尔融资公司收取本保理合同项下买方欠付款项的任何努力的抗辩、抵销或者反诉。上述约定系双方当事人的真实意思表示，并不违反法律、行政法规的强制性规定，对双方具有约束力。因其内容表明西甸子农机合作社已经放弃对迪尔融资公司的抗辩权，所以西甸子农机合作社的该项抗辩，没有法律依据，本院不予支持。[①]

[①] 天津市滨海新区人民法院（2014）滨民初字第 0829 号民事判决书。

司法实践中，争议比较大的一个问题是应收账款债务人对应收账款数额、还款期限及合同履行情况等进行书面确认的行为，是否可视为放弃抗辩权？

有观点认为，债务人对债权数额、付款期间等付款条件予以确认的行为，可视为其放弃了抗辩权。根据诚信原则，债务人向保理商出具的书面确认材料可以作为其对基础合同项下应收账款不持异议的有效证据，债务人针对其确认的内容提出抗辩的，人民法院应不予支持。①

也有观点认为，不能简单地认为债务人的确认行为就是对抗辩权的放弃。债务人仅表示对债权转让事实的知晓，只有当其明示不保留异议时（即不保留任何债权不成立、成立时有瑕疵、债权消灭及其他可对抗让与人的抗辩事由），才能认定其放弃了抗辩权。有法院裁判认为，债务人签收《应收账款债权转让通知书》并承诺"在上述合同项下应收账款期满或付款条件成就时"承担付款责任。在该通知中，债务人并未向保理商作出承担无条件付款义务或放弃抗辩权的承诺，故债务人享有基于《煤炭买卖合同》的抗辩权。②

笔者赞同后一种观点。债务人对抗辩权的放弃必须有明确的意思表示，法院不能仅根据债务人对债权的确认而推定其有放弃抗辩权之意思表示。《天津高院保理纪要（二）》第3条规定："债权人向保理商转让现有的已确定的应收账款债权时，债务人仅对应收账款债权数额、还款期限进行确认的，债务人可以就基础合同项下的应收账款行使抗辩权。"最高人民法院民二庭第9次法官会议纪要认为，抗辩权是法定权利，债务人只有明示才能认定放弃。从法律性质上看，债务人签字确认应收账款的真实性，表明债务人已经知晓债权转让的事实，该确认仅产生对债务人生效的对抗效力，但不能

---

① 高憬宏主编：《法官智典·商事卷》，人民法院出版社2018年版，第176页。
② 最高人民法院（2017）最高法民申366号民事裁定书。

据此认定债务人放弃了抗辩权。总之，债务人在确认债权时，若无明确的放弃抗辩权的意思表示，不能仅凭债务人对应收账款数额、还款期限以及基础交易合同、交付凭证、发票等内容的确认，而认定其放弃抗辩权。[①]

三、对保理商的抵销权

（一）合同抵销概述

所谓抵销，是指当事人互负到期债务，又互享债权，以自己的债权冲抵对方的债权，使自己的债务与对方的债务在等额内消灭。根据《民法典》第557条（《合同法》第91条）之规定，债务互相抵销是合同权利义务终止的情形之一。根据产生的依据不同，抵销可分为法定抵销和约定抵销。

1. 法定抵销

法定抵销，是指在符合法律规定的条件下，经过一方作出抵销的意思表示而使双方的债权债务发生消灭的一种抵销方式。《民法典》第568条规定："当事人互负债务，该债务的标的物种类、品质相同的，任何一方可以将自己的债务与对方的到期债务抵销；但是，根据债务性质、按照当事人约定或者依照法律规定不得抵销的除外。当事人主张抵销的，应当通知对方。通知自到达对方时生效。抵销不得附条件或者附期限。"与约定抵销不同，法定抵销一旦具备法律规定的抵销条件，抵销权人就可以单方面行使抵销权，使双方的债权债务关系消灭。

法定抵销应符合以下构成要件：（1）当事人互负债务，互享债权。（2）对方的债务已到期。需要注意的是，《合同法》第99条要求双方债务均已到期才能抵销，但《民法典》第568条修改了这一规定，仅要求对方的债务到

[①] 贺小荣主编：《最高人民法院民事审判第二庭法官会议纪要——追寻裁判背后的法理》，人民法院出版社2018年版，第284页。

期即可，不需要双方债务均到期。（3）债务的标的物种类、品质相同。构成法定抵销还要求双方的债权必须是合法有效的，且标的物的种类、品质应当相同。（4）必须双方的债务都不属于不能抵销的债务。当事人互负的债权债务，均须合法，如不合法，则不得主张抵销。除了依据法律法规的规定以及债务的性质等不得抵销的以外，一般的债务原则上都能够抵销。只有在同时具备上述四项要件时，才可以依据法定抵销的程序抵销债务。

2. 约定抵销

约定抵销，是指当事人互负债务，标的物种类、品质不相同的，经双方协商一致，将双方的债务抵销。《民法典》第569条（《合同法》第100条）规定："当事人互负债务，标的物种类、品质不相同的，经双方协商一致，也可以抵销。"约定抵销不同于法定抵销，不受法定抵销条件的限制，不仅当事人互负债务的标的物的种类、品质可以不同，而且当事人所负的债务也不要求已届履行期限，其唯一条件是当事人互负债务，即当事人一方在对另一方负有债务的同时，另一方对该方也负有债务。

在符合抵销条件时，是否选择抵销属于当事人意思自治范畴。只要当事人抵销的意思表示一致且不违反法律的禁止性规定，都应予准许。约定抵销有以下两种情况：（1）双方在合同中约定一定的行使抵销权的条件，待条件成就时一方可以行使抵销权。（2）在互负债务品质、种类不同时，按照私法自治原则，双方当事人也可通过协议将双方的债务相互抵销。在此情况下，抵销合同是一种独立的合同，并不是原合同的组成部分，而是在原合同成立后，通过订立抵销合同使得双方的债务消灭。

关于抵销权的行使方式，《九民会议纪要》第43条规定："抵销权既可以通知的方式行使，也可以提出抗辩或者提起反诉的方式行使。抵销的意思表示自到达对方时生效，抵销一经生效，其效力溯及自抵销条件成就之时，双方互负的债务在同等数额内消灭。双方互负的债务数额，是截至抵销条件成就之时各自负有的包括主债务、利息、违约金、赔偿金等在内的全部债务数额。行使抵销权一方享有的债权不足以抵销全部债务数额，当事人对抵销顺序又没有特别约定的，应当根据实现债权的费用、利息、主债务的顺序进行抵销。"

（二）抵销权的条件

与抗辩权一样，债权转让后，基于原合同产生的抵销权并不会消灭。当债权人将合同权利全部或者部分转让给第三人时，债务人所享有的对原债权人的权利，可以向受让人主张。如果此时债务人对原债权人享有到期债权，其有权向受让人主张抵销。

在保理中，应收账款转让不影响债务人的抵销权。虽然保理商可能会在保理合同中要求应收账款不存在债务人的抵销权，但该约定不能对抗债务人。抵销权是债务人享有的法定权利，除非债务人自己明示放弃，他人无权代替债务人放弃。《国际保理公约》第9条第2款规定："在符合第8条第1款的书面转让通知送交债务人时，债务人也可以根据针对供应商的现有反索和债务人可以利用并应付给供应商的账款向保理商要求行使抵销权。"[①]

债务人向保理商主张抵销可分为两种情形。《民法典》第549条规定："有下列情形之一的，债务人可以向受让人主张抵销：（一）债务人接到债权转让通知时，债务人对让与人享有债权，且债务人的债权先于转让的债权到期或者同时到期；（二）债务人的债权与转让的债权是基于同一合同产生。"因此，在债务人对让与人的债权与应收账款债权并非基于同一基础交易合同产生的情形下，要求债务人在接到债权转让通知时，债务人的债权先于应收账款到期或同时到期。《深圳前海法院保理合同案件裁判指引》第32条规

[①]《国际保理公约》第8条第1款规定："如果债务人不知道任何其他人对付款的优先权利，并只有在这种情况下，债务人才有义务向保理商付款，而且书面的转让通知：（1）系由供应商或经供应商授权的保理商向债务人作出的；（2）合同地确定了已经转让的应收账款和债务人须向其或向其账户付款的保理商；而且（3）所涉及的应收账款产生于送交转让通知之时或之前签订的货物销售合同。"

定：“债务人接到债权转让通知时，其对让与人享有债权，并且债务人的债权先于转让的债权到期或者同时到期的，债务人可以向保理商主张抵销。”若债务人对让与人享有的债权是在接到转让通知后才发生的，则不能用来抵销。在债务人的债权与应收账款债权是基于同一基础交易合同产生的情形下，债务人随时可以向保理商主张抵销。《天津高院保理纪要（二）》第6条规定：“债务人收到债权转让通知后，其因基础合同而享有的抗辩权、抵销权可以向保理商主张。"

第四节　保理专户

保理专户是应收账款回款的重要渠道。应收账款转让通知书通常会载明保理专户的开户名和账户，并要求应收账款债务人将相应款项支付到保理专户中。保理专户中的回款一般会与债权人或保理商的财产相隔离，作用在于锁定应收账款回款的路径，确保回款安全。

一、保理专户概念

根据《天津高院保理纪要（二）》第7条对保理专户的定义，保理专户，又称保理回款专用户，是保理商为债权人提供融资后，双方以债权人名义开立的，或者保理银行开立的、具有银行内部户性质的、用于接收债务人支付应收账款的专用账户。

1.保理专户属于一种特殊的专用账户。根据《人民币银行结算账户管理办法》和《人民币银行结算账户管理办法实施细则》的规定，单位银行结算账户按用途分为基本存款账户、一般存款账户、专用存款账户、临时存款账户。一般存款账户是存款人因借款或其他结算需要，在基本存款账户开户银行以外的银行营业机构开立的银行结算账户。专用存款账户是存款人按照法律、行政法规和规章，对其特定用途资金进行专项管理和使用而开立的银行结算账户。保理专户并不属于《人民币银行结算账户管理办法》第13条第1款所列的14种专用存款账户中的一种。[①] 保理商一般通过建立保理专用存款账户的方式设立"保理专户"。

2. 保理专户一般是以债权人名义在银行开立。保理商受让应收账款后就取得应收账款所有权。保理回款属于保理商所有。保理商如以自己的名义开立保理专户，则权属确定，风险可控。但在实际操作中，以债权人的名义在银行开立保理专户比较常见。原因在于：(1)以债权人名义开立账户，账户中的资金可以计入经营机构存款考核；(2)《商业银行保理业务管理暂行办法》第17条要求"商业银行办理单保理业务时，应当在保理合同中原则上要求卖方开立用于应收账款回笼的保理专户等相关账户"。

3. 保理专户用于应收账款回款。开立保理专户的目的在于应收账款回款。保理专户是按照法律、行政法规和规章，对其特定用途资金进行专项管理和使用而开立的银行结算账户(《人民币银行结算账户管理办法》第13条)。这种账户并不用于日常结算，且账户中的资金是专项管理和使用。在明保理中，一般要求债务人直接还款至保理专户中，然后再由债权人向保理商支付。在暗保理中，一般是由保理商委托债权人收款后再还款至保理专户。

---

① 《人民币银行结算账户管理办法》第13条规定："专用存款账户是存款人按照法律、行政法规和规章，对其特定用途资金进行专项管理和使用而开立的银行结算账户。对下列资金的管理与使用，存款人可以申请开立专用存款账户：(1)基本建设资金；(2)更新改造资金；(3)财政预算外资金；(4)粮、棉、油收购资金；(5)证券交易结算资金；(6)期货交易保证金；(7)信托基金；(8)金融机构存放同业资金；(9)政策性房地产开发资金；(10)单位银行卡备用金；(11)住房基金；(12)社会保障基金；(13)收入汇缴资金和业务支出资金；(14)党、团、工会设在单位的组织机构经费；(15)其他需要专项管理和使用的资金。"

由于保理专户在债权人名下，账户内资金在理论上属于债权人所有。债务人付款至保理专户的操作模式会存在以下两大风险：

1. 如果债权人破产，该账户内的资金将与债权人的其他资金难以区分，账户内资金可能被列入破产财产。保理商能否依据《企业破产法》第38条"人民法院受理破产申请后，债务人占有的不属于债务人的财产，该财产的权利人可以通过管理人取回"之规定行使取回权，存在争议。首先，取回权以物权为基础。银行账户资金的性质究竟属于物权还是债权，目前存在争议。如果保理回款被视为破产财产，保理商就只能通过破产程序受偿。其次，在委托收款的情况下，有的保理商与债权人约定，在债权人破产的情况下，保理商依银行监管协议约定，可以直接扣收专户内款项。但按照我国《企业破产法》第32条"人民法院受理破产申请六个月内，债务人有本法第二条第一款规定的情形，仍对个别债权人进行清偿的，管理人有权请求人民法院予以撤销"之规定，这种扣收行为可能会被法院认定为个别清偿而撤销。[1] 有观点认为，以债权人名义开立的保理专户，其实质为债权人在保理商处开立的资金监管账户，其中的回款资金不具有破产隔离和对抗善意第三人的效力。[2]

2. 保理专户遭遇诉讼保全或执行的风险。《最高人民法院关于人民法院民事执行中查封、扣押、冻结财产的规定》第2条第1款规定："人民法院可以查封、扣押、冻结被执行人占有的动产、登记在被执行人名下的不动产、特定动产及其他财产权。"一旦债权人成为另案的被执行人，保理专户有可能被法院采取冻结、扣划等措施。江苏省高级人民法院民二庭课题组亦认为，保理专户虽为保理专用账户，由商业银行实际控制，债权人不得自行支取，但形式上看，此账户仍为债权人账户，款项性质仍是债权人财产。对

---

[1] 无锡市中级人民法院（2016）苏02民终3798号民事判决书。
[2] 张林：《保理专户法律性质辨析》，载微信公众号金融与法，2017年5月2日推送。

于债权人开立的保理专用账户资金，法院仍可以采取冻结、扣划等措施，债权人破产的，该账户内资金应被纳入破产财产。[1]

二、保理专户性质

如何保障保理专户回款安全和效率是保理从业者必须考虑的重大问题。在行业实践中，保理专户有质押与信托两种制度设计。至于是采取信托还是账户质押的方式，系当事人意思自治的结果。两种方式的法律效力存在一定差别。

（一）信托安排

有观点认为，保理商可以在保理合同中加入信托条款来解决保理回款"绕路"的资金权属问题及破产隔离功能。《信托法》第2条规定："本法所称信托，是指委托人基于对受托人的信任，将其财产权委托给受托人，由受托人按委托人的意愿以自己的名义，为受益人的利益或特定目的，进行管理或者处分的行为。"在保理专户的法律属性和账户资金的权属难以完全确定的情况下，保理商可运用信托制度来确保账户资金的安全。理由在于：

1. 只要委托人与受托人双方就信托目的、信托财产达成合意即可设立信托。受托人对信托财产享有名义上的所有权，并因此享有信托财产的管理权。受托人有义务为受益人的利益行使所有权与管理权。按照信托制度的设计，通过保理专户入账的应收账款回款满足信托设立的实质性要件——意图确定性、标的确定性、受益人确定性。[2] 保理商为委托人与受益人；债权人为无报酬之受托人；保理专户内的应收账款回款属于信托财产。

---

[1] 江苏省高级人民法院民二庭课题组：《国内保理纠纷相关审判实务问题研究》，载《法律适用》2015年第10期。

[2] 杨瑜琳：《保理专户的法律性质与信托安排在风险管控中的运用》，载《金融理论与实践》2013年第8期。

2.在国际保理中，大多数保理合同都约定了债权人转交或以信托方式代管的义务。即使无此约定，债权人也有隐含的以信托方式为保理商代管回款的义务。债权人对收款负有责任，不能随便将间接付款与自己的财产混在一起。

3.信托制度的核心要义是信托成立后，信托财产即从委托人、受托人及受益人的自有财产中分离出来，成为独立运作的财产。我国《信托法》确立了信托财产独立于受托人固有财产的制度，明确了信托财产不受受托人破产影响的破产隔离功能。除法定情形外，法院对信托财产也不得强制执行。《信托法》第14条规定："受托人因承诺信托而取得的财产就是信托财产。受托人因信托财产的管理运用、处分或者其他情形而取得的财产，也归入信托财产。"第16条规定："信托财产与属于受托人所有的财产相区别，不得归入受托人的固有财产或者成为固有财产的一部分。受托人死亡或者依法解散、被依法撤销、被宣告破产而终止，信托财产不属于其遗产或者清算财产。"也就是说，保理专户内的回款属于债权人受保理商之托管理的财产。根据《信托法》第17条的规定，在第三人对保理专户采取冻结措施时，保理商或债权人均有权向法院提出异议。①

综上，将保理专户纳入信托财产专户管理，固定保理专户资金的法律属性，通过信托安排解决应收账款回款与对应银行结算账户资金的权利冲突问题，是可行的。② 引进信托制度，借助信托财产的独立性和同一性，通过将

---

① 《信托法》第17条规定："除因下列情形之一外，对信托财产不得强制执行：（1）设立信托前债权人已对该信托财产享有优先受偿的权利，并依法行使该权利的；（2）受托人处理信托事务所产生债务，债权人要求清偿该债务的；（3）信托财产本身应担负的税款；（4）法律规定的其他情形。对于违反前款规定而强制执行信托财产，委托人、受托人或者受益人有权向人民法院提出异议。"

② 天津市高级人民法院民二庭：《天津保理业发展法律问题及对策研究》，载最高人民法院民事审判第二庭编：《商事审判指导》2014年第3辑（总第39辑），人民法院出版社2015年版，第155页。

应收账款回款设定为信托财产来解决保理回款权属问题,可以降低债务人间接付款的法律风险。保理商可在与债权人签订保理合同时约定保理专户的信托条款,或者单独订立信托合同,对保理专户的定义和运行作出明确约定。

在实际操作中,需要注意两点:(1)应收账款债权转让通知应将保理专户的信托安排一并告知债务人,并在账户户名备注"信托账户受托人",最好同时办理信托账户的登记;(2)保理专户要采取封闭运行模式,运用隔离化的技术手段进行风险控制,及时进行账务核对和扣划,原则上应在回款当天进行保理融资还款操作,减少资金停留时间。①

【典型案例15】保理商与债权人之间构成信托法律关系,债权人在收到债务人付款后应向保理商转付②

【基本案情】

中国建设银行股份有限公司怀化市分行(乙方,以下简称建行怀化分行)与怀化福田销售有限公司(甲方,以下简称福田公司)签订《有追索权国内保理合同》,约定将湖南辰溪华中水泥有限公司(以下简称华中水泥公司)欠福田公司的应收账款债权及相关权利转让给建行怀化分行,建行怀化分行给付福田公司最高额度500万元的保理预付款。福田公司将其对华中水泥厂的五笔应收账款转让给建行怀化分行,并向华中水泥厂发出《已转让应收账款确认通知书》,华中水泥厂对《已转让应收账款确认通知书》盖章确认并承诺向建行怀化分行履行付款责任。建行怀化分行共计向福田公司支付保理预付款500万元。期间,福田公司多次到华中水泥厂拉水泥抵偿华中水泥厂所欠应收账款,截至2014年6月底,福田公司对华中水泥厂的应收账款债权已全部履行。

《有追索权国内保理合同》第1条约定:"建行怀化分行受让的应收账

---

① 杨瑜琳:《保理专户的法律性质与信托安排在风险管控中的运用》,载《金融理论与实践》2013年第8期。

② 怀化市鹤城区人民法院(2015)怀鹤民二初字第1186号民事判决书。

款因任何原因不能回收时,建行怀化分行有权向福田公司进行追索,福田公司应无条件偿还建行怀化分行向其支付的保理预付款,并支付预付款利息、发票处理费等全部应付款项。"第19条约定:"对于已转让给乙方的任何应收账款,如果甲方收到用于清偿这些应收账款的任何现金、支票、汇票、本票或其他支付工具,甲方应当立即通知乙方。在甲方收到间接付款之际,在甲、乙双方之间立即形成信托关系,乙方为委托人及受益人,甲方为无报酬之受托人,甲方为乙方的利益持有上述现金或支付工具。自甲方收到债务人以现金或票据支付的应收账款款项时,该笔现金或票据自动成为乙方财产,甲方应立即将有关资金转付给乙方或将相应票据背书转让给乙方……因甲方未尽到受托人职责,导致信托财产损失的,甲方因就损失金额向乙方承担全部赔偿责任,如果甲方未将信托财产及时转付给乙方的,乙方有权按本合同的约定要求甲方对应收账款进行回购。"

建行怀化分行因保理预付款未得到全部清偿,向法院提起诉讼,请求判令:1.华中水泥厂向建行怀化分行支付欠款本金413.01万元及利息20.54万元(利息计算至2015年9月21日);2.如建行怀化分行不能从华中水泥厂收回上述欠款本金及利息,则由福田公司偿还。

华中水泥厂辩称:(1)其向福田公司支付应收账款后该债务已清偿,建行怀化分行应向福田公司主张相关权利。由于保理合同中约定"甲方收到间接付款之际,在甲、乙双方之间立即形成信托关系",亦即约定其公司向福田公司的间接付款属于建行怀化支行所有,也就表明建行怀化分行承认其公司应付账款债务已履行。故建行怀化分行在约定该间接付款已属于其财产情况下,不能再同时向其公司主张应收账款债权要求,否则构成重复受偿,不当得利。(2)根据保理合同约定,因福田公司未尽到受托人职责,导致信托财产损失的,福田公司应就损失金额向建行怀化分行承担全部赔偿责任;如福田公司未将信托财产及时转付给建行怀化分行的,建行怀化分行有权按本合同约定要求福田公司对应收账款进行回购。(3)在此前福田公司与建行怀化支行的保理业务中，其公司对已转让给建行怀化分行的应收账款，均直接向福田公司支付，福田公司收到应收账款后再向建行怀化分行支付保理预付款本金及利息，三方已形成该种交易惯例，故建行怀化分行应向福田公司主张相关权利。

【法院裁判】

法院判决如下：1.福田公司于判决生效之日起十五日内偿还建行怀化分行欠款 413.01 万元；2.驳回建行怀化分行对华中水泥厂的诉讼请求。

【裁判理由】

法院判决认为：建行怀化分行与福田公司签订的《有追索权国内保理合同》系双方真实意思表示，内容不违反国家法律、行政法规禁止性规定，合法有效。合同签订后，建行怀化分行受让福田公司对华中水泥厂享有的应收账款 6461184.45 元，并依约为福田公司提供保理预付款 500 万元，双方作为符合保理法律关系构成要件，构成保理合同关系。现建行怀化分行依据保理合同约定，根据福田公司向华中水泥厂出具的《已转让应收账款确认通知书》及《回执》，向华中水泥厂催收应收账款，但华中水泥厂抗辩提出其公司已向福田公司支付应收账款，该债务已清偿。其公司向福田公司支付应收账款符合保理合同约定，且福田公司此前与建行怀化分行办理的保理业务中，其公司对于已转让给建行怀化分行的应付账款均由福田公司到其公司拉水泥来抵付，然后福田公司将货款再转付给建行怀化分行偿还保理预付款，三方已形成该种交易惯例，建行怀化分行应向福田公司主张相关权利。根据建行怀化分行与福田公司签订保理合同约定，在福田公司（甲方）收到间接付款之际，在甲、乙（建行怀化分行）双方之间立即形成信托关系，自福田公司收到债务人支付的应付账款款项时，该笔款项自动成为建行怀化分行的财产，福田公司应立即将有关资金转付给建行怀化分行，如福田公司未将信托财产及时转付给建行怀化分行，建行怀化分行有权按本合同的约定要求福田公司对应收账款进行回购。华中水泥厂间接付款方式已得到建行怀化分行默认许可，故华中水泥厂按三方默认的交易惯例间接付款给福田公司，华中水泥厂对建行怀化分行应收账款的债权已履行完毕，故建行怀化分行诉请判令华中水泥厂向其支付欠款本金 413.01 万元及利息的诉讼请求，不符合约定，本院不予支持。福田公司收到间接付款后未转交建行怀化分行，违反了建行怀化分行与其公司之间的合同约定，故建行怀化分行要求福田公司将已收账款支付给建行怀化分行，符合法律规定，本院予以支持。福田公司尚欠建行怀化分行欠款 413.01 万元未付，应及时支付。因华中水泥厂与建行怀化分行在债权转让时，对债权并未约定利息，且在建行怀化分行的允许下，华中水泥厂已将全部应收账款债权履行完毕，故建行怀化分行主张对该笔债权主张利息，没有法律依据，本院不予以支持。

【案例评析】

根据案涉保理合同约定，建行怀化分行与福田公司之间形成信托法律关系。福田公司在收到华中水泥厂付款后应立即将相应款项转付给建行怀化分行。在转付之前，该笔款项由福田公司管理，所有权仍属建行怀化支行。本案付款的特殊之处在于，华中水泥厂并非通过现金、票据或银行转账方式向保理专户支付应收账款，而是由福田公司从华中水泥厂拉水泥进行抵偿。由于这种支付方式是三方之前形成的交易惯例，并不违反法律规定，且建行怀化分行对此是知情并认可的，故法院认为货物抵偿可代替支付。由于华中水泥厂的支付义务已经履行完毕，建行怀化分行不能再向华中水泥厂主张应收账款债权，否则构成重复清偿。福田公司占有华中水泥厂的付款不向建行怀化分行转交，违反了受托人的管理义务，构成不当得利，建行怀化分行可向福田公司主张不当得利返还请求权。故本案本质上不是保理合同纠纷，而是不当得利返还纠纷。

（二）账户质押

账户质押是一种新型担保方式。最高人民法院通过司法解释认可了两种特定类型账户的质押：（1）封闭贷款，提供封闭贷款的银行对该账户中的款项享有优先受偿权;(2)出口退税专用账户质押贷款。法院不得对上述两种账户中的款项采取保全或执行措施。

1.账户质押的构成要件

账户质押,是指账户的权利人以账户向权利人出质,承诺将账户中的资金作为偿还债务的担保方式。账户本身没有交换价值,不能变现,故账户质押实际上是以账户中的资金质押。《担保法解释》第85条规定:"债务人或者第三人将其金钱以特户、封金、保证金等形式特定化后,移交债权人占有作为债权的担保,债务人不履行债务时,债权人可以以该金钱优先受偿。"构成账户质押,必须符合以下三项要件:

(1)质押合意。《民法典》第427条第1款(《担保法》第64条第1款)规定:"设立质权,当事人应当采用书面形式订立质押合同。"设立质押法律关系,质押权人与出质人必须达成合意并签订质押合同。

(2)账户特定化。质押账户必须符合特定化要求。质押账户不可与一般结算账户、基本账户相混淆。账户出质后即处于冻结状态,不能任由出质人或质权人随意支配。比如,乐清市人民法院(2015)温乐执异字第18号民事判决书认为:设定质押权的账户交易频繁,账户中的保证金被陆续转出,可见该账户资金进出随意,该笔保证金并未特定化。当债务人以账户向开户行以外的第三人出质时,第三人不实际占有和控制账户,债务人向开户行发出书面通知,开户行收到通知后向第三人承诺,未经第三人许可不得动用账户中的资金。[①]

(3)转移占有。《担保法解释》中的"占有"仅要求质权人对账户具有"实际控制权"。在最高人民法院第54号指导性案例中,安徽省高级人民法院二审判决认为:保证金专户开立后,长江担保公司按照每次担保贷款额度

---

① 曹士兵:《中国担保制度与担保方法》(第四版),中国法制出版社2017年版,第334页。

的一定比例向该账户缴存保证金,该账户亦未作日常结算使用,故符合《担保法解释》第 85 条规定的金钱以特户形式特定化的要求。另占有是指对物进行控制和管理的事实状态,因案涉账户开立在上诉人农发行安徽分行,农发行安徽分行作为质权人,取得对该账户的控制权,实际控制和管理该账户,符合出质金钱移交债权人占有的要求。①

2. 保理专户质押

有观点认为,通过扩大解释,保理专户属于金钱质押的一种特殊形式。《担保法解释》第 85 条明确列举了特户、封金、保证金三种质押形式,但"等"字表明还可以有其他形式。保理专户与"特户"都是将特定化的金钱存入银行开立的特户。特户是银行为出质金钱所开设的专用账户,保理专户也是专款专用,由保理商占有或控制。②债权人将其名下保理专户中的资金以金钱质押的方式向保理商提供担保并不存在法律障碍。

保理专户只要符合"特定化"和"移交占有"两个条件,就可以构成金钱质押,保理商就可以优先受偿。③《天津高院保理纪要(二)》对保理专户质押的做法予以认可。该纪要第 7 条在关于"保理专户中保理回款的性质认定"中作如下规定:"对于保理商与债权人约定将保理专户中的保理回款进行质押的,如果该保理专户同时具备以下几个特征,保理专户中的回款可以认定为是债权人'将其金钱以特户、封金、保证金等形式特定化后',移交保理商占有作为保理融资的担保,在应收账款到期后,保理商可以就保理专户中的回款优先受偿:1. 保理商将应收账款的债权人和债务人、应收账款数额和履行期限、保理专户的账户名称、保理回款数额及预计进账时间等,在

---

① 安徽省高级人民法院(2013)皖民二终字第 00261 号民事判决书。
② 银行作为保理商时,通常会要求债权人把保理专户开立在本行,由本行监控。商业保理公司作为保理商时,通常会要求债权人向开户行出具书面通知,开户行未经保理商同意不得动用保理专户中的资金。
③ 高憬宏主编:《法官智典·商事卷》,人民法院出版社 2018 年版,第 183 页。

'中国人民银行征信中心动产融资统一登记平台'的'应收账款转让登记'项下'保理专户'进行登记公示。2. 每笔保理业务应当开立一个保理专户，如果多笔保理业务开立一个保理专户的，应当证明每笔保理业务与保理专户的相互对应关系。3. 保理商、债权人与保理专户的开户银行签订保理专户监管协议，确保保理专户未存入应收账款回款之外的其他资金，未与债权人的其他账户混用，未作为日常结算使用。"

三、保理专户效力

保理专户的法律效力主要体现在向专户付款行为的效力与专户登记对抗效力两个方面。

（一）专户付款效力

保理专户是债务人付款的依据。债务人向保理专户付款可构成对应收账款的有效清偿。如果债务人向债权人名下基本存款账户付款，即便债权人将该款项转付至保理专户，一旦当事人对该款项的性质与用途产生争议，法院可能会认定债务人的付款行为不构成有效清偿。比如，吉林省高级人民法院在审理的某保理合同纠纷案件中，债务人向债权人一般账户支付的1000万元能否构成对保理商的清偿是案件争议焦点之一。二审判决认为：该1000万元系债务人直接存入债权人的基本存款账户，而非存入指定保理账户，故不发生债务人向保理商清偿应收账款的法律效力。债权人收到债务人向其存款基本账号支付的1000万元货款后，将该1000万元转账至保理商指定的保理账户，应视为债权人向保理商偿还保理预付款。[①]

与上案不同，如果债务人向债权人一般账户付款再由债权人向保理商转付的方式得到保理商许可或默认的，法院也可能认为债务人构成有效清偿。

[①] 吉林省高级人民法院（2015）吉民二终字第99号民事判决书。

比如，最高人民法院在审理的某起保理合同纠纷案件中，判决认为：虽然《保理合同》《应收账款债权转让通知书》中约定案涉还款均应直接支付至债权人在保理银行设立的保理专户，但债务人在履行前四期支付义务时，均系通过将款项付至债权人的一般账户，再由债权人代为转付的方式履行，保理银行对此并未提出异议。故债务人在最后一次提前偿还尚欠全部款项时，将款项支付至债权人的账户，亦不违反前述还款方式，可构成对保理商的有效清偿。[①]

（二）登记对抗效力

保理专户如果不公开，保理商容易与第三人就账户内资金的归属问题产生纠纷，也存在当事人利用保理专户逃债的可能。由于信托关系只在委托人与受托人之间通过合同设立，信托财产的公示性较差，第三人难以知晓，存在着当事人恶意欺诈，签订虚假信托合同恶意逃避债务的可能。我国《信托法》未对信托财产所有权转移的问题进行明确规定。一旦受托人因解散、撤销或宣告破产等原因发生清算，如果不能有效确立信托财产的范围，将信托资产与受托人固有资产相隔离，将会使信托财产列入破产清算的范畴，损害受益人的利益。保理专户如采取账户质押的方式，也存在与信托类似的问题。保理商对账户内资金是享有所有权还是质押权并不清楚，账户质押也难以产生对抗第三人的效力。

保理专户有必要登记，登记后可产生对抗第三人效力。保理专户登记可以填补金钱这一特殊动产公示效果的不足。登记具有更强的公示力，可以使权属状况透明化，尤其是利用现代化登记信息系统进行的登记公示，不易被篡改和伪造，更为可信。比如，为了解决信托财产公示性不足问题，多国法律均配套了专户管理、信托登记等制度。保理专户登记虽不能作为信托或账户质押法律关系的成立要件，但可作为对抗第三人和确认权利优先顺位的重

[①] 最高人民法院（2016）最高法民终759号民事判决书。

要依据。有观点提出，保理专户在中国人民银行征信中心动产融资（权属）统一登记平台办理登记的，账户内款项具有破产隔离和对抗善意第三人的效力。①《天津高院保理纪要（二）》第7条规定保理商将应收账款的债权人和债务人、应收账款数额和履行期限、保理专户的账户名称、保理回款数额及预计进账时间等，在"中国人民银行征信中心动产融资统一登记平台"的"应收账款转让登记"项下"保理专户"进行登记公示的，保理商可就专户中的回款优先受偿。

---

① 田浩为：《保理法律问题研究》，载《法律适用》2015年第5期。

第五章
保理合同违约及救济

在保理法律关系中，由于保理商、债权人和债务人的权利义务交织在一起，债权人或债务人的不当履约行为可能会产生违约之债、侵权之债以及不当得利之债三种债务。在债务人到期不清偿应收账款或债权人不履行回购义务时，保理商可主张违约责任。在债权人虚构应收账款导致保理商产生资金损失时，保理商可能会要求债权人承担侵权责任。在应收账款已转让且通知债务人的情况下，债务人仍向债权人清偿的，债权人可能构成不当得利。

第一节 违约责任及救济

违约是保理合同履行受阻最重要的原因。在债务人到期不清偿应收账款时，保理商向债务人的求偿权和向债权人的追索权该如何行使？清偿顺位及各自的责任范围如何确定？在债权人拒绝回购应收账款或擅自变更基础合同时，保理商该如何主张权利？损害赔偿范围如何确定？融资本金、利息以及实现债权的费用如何支持？本节将针对上述问题进行探讨。

一、债务人违约

在应收账款转让给保理商后，保理商替代原债权人成为基础交易合同项下新的债权人。债务人在接到转让通知后应向保理商清偿应收账款。债务人拒不向保理商清偿的，即构成违约，应承担违约责任。实践中，有债务人以合同相对性为由辩称其不应向保理商承担违约责任，也有债务人对偿债顺序提出异议，认为其不应作为第一还款义务人，还有债务人对违约责任的赔偿范围存在争议。

（一）偿债义务主体

债务人到期未向保理商清偿应收账款，保理商应向谁主张权利以及如何主张权利，要依据保理合同是否约定追索权，是否通知债务人而定。

1. 在无追索权保理中

在无追索权保理中，偿债义务主体只能是债务人。保理商只能向债务人主张权利，而不能向债权人行使追索权。尽管有保理商认为，如果债务人不能清偿应收账款系信用风险之外的原因造成的，无追索权保理则可转化为有追索权保理，保理商可向债权人追索，但《民法典》第767条规定："当事人约定无追索权保理的，保理人应当向应收账款债务人主张应收账款债权，保理人取得超过保理融资款本息和相关费用的部分，无需向应收账款债权人返还。"立法对无追索权保理采取的是债权转让的立法构造，并未规定无追索权保理可以转化为有追索权保理。

2. 在隐蔽型有追索权保理中

此种情况下，由于应收账款转让未通知债务人，债务人没有义务向保理商清偿应收账款。《北京市高级人民法院民二庭关于当前商事审判中需要注意的几个法律问题》第3条规定："（1）隐蔽型、有追索权的保理。保理商（商业银行或商业保理企业）在应收账款到期后不能收回保理融资款的，有权依照保理合同的约定起诉应收账款债权人要求其回购应收账款，保理商（商业银行或商业保理企业）为原告，应收账款债权人为被告。因应收账款债权转让通知未向债务人送达，故保理商（商业银行或商业保理企业）要求应收账款债务人偿还应收账款的请求不予以支持……"

3. 在公开型有追索权保理中

此种情况下，保理商具有追索权，且由于应收账款转让已通知债务人，故对债务人发生法律效力。偿债义务主体为债务人和债权人。实践中，保理商往往同时向债务人和债权人提起诉讼，向债务人主张的是求偿权，向债权人主张的是追索权。

关于保理商是否可基于不同的请求权同时要求债务人和债权人偿还债务的问题，实务中有不同的观点。

有观点认为，保理商不能同时向债务人和债权人请求偿还债务。理由主要有：（1）在融资租赁合同纠纷中，《民法典》第752条（《合同法》第248条）规定："……承租人经催告后在合理期限内仍不支付租金的，出租人可以请求支付全部租金；也可以解除合同，收回租赁物。"《融资租赁合同解释》第 21 条明确解释此处的"可以……也可以……"为二选一的关系。①在保理合同纠纷中,《民法典》第 766 条规定:"当事人约定有追索权保理的,保理人可以向应收账款债权人主张返还保理融资款本息或者回购应收账款债权,也可以向应收账款债务人主张应收账款债权……"根据类推解释,此处的"可以……也可以……"也应为二选一关系。(2)保理商一方面基于应收账款受让人身份向债务人主张债权,另一方面又向债权人反转让该应收账款,逻辑上存在"既实现债权,又转让债权"的矛盾,也可能造成重复受偿的结果。②(3)《北京市高级人民法院民二庭关于当前商事审判中需要注意的几个法律问题》第 3 条中规定:"(2)公开型、有追索权的保理。保理商(商业银行或商业保理企业)在应收账款到期后不能收回保理融资款的,有权依照保理合同约定选择向应收账款债权人或债务人主张权利。如果保理商(商业银行或商业保理企业)先行选择起诉应收账款债务人要求其偿还应收账款而债务人未予偿还的,保理商可以再行起诉应收账款债权人,要求其回购应收账款。"根据上述规定,保理商只能择一主张权利。北京市高级人民法院在审理的(2014)高民(商)终字第 4943 号案件中,法官在庭审中向保理商释明其应在债权人或债务人之间作出选择,但保理商坚持同时起诉债权人和债务人,法院遂判决驳回保理商的诉请。

笔者认为,保理商应有权同时向债务人和债权人主张权利。理由如下:

1. 对法律条文的理解不能仅拘泥于文字表述,而是要探求背后的原因。立法采取"可以……也可以……"的技术并不表明一定就是二选一的关系。在融资租赁合同中,出租人请求解除合同与主张全部租金是相互矛盾的两个

---

① 《融资租赁合同解释》第 21 条第 1 款规定:"出租人既请求承租人支付合同约定的全部未付租金又请求解除融资租赁合同的,人民法院应告知其依照合同法第二百四十八条的规定作出选择。"

② 江西省高级人民法院(2015)赣民二终字第 103 号民事判决书、广东省珠海市中级人民法院(2015)珠中法立民终字第 62 号民事判决书。

诉讼请求,不能在同一个诉讼中一并主张,故司法解释明确出租人应作出选择。但在连带保证责任中,《民法典》第688条第2款规定:"连带责任保证的债务人不履行到期债务或者发生当事人约定的情形时,债权人可以请求债务人履行债务,也可以请求保证人在其保证范围内承担保证责任。"很显然,此处的"可以……也可以……"表明债权人既可以单独向债务人或保证人主张权利,还可以同时向债务人与保证人主张权利。《民法典》第766条应作相同理解。

2. 在体系上,由于立法者将有追索权保理构造为让与担保,故保理商同时主张主债权(追索保理融资款本息)与担保权(收取应收账款)或者分别主张,均符合让与担保原理。

3. 从立法史来看,《民法典》第766条系从《民法典合同编(草案二次审议稿)》第512条之四修改而来。第512条之四规定:"当事人约定有追索权保理的,保理人有权选择向应收账款债权人主张返还保理融资款本息或者回购应收账款债权,或者向应收账款债务人主张应收账款债权。"该条规定十分明确保理商必须在追索权与收取权之间作出选择。比较可以发现,《民法典》第766条除将二次审议稿中的"有权选择……或者……"的表述替换为"可以……也可以……"之外并无其他内容上的变化。此修改过程表明立法者应是摒弃了二次审议稿中必须"二选一"的立场,而是为"二合一"创造了适法空间。

4. 契约自由和尊重当事人意思自治是合同立法的基本立场。保理合同一般无关社会公共利益,只要当事人所作的交易设计不违反法律、行政法规的强制性规定,其效力应得到承认。实务中,保理合同通常约定保理商可同时向应债权人和债务人同时主张权利,此约定系当事人利益权衡的结果,并不违法背俗,法律自无不许之理。①

---

① 李宇:《民法典分则草案修改建议》,载《法治研究》2019年第4期。

当前，主流观点认为，保理商有权在同一个诉讼中同时向债务人主张求偿权和向债权人主张追索权。天津市高级人民法院、江苏省高级人民法院、湖北省高级人民法院和深圳前海合作区人民法院均认可这一做法。

《天津高院保理纪要（二）》第 8 条中规定："……债务人未依约支付全部应收账款时，保理商提出下列主张的，应予支持：1. 应收账款债权转让通知已经送达债务人的，保理商要求债务人支付全部应收账款。2. 债权转让通知没有送达债务人的，保理商要求债权人积极向债务人主张支付全部应收账款，并按保理合同约定将相应款项给付保理商。3. 债权人负有回购义务的，保理商要求债权人返还保理融资本息并支付相关费用。4. 债权人的回购义务履行完毕前，保理商依据保理合同及债权转让通知要求债务人付款或者收取债务人支付的应收账款。"

江苏省高级人民法院民二庭课题组认为应区分以下两种情形来处理。一种情形是保理合同约定保理商一经声明回购，应收账款即发生反转让的，应审查应收账款反转让是否通知了债务人，如果反转让已经通知债务人，则对债务人发生效力，保理商只能在债务人清偿以及债权人回购两者中择一行使；如果反转让未通知债务人，对债务人不发生效力，保理商仍可向债务人主张清偿。另一种情形是保理合同约定债权人付清回购款项后，应收账款才转移至债权人，在此之前应收账款并不发生反转让。此时，保理商可同时向债权人和债务人主张权利。

《湖北省高级人民法院民二庭当前商事审判疑难问题裁判指引》第 30 条规定："债务人收到债权转让通知后，未按照基础合同约定及通知要求付款，保理商请求债务人支付欠付款项的，应予支持。债务人不履行义务，保理商按照保理合同的约定向债权人行使追索权，或者请求债权人按照约定回购应收账款债权的，应予支持。保理商一并起诉债权人及债务人，主张债务人承担清偿责任、债权人在债务人不能清偿的范围内承担相应责任的，可以一并审理。"

《深圳前海法院保理合同案件裁判指引》第 24 条规定："债务人未按照债务履行期限支付全部应收账款时，保理商提出下列主张的，应予支持：（一）【按照基础合同向债务人主张】债务人收到债权转让通知后，未按照通知要求付款，保理商请求债务人履行债务的；（二）【按照保理合同向债权人主张】债务人不履行义务，保理商按照保理合同的约定要求债权人归还融资款或者回购应收账款债权的；（三）【按照保理合同向债权人、债务人同时主张】合同约定债务人不能清偿债务时，保理商对债权人享有追索权或者应收账款债权回购请求权，保理商一并起诉债权人及债务人，主张债务人承担清偿责任、债权人在债务人不能清偿的范围内承担相应责任的；（四）【约定连带责任】保理商与债权人、债务人约定由债权人与债务人对应收账款承担连带责任，保理商一并起诉债权人、债务人要求其承担连带责任的。"

需要注意的是，保理商同时向债权人和债务人主张权利可能会存在"重复受偿"的问题。为避免双重受偿，法院可在裁判中采取补充责任承担方式对债务人和债权人的责任进行划分，即判决先由债务人向保理商偿还应收账款，债权人在债务人不能清偿的范围内承担补充清偿责任。如债权人承担了清偿责任，保理商应将相应应收账款反转让给债权人，债权人有权再向债务人主张清偿责任。

（二）债务清偿顺位

在有追索权保理中，保理商同时主张求偿权与追索权时，债务人、债权人责任承担的顺序和范围如何确定又存在争议。

一种观点认为，债权人应为第一顺位偿债义务人。此种观点是建立在有追索权保理性质为"借款＋债权让与担保"基础之上。比如，福建省高级人民法院在审理的中国建设银行股份有限公司福州城南支行与福州开发区福燃煤炭运销有限公司等金融借款合同纠纷案中，法院判决认为，在有追索权国内保理中，卖方将对买方的应收账款债权转让给保理银行，保理银行向卖方发放保理融资款。当保理银行向买方请求给付应收账款受阻时，卖方负有偿还保理融资款本金并支付利息的责任。故卖方对于保理融资款负有最终偿还责任，其与保理银行实际上形成资金借贷关系。卖方将对买方的应收账款债权转让给保理银行，实际上是用以清偿保理融资款本息，当买方拒绝付款而卖方又未依约履行回购义务并足额清偿保理融资款本息时，保理银行依约仍保留对买方主张应收账款债权的权利，此时保理银行受让应收账款实际上起到担保作用。故有追索权保理中的应收账款转让实质上系债权让与担保。因此，在有追索权保理所涉法律关系中，保理银行与卖方的金融借贷系主法律关系，保理银行与卖方、买方之间形成的债权转让关系是从法律关系，并起到让与担保的作用。故卖方对保理融资款本息负有首要偿还责任，买方在应收账款金额范围内承担连带清偿责任。①

另一种观点则认为，债务人应为第一顺位偿债义务人。有追索权保理仍以应收账款支付作为还款的第一来源，即除当事人另有约定外，保理商应首先向债务人请求履行，债务人未依约支付全部款项时，才可向债权人追索，即债权人承担的是补充清偿责任。②比如，上海市第一中级人民法院审理的交通银行股份有限公司上海市分行（以下简称交通银行）与上海上体产业发展有限公司（以下简称上体产业公司）、上海约宁实业发展有限公司（以下简称上海约宁公司）保理合同纠纷案中，法院判决认为，交通银行受让34545000元应收账款债权后，上体产业公司作为债务人，当然负有首先向交通银行支付该笔债务的义务。同时，在有追索权保理合同关系中，当应收账款到期而不能足额收款时，原债权人即融资人上海约宁公司对交通银行负有按约定的回购价格购回该应收账款的义务，交通银行有权索回已付的融资款。故债务人不履行到期债务的，保理商交通银行有权向债务人上体产业公

---

① 福建省高级人民法院（2016）闽民终579号民事判决书。类似判例可参见福州市中级人民法院（2013）榕民初字第1287号民事判决书。

② 孙超：《保理所涉纠纷中的利益衡量与裁判规则》，载《人民司法·案例》2016年第32期。

司追偿，在收款不能的情况下，交通银行可按合同约定向上海约宁公司行使追索权。故上体产业公司应向交通银行承担支付欠款的法律义务，上体产业公司若未能足额履行该付款义务，交通银行有权要求上海约宁公司在剩余的保理融资本金范围内承担偿还义务。① 另如，上海市高级人民法院在审理的某起保理合同纠纷上诉案中，即将一审判决债权人为第一顺位还款责任人的判项改判为债务人为第一顺位还款责任人。②

也有案例从间接给付理论的角度对二者的偿债顺序进行解释。该理论认为，债权人向保理商偿还融资款为旧债，债务人清偿应收账款为新债。在债务人没有向保理商偿还应收账款的情况下，保理商享有对债务人的求偿权，也享有对债权人的追索权。同时，新债和旧债虽然同时并存，但新债是为清偿旧债，根据诚信原则，保理商应当首先请求履行新债，即请求债务人偿还应收账款。③ 最高人民法院民法典贯彻实施工作领导小组主编的《中华人民共和国民法典合同编理解与适用》一书则认为："保理人同时向应收账款债权人和债务人主张权利的，如果合同约定承担连带责任，则可按合同约定处理，如果合同未作约定，则应按照间接给付的法理，判令应收账款债务人承担第一顺位的还款责任，应收账款债权人承担补充责任。"④

笔者认为，后一种观点系建立在有追索权保理为债权转让或间接给付法律关系的基础之上，不能成立。如前文分析，由于立法采让与担保立场，故前一种观点值得赞同。需要澄清的是，尽管《中国银行业保理业务规范》第5条规定，"保理融资的第一还款来源为债务人对应收账款的支付"，但保理业务操作规范作为行业自律规则，并不能作为当事人责任顺位的依据。况

---

① 上海市第一中级人民法院（2016）沪01民终1759号民事判决书。
② 上海市高级人民法院（2017）沪民终171号民事判决书。
③ 最高人民法院（2017）最高法民再164号民事判决书。
④ 最高人民法院民法典贯彻实施工作领导小组主编：《中华人民共和国民法典合同编理解与适用》（三），人民法院出版社2020年版，第1785页。

且，债务人对应收账款的支付为保理回款第一来源仅表示偿债的资金来源，并不意味着债务人为第一还款责任人。

（三）清偿责任范围

保理商同时向债权人主张追索权和向债务人主张收取权时，债权人和债务人的责任范围并不相同。债权人的回购责任范围为保理商未收回的保理融资款本息。实践中的难点是如何确定债务人的清偿责任范围。

1. 债务本金

司法实践中，债务人向保理商的偿债范围是应收账款金额还是保理商支付给债权人的保理融资款本息，有不同的观点。根据不同裁判观点，可分为应收账款真实与应收账款虚假两种情况。

（1）应收账款真实的情况下

一种裁判观点认为，债务人应在保理融资款本息范围内承担还款责任，债权人就未清偿的部分承担补充还款责任。比如，在最高人民法院审理的鑫晟保理有限公司（以下简称鑫晟保理公司）与上海周贤房地产开发有限公司（以下简称周贤公司）、中科建设开发总公司（以下简称中科公司）等保理合同纠纷案中，转让的应收账款金额为5000万元，鑫晟保理公司向债权人中科公司提供的保理融资为4000万元。法院裁定认为，有追索权保理业务所包含的债权转让合同的法律性质并非纯正的债权让与，在保理商行使追索权的情况下，其不应再享有超出保理款部分的债权。本案鑫晟保理公司行使追索权后，其对周贤公司所能主张的权利范围应限缩至其支付给中科公司的4000万元保理款及相应利息的范围内。①最高人民法院（2017）最高法民再164号民事判决亦认为，保理商对债务人所能主张的权利范围，应当限缩至保理商向债权人借款本金及利息的范围之内，且债务人向保理商清偿该借款

---

① 上海市高级人民法院（2016）沪民终477号民事判决书、最高人民法院（2018）最高法民申1513号民事裁定书。

本金及利息的实际数额不能超过应收账款的本金及利息。

另一种判决观点则认为，债务人应在应收账款本息范围内承担还款责任，债权人在保理融资款本息范围内承担补充还款责任。比如，上海市第一中级人民法院（2016）沪01民终1759号民事判决书认为，交通银行受让34545000元应收账款债权后，上体产业公司作为债务人，当然负有首先向交通银行支付该笔债务的义务。另如，中山市中级人民法院在审理的广发银行股份有限公司中山分行（以下简称广发行中山分行）与中山市天乙铜业有限公司（卖方，以下简称天乙铜业公司）、中山市广凌燃气具有限公司（买方，以下简称广凌公司）保理合同纠纷案中，一审判决认为，有追索权保理合同的实质是以应收账款质押为担保的借款合同，当借款人不能按约履行还本付息义务时，贷款人有权在质押债权金额范围内优先受偿。也就是说，当天乙铜业公司未能按案涉《保理合同》的约定还本付息时，广发行中山分行有权要求天乙铜业公司承担借款本息的清偿义务，同时有权要求天乙铜业公司的各担保人在担保范围内承担担保责任。即广发行中山分行有权同时向天乙铜业公司与广凌公司进行追索，天乙铜业公司应对涉案保理融资款本息承担清偿责任，广凌公司则应当在应收账款125005844.25元范围内对涉案保理融资款本息承担清偿责任。二审判决予以维持。①

（2）应收账款虚假的情况下

第一种裁判观点认为，如果债务人向保理商作出还款承诺，则债务人应在保理融资款范围内承担责任。比如，上海市高级人民法院（2017）沪民终171号民事判决书认为，在本案保理业务过程中，中厦公司（债务人）在《钢材购销合同》《已转让应收账款确认书回执》以及《付款承诺书》上盖章确认。真实的应收账款系保理商最终实现经济利益的重要保障，中厦公司在

---

① 中山市中级人民法院（2016）粤20民初24号民事判决书、广东省高级人民法院（2017）粤民终2789号民事判决书。

基础交易虚假的情形下，仍向建行二支行作出上述确认和承诺，导致建行二支行基于对真实应收账款以及中厦公司付款承诺的信赖而向麟旺公司（债权人）发放款项，最终无法及时收回资金。从中厦公司及其法定代表人盖章的《付款承诺书》载明的内容来看，其承诺付款的范围涵盖了麟旺公司应还的保理预付款本金、利息及逾期利息。因此，中厦公司对建行二支行的欺诈行为，系造成建行二支行资金损失的重要原因，中厦公司应按照其对建行二支行的确认和承诺承担相应的付款责任，故判决中厦公司在保理融资款本息范围内承担责任。最高人民法院再审复查裁定亦认为，建行二支行受让麟旺公司对中厦公司所享有的债权，目的是清偿麟旺公司对其所欠的债务，故二审法院将建行二支行在本案中对中厦公司所能主张的权利范围限缩在建行二支行对麟旺公司所能主张的权利范围之内，并未超出当事人的诉讼请求。①

  第二种裁判观点认为，债务人应在其确认的应收账款范围内承担还款责任。比如，江苏高级人民法院在审理的光大银行常州支行（保理商）与朗锐公司（买方）、德美公司（卖方）保理合同纠纷案中，德美公司、朗锐公司以开具虚假的增值税发票、提供虚假的出入库单等方式虚构应收账款。法院判决认为，现已查明，该债权真实金额仅为 2120332.87 元，这导致光大银行常州支行为德美公司垫付的票据款无法全额清偿。而在案涉业务办理过程中，光大银行常州支行已尽审慎义务，不应对损失承担责任。朗锐公司确认的应收账款转让声明及买方确认回执等所载金额不真实，所确认的发票已部分作废，故朗锐公司对光大银行常州支行垫付款不能全额清偿的损失负有责任。虽然，德美公司对光大银行常州支行的损失亦有责任，但是，朗锐公司认为其与德美公司应按比例分担损失，缺乏依据。原审判决要求朗锐公司对光大银行常州支行垫付款不能全额清偿的部分在确认的应收账款金额范围内

---

① 最高人民法院（2019）最高法民申 1518 号民事裁定书。

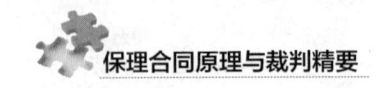

承担赔偿责任，并无不当。①

第三种裁判观点认为，债务人应向保理商承担侵权责任，但由于其承担的侵权责任与债权人应承担的合同责任系基于不同原因而产生的同一内容的给付，二者之间构成不真正连带债务关系，故债务人应对债权人不能清偿的部分承担赔偿责任。②根据学理解释，不真正连带债务，是指多数债务人基于不同发生原因而偶然产生的同一内容的给付，各付全部履行之义务，并因债务人之一的履行而使全体债务人的债务均归于消灭的债务。③在构成不真正连带债务时，多个债务人虽然基于不同的原因，责任性质不同，但都对同一债权人负有以同一给付为标的的债务。④也就是说，任一债务人对全部债务负有清偿责任，而不应是某一债务人对另一债务人不能清偿的部分承担清偿责任，故该判决观点与不真正连带责任原理相悖。

综合上述观点，笔者认为，在真实应收账款转让的情况下，债务人应在应收账款本息范围内承担还款责任。在虚假应收账款的情况下，如果债务人对应收账款真实性进行了确认并作出付款承诺，债务人应在承诺付款范围内承担清偿责任；如果债务人仅作出确认，并未作出付款承诺，但构成《民法典》第763条与债权人共同虚构应收账款情形的，仍应在应收账款本息范围内承担清偿责任。理由如下：

（1）如前文对应收账款让与担保内外效力之分析，对内虽系"假转让、真担保"，但对外而言，由于应收账款债务人无法知晓保理商与债权人之间的让与担保安排，故应收账款转让对其为"真转让"。根据《民法典》第

---

① 江苏高级人民法院（2015）苏商终字第00131号民事判决书。

② 湖南省高级人民法院（2016）湘民终151号民事判决书。

③ 王利明：《中国民法案例与学理研究（债权篇）》，法律出版社2003年版，第3页。

④ 最高人民法院民事审判第一庭编著：《最高人民法院人身损害赔偿司法解释的理解与适用》，人民法院出版社2004年版，第180页。

769条准用规则，保理中债务人的责任范围可参照债权转让规则确定。应收账款转让给保理商后，仅是偿债对象发生了变化，债的内容并未发生变化。根据基础合同约定，债务人如逾期未支付应收账款，应支付相应的逾期利息或违约金。此为应收账款所生的法定孳息，应包括在应收账款的担保范围之内。

（2）在应收账款为虚假时，如果债务人对应收账款真实性进行了确认并作出付款承诺，可视为债的加入，债务人应在承诺付款范围内承担清偿责任。债的加入，是指原债权债务关系之外的民事主体，作出将承担债务履行责任的承诺，从而加入到债的履行之中的法律行为。债的加入主要有两种方式：①案外人与双方当事人达成三方协议；②案外人以承诺书等书面形式作出并送达债权人的单方承诺。在过去，债的加入在合同法中没有明确规定，但司法实践中对此亦持肯定态度。《民法典》第552条正式确立了"债的加入"规则，该条规定："第三人与债务人约定加入债务并通知债权人，或者第三人向债权人表示愿意加入债务，债权人未在合理期限内明确拒绝的，债权人可以请求第三人在其愿意承担的债务范围内和债务人承担连带债务。"在保理商要求债务人对应收账款真实性与金额进行确认时，如果债务人在明知应收账款不存在的情况下，仍然向保理商作出虚假确认，并承诺付款，则应在承诺付款范围内承担责任。除债务人之外，案外人也可以加入债务。《深圳前海法院保理合同案件裁判指引》第9条规定："案外人虽然没有明确表示承担责任，但自愿与债权人或债务人共同承担债务的，视为债务加入。原告申请将其列为共同被告的，人民法院予以准许。"

（3）在应收账款为虚假时，如果债务人只进行了虚假确认并未承诺付款，在符合《民法典》第763条规定情形时，仍应承担相应的付款责任。根据该条规定，债权人与债务人虚构应收账款的，债务人不能对抗保理商，故仍应承担应收账款清偿责任。需要注意的是，债务人虚假确认行为必须与保理合同的订立存在因果关系。也就是说，应收账款债权人与债务人虚构应收账款作为转让标的的行为所制造的权利外观,必须使保理商产生了相应的信赖,并据此签订保理合同。如果案件事实表明,保理合同的签订与应收账款是否真实没有关系,则不能适用本条规定。[①] 当然,从理论上讲,保理商也可追究债务人的侵权损害赔偿责任。本章第二节将就侵权责任进行论述。

2. 逾期利息

在基础合同项下,债务人逾期付款会产生逾期违约金。在应收账款转让给保理商之前,债务人应根据基础交易合同约定的期限和金额向债权人清偿应收账款。在转让之后,债务人只是偿债对象发生了变化,应收账款本身并无变化。如果应收账款期限届满后债务人仍未向保理商清偿的,应承担逾期付款责任,通常会支付滞纳金、罚息、逾期利息或违约金,虽然称呼各异,本质上为逾期付款违约金。

由于保理合同与基础交易合同是两份独立的合同,根据合同相对性原理,保理商无权以保理合同中逾期利息或违约金的计算标准向债务人主张逾期付款违约金。比如,佛山市顺德区人民法院(2015)佛顺法民二初字第423号民事判决书认为,由于保理商是基于债权人转让《购销合同》债权而取得的对债务人的债权,而该购销合同并未对债务人违约行为作相应的违约约定,故保理商要求保理商按案涉保理合同约定的利率支付保理预付款利息、复利的请求,缺乏事实和法律依据。另保理商在诉讼中明确对债务人的诉讼请求仅为支付货款,故本院对保理商要求债务人支付利息的主张不予支持。[②]

逾期付款违约金的起算点和计算标准应尊重基础交易合同的约定,在基础交易合同没有约定时,可参照《买卖合同解释》相关规定处理。《深圳前海法院保理合同案件裁判指引》第25条规定:"基础合同对逾期履行应收账

[①] 最高人民法院民法典贯彻实施工作领导小组主编:《中华人民共和国民法典合同编理解与适用》(三),人民法院出版社2020年版,第1776页。

[②] 广东省佛山市顺德区人民法院(2015)佛顺法民二初字第423号民事判决书。

款给付义务的违约责任没有约定，保理商在起诉债务人时依据《最高人民法院关于审理买卖合同纠纷案件适用法律问题的解释》第二十四条的规定主张逾期付款损失的，人民法院予以支持。"《买卖合同解释》第24条规定："买卖合同对付款期限作出的变更，不影响当事人关于逾期付款违约金的约定，但该违约金的起算点应当随之变更。买卖合同约定逾期付款违约金，买受人以出卖人接受价款时未主张逾期付款违约金为由拒绝支付该违约金的，人民法院不予支持。买卖合同约定逾期付款违约金，但对账单、还款协议等未涉及逾期付款责任，出卖人根据对账单、还款协议等主张欠款时请求买受人依约支付逾期付款违约金的，人民法院应予支持，但对账单、还款协议等明确载有本金及逾期付款利息数额或者已经变更买卖合同中关于本金、利息等约定内容的除外。买卖合同没有约定逾期付款违约金或者该违约金的计算方法，出卖人以买受人违约为由主张赔偿逾期付款损失的，人民法院可以中国人民银行同期同类人民币贷款基准利率为基础，参照逾期罚息利率标准计算。"第45条规定："法律或者行政法规对债权转让、股权转让等权利转让合同有规定的，依照其规定；没有规定的，人民法院可以根据合同法第一百二十四条和第一百七十四条的规定，参照适用买卖合同的有关规定。权利转让或者其他有偿合同参照适用买卖合同的有关规定的，人民法院应当首先引用合同法第一百七十四条的规定，再引用买卖合同的有关规定。"故在应收账款转让法律关系中，逾期付款违约金可参照《买卖合同解释》处理。

二、债权人违约

债权人是保理合同与基础合同的连接点。债权人违约主要有两种情形：（1）擅自与债务人变更或解除基础交易合同；（2）在债务人到期不清偿应收账款的情况下，拒绝向保理商履行回购义务。

（一）合同继续履行

债权人变更基础合同可能会损害保理商的利益。《民法典》第 543 条（《合同法》第 77 条）规定："当事人协商一致，可以变更合同。"根据《联合国国际贸易应收款转让公约》第 20 条的规定，在不损害第三人利益的前提下，应允许当事人自愿协商变更基础合同内容。但由于保理合同是建立在基础合同之上，基础合同内容发生变更，可能会影响保理商的利益。如果债权人与债务人变更或解除基础合同损害保理商的利益，保理商有权追究债权人或债务人违约责任。

保理商可要求继续履行原基础合同和保理合同。继续履行是承担违约责任的一种方式。《民法典》第 577 条规定："当事人一方不履行合同义务或者履行合同义务不符合约定的，应当承担继续履行、采取补救措施或者赔偿损失等违约责任。"《民法典》第 765 条规定："应收账款债务人接到应收账款转让通知后，应收账款债权人与债务人无正当理由协商变更或者终止基础交易合同，对保理人产生不利影响的，对保理人不发生效力。"根据上述规定，债权人与债务人无正当理由变更基础合同对保理商产生不利影响的，对保理商不发生效力。换言之，保理合同仍应继续履行，保理商仍可按照之前的基础合同向债务人和债权人主张权利。

关于基础合同变更后，债务人是否应承担责任的问题，审判实践中有不同观点。

一种观点认为，应收账款转让通知债务人后，保理商可要求债务人继续支付应收账款或债务人与债权人共同承担赔偿责任。《深圳前海法院保理合同案件裁判指引》第 30 条规定："债权转让通知送达债务人后，未经保理商同意，债权人与债务人擅自变更基础合同导致保理商未能收回应收账款或者遭受损失的，保理商可以选择提出以下诉讼请求，人民法院予以支持：……（三）要求债务人继续履行支付应收账款的义务；（四）要求债权人与债务人共同承担赔偿责任。"

另一种观点则认为，债务人只有在向保理商作出不变更基础合同承诺的情况下，才应承担赔偿责任。《天津高院保理纪要（二）》第5条第2款规定："债权转让通知送达债务人，债务人未向保理商作出不变更基础合同承诺的，不承担因基础合同变更给保理商造成损失的赔偿责任。债务人已向保理商作出不变更基础合同承诺的，对于因基础合同变更给保理商造成的损失，如果没有明确责任承担方式，保理商可以主张债务人在债权人承担责任的范围内承担补充赔偿责任。"

比较发现，后一种观点比前一种观点要求更为苛刻。前一种观点只要求债权转让通知债务人后，债务人就要承担赔偿责任，而后一种观点则要求在债权转让通知送达债务人且债务人向保理商作出不变更基础合同承诺的情况下，债务人才会承担责任。通过《民法典》第765条规定可见，立法采纳了前一种观点。债务人知晓应收账款转让的事实即可，并不一定非要作出不变更基础合同的承诺。如果基础合同变更对保理商不利，保理商可主张变更对其不发生法律效力，仍有权要求债务人支付应收账款。

（二）变更保理合同

基础合同是订立保理合同的基础。基础合同变更可能会导致应收账款发生变化。在签订保理合同的基础条件发生变化的情况下，应赋予保理商变更保理合同的权利。为了平衡三方利益，债权人与债务人变更基础合同时应征得保理商同意，或者与保理商协商变更保理合同的相关内容。《天津高院保理纪要（二）》第5条第1款规定："保理合同对于基础合同的变更有约定的从约定，无约定的，可以按照以下情形处理：1.保理商可以对保理合同内容作出相应的变更。"

（三）回购应收账款

在有追索权保理中，如果债务人到期不清偿应收账款的，保理商负有回购应收账款的责任。《深圳前海法院保理合同案件裁判指引》第27条规定："在有追索权保理纠纷中，保理商要求债权人以支付保理融资款本息和相关费用的方式履行应收账款回购义务的,人民法院予以支持。"回购与应收账款反转让为对待给付关系。债权人在承担回购责任后,与之相对应的应收账款债权应转回至债权人处。反转让是一种新的应收账款转让,该转让行为,同样也应通知债务人,未通知债务人的,对债务人不发生法律效力,债务人仍可向保理商清偿。《天津高院保理纪要(二)》第8条中规定:"……债权人履行回购义务后,保理商应将应收账款及其项下的权利返还债权人,债权人取得基础合同项下对债务人的相应债权,保理商不得再向债务人主张还款。"

保理商要求债权人承担回购责任的目的是收回保理融资款本息。考虑到债务人向保理商回款的情况,债权人的回购范围为保理融资款本息与债务人回款的差额。若保理商从债务人处收回的应收账款为零,则债权人的回购责任范围为保理融资款本息。

在确定保理融资款本息时,如何处理保理商事先收取的费用是实践中的难点。保理商在叙做保理时,往往会收取服务费或保证金等费用,并在向债权人提供融资时将上述费用扣除,该部分费用能否计入保理融资本金?此外,有保理合同对融资利率、逾期利息或违约金进行了约定,法院又该如何处理?

1. 关于保证金的问题

实践中保理商从债权人处收取保证金的情况比较常见。保理商要么在支付保理融资款时直接扣除保证金,要么要求债权人在支付保理融资款后另行支付保证金。

保证金本质上是一种担保手段,其作用在于保障合同正常履行。有观点认为,融资性保理通常以提供融资为核心业务,具有较强的金融属性,注重资本由闲置方向需求方流动,提高资本利用效率,先予扣除保证金的做法使得这部分资金没有实现流动的效率价值。因此,保理商收取保证金的,保证金应当从融资额中扣除。法院在计算保理融资利息、逾期利息、违约金等责任范围时，应当按照扣除保证金后的实际融资金额计算。①

笔者认为，保理商收取的保证金是否应从保理融资本金中扣除，要依据保证金的性质与功能区别对待。《担保法解释》第85条规定："债务人或者第三人将其金钱以特户、封金、保证金等形式特定化后，移交债权人占有作为债权的担保，债务人不履行债务时，债权人可以以该金钱优先受偿。"保证金质押必须具备特定化和移交保理商占有两个条件。金钱作为特殊动产，其所有权随占有转移。以金钱设立质押，必须特定化，以保证交付的金钱与质权人的自有财产相区别，使之既属于出质人所有，但又被质权人占有。由于质权为担保物权而非用益物权，故质权人没有对质物的使用和收益权，更不能处分质物。如果保证金符合上述条件，则成立金钱质押法律关系。此种情况下，保证金是独立存在的质押物，起着债权担保的作用，不应从本金中扣除。

但实践中，保理商收取保证金并不规范，难以符合保证金质押的条件。保证金通常并非由债权人向保理商交付，而是保理商在向债权人支付融资款时直接扣除。保理商收取保证金后，并未采取特定化的方式使之与保理商的自有财产相隔离，而是为保理商任意支配和使用。此种情况下，虽名为保证金，但并不能产生保证金质押的法律效果。保理商提前扣收的保证金与借款中的"砍头息"并无区别。

在保证金不符合金钱质押条件时，为防范保理商以预扣保证金的方式变相抬高融资成本，可将保证金从融资本金中扣除。《最高人民法院关于进一步加强金融审判工作的若干意见》（法发〔2017〕22号）第4条规定："规范和促进直接服务实体经济的融资方式，拓宽金融对接实体经济的渠道。依法保护融资租赁、保理等金融资本与实体经济相结合的融资模式，支持和保

---

① 马占举、胡劭：《保理合同纠纷审判难点及裁判思路（一）》，载《商业保理》第3期。

障金融资本服务实体经济。对名为融资租赁合同、保理合同，实为借款合同的，应当按照实际构成的借款合同关系确定各方的权利义务，防范当事人以预扣租金、保证金等方式变相抬高实体经济融资成本。"《民法典》第670条（《合同法》第200条）规定："借款的利息不得预先在本金中扣除。利息预先在本金中扣除的，应当按照实际借款数额返还借款并计算利息。"《民间借贷规定》第27条规定："……预先在本金中扣除利息的，人民法院应当将实际出借的金额认定为本金。"《深圳前海法院保理合同案件裁判指引》第34条规定："保理商收取保证金的，保证金应当从融资金额中扣除。人民法院在计算保理融资利息、逾期利息、违约金等责任范围时，应当按照扣除保证金后的实际融资金融计算。"根据上述规定，在保理商要求债权人返还融资本金及利息时，其事先收取的保证金应从融资本金中扣除。

比如，上海市高级人民法院在审理的鑫晟保理有限公司（以下简称鑫晟保理公司）与上海周贤房地产开发有限公司（以下简称周贤公司）、中科建设开发总公司（以下简称中科公司）等保理合同纠纷一案中，法院判决认为，根据系争保理合同约定，中科公司（债权人）向鑫晟保理公司支付保证金是提供保理融资服务的前提，鑫晟保理公司收到保证金后才向中科公司支付融资款。中科公司向鑫晟保理公司缴纳保证金1000万元。鑫晟保理公司虽然交付了转让款4000万元，但中科公司实际可以使用的资金只有3000万元，比照《民间借贷规定》的相关规定，本金应当按此计算。中科公司归还的借款本金也就仅应为3000万元，并以此为基数计算利息。①

2. 关于服务费或手续费的问题

服务费，是指保理商向债权人提供保理服务所收取的费用。保理商提供的服务除融资外，还可能会有应收账款催收、销售分户账管理、信用担保

---

① 上海市高级人民法院（2016）沪民终477号民事判决书。类似保证金抵扣案例可参见上海市浦东新区人民法院（2017）沪0115民初3359号民事判决书。

等。有观点认为,保理商收取服务费没有依据,应从融资本金中扣除。也有观点认为,服务费是变相利息。保理商为了减少税费,约定较高比例的保理服务费,实际上抵充了利息,应参照《民间借贷规定》第30条的规定,保理商可以主张保理服务费,但所有收益总计超过司法保护上限的部分不应保护。

  笔者认为,在商事交易中,法院宜尊重当事人意思自治。如果保理商提供了保理服务,其收取服务费或手续费并非没有依据。保理业务完成后,债权人应当支付就保理业务所产生的有关佣金等费用。[①] 如果保理商仅仅只提供了融资服务,此时可将服务费或手续费视为调整资金表面利率的方式。在签订合同时,债权人如对服务费或手续费有异议,完全可以不同意服务费或手续费的约定,或以欺诈、显失公平为由行使撤销权。因此,如果法院一概认定保理商收取的服务费或手续费应从融资本金中扣除,可能会对保理商不公平,对行业发展不利。

  但服务费、手续费等额外费用数额有必要进行一定的限制,以降低中小企业融资成本。根据《九民会议纪要》的精神,司法审判必须要对金融机构的变相利息加以规范。《九民会议纪要》第51条规定:"金融借款合同纠纷中,借款人认为金融机构以服务费、咨询费、顾问费、管理费等为名变相收取利息,金融机构或者由其指定的人收取的相关费用不合理的,人民法院可以根据提供服务的实际情况确定借款人应否支付或者酌减相关费用。"借款人对金融机构的变相利息认为质价不符,要求酌减或者不予支付,法院应当根据借款人提供的证据进行审查,必要时可以依职权进行调查,查清是否存在质价不符或者不应支付的情况。对于金融机构向小微企业收取财务顾问费

[①] 顾权、赵瑾:《商业保理合同纠纷的裁判路径》,载《人民司法·案例》2016年第32期。

等费用，应不予支持；对于质价不符的，可以适当调整。① 笔者以为，在保理商以服务费、手续费等费用的名义行变相收取利息之实时，法院可对服务费、手续费进行调整，以这些费用金额加上保理融资利息之和不超过年利率24%为宜。

在保理合同被认定为借款法律关系时，则保理商不应收取服务费或手续费等额外费用。理由在于：根据保理合同约定，保理服务费或手续费是针对保理业务而言，在被认定为借款法律关系时，保理商收取保理服务费或手续费没有合同依据。此外，保理合同被认定为借款也可以说明保理商并未提供质价相符的服务，在办理业务过程中未尽到审慎注意义务，存在过失，收取服务费或手续费等没有法律依据。此种情况下，服务费或手续费可认定为保理商收取的"砍头息"，应从融资本金中予以扣除。

比如，湖南省高级人民法院在审理的浦发银行郴州分行与红鹰铋业公司、湖南铋业公司金融借款合同纠纷案中，法院判决认为，本案所涉保理合同法律关系因不存在真实、有效的应收账款而失去了有效成立的前提与基础，本案所涉法律关系的真实属性应认定为金融借款法律关系。……本案中，浦发银行郴州分行向红鹰铋业公司收取保理费的前提是保理合同法律关系成立并生效。因本案保理合同法律关系并未依法成立，双方之间实际形成的是金融借款法律关系，故浦发银行郴州分行收取红鹰铋业公司187674.3元保理费已无相应的法律依据。浦发银行郴州分行仅可就实际发放的贷款本金及利息向红鹰铋业公司、湖南铋业公司主张权利。浦发银行郴州分行提出应由红鹰铋业公司、湖南铋业公司赔偿其187674.3元保理费的上诉理由于法无据，本院不予支持。②

---

① 最高人民法院民事审判第二庭编著：《〈全国法院民商事审判工作会议纪要〉理解与适用》，人民法院出版社2019年版，第332页。

② 湖南省高级人民法院（2016）湘民终151号民事判决书。

三、保理合同解除及损害赔偿

在保理合同纠纷中,如果符合合同约定的解除条件或债权人出现重大违约,保理商有权解除保理合同并要求债权人赔偿损失。损失范围既包括融资本金,也包括利息、罚息、复利、违约金、滞纳金以及其他费用等。

(一)合同解除规则

1. 合同解除权的产生

合同解除权分为约定解除权和法定解除权两大类。约定解除权由合同当事人依据合同约定而产生,解除权可根据约定归属一方或双方。法定解除权是根据法律规定产生的解除权。《民法典》第563条(《合同法》第94条)规定了五种法定解除情形。根据合同解除权的行使方式不同,合同解除可分为约定解除、法定解除和协议解除三种类型。约定解除,是指当事人约定在符合一定条件下,一方或双方行使约定解除权而解除合同。法定解除,是指合同生效后,没有履行或者未履行完毕前,当事人在法律规定的解除条件出现时,行使解除权而使合同关系消灭。协议解除,是指合同成立后,在未履行或未完全履行之前,当事人双方通过协商解除合同。关于约定解除,需要注意的是,《九民会议纪要》第47条对约定解除条件进行了限制:"合同约定的解除条件成就时,守约方以此为由请求解除合同的,人民法院应当审查违约方的违约程度是否显著轻微,是否影响守约方合同目的实现,根据诚信原则,确定合同应否解除。违约方的违约程度显著轻微,不影响守约方合同目的实现,守约方请求解除合同的,人民法院不予支持;反之,则依法予以支持。"

合同解除权一般归守约方,但也有例外。解除合同是守约方的一种违约救济措施,如果违约方享有解除权,可能会导致其利用合同解除制度谋取不正当利益,故一般认为合同解除权归守约方更符合合同正义原则。根据《民法典》第563条的规定,除不可抗力致使不能实现合同目的的场合下双方当事人均有解除权之外，其余法定解除情形，比如预期违约、迟延履行、根本违约时，解除权均归守约方。但对于一些特殊类型的合同，如果合同履行陷入僵局，固守解除权只能由守约方行使的做法并不利于双方当事人。《九民会议纪要》第 48 条规定："违约方不享有单方解除合同的权利。但是，在一些长期性合同如房屋租赁合同履行过程中，双方形成合同僵局，一概不允许违约方通过起诉的方式解除合同，有时对双方都不利。在此前提下，符合下列条件，违约方起诉请求解除合同的，人民法院依法予以支持：（1）违约方不存在恶意违约的情形；（2）违约方继续履行合同，对其显失公平；（3）守约方拒绝解除合同，违反诚实信用原则。人民法院判决解除合同的，违约方本应当承担的违约责任不能因解除合同而减少或者免除。"

2. 合同解除权的行使

我国法律并没有采取当然解除主义。具备解除条件的合同并不会自动解除。合同要实现解除目的，必须要有解除行为。当事人解除合同可采取自力救济的方式，也可采取公力救济的方式。前者如当事人发送合同解除通知书，后者如诉讼解除。

当事人单方通知解除是合同解除的典型方式。合同解除权属于形成权，仅需解除权人单方解除合同的意思表示送达对方即可发生合同解除效力，不需要对方当事人同意。《民法典》第 565 条规定："当事人一方依法主张解除合同的，应当通知对方。合同自通知到达对方时解除；通知载明债务人在一定期限内不履行债务则合同自动解除，债务人在该期限内未履行债务的，合同自通知载明的期限届满时解除。对方对解除合同有异议的，任何一方当事人均可以请求人民法院或者仲裁机构确认解除行为的效力。当事人一方未通知对方，直接以提起诉讼或者申请仲裁的方式依法主张解除合同，人民法院或者仲裁机构确认该主张的，合同自起诉状副本或者仲裁申请书副本送达对方时解除。"

当事人采取通知方式解除合同时，必须要有解除权，才能发生解除合同的法律效力。有错误观念认为，不论发出解除通知的一方有无解除权，只要另一方未在异议期限内以起诉方式提出异议，就判令解除合同。《九民会议纪要》第48条专门指出，这不符合合同法关于合同解除权行使的有关规定。对该条的准确理解是，只有享有法定或者约定解除权的当事人才能以通知方式解除合同。不享有解除权的一方向另一方发出解除通知，另一方即便未在异议期限内提起诉讼，也不发生合同解除的效果。人民法院在审理案件时，应当审查发出解除通知的一方是否享有约定或者法定的解除权来决定合同应否解除，不能仅以受通知一方在约定或者法定的异议期限届满内未起诉这一事实就认定合同已经解除。"

3. 合同解除权的消灭

合同解除权的行使是法律赋予当事人保护自身合法权益的手段，但该权利的行使并非不受限制。在合同符合解除条件时，享有解除权的一方既可以行使解除权，也可以不行使。这会使合同是否会被解除陷入不确定状态中，相对人也会就是否需要继续履行合同义务无所适从，长期放任这种不安状态不利于维护合同稳定和双方预期。因此，合同解除权应当在一定期间内行使。《民法典》第564条规定："法律规定或者当事人约定解除权行使期限，期限届满当事人不行使的，该权利消灭。法律没有规定或者当事人没有约定解除权行使期限，自解除权人知道或者应当知道解除事由之日起一年内不行使，或者经对方催告后在合理期限内不行使的，该权利消灭。"

（二）合同解除情形

实践中，保理合同的解除主要有两种情形：（1）债权人虚构应收账款；（2）债权人与债务人擅自变更基础交易合同或终止基础交易合同。

在债权人虚构应收账款的情况下，保理商无法向债务人主张应收账款，不能实现保理合同的目的，符合约定或法定解除条件。

在债权人与债务人擅自变更基础交易合同时，保理商也可以解除保理合同。保理商在与债权人签订保理合同时一般会要求债权人作出不变更基础合同的承诺或约定。如果债权人违背该约定，保理商有权要求解除保理合同，赔偿损失。《最高人民法院关于当前商事审判工作中的若干具体问题》明确指出："债权人、债务人及保理商就基础合同的变更作出约定的，依其约定处理。如果无三方约定，保理商受让债权后，债务人又与原债权人变更基础合同，导致保理商不能实现保理合同目的，保理商请求原债权人承担违约责任或者解除保理合同并赔偿损失的，应当支持。"[①]《天津高院保理纪要（二）》第5条第1款规定："保理合同对于基础合同的变更有约定的从约定，无约定的，可以按照以下情形处理：……2.债权人变更基础合同的行为导致应收账款的有效性、履行期限、付款方式等发生重大变化，致使保理商不能实现合同目的，保理商可以向债权人主张解除保理合同并要求赔偿损失，或者要求债权人依照保理合同约定承担违约责任……"《深圳前海法院保理合同案件裁判指引》第30条规定："债权转让通知送达债务人后，未经保理商同意，债权人与债务人擅自变更基础合同导致保理商未能收回应收账款或者遭受损失的，保理商可以选择提出以下诉讼请求，人民法院予以支持：（一）向债权人主张解除保理合同并要求赔偿损失。"

需要注意的是，在租赁保理业务中，司法解释对合同解除进行了特别限制。《融资租赁合同解释》第8条规定："出租人转让其在融资租赁合同项下的部分或者全部权利，受让方以此为由请求解除或者变更融资租赁合同的，人民法院不予支持。"保理商不得以其从融资租赁公司处受让租金债权为由解除融资租赁合同。

（三）损害赔偿范围

关于合同解除的法律后果，《民法典》第566条规定："合同解除后，尚未履行的，终止履行；已经履行的，根据履行情况和合同性质，当事人可以

[①] 杨临萍：《当前商事审判工作中的若干具体问题》，载《人民司法·应用》2016年第4期。

请求恢复原状或者采取其他补救措施，并有权请求赔偿损失。合同因违约解除的，解除权人可以请求违约方承担违约责任，但是当事人另有约定的除外。主合同解除后，担保人对债务人应当承担的民事责任仍应当承担担保责任，但是担保合同另有约定的除外。"

1.关于利息的问题

保理合同解除后，债权人应向保理商返还保理融资款本金及利息。保理合同中约定的利息、违约金等条款属于合同结算清理条款，在合同解除的情形下，依然有效。《民法典》第567条（《合同法》第98条）规定："合同的权利义务关系终止，不影响合同中结算和清理条款的效力。"《九民会议纪要》第49条规定："合同解除时，一方依据合同中有关违约金、约定损害赔偿的计算方法、定金责任等违约责任条款的约定，请求另一方承担违约责任的，人民法院依法予以支持。双务合同解除时人民法院的释明问题，参照本纪要第36条的相关规定处理。"

比如，北京市海淀区人民法院在审理的耀盛商业保理有限公司（以下简称耀盛保理公司）与怡佳公司等保理合同纠纷一案中，判决认为，合同权利义务终止，不影响合同中结算和清理条款的效力。耀盛保理公司依约向怡佳公司发放了借款，借款到期，怡佳公司未依约还款构成违约，应当承担约定的违约责任，除应依约偿还本金外，还需支付违约金。故耀盛保理公司要求怡佳公司偿还借款本金75万元，有事实及法律依据，本院予以支持。诉讼中，耀盛保理公司自愿将违约金计算标准降低为年利率24%，本院不持异议。[①]

笔者认为，利息或违约金的计算标准首先应尊重合同约定，但不能超过合同签订时一年期贷款市场报价利率的四倍。理由如下：

（1）合同项下返还保理融资款的责任与借款合同中返还借款本金尤为

---

① 北京市海淀区人民法院（2016）京0108民初3962号民事判决书。

接近，都属于金钱给付之债。从债权人逾期未返还保理融资款的法律后果来看，相当于变相占用保理商的资金，给保理商造成的损失主要是资金占用损失，故可采取最相类似法律的处理原则，参考借款合同相关规则进行处理。

（2）"一年期贷款市场报价利率的四倍"为我国法律和司法解释保护的资金利率上限。《民法典》第680条第1款规定："禁止高利放贷，借款的利率不得违反国家有关规定。"修正后的《民间借贷规定》第29条第1款规定："出借人请求借款人按照合同约定利率支付利息的，人民法院应予支持，但是双方约定的利率超过合同成立时一年期贷款市场报价利率四倍的除外。"第30条规定："出借人与借款人既约定了逾期利率，又约定了违约金或者其他费用，出借人可以选择主张逾期利息、违约金或者其他费用，也可以一并主张，但是总计超过合同成立时一年期贷款市场报价利率四倍的部分，人民法院不予支持。"

（3）不超过"一年期贷款市场报价利率的四倍"有利于保理行业的发展。意思自治是合同法的基本原则，但无限制的意思自治即构成对秩序的侵害。目前，有部分保理商收取高额回报，远高于民间借贷收入。畸高的保理融资利率在加重供应商负担的同时，也增加了履约不能的风险，由此引发的恶性循环严重阻碍了商业保理有序、健康发展，也危害了金融安全。保理融资利率参照《民间借贷规定》的规定，不仅能合理平衡保理商与债权人的权利义务，也有助于解决中小企业融资难问题。对于保理合同而言，无论是逾期利息，还是违约金，抑或二者之和，均不能超出司法保护的上限。

债权人如果认为利息或违约金过高的，可以申请法院或仲裁机构进行调整。《民法典》第585条中规定："当事人可以约定一方违约时应当根据违约情况向对方支付一定数额的违约金，也可以约定因违约产生的损失赔偿额的计算方法。约定的违约金低于造成的损失的，人民法院或者仲裁机构可以根据当事人的请求予以增加；约定的违约金过分高于造成的损失的，人民法院或者仲裁机构可以根据当事人的请求予以适当减少。"《九民会议纪要》第

50条规定:"认定约定违约金是否过高,一般应当以《合同法》第113条规定的损失为基础进行判断,这里的损失包括合同履行后可以获得的利益。除借款合同外的双务合同,作为对价的价款或者报酬给付之债,并非借款合同项下的还款义务,不能以受法律保护的民间借贷利率上限作为判断违约金是否过高的标准,而应当兼顾合同履行情况、当事人过错程度以及预期利益等因素综合确定。主张违约金过高的违约方应当对违约金是否过高承担举证责任。"

2.关于实现债权费用的问题

实践中,有保理商主张债权人应赔偿其为实现债权而支出的费用,包括律师费、评估费、鉴定费、担保费等。"实现债权的费用"首次出现在《担保法》第21条规定中,"保证担保的范围包括主债权及利息、违约金、损害赔偿及实现债权的费用。"《最高人民法院关于适用〈中华人民共和国合同法〉若干问题的解释(二)》[以下简称《合同法解释(二)》]第21条规定:"债务人除主债务之外还应当支付利息和费用,当其给付不足以清偿全部债务时,并且当事人没有约定的,人民法院应当按照下列顺序抵充:(一)实现债权的有关费用;(二)利息;(三)主债务。""实现债权的费用"范围有多大,包括哪些费用并无定论。保理商因为提起诉讼支出的律师费、诉讼保全担保费、评估费、鉴定费等费用是否应由被告承担常成为案件争议的焦点。

"实现债权的费用"是一个比较宽泛且附有弹性的概念,存在较大的不确定性,宜作限缩解释。不可否认,无违约则无损失,权益的实现必然伴随着成本的投入,保理商因债权人违约而采取救济措施必然会产生一定的费用。由债权人承担因其违约行为所造成的损失看似合乎法理,但我们要考虑该费用是否为保理商必要的支出。权益的实现方式多种多样,路径和方式并不固定。案件难易程度不同,维权成本有高低之分,不同的选择途径产生的费用必然不同。保理商可采取自行催收等私力救济方式,也可选择仲裁、诉讼等公力救济的策略。即便是采取诉讼方式实现债权，聘请律师和申请财产保全是否必要也需要进一步审视。如果保理商在诉讼过程中所有花费都属于实现债权的费用且一律由债权人承担，可能会导致保理商本可以选择私力救济而诉诸公力手段，本可以采取成本较低的诉讼策略而选择成本高的方式，这不仅对债权人不公平，还容易造成司法资源浪费。因此，法院不能仅凭保理商单方诉讼策略来确定实现债权费用的项目和类别，而应进行必要的限制，防止该费用过度膨胀。笔者认为，一般而言，实现债权的费用仅指诉讼费、保全费等法院收费，律师费和诉讼保全担保费并不当然包含在实现债权的费用之中，但合同另有约定的除外。

（1）保理商支出的律师费是否应得到支持？

律师费，是委托人和代理律师之间因委托合同产生的费用，是律师为委托人提供法律服务的对价。我国司法解释关于律师费的承担问题主要集中在侵权纠纷、知识产权领域，对于合同纠纷案件则没有规定。司法实践中，对保理合同纠纷案件中保理商支出的律师费，是否可要求债权人或债务人承担的问题，裁判规则并不统一。

支持律师费的观点认为，如果合同明确约定律师费由违约方（败诉方）承担，且金额未超过律师费收费标准，根据意思自治原则，法院应支持守约方的律师费请求。比如，成都市中级人民法院（2015）成民初字第2100号民事判决书认为，建行一支行（保理商）为追回保理预付款项而支付的律师费，属于双方合同中约定的为实现债权而支付的费用，盟宝公司（债权人）应向建行一支行支付该笔费用。建行一支行诉请的律师费为5万元，并提供了票据，故本院对该项请求予以支持。最高人民法院（2016）最高法民终581号民事判决书认为，案涉《流动资金贷款合同》明确约定："建行电力支行为实现债权而实际发生的一切费用（包括但不限于诉讼费、仲裁费、财产保全费、差旅费、执行费、评估费、拍卖费、公证费、送达费、公告费、律师费等），均由锦龙公司承担。"本案纠纷发生后，建行电力支行与甘肃某律师事务所签订了委托代理协议，并于 2015 年 12 月 17 日实际支付该律师事务所服务费 3 万元，该费用依约应由锦龙公司承担，故锦龙公司关于其不应承担建行电力支行 3 万元律师费的主张与双方约定及案件事实不符，本院不予支持。

不支持律师费的观点认为，保理合同对律师费的承担没有明确约定，要求债权人承担律师费缺乏合同依据并超出债权人预期；律师费超出合理标准，明显加重债权人的负担；保理合同中关于律师费的约定不能约束债务人，保理商无权要求债务人支付律师费；合同条款中约定了违约金或者逾期利息，违约金或逾期利息已对保理商的损失进行了弥补，律师费已包含在内，不应另行支持。

笔者认为，关于保理合同纠纷中保理商支出的律师费能否支持的问题，首先应当尊重当事人的合同约定，其次还要结合律师费支出是否必要、是否合理、是否已经支付等因素综合确定。律师费问题可以参考天津市高级人民法院 2019 年 12 月出台的《关于审理融资租赁合同纠纷案件若干问题的审判委员会纪要（一）》第 13 条关于"律师费用的负担"之规定："守约方请求违约方承担因诉讼产生的律师费用，融资租赁合同关于律师费用的负担有明确约定，且该部分费用已经实际发生的，酌情予以支持。违约方主张律师费用过高且提供初步证据予以证明的，可以根据案件难易程度、实际工作量、律师费用与违约金的关系、守约方实际损失等具体情况，决定是否予以调整。守约方主张律师费用，应当提交委托代理合同、律师费用支付凭证以及律师事务所开具的发票原件等证明材料。"

此外，律师费负担还要考虑合同相对性问题。如果仅是保理合同对律师费进行了约定，保理商仅能要求债权人承担律师费，不能要求债务人承担；如果仅是基础合同对律师费进行了约定，保理商则可要求债务人承担律师费，不能要求债权人承担。

比如，佛山市顺德区人民法院（2015）佛顺法民二初字第 423 号民事判决书认为，关于原告保理商要求被告顺泰丰公司（债权人）支付律师代理费的诉讼请求，根据案涉保理合同约定，因顺泰丰公司违约导致原告实际发生的律师代理费，应由被告顺泰丰公司承担。原告为实现本案债权，委托广东某律师事务所处理本案诉讼事宜，并已支付律师代理费 13600 元。根据上述合同有关约定，原告要求顺泰丰公司支付律师代理费 13600 元的请求，符合合同约定，本院予以支持。但原告与被告丰彩快印公司（债务人）、丰彩包装公司（债务人）或顺泰丰公司与丰彩快印公司、丰彩包装公司之间没有相关的律师代理费支付约定，因此原告要求丰彩快印公司、丰彩包装公司支付律师代理费的请求，缺乏合同依据，本院不予支持。

（2）保理商支出的诉讼保全担保费是否应得到支持？

根据民事诉讼法规定，当事人申请财产保全的，一般要提供相应的担保。近年来，随着财产保全担保方式的不断创新，保险公司为保全申请人提供担保的情况逐渐增多。《最高人民法院关于人民法院办理财产保全案件若干问题的规定》第 7 条中规定："保险人以其与申请保全人签订财产保全责任险合同的方式为财产保全提供担保的，应当向人民法院出具担保书。"

关于原告通过保险公司或担保公司为其提供保全担保而支付的担保费用可否由被告承担的问题，存在一定争议。一种观点认为，诉讼保全担保费并非原告实现其债权所产生的必然费用，不应支持。另一种观点认为，原告支出的诉讼保全担保费为实现债权的合理费用，属于原告的损失，应由被告承担。比如，有法院判决认为，原告可以通过保险公司出具保函的形式为财产保全提供担保，而非必须以自己的财产或他人财产担保。因被告违约引起本案诉讼，原告为此向保险公司交纳的诉讼保全担保保险费系原告支出的合理必要费用，属原告的损失部分，应予支持。①

---

① 黑龙江省高级人民法院（2016）黑民初 28 号民事判决书、最高人民法院（2017）最高法民终 437 号民事判决书。

笔者同意前一种观点。原告申请财产保全支出的担保费用不应由被告承担。申请财产保全并非诉讼必经程序，只是为了确保将来判决书得以履行的一种手段。财产保全与最后债权的实现并不存在必然因果关系。采取财产保全并不意味着债权就一定能执行到位，不采取财产保全也不意味着债权一定无法实现。财产保全只是一种诉讼策略或手段而已，原告因申请财产保全支付的担保费用并不属于"实现债权费用"。退一步讲，即使有必要采取财产保全措施，通过保险公司或担保公司出具保函也只是众多担保方式中的一种。原告还可以以自有资金、不动产等作为诉讼保全的担保物，不一定非得通过保险公司或担保公司这一渠道。而且，保险公司或担保公司收取的担保费用价格不菲，这笔额外的担保费用由被告承担并不合理，超出了被告的预期。

【典型案例 16】保理商支出的律师费与担保费用应否由债务人或债权人承担？[①]

【基本案情】

鑫晟保理有限公司（以下简称鑫晟保理公司）与中科建设开发总公司（以下简称中科公司）、上海周贤房地产开发有限公司（以下简称周贤公司）订立《国内保理业务合同（有追索）》，合同约定中科公司将其享有的对周贤公司应收账款债权转让给鑫晟保理公司，鑫晟保理公司给予中科公司总额不超过 40000000 元的保理融资金额。出现约定情形时，鑫晟保理公司有权要求中科公司按照鑫晟保理公司通知事项对应收账款进行回购。后因周贤公司未偿付应收账款，中科公司未履行回购责任，鑫晟保理公司向法院提起诉讼，请求法院判令周贤公司偿付应收账款 5000 万元及逾期付款利息并承担律师费、保全担保费等费用……

---

① 一审：上海市第一中级人民法院（2016）沪01民初48号民事判决书；二审：上海市高级人民法院（2016）沪民终477号民事判决书；申诉：最高人民法院（2018）最高法民申1513号民事裁定书。

另查明，鑫晟保理公司与案外人上海恒慧股权投资有限公司订立《诉讼保全担保合同》一份，并为此向该案外人支付担保费1000000元。鑫晟保理公司曾与甲律师事务所订立《委托代理合同》一份，约定鑫晟保理公司委托该所代为办理上述保理合同相应诉讼法律事宜，鑫晟保理公司应向该所支付律师费3200000元。2016年3月16日，鑫晟保理公司又与乙律师事务所订立《聘请律师合同》一份，约定前述甲律师事务所已做了大量诉讼前准备工作，现该所推介乙律师事务所继续代理鑫晟保理公司代为办理上述保理合同相应诉讼法律事宜，鑫晟保理公司应向该所支付律师费370000元。之后，鑫晟保理公司向甲律师事务所支付律师费3200000元，向乙律师事务所支付律师费180000元。

【法院裁判】

一审法院判决：周贤公司向鑫晟保理公司支付工程款33600000元及逾期利息（自2015年10月23日起计算至实际清偿日止，以33600000元为基数，按中国人民银行同期贷款基准利率计算）；周贤公司向鑫晟保理公司支付律师费1690000元；驳回鑫晟保理公司要求周贤公司承担保全担保费的诉讼请求。

鑫晟保理公司和周贤公司均不服一审判决，向上海市高级人民法院提起上诉，二审改判中科公司赔偿鑫晟保理公司律师费损失80万元，并维持一审驳回鑫晟保理公司保全担保费诉讼请求的判决。

鑫晟保理公司不服二审判决，向最高人民法院申请再审，最高人民法院裁定：驳回其再审申请。

【裁判理由】

一审判决认为：鑫晟保理公司另要求各被告共同承担鑫晟保理公司为实现本案债权支付的律师费、保全担保费、差旅费及送达费等。本院认为，本案系争保理合同对此已有约定，《上海市建设工程施工合同（周浦15号地块项目总承包合同）》虽无相关约定，但鑫晟保理公司作为债权受让人，与被转让债权的债务人周贤公司就系争债权实现过程中的费用承担达成新的合意并无不当，故鑫晟保理公司要求周贤公司承担律师费的诉讼请求本院予以支持。但周贤公司负担部分应以鑫晟保理公司实际支出为限，至于鑫晟保理公司尚未发生的费用，因相应债权尚未确定，鑫晟保理公司不得要求周贤公司承担。鉴于鑫晟保理公司现已针对保理合同实际支付律师费3380000元，故本院认定周贤公司应在本案中就上述律师费用的一半承担相应民事责任。至于鑫晟保理公司主张的保全担保费，因并非鑫晟保理公司实现债权的必须费用，故对鑫晟保理公司的相关诉请不予支持。

二审判决认为：鑫晟保理公司为本案委托律师参加诉讼，并已实际支付一审案件代理费为各方不争之事实。系争合同虽然约定实现债权追偿的费用由一审被告承担，但并未约定具体的金额或计算方式。上述约定如果明确，且又不违反法律法规，当事人也就应当按约承担责任。但如果一份合同或协议仅约定律师费、差旅费、交通费由违约方承担的，通常就不能被视为约定明确而要求违约方全额承担。比如交通费，就可以有飞机、火车、出租车等不同交通工具可以选择，同一交通工具又有不同价格的座位可以选择。法院通常应当根据具体情形，酌情确定费用是否合理。同理，如律师费采模糊方式约定即可要求违约方全额承担，守约方就有可能完全不顾合理性、必要性，聘请尽可能多、尽可能贵的律师，使得损失不必要地扩大。

鑫晟保理公司有关律师费的损失，由本院酌情加以确定。在具体酌定时，本院考量了三个因素：（1）律师费的政府指导价。依据2016年时有效的《上海市律师服务收费政府指导价标准》的规定，聘请律师作为委托人进行诉讼的价格可以采用计件（最高1.2万）、计时（每小时3000元）和按标的额比例收费等多种方式。采用这三种计算方法得出的结论相差悬殊。（2）我国不实行强制律师代理制度，委托律师诉讼并非实现债权之必须。守约方支出律师费获得了法律服务，而违约方从此种法律服务中根本无法获得任何利益。（3）衡量本案争议金额、最终胜诉金额、案件难易、谈话次数和庭审时长，以及当地法官、检察官的年平均收入等情况。鑫晟保理公司一审诉讼请求中的主债权金额为5000万元，而二审确定的主债权金额仅为23600000元，而其主张的一审阶段律师费达到了169万元。考虑到本案存在一定的复杂性，故本院酌情确定由中科公司赔偿鑫晟保理公司因委托律师产生的费用80万元。

诉讼保全并非每一诉讼所必需。保全申请人提供可靠担保的方式可以是申请人自己的现金、不动产、动产，也可以是第三方提供的担保。鑫晟保理公司为了自己利益，既要在案件二审定谳前即对对方当事人的财产采取保全措施，又不愿使用自己的财产进行担保，其因此购买他人为之担保所产生之费用难谓必要且合理。一审判决驳回其保全担保费的判决，法律适用正确。

最高人民法院裁定认为：二审法院在充分尊重案涉合同约定的基础上，综合考虑律师费用的必要性、合理性，认定鑫晟保理公司有权要求获得其因委托律师参与诉讼而产生的80万元费用，并无不当。

【案例评析】

本案中，鑫晟保理公司一审诉讼请求的主债权金额为5000万元，二审确定的主债权金额仅为2360万元。鑫晟保理公司一审中主张由被告承担的律师费高达169万元，并得到法院支持，二审法院则综合考虑上海地区律师费指导价、案件争议金额、最终胜诉金额、案件难易程度及律师劳动量等因素酌情将律师费调整为80万元，并无不当。鑫晟保理公司与案外人上海恒慧股权投资有限公司订立《诉讼保全担保合同》，并支付担保费100万元，一审法院认为该笔费用并非实现债权的必须费用，未予支持，二审法院认为担保费用并无必要，且不合理，不应支持，处理是妥当的。

第二节　侵权责任及救济

在保理合同纠纷中，债务人或债权人除承担违约责任外，还可能承担侵权责任，比如债权人故意与债务人共同伪造应收账款骗取保理商融资，此时就可能发生违约责任与侵权责任竞合的问题。保理商可选择向债务人或债权人主张违约损害赔偿责任，也可选择主张侵权损害赔偿责任。

一、违约责任与侵权责任

同一行为或同一事实符合多个法律规范的要件，从而能够适用多个法律规范的现象，学理上称之为规范竞合。民事责任竞合是规范竞合的典型表现，是指同一行为虽符合多种民事责任的构成要件，可以成立几种民事责任，但受害人只能选择其一而为请求。[①] 在民事领域，民事责任竞合最常见的当属违约责任与侵权责任竞合。

（一）违约与侵权之区别

违约责任与侵权责任在构成要件、举证责任、赔偿范围、责任方式、免责条款等方面存在区别。

1. 构成要件不同

我国立法关于违约责任的归责原则，是以无过错责任为原则，以过错责任为例外。原则上，只要违约人有违约行为，即应承担违约责任，除非有免责事由。侵权责任则以过错责任为原则，以无过错责任为例外。另外，违约责任不一定以损害为要件，只有赔偿损失才以损害为要件，违约金责任、强制履行责任等均不以损害为要件。侵权责任则要以损害为要件。

[①] 韩世远：《合同法总论》（第三版），法律出版社2011年版，第714页。

2. 举证责任不同

由于违约责任采取无过错责任原则，债权人只要证明债务人未履行合同义务即可，不需要证明债务人是否具有过错。债务人是否具有免责事由应由债务人自行证明。在侵权责任场合，如果是过错责任，则要求受害人举证加害人具有过错。对于损害后果，侵权责任要求受害人举证证明损害的存在。在违约责任场合，债权人仅在要求赔偿损失时才有必要证明损害存在，其他违约责任一般不需要证明损害存在。①

3. 赔偿范围不同

根据《民法典》第584条的规定，违约损害赔偿采取全面赔偿原则。损失赔偿额不仅包括因违约造成的损失，还包括合同履行后可以获得的利益，但不得超过违反合同一方订立合同时预见到或者应当预见到的因违反合同可能造成的损失。侵权责任的赔偿范围，原则上包括既得利益损失和可得利益损失。比如，在人身损害赔偿场合，既包括医疗费、丧葬费等合理费用，也包括误工费、残疾赔偿金、死亡赔偿金，还有精神损害赔偿。

4. 责任方式不同

《民法典》第179条第1款规定："承担民事责任的方式主要有：（一）停止侵害；（二）排除妨碍；（三）消除危险；（四）返还财产；（五）恢复原状；（六）修理、重作、更换；（七）继续履行；（八）赔偿损失；（九）支付违约金；（十）消除影响、恢复名誉；（十一）赔礼道歉。"违约责任和侵权责任性质的不同决定了二者责任方式存在差别。违约责任主要是财产责任，有返还财产、继续履行、赔偿损失、支付违约金等。侵权责任既包括财产责任，如赔偿损失，也包括非财产责任，如消除影响、恢复名誉、赔礼道歉。

---

① 崔建远：《合同法学》，法律出版社2015年版，第265页。

5. 免责条款效力不同

免除违约责任的条款较之免除侵权责任的条款更容易被认可。通说认为，侵权责任不得因当事人事先约定而免除，但违约责任可通过免责条款而得到免除。

（二）责任竞合处理规则

《民法典》第186条（《合同法》第122条）规定："因当事人一方的违约行为，损害对方人身权益、财产权益的，受损害方有权选择请求其承担违约责任或者侵权责任。"根据上述规定，债权人有选择权，其请求债务人承担违约责任或侵权责任，均无不可。《合同法解释（一）》第30条规定："债权人依照《合同法》第122条的规定向人民法院起诉时作出选择后，在一审开庭前又变更诉讼请求的，人民法院应当准许。对方当事人提出管辖权异议，经审查异议成立的，人民法院应当驳回起诉。"

债权人选择违约责任或者侵权责任中的一种，会有损失得到赔偿或未得到赔偿两种结果。在损失得到赔偿的场合，则另一种请求权归于消灭，原因在于两种请求权是指向同一给付，而对这一给付，只能请求一次。如果其中一个请求权得到满足而消灭，由于它和另外一种请求权在内容上是重叠的，则另一种请求权亦随同消灭。但如果损失未获得赔偿，是否再允许债权人主张另一种请求权？立法条文仅表述为"选择"，这里的选择是指只能选择其中之一还是允许先后选择？实践中有两种做法：一种是如果法官在前诉中已作出释明，债权人前诉败诉后又提起后诉的，违反一事不再理原则不予受理或驳回起诉；另一种则是在前诉中法官未作释明，债权人前诉败诉后又提起后诉的，法院仍予受理并作出判决。从请求权竞合理论的角度看，在第一种请求权未获支持时，应允许选择另外一种。[①]

[①] 沈德咏主编：《〈中华人民共和国民法总则〉条文理解与适用》（下），人民法院出版社2017年版，第1229~1230页。

比如，在广东省高级人民法院审理的珠海华润银行股份有限公司（以下简称珠海华润银行）与江西省电力燃料有限公司（以下简称江西电力公司）及第三人广州大优煤炭销售有限公司（以下简称广州大优公司）财产损害赔偿纠纷案中，珠海华润银行以江西电力公司为被告、广州大优公司为第三人提起诉讼。江西电力公司作为广州大优公司买卖交易的买方，在《应收账款转让通知确认书》上签字盖章，故意误导珠海华润银行向广州大优公司开具银行承兑汇票并垫支巨额款项，致该行无法收回款项，蒙受巨大经济损失，珠海华润银行请求法院判令江西电力公司赔偿财产损失本金3680万元及利息。法院裁定认为，在判决已发生法律效力的（2016）赣民终325号案件中，珠海华润银行同样以江西电力公司为被告、广州大优公司为第三人提起诉讼，请求判令江西电力公司支付应收账款本金46115344.70元及利息。该案一、二审判决驳回珠海华润银行的诉讼请求。因此，本案与（2016）赣民终325号案均系珠海华润银行因垫支款项给广州大优公司后，江西电力公司未将应收账款支付给该行而引起的纠纷。根据《合同法》第122条"因当事人一方的违约行为，侵害对方人身、财产权益的，受损害方有权选择依照本法要求其承担违约责任或者依照其他法律要求其承担侵权责任"的规定，珠海华润银行如认为江西电力公司的违约行为侵害其财产权益，可选择要求承担违约责任或承担侵权责任，但不能要求江西电力公司既承担违约责任，又承担侵权责任。在（2016）赣民终325号案已就珠海华润银行要求江西电力公司承担违约责任作出判决的情形下，珠海华润银行提起本案诉讼，要求江西电力公司承担侵权责任，两案当事人相同，诉讼标的实质上相同，且本案的诉讼请求意在否定（2016）赣民终325号案的裁判结果，故根据《民事诉讼法解释》第247条"当事人就已经提起诉讼的事项在诉讼过程中或者裁判生效后再次起诉，同时符合下列条件的，构成重复起诉：（一）后诉与前诉的当事人相同；（二）后诉与前诉的诉讼标的相同；（三）后诉与前诉的诉讼请求相同，或者后诉的诉讼请求实质上否定前诉裁判结果。当事人重复起诉的，裁定不予受理；已经受理的，裁定驳回起诉，但法律、司法解释另有规定的除外"的规定，本案构成重复诉讼，故驳回珠海华润银行的起诉。[①]

二、债务人承担侵权责任

《民法典》第120条规定："民事权益受到侵害的，被侵权人有权请求侵权人承担侵权责任。"侵权责任所保护的权利包括人身权和财产权。人身权，是指自然人依法享有的与其人身不可分离、无直接财产内容的民事权利。财产权，是指以财产利益为内容，直接体现财产利益的民事权利。

（一）侵权责任构成要件

通说认为，侵权责任的构成要件有过错、违法行为、因果关系、损害事实四个方面。

1. 主观心态为过错

过错责任是侵权责任的基本归责原则。《民法典》第1165条（《侵权责任法》第6条）规定："行为人因过错侵害他人民事权益造成损害的，应当承担侵权责任。依照法律规定推定行为人有过错，其不能证明自己没有过错的，应当承担侵权责任。"过错包括故意和过失。所谓故意，是指行为人预见到自己行为的有害结果，仍然希望或放任有害结果的发生。过失，是指行为人应当预见自己的行为可能发生不良后果而没有预见到（疏忽大意的过失），或虽然预见到了却轻信此种结果可以避免（过于自信的过失）的心理状态。[②] 我国侵权责任以过错责任为归责原则，以无过错责任为例外。只有在法律有特别规定的情况下，如环境污染、产品质量等特殊侵权行为适用无过错责任时，才适用无过错归责原则。

[①] 广东省高级人民法院（2017）粤民辖终116号民事裁定书。
[②] 马俊驹、余延满：《民法原论》（第四版），法律出版社2011年版，第1013页。

2.违法行为

违法行为,是指民事主体所实施的违反法定义务的行为,可分为积极的违法行为与消极的违法行为,直接的违法行为与间接的违法行为。有观点认为,违法是对法定义务的违反,至于行为主观上有无过失,在所不问。[①]

3.损害结果

在侵权法领域,无损害则无责任。根据所损害的财产状态,财产损害可分为实际损害和可得利益损害。实际损害,又称积极损害,是指现有财产的减少。可得利益损害,又称消极损害,是指应当取得并且可以取得但由于损害事实的发生没有取得的利益。《侵权责任法》第2条规定:"侵害民事权益,应当依照本法承担侵权责任。本法所称民事权益,包括生命权、健康权、姓名权、名誉权、荣誉权、肖像权、隐私权、婚姻自主权、监护权、所有权、用益物权、担保物权、著作权、专利权、商标专用权、发现权、股权、继承权等人身、财产权益。"

4.因果关系

因果关系,是指引起与被引起的关系。判断因果关系需要由法官根据个案的实际情况依一般社会经验决定。对案情较为简单、一因一果的侵权,可以直接根据事实判定,没有必要舍本逐末,再用其他理论判断;对于虽然有其他条件介入,但行为与损害后果之间自然连续、没有被外来事件打断的,也可以认定存在因果关系;对多因一果、一因多果或者多因多果等复杂情形,则需要法官综合考虑当时的情况、法律关系、公平正义、社会政策等多种因素决定。[②]

上述四要件为侵权责任的一般构成要件,当存在多名侵权人时,还可能构成共同侵权。共同侵权的构成要件与一般侵权的构成要件基本一致。《民

[①] 马俊驹、余延满:《民法原论》(第四版),法律出版社2011年版,第1003页。

[②] 王胜明主编:《中华人民共和国侵权责任法释义》,法律出版社2010年版,第48页。

法典》第1168条（《侵权责任法》第8条）规定："二人以上共同实施侵权行为，造成他人损害的，应当承担连带责任。"认定共同侵权的难点在于如何认定侵权行为的"共同性"。由于立法未明确"共同性"的判断标准，审判实践中对共同侵权之"共同性"的理解并不一致。

起初，司法实践中一直依据《民法通则》将共同侵权界定为"二人以上具有共同的故意或过失行为造成他人损害。"无论是共同故意还是共同过失，均要求共同侵权人对侵权行为有意思联络，此为"主观共同说"。2004年5月1日实施的《最高人民法院关于审理人身损害赔偿案件适用法律若干问题的解释》（法释〔2003〕20号）对共同侵权的认定，由"主观共同说"扩大到"客观共同说"，该解释第3条第1款规定："二人以上共同故意或者共同过失致人损害，或者虽无共同故意、共同过失，但其侵害行为直接结合发生同一损害后果的，构成共同侵权，应当依照民法通则第一百三十条规定承担连带责任。"由于"客观共同说"无须考虑侵权人有无意思联络，增强了共同侵权认定的便利性，扩张了共同侵权的适用范围。

但是，2010年7月1日起施行的《侵权责任法》并未采纳人身损害赔偿司法解释中的"客观共同说"观点，而是采纳"主观共同说"。《民法典》与《侵权责任法》相关条文内容是一致的。由于共同侵权涉及两人或以上的侵权人，故在认定侵权人主观过错方面，要求共同侵权人具有共同的故意或过失。构成共同侵权以共同行为人有意思联络或者共同认识为必要。《侵权责任法》第8条规定的共同侵权行为应以行为人之间有意思联络为必要要件。[1]王利明教授认为，共同侵权包括共同故意、共同过失、一方故意一方过失等情形。[2]也有学者不同意将《侵权责任法》第8条的"共同"解释为既包括共同故意，也包括共同过失。"共同"仅指共同故意，即二人以上

---

[1] 最高人民法院侵权责任法研究小组编著：《中华人民共和国侵权责任法条文理解与适用》，人民法院出版社2016年版，第68页。

[2] 王利明：《侵权责任法研究》，中国人民大学出版社2010年版，第447~449页。

"明知且意欲协力导致损害结果的发生";倘若数个行为人均具有过失或部分故意、部分过失，则不构成共同加害行为，应依据《侵权责任法》第10条至第12条的规定分别处理。①

（二）确认虚假债权责任

实践中，有债务人明知应收账款不真实，仍在应收账款确认书上签章予以确认，导致保理商向债权人提供融资后无法收回融资款。在此情况下，保理商可向债权人主张违约责任，或向债务人主张缔约过失责任，或向债权人、债务人主张侵权损害赔偿责任。

1. 向债权人主张违约责任

在债权人与债务人虚构应收账款欺骗保理商签订保理合同的情况下，保理合同并不当然无效。保理合同属于可撤销合同，在保理商撤销合同之前，保理合同仍然有效。保理商可要求债权人承担违约责任。

2. 向债权人与债务人主张缔约过失责任

在保理商撤销保理合同或保理合同被认定无效的情况下，债权人应承担缔约过失责任。债权人负有应收账款瑕疵担保义务，即保证应收账款合法、真实、有效。债权人向保理商转让虚假应收账款，违反了合同义务，损害了保理商的信赖利益，应承担缔约过失责任。债务人对保理合同无效有过错的，也应承担相应的缔约过失责任。②

3. 向债务人主张侵权损害赔偿责任

如果债权人与债务人串通伪造应收账款或变更基础交易合同，损害保理商利益的，构成共同侵权。保理商可依法主张债权人与债务人承担连带赔偿

---

① 程啸：《侵权责任法》（第二版），法律出版社2015年版，第348页。
② 贾亚奇：《关于第三人缔约过失责任的认定——港峰实业（天津）有限公司与中国工商银行股份有限公司抚州文昌支行、抚州宜腾光学有限公司合同纠纷申请再审案》，载景汉朝主编、最高人民法院立案庭编：《立案工作指导》2015年第3辑（总第46辑），人民法院出版社2016年版，第112页。

责任。《天津高院保理纪要（二）》第 5 条第 3 款规定："债权人与债务人恶意串通变更基础合同，损害保理商利益的，保理商依法主张债权人与债务人对造成的损失承担连带责任的，应予支持。"《深圳前海法院保理合同案件裁判指引》第 30 条规定："债权转让通知送达债务人后，未经保理商同意，债权人与债务人擅自变更基础合同导致保理商未能收回应收账款或者遭受损失的，保理商可以选择提出以下诉讼请求，人民法院予以支持：……（四）要求债权人与债务人共同承担赔偿责任。"根据立法机关对保理合同的释义，债权人与债务人恶意串通变更或终止基础交易合同，损害保理商利益的，保理商有权选择依据《民法典》第 1168 条规定主张债权人与债务人构成共同侵权并请求他们对造成的损失承担连带责任。① 在司法实践中，因债权人、债务人变更基础交易合同产生的侵权损害赔偿案件很少，但因债务人虚假确认应收账款导致的侵权损害赔偿纠纷并不鲜见，在此情形下，保理商可以单独向债务人主张或同时向债务人、债权人主张侵权损害赔偿责任。

关于债务人的责任范围，存在不同观点。一种观点认为，债务人在应收账款确认回执上签章确认，就应承担清偿应收账款的责任。另一种观点则认为，基础合同关系无效或不存在，债务人对保理商构成侵权，应就保理商实际损失承担赔偿责任。江苏省高级人民法院民二庭课题组倾向于第二种观点。债务人与债权人串通伪造虚假应收账款，应认定基础合同无效，保理商无法基于并不存在的应收账款债权主张清偿，而债务人串通伪造虚假应收账款的行为，构成对保理商债权的侵害，应当就债权人、担保人不能清偿的部分承担赔偿责任。② 笔者认为，债务人应承担侵权损害赔偿责任，责任范围为保理商的实际损失。理由如下：

---

① 黄薇主编：《中华人民共和国民法典合同编释义》，法律出版社 2020 年版，第 612 页。

② 江苏省高级人民法院民二庭课题组：《国内保理纠纷相关审判实务问题研究》，载《法律适用》2015 年第 10 期。

（1）债务人作出虚假确认，主观上具有配合债权人骗取融资款的故意或重大过失。债务人对不存在的应收账款进行确认，主观上知道或应当知道该行为是配合债权人向他人融资。债务人的确认行为存在过错无疑。比如，湖南省高级人民法院在审理的中国银行股份有限公司邵阳分行（以下简称中行邵阳分行）与国电湖南宝庆煤电有限公司（以下简称宝庆煤电公司）、邵阳市新联煤炭销售有限公司（以下简称新联公司）金融借款合同纠纷案中，法院判决认为，宝庆煤电公司（债务人）作为合同的买方，对交易是否真实发生，其是否收到货物应该最清楚。中行邵阳分行先后于2014年4月9日、2014年6月12日向宝庆煤电公司发出应收账款债权转让通知书，要求宝庆煤电公司对应收账款债权转让进行确认。宝庆煤电公司在《应收账款转让确认书》上对不存在的交易和债权进行确认，并保证无条件将涉案发票项下的款项支付到中行邵阳支行指定的账户。宝庆煤电公司在未和新联公司（债权人）发生真实货物交易的情况下，在《应收账款转让确认书》确认交易的真实性，致使中行邵阳分行相信应收账款的存在向新联公司发放融资贷款。宝庆煤电公司的确认行为存在重大过错。本案中，没有任何证据能够证明中行邵阳分行明知新联公司的买卖合同虚假仍向其发放融资款。宝庆煤电公司作为买卖合同的相对方，主张因中行邵阳分行虚构发货事实导致其在确认书上盖章的理由明显不能成立，本院依法予以驳回。一审法院根据《侵权责任法》第6条第1款"行为人因过错侵害他人民事权益，应当承担侵权责任"的规定，判决宝庆煤电公司在新联公司不能返还（2015）大刑初字第250号刑事判决中确认追缴金额的3593828.36元的范围内对中行邵阳分行承担补充赔偿责任恰当，中行邵阳分行亦不存在重复受偿的问题。①

保理商如对损失的发生也有过错，可减轻债务人的赔偿责任。《民法典》

---

① 湖南省邵阳市中级人民法院（2016）湘05民初28号民事判决书、湖南省高级人民法院（2017）湘民终297号民事判决书。

第1173条(《侵权责任法》第26条)规定:"被侵权人对同一损害的发生或者扩大有过错的,可以减轻侵权人的责任。"保理商是否有过错,关键在于其受让应收账款时是否尽到了审慎注意义务。保理商应对基础交易背景进行审查,比如要求债权人提供基础合同、发票、能证明合同已经履行的文件等,必要时还应要求债务人对应收账款予以确认。如保理商存在审查不严的过错,可以适当减轻债务人的责任。

(2)债务人确认虚假应收账款的行为具有违法性。债务人作为基础交易合同的当事人,对应收账款是否真实是明知的,对虚假确认行为所要实现的融资目的通常也是明知的。债务人向保理商作出虚假确认,违背了诚信原则,损害了保理商的信赖利益。债务人的确认行为还具有较大的欺骗性,为债权人欺骗保理商融资提供了方便,目的和手段均不合法。

(3)保理商无法收回保理融资款本金及利息,客观上存在损害结果。保理商无法从债务人或债权人处收回的保理融资款及利息为财产损失。需要明确的是,债务人侵害的是保理商的财产权益,并非保理商的债权。由于应收账款债权并不存在,故不存在侵害债权之说。债务人侵害的是保理商提供的资金及收益。

(4)债务人确认行为与损害后果之间存在因果关系。虽然保理融资款系由债权人直接骗取,但债务人的确认行为对保理商发放融资款具有决定性作用。根据保理业务操作惯例,债务人确认应收账款是保理商叙做保理的重要环节和必要前提。如果债务人未确认应收账款的真实性,保理商一般不会向债权人提供融资,因此,债务人的虚假确认行为对保理商的损失具有法律上引起与被引起的因果关系。

综上所述,债务人向保理商确认虚假应收账款导致保理商向债权人提供的融资款不能收回时,债务人构成侵权,应承担相应的侵权损害赔偿责任。

有学者亦持此观点。[①] 如果债权人与债务人有共同侵权故意，应承担连带清偿责任。法院应在查明保理商、债权人、债务人三方过错程度及各自行为对损失原因力大小的基础上确定各方责任。[②]

【典型案例17】债务人确认虚假应收账款的，应承担侵权损害赔偿责任[③]

【基本案情】

2012年3月，上海罗依莱实业有限公司路用材料分公司（以下简称罗依莱路用分公司）将其对上海公路桥梁（集团）有限公司（以下简称路桥公司）享有的应收账款债权转让给农行普陀支行申请保理融资。罗依莱路用分公司负责人顾某持《应收账款债务人签收确认》（以下简称《确认函》）在张某陪同下，前往路桥公司由路桥公司在《确认函》加盖公章及法定代表人章。路桥公司在该《确认函》上对应收账款的真实性予以确认，并承诺按时足额付至《应收账款债权转让通知书》指定的收款账户或农业银行另行指定的收款账户。随后，农行普陀支行向罗依莱路用分公司支付了4300万元的融资款，并在中国人民银行征信中心应收账款质押登记系统进行了登记。

2013年12月18日，上海市第二中级人民法院（2013）沪二中刑初字第22号刑事判决书查明：2011年11月至2012年4月，罗依莱路用分公司负责人顾某伙同沈某，利用伪造的罗依莱公司法定代表人授权书、财务报表、工程合同、购销合同、发票等材料，假借采购原材料的名义，诈骗平安银行上海分行、北京银行上海分行、宁波银行嘉定支行、中国农业银行普陀支行、天津银行上海分行5家银行贷款合计8900万元，顾某将骗得的贷款主要用于归还借款。至案发，顾某在归还350.05万元银行贷款后无力归还，

[①] 李宇：《保理合同立法论》，载《法学》2019年第12期。

[②] 高憬宏主编：《法官智典·商事卷》，人民法院出版社2018年版，第177页。

[③] 一审：上海市黄浦区人民法院（2014）黄浦民五（商）初字第7999号民事判决书；二审：上海市第二中级人民法院（2016）沪02民终38号民事判决书。

致使前述五家银行损失8549.95万元。其中，2012年3月31日，顾某伙同沈某采用上述手法骗取农行普陀支行4300万元的融资款。

农行普陀支行向法院提起诉讼，请求判令路桥公司赔偿因侵权而产生的财产损失本金4300万元及相应利息。

本案在一审期间，法院依法从上海市公安局经侦总队调取了顾某涉嫌犯罪案的有关询问笔录。时任路桥公司董事长、总经理崔某2012年6月25日向公安机关陈述：2012年3月26日，道机公司财务主任张某拿着"用印申请"，请我审批，用印的用途就是给顾某的罗依莱路用材料分公司办理与银行的应收账款转让。这次"用印申请"的发起人是张某，审核人是倪某，审批人是我。张某只拿了"用印申请"找我签字，但并未出示需加盖我司公章的材料，但是"用印申请"上写着：应收账款债务人签收确认；中国农业银行普陀区支行。

【法院裁判】

一审法院判决：1.路桥公司应于判决生效之日起十日内赔偿农行普陀支行34400000元；2.路桥公司应于判决生效之日起十日内赔偿农行普陀支行以34400000元为基数，自2012年3月31日起至实际清偿之日止按中国人民银行规定的同期贷款基准利率计算的利息；3.驳回农行普陀支行其他诉讼请求。

农行普陀支行与路桥公司均不服一审判决，向上海市第二中级人民法院提起上诉，二审判决：驳回上诉，维持原判。

【裁判理由】

法院终审判决认为：

一、关于路桥公司是否构成侵权的问题

行为人因过错侵害他人民事权益，应当承担侵权责任。路桥公司对农行普陀支行的保理融资款损失是否构成侵权，本院从侵害行为、损害后果、过错、因果关系的侵权责任构成要件进行分析：

1. 路桥公司是否实施了侵权行为。路桥公司明确否认与罗依莱路用分公司签订过涉案金额的采购合同以及存在相应的应收账款，相关刑事案件亦认定涉案采购合同系伪造。虽然路桥公司盖章的《确认函》中《应收账款债权转让通知书》的编号和签署时间两栏为空白，且路桥公司称未收到案涉《应收账款债权转让通知书》，但是该《确认函》明确记载了路桥公司承诺应收账款的真实性并将足额付至指定收款账户。路桥公司称案涉保理合同项下应收账款金额和对应的基础交易合同均不明，但其在罗依莱路用分公司向其出具所谓承诺函的情况下，于2012年3月26日在《确认函》上盖章，既未与罗依莱路用分公司核实转让应收账款的具体金额，也未在《确认函》上记明其认可的真实应收账款的金额，应视为其对欠付罗依莱路用分公司账款的概括式确认。现已查明涉案应收账款虚假，则路桥公司的盖章确认行为违背事实。

2. 农行普陀支行的损失是否实际发生。根据相关刑事案件的认定，农行普陀支行发放4300万元保理融资款后未能受偿。故农行普陀支行因发放保理融资款而实际产生了损失。

3. 路桥公司是否具有过错。在本案《确认函》盖章之前，罗依莱路用分公司还向北京银行上海分行申请保理融资，路桥公司曾对北京银行上海分行受让的应收账款金额为1875万元的《应收账款转让通知书》盖章确认，而据路桥公司所认可的真实欠付账款情况，该应收账款的金额已经明显高于其与罗依莱路用分公司之间的真实欠款金额。而在此之后罗依莱路用分公司又以向农行普陀支行申请保理融资为由让路桥公司再次在本案《确认函》上盖章，路桥公司对此仍未引起合理注意和警觉，置真实应收账款的金额于不顾，其账务管理制度存在明显疏漏，随意盖章确认，内部用印审批流程形同虚设。可见，路桥公司应当能够预见到在罗依莱路用分公司转让应收账款金额不明的情况下在《确认函》上用印的法律后果，其具有怠于核对应收账款、贸然用印的重大过错。

4.路桥公司的盖章确认行为与农行普陀支行融资款被骗是否具有法律上的因果关系。顾某以虚构的应收账款骗取农行普陀支行保理融资。而保理融资的第一还款来源是债务人对应收账款的清偿。在应收账款转让事实向债务人通知的环节,路桥公司作为债务人在《确认函》上盖章。路桥公司承诺支付应收账款的盖章确认行为以及对路桥公司良好资信的信赖,是农行普陀支行向罗依莱路用分公司发放保理融资款的重要原因。故路桥公司的盖章确认行为与农行普陀支行的资金损失之间存在法律上的因果关系。

综上分析,在案涉应收账款确为虚假的情况下,农行普陀支行有权就路桥公司的盖章确认行为主张侵权责任。

二、关于农行普陀支行是否存在过错的问题

本院认为,被侵权人对损害的发生也有过错的,可以减轻侵权人的责任。因本案侵权涉及金融保理业务,这种新型金融业态尚无明确法律层级的规定予以规制。保理业务是以债权人转让其应收账款给保理银行为前提,集应收账款催收、管理、坏账担保及融资于一体的综合性金融服务。债权人与债务人之间存在基础交易合同是设立保理的前提和基础,而债权人与保理银行之间的应收账款债权转让则是保理关系的核心。保理银行通过受让应收账款的金钱债权,取得对债务人的直接付款请求权,是保理融资款的第一还款来源。与一般贷款融资相比,保理业务的准入门槛相对较低。因此,保理银行在开展保理业务时,应当从严审查客户资信状况与应收账款的真实性、合法性。这既是保理业务风险控制的内在要求,也符合通行的银行业保理业务规范和惯例。农行普陀支行在涉案保理业务中是否存在过错,则应以审视保理业务的特点为基础,遵循通行的保理业务规范和惯例,从而界定保理银行审查义务的合理范围并作为认定依据。对此本院从以下三个方面进行分析:

1.保理业务要求对申请客户进行准入审查。农行普陀支行在其保理业务操作规程中明确规定申请保理业务的买卖方均须为独立法人或其他经济组织。而案涉保理合同申请人为罗依莱路用分公司,属于法人分支机构,不具有独立法人资格，不符合农行普陀支行规定的客户准入条件。这也是农行普陀支行要求提供授权书的原因所在。相关刑事案件查明案涉授权书系由顾某等人伪造，而向农行普陀支行提供该授权书的顾某是罗依莱路用分公司的负责人，农行普陀支行应当知道顾某不具有代表罗依莱公司出具授权书的权限。农行普陀支行没有进一步采取必要措施对该授权书的真实性进行核实，在客户准入的审查环节存在疏漏。

2.保理业务要求对基础交易背景及产生的应收账款进行真实性审查。保理业务中转让的应收账款，是指企业因提供商品、服务或者出租资产而形成的金钱债权及其产生的收益。因此，应收账款真实性审查的根本落脚点应在于保理申请人是否基于买卖等基础交易关系已经履行了提供货物、服务等合同义务，并由此向交易对手享有确定数额的金钱债权。案涉保理合同约定，罗依莱路用分公司在使用保理融资额度时，应向农行普陀支行提供相关基础交易合同、发票、合同已履行文件证明等。从农行普陀支行提供的证据来看，其在基础交易背景的调查环节，已经要求罗依莱路用分公司提供了购销合同，发票、《东滩先期配套工程水稳供应数量确认单》等罗依莱路用分公司已经履行合同交货义务的单据文件。虽然路桥公司称《东滩先期配套工程水稳供应数量确认单》上与其有关的印章也系伪造，但综合本案情况，农行普陀支行在其能力和权限范围内已对基础交易合同的履行单据文件尽到了相应的审查义务。

3.在应收账款转让环节，保理银行要求保理申请人通知债务人应收账款转让的事实并予以书面确认，将使应收账款债权转让行为对债务人产生效力，并降低债务人可能存在的违约风险。这种由债务人向保理银行书面确认应收账款的保理审查方式，与保理银行对基础交易履行情况相关单据的审查方式，在保理业务流程中有着无法相互替代的重要作用。案涉保理合同中有关应收账款转让通知的约定，体现了罗依莱路用分公司须向农行普陀支行提交经应收账款债务人即路桥公司盖章的确认文件为发放融资款的必要条件。

审查应收账款债务人书面确认文件是案涉保理合同中约定的应收账款转让和通知环节中保理银行的一项重要职责，保理银行接受的应收账款债务人确认文件应当对涉及应收账款的关键内容记载清晰、填写完整。但案涉2012年3月26日出具《确认函》中未直接记载应收账款金额，而是以列明《应收账款债权转让通知书》编号的方式指代，缺乏直观性，极易产生争议。况且该《确认函》中《应收账款债权转让通知书》的编号也未填写。农行普陀支行接受这份内容填写不完整的《确认函》，并以此作为向罗依莱路用分公司放款的重要依据，在应收账款转让和通知环节存在审查不规范的过错。

综上分析，农行普陀支行在案涉保理业务的客户准入和应收账款转让通知环节的审查上存在一定程度的不足，对其保理融资款的损失有一定的责任。

三、关于路桥公司与农行普陀支行的责任比例问题

本院认为，侵权行为人与被侵权人对损失均有过错的，应当公平合理地分配责任比例。路桥公司在应当能够预见盖章确认行为所产生的法律后果的情况下，未核实所负债务的金额，在案涉《确认函》上贸然盖章，主观上存在重大过错。虽然没有证据证明其与顾某存在共同故意，但客观上路桥公司的盖章确认行为对农行普陀支行作出发放保理融资款的决定有重要影响。而农行普陀支行在保理业务中也存在审核不严的问题，对其损失负有一定的责任。综合考虑双方当事人的过错程度以及各自行为对损失的原因力大小，原审法院酌情认定路桥公司对保理融资款损失和利息损失的80%承担赔偿责任，其余损失由农行普陀支行自行负担，并无不当。综上所述，原审判决结果对各方当事人的责任比例认定并无不当，应予维持。

【案例评析】

本案系一起因保理业务而引起的财产损害赔偿纠纷，有以下几个方面的问题值得讨论。

1.债务人路桥公司出具内容不实的应收账款确认函是否应承担责任？

本案农行普陀支行之所以向罗依莱材料分公司发放保理融资款，正是基于对路桥公司的企业背景与良好资信的信赖，而路桥公司盖章的确认函中应收账款债权转让通知书编号与签署时间均为空白，可以说路桥公司当时尚无法确定该笔保理业务项下的应收账款真实性与具体金额，在此情况下仍盖章确认，反映其账务管理制度存在明显疏漏，随意盖章确认，内部用印审批流程形同虚设。路桥公司贸然盖章确认的行为，是农行普陀支行发放该笔保理融资款的重要原因，并导致农行普陀支行最终无法收回融资款。因此，本案符合侵权责任须具备侵害行为、损害后果、过错、因果关系四方面构成要件，路桥公司应对农行普陀支行的损失承担赔偿责任。

2.农行普陀支行自身是否亦存在过错，即是否履行了必要的审查义务？本案中，农行普陀支行审查了罗依莱材料分公司提供的购销合同、发票、东滩先期配套工程水稳供应数量确认单等证明其已经履行合同交货义务的单据文件，但农行普陀支行对于债务人出具的应收账款确认文件却存在审查不严之责。本案中，债务人只出具了盖章确认且信息填写不完整的确认函，同时顾某无权代表罗依莱公司出具授权书，对此农行普陀支行是明知的，却仍未进一步核实情况，应认定农行普陀支行在案涉保理业务的客户准入和应收账款转让通知的审查环节上存在一定的过失，其对保理融资款的损失负有一定的责任。

3.在路桥公司与农行普陀支行均存在过错情况下，双方责任比例如何确定？《民法典》第1173条（《侵权责任法》第26条）规定："被侵权人对同一损害的发生或者扩大有过错的，可以减轻侵权人的责任。"本案中路桥公司在应当能够预见盖章确认行为所产生的法律后果的情况下，未核实所负债务的金额，在案涉确认函上贸然盖章，主观上存在故意或重大过失。虽然没有证据证明其与顾某存在共同故意，但客观上路桥公司的盖章确认行为对农行普陀支行作出发放保理融资款的决定有重要影响。而农行普陀支行在保理业务中也存在审核不严的过错，对其损失负有一定的责任。综合考虑双方当事人的过错程度以及各自行为对损失的原因力大小，法院认定路桥公司对保理融资款损失和利息损失承担大部分赔偿责任，其余损失由农行普陀支行自行负担。①

4.有观点指出，本案判决路桥公司与农行普陀支行分担农行普陀支行的损失，暗含的一个内在逻辑是，罗依莱材料分公司与路桥公司承担连带责任。根据连带责任原理，因共同侵权致人损害，被侵权人可以请求部分连带责任人承担责任，也可以请求全部连带责任人承担责任。农行普陀支行有权请求全部或部分连带责任人承担责任。在农行普陀支行仅起诉路桥公司的情况下，法院判决由路桥公司与农行普陀支行分担损失是否意味着，通过法院裁判逻辑倒推，罗依莱材料分公司与路桥公司是否构成共同侵权？依据"主观共同说"的观点，共同侵权人必须具有共同侵权的意思联络，而本案中罗依莱材料分公司的顾某具有欺诈的故意，而路桥公司是否具有共同欺诈的故意，并没有证据予以证明，因此共同侵权的主观要件并不成立。事实上，农行普陀支行在一审起诉时，本是诉请罗依莱材料分公司与路桥公司构成共同侵权，但在审理过程中又撤回了对罗依莱材料分公司的起诉。对于二者是否构成共同侵权的问题，本案一二审判决未予置评。

5.本案是否构成无意思联络数人侵权行为？《民法典》第1170条（《侵权责任法》第12条）规定了无意思联络数人侵权应承担按份责任。"二人以上实施危及他人人身、财产安全的行为，其中一人或者数人的行为造成他人损害，能够确定具体侵权人的，由侵权人承担责任；不能确定具体侵权人的，行为人承担连带责任。"有观点认为，本案中农行普陀支行的损失是由顾某的故意欺诈行为与路桥公司过失签章行为以无意思联络多数人侵权的形态造成，但法院最终判决仅由路桥公司、农行普陀支行（与有过失）二人分

---

① 施浩、黄顿：《保理业务中应收账款不真实的责任承担》，载《人民司法·案例》2016年第32期。

担全部损失,存在不妥。①笔者认为,首先,在无意思联络数人侵权中,每个人的行为都独立具备构成侵权行为的全部要件。本案中,虽然罗依莱材料分公司顾某的故意行为与路桥公司的过失行为相互作用构成了侵权,但如果对路桥公司的过失行为单独进行评价,并不必然导致损害结果的发生,不构成侵权责任法意义上的侵权行为。此外,无意思联络数人侵权要求数个行为人的违法行为偶然结合、互相发生媒合作用导致同一损害后果,分别构成损害后果发生的直接原因或间接原因。本案中顾某利用路桥公司的过失行为实施侵权行为,两个行为的结合并不具有偶然性。因此,本案不适用《民法典》第1170条(《侵权责任法》第12条)之规定。

第三节　不当得利及返还

在行业实践中,应收账款转让给保理商后,有的债务人仍向债权人还款。如果债权人认可债务人是向保理商间接还款并转付给保理商的,债务人可构成对保理商的有效清偿。如果债权人不承认是债务人向保理商还款并拒绝向保理商转付的,则可能会涉及不当得利返还问题。此外,保理商如果从债务人处收回的应收账款超过其向债权人提供的保理融资款本息,超出部分是否应返还给债权人,也是需要讨论的问题。

---

① 许建添:《保理案件中卖方与买方共同侵权责任的认定》,载微信公众号申骏律师,2017年10月1日推送。

一、不当得利的构成要件

《民法典》将不当得利视为准合同。不当得利,是指没有法律根据,取得不当利益,造成他人损失的情形。因不当得利产生的债称为"不当得利之债"。不当得利制度的目的在于恢复民事主体之间发生的非正常利益变动。《民法通则》第 92 条规定:"没有合法根据,取得不当利益,造成他人损失的,应当将取得的不当利益返还受损失的人。"《民法典》对不当得利的表述发生了变化,不再从取得不当利益的人应返还不当利益的角度表述,而是从受损失的人有权请求返还的角度表述。《民法典》第 122 条规定:"因他人没有法律根据,取得不当利益,受损失的人有权请求其返还不当利益。"

通说认为,构成不当得利,应符合以下要件:

(一)一方获得利益,他方受到损失

不当得利中的利益包括财产性权利和利益,不包括人身利益。取得利益,是指财产利益的增加,既包括积极的增加,即财产总额的增加,也包括消极的增加,即财产总额应减少而未减少,比如本应支付的费用没有支付等。他方受到损失,是指财产利益的减少,既包括积极损失,即财产总额的减少,也包括消极损失,即应当增加的利益没有增加。

(二)一方获得利益与他方受到损失之间有因果关系

因果关系,是指他方的损失是因一方获得利益造成的。因果关系的判断标准决定了获利方的求偿范围。这里的因果关系不同于侵权责任中行为与损害结果之间的直接因果关系,而是指非直接的因果关系,即牵连关系。[①]二者区别在于,直接因果关系要求一方获益与他方受损必须基于同一事实,而

[①] 沈德咏主编:《〈中华人民共和国民法总则〉条文理解与适用》(下),人民法院出版社 2017 年版,第 827 页。

牵连关系则应理解为取得利益与他方受损二者发生的原因事实之间的关联,[①]在判断上应遵循"若没有取得利益的事实,他方不至有损失发生,应当认定取得利益和他方损失之间存在因果关系"的规则。[②]

(三)一方获益没有法律根据

没有法律根据是构成不当得利的前提要件。如果一方取得利益或他方受到损失有法律根据,则不构成不当得利。关于由谁来举证证明"没有法律根据"是审判实践中需要解决的问题。最高人民法院倾向于认为,原则上由获益一方承担"没有法律根据"的举证证明责任更为妥当。首先,不当得利中"没有法律根据"不是一般诉讼中特定的待证事实,而是一系列不特定的民事法律行为、事实行为乃至事件的集合。对于受损一方而言,让其证明"没有法律根据"是一项不可能完成的任务。其次,按照《民事诉讼法解释》第91条的规定,主张法律关系存在的当事人,应当对产生该法律关系的基本事实承担举证证明责任,此亦为"谁主张,谁举证"的例外情形。故受益一方如主张存在一定法律关系构成"法律根据"的,应由其承担举证证明责任。[③]

根据《民法典》第122条的规定,不当得利一经成立,受害人与受益人之间即发生债权债务关系。受害人有权请求受益人返还不当得利,受益人负有返还不当得利的义务。

---

① 梁慧星主编:《中国民法典草案建议稿附理由:债权总则编》,法律出版社2006年版,第15页。

② 史尚宽:《债法总论》,中国政法大学出版社2000年版,第72页。

③ 沈德咏主编:《〈中华人民共和国民法总则〉条文理解与适用》(下),人民法院出版社2017年版,第830页。

二、保理纠纷中不当得利

在保理中,债务人向保理商还款有直接还款和间接还款两种方式。两种方式均有可能产生不当得利返还问题。

(一)保理商不当得利

应收账款一般是折价转让给保理商,保理商向债权人提供的融资款往往低于应收账款的实际金额。根据债权转让规则,保理商在受让应收账款后可以向债务人主张清偿全部应收账款。如果保理商收回的应收账款金额超出其提供给债权人的融资款本息,余额部分该如何处理?

在有追索权保理中,保理商获取的保理款余额属于不当得利。保理中的债权转让并非纯正的债权转让。从债务人或债权人处收回保理融资款本金及利息是保理商签订保理合同的目的。保理商从债务人处催收应收账款属于保理服务中的一种,其获取超出保理融资款本息之外的部分没有合同依据或法律依据。该部分余额应属于债权人。即便由保理商收取,也属于代债权人收取,应返还给债权人。保理商据为己有并无法律根据,债权人有权要求保理商返还。

实务界通说认为,在有追索权保理中,保理商收回的保理款余额应返还给债权人。《天津高院保理纪要(一)》第2条中规定:"保理法律关系也不同于债权转让关系,保理商接受债务人依基础合同支付的应收账款,在扣除保理融资本息及相关费用后,应将余额返还债权人。"《天津高院保理纪要(二)》第8条规定:"……债务人依约支付全部应收账款的,保理商在扣除保理融资本息及相关费用后,应将保理回款的余款返还债权人。"《深圳前海法院保理合同案件裁判指引》第28条亦规定:"在有追索权保理纠纷中,债务人依约向保理商支付全部应收账款的,保理商应按照保理合同的约定扣除保理融资本息及相关费用后,将保理回款的余款返还债权人。"最高人民法院(2018)最高法民申1513号民事裁定书认为:"保理商行使追索权后,其对应收账款债权与保理款之间的差额部分就不再享有权益。故保理商关于其系应收账款受让方,有权享有应收账款与保理款差额的主张,不能成立。"

司法实践中的这一做法也得到立法认可。《民法典》第766条规定:"……保理人向应收账款债务人主张应收账款债权,在扣除保理融资款本息和相关费用后有剩余的,剩余部分应当返还给应收账款债权人。"

关于无追索权保理,立法将其界定为债权转让法律关系。保理商作为新的债权人,有权获取全部应收账款,超出保理融资款本息部分归保理商所有,无须再向债权人返还。《民法典》第767条规定:"当事人约定无追索权保理的,保理人应当向应收账款债务人主张应收账款债权,保理人取得超过保理融资款本息和相关费用的部分,无需向应收账款债权人返还。"

【典型案例18】保理商依据保理合同约定从卖方银行账户扣收融资款本息,不构成不当得利[①]

【基本案情】

2015年12月29日,张某通过李某与卡得万利商业保理(上海)有限公司(以下简称卡得万利公司)签订了商业保理确认书,张某从卡得万利公司取得保理预付款45000元,扣除管理服务费900元、人行登记费100元,实际预付款44000元。同日,卡得万利公司通过网上企业银行支付给张某44000元。2015年12月30日张某将44000元退给李某。后卡得万利公司从张某账户内陆续扣划共计34182元。李某后又返还张某25981元。

张某向法院提出诉讼,请求判令卡得万利公司、李某立即返还8201元,二被告互负连带责任。

卡得万利公司辩称,原告与卡得万利公司依法成立保理合同关系,卡得万利公司依据合同约定收回本息不构成不当得利。2015年12月,张某经其经营的商户"济宁市任城区哈伊丫时尚精品店"的名义向卡得万利公司申请

---

① 济宁市任城区人民法院(2016)鲁0811民初9765号民事判决书。

商业保理业务，先后与卡得万利公司签订《商业保理申请书及协议书》《商业保理确认书》，将其经营过程中产生的POS机应收账款转让给卡得万利公司以获得卡得万利公司提供的保理融资。卡得万利公司作为商务部依法设立批准的商业保理公司，与原告在自愿平等的基础上签订商业保理协议书，并按规定向中国人民银行征信中心办理了应收账款转让业务登记，随后为原告提供融资款，双方构成保理法律关系。原告主张卡得万利公司构成不当得利的说法不能成立。本案中，卡得万利公司从原告的银行账户中扣收本息34182元，依据是双方签订的《商业保理申请书及协议书》《商业保理确认书》，因此卡得万利公司不构成不当得利。

经卡得万利公司调查了解，被告李某为卡得万利公司合作方杉德电子商务服务有限公司（以下简称杉德公司）旗下的一名销售人员。根据卡得万利公司签订的《合作协议》约定，杉德公司有义务为卡得万利公司的商业保理业务进行上门营销，卡得万利公司则根据协议支付其服务费用，但从未以任何形式授权杉德公司及其员工以卡得万利公司的名义向商户收取任何形式的手续费、业务退款等。本案中，原告在卡得万利公司不知情的情况下将44000元转入李某的账户。但李某未将该笔款项返还给卡得万利公司。李某作为杉德公司的销售人员没有代表卡得万利公司解除保理合同、接收退款的权利。综上所述，卡得万利公司与原告之间成立合法有效的商业保理合同关系，卡得万利公司依据双方签订的保理合同从原告的银行账户中扣收本息34182元合法合理，不构成不当得利。

李某辩称，2015年12月，经过李某的介绍原告和卡得万利公司签订合同贷款45000元，合同签订后，卡得万利公司实际向原告汇款44000元，卡得万利公司和原告合同已解除，原告在2015年12月30日签订了退款协议，当天原告又把44000元汇入李某的账户中。李某当天给卡得万利公司打电话后，公司说原告如果退款需要退款49540元，5540元是原告需要支付的26周的利息，这样的条件李某不能接受。后来卡得万利公司又从原告账户中扣划34182元，李某对此不知情。李某没有向原告收取手续费，当时卡得万利公司答应的给代理商返利也没有实现。李某不构成不当得利。

【法院裁判】

法院判决：驳回原告张某的诉讼请求。

【裁判理由】

法院判决认为：《民法通则》第92条规定："没有合法根据，取得不当利益，造成他人损失的，应当将取得的不当利益返还受损失的人。"原告张某通过被告李某签订商业保理确认书，双方成立保理合同关系，事实清楚，证据充分。原告主张的法律关系与本院根据案件事实作出的认定不一致，故原告可另行主张。综上所述，原告主张被告不当得利，理由不当，不予支持。

【案例评析】

本案中，张某与卡得万利公司签订《商业保理申请书及协议书》《商业保理确认书》，卡得万利公司向张某提供了融资，双方成立债权债务关系。后卡得万利公司从张某的银行账户中扣收本息34182元，依据的是上述两份协议，具有合法依据。需要指出的是，卡得万利公司受让POS机应收账款的业务操作模式在上海一中院审理的另案中被认定为借款法律关系。[①]退一步讲，即便本案被认定为借款法律关系，卡得万利公司同样有权从张某处收回借款本金及利息，因此张某主张卡得万利公司构成不当得利的请求不能成立。

（二）债权人不当得利

实践中，债务人付款有直接付款和间接付款两种途径。前者由债务人直接付款至保理专户，后者指保理商委托债权人向债务人收款，再由债权人转

[①] 上海市浦东新区人民法院（2015）浦民六（商）初字第6975号民事判决书、上海市第一中级人民法院（2015）沪一中民六（商）终字第640号民事判决书、上海市高级人民法院（2016）沪民申2374号民事裁定书。

付给保理商。

在委托收款模式下，债权人从债务人处所收取的款项如何定性？根据债权转让规则，债权转让后，原债权人与债务人完全脱离关系，债务人不得再向原债权人清偿债务。在保理合同中，如果合同对债权人代收代付行为的性质有约定，应从其约定。如果债权人接受债务人履行是基于与保理商之间的委托收款协议，其代收款行为具有合同依据，不构成不当得利，应将收取的款项及时转付给保理商。如果债权人拒不转付，保理商有权基于代收款协议要求债权人返还。

司法实践中，对债权人的转付行为也需要正确认定。如果债权人承认是代替债务人转付，则构成债务人向保理商的有效清偿。如果债权人不承认是代替债务人转付而是履行自己与保理商之间的债务，此时债权人的付款行为究竟是属于自己偿债，还是代债务人偿债？如果属于前者，在保理商起诉要求债权人回购时，债权人可主张其回购责任相应减轻；如果属于后者，债务人则可主张其应付账款金额做相应扣减。

如果债权人收取应收账款没有合同依据，且拒不向保理商转付，则构成不当得利。在此种情况下，债权人是向保理商返还，还是向债务人返还？实践中有不同观点。一种观点认为，应向保理商返还。债权人收取该款项属于不当得利，应及时交付给保理商，未将该款项及时交付给保理商的，不免除债务人对保理商的清偿责任。[1]另一种观点认为，应返还给债务人。债权人是从债务人处而非保理商处获取不当得利，不当得利从哪里来就应回到哪里去。

笔者认为，不当得利向谁返还取决于债权转让是否通知了债务人。在明保理和暗保理中，债权人返还不当得利的对象并不相同。

在明保理中，债权人应向债务人返还不当得利。理由在于：首先，在

---

[1] 田浩为：《保理法律问题研究》，载《法律适用》2015年第5期。

收到债权转让通知后，债务人就应向保理商清偿债务，其仍向债权人付款不能构成对保理商的有效清偿，保理商仍有权要求债务人继续清偿，保理商并未受到损失。其次，债务人向债权人的还款行为如何认定，应由双方另行解决，与保理商无关。如果债务人与债权人之间还有其他债务，债务人的还款行为可能被认定为对其他债务的清偿。如果债务人与债权人之间没有其他任何债务，则债权人收取债务人的还款没有法律或合同依据，构成不当得利，应向债务人返还。最后，如果由保理商向债权人主张返还不当得利，可能与债权人的回购债务产生混同，导致两种性质不同的债务掺杂在一起，法律关系更趋复杂。因此，由债权人向债务人返还不当得利，既符合不当得利请求权基础，也符合债权转让法律关系的特点。

在暗保理中，债权人应向保理商返还不当得利。如果应收账款转让未通知债务人，债务人向债权人的清偿则为有效清偿。保理商对债务人享有的应收账款等额消灭。保理商无权再向债务人主张清偿该部分应收账款，否则债务人就构成双重清偿。但是应收账款转让在保理商与债权人之间仍有法律效力，债权人代收的款项应依据保理合同约定处理，通常应转付给保理商。如果债权人拒绝向保理商转付，损害的是保理商的利益，并非债务人的利益，故债权人应向保理商返还不当得利。《天津高院保理纪要（二）》第8条中规定："……保理合同签订后，债权转让通知送达债务人之前，债务人已经向债权人支付的应收账款，保理合同对此有约定的从约定。保理合同无约定的，保理商向债权人主张给付其所收取的应收账款的，应予支持。"

【典型案例19】债权人收取债务人的货款，是否构成不当得利？[①]

【基本案情】

2013年9月30日，上海燃料有限公司（以下简称燃料公司）与上海高炼润滑油有限公司（以下简称高炼公司）签订《买卖合同》，合同约定：燃

[①] 上海市黄浦区人民法院（2018）沪0101民初15295号民事判决书。

料公司向高炼公司购买燃料油6000吨（上下10%），单价5030元/吨，合同总金额30180000元；交货时间为2013年10月30日前；买方在见到卖方开具的增值税发票后的10天内现汇支付；违约金为全部货款的5%。2013年10月21日，高炼公司就案涉合同项下交易向燃料公司开具上海增值税专用发票27张，开票金额共计30136440.20元。2013年10月22日，燃料公司向高炼公司支付了30136440.20元。

2013年10月25日，中国工商银行股份有限公司上海市浦东开发区支行（以下简称工商银行）与高炼公司签订《国内保理业务合同》和《应收账款转让清单》，合同约定：高炼公司将其与燃料合同签订的案涉买卖合同项下的应收账款债权及相关权利转让给工商银行，工商银行给予高炼公司2500万元保理融资。合同所附《应收账款确认函》加盖印文是"上海燃料有限公司合同专用章（1）"，签署日期为2013年10月，该函确认函件所载明的发票及总金额与保理合同一致，确认上述应收款尚未支付。同时该函记载："无论将来我公司是否与高炼公司发生贸易纠纷，无论发生何种情况我公司在银行对高炼公司享有的债权获得实现之前均自愿放弃对高炼公司行使此账款的债权债务抵销权。我公司确认：上述应收账款采用电汇支付，以下为高炼公司上述应收账款的唯一合法账户，且未获得银行同意前不变更上述收款账户。"

《国内保理业务合同》签订后，工商银行即向高炼公司支付2500万元保理融资款。工商银行与高炼公司于同日以联合署名方式向燃料公司送达《应收账款债权转让通知书》，燃料公司于同日出具加盖"上海燃料有限公司合同专用章（1）"和法定代表人陈某私章的《应收账款债权转让通知书（回执）》。保理融资款到期后，因高炼公司延迟付款，贷款出现逾期。

2014年11月26日，工商银行因高炼公司未偿还融资款本息诉至浦东新区人民法院（以下简称浦东法院），诉讼请求之一即是要求燃料公司支付应付账款30000177.50元。该案经浦东法院一审、上海一中院二审，法院最终判决燃料公司向工商银行支付货款30000177.50元。该判决生效后，工商银行向浦东法院申请强制执行，执行过程中燃料公司与工商银行、百联集团有限公司（债务承担人，以下简称百联集团）三方达成和解并于2017年7月24日签署《债务和解协议》，工商银行同意由百联公司一次性代燃料公司偿还债务24798542.58元后（含诉讼费用171690元），减免燃料公司剩余的所有未清偿债务。2017年7月26日，百联集团向工商银行开具银行本票一张，代燃料公司支付和解协议确定的货款。

2018年4月19日，燃料公司以不当得利为由诉至浦东法院，请求法院判令：1.高炼公司支付燃料公司24798542.58元；2.高炼公司支付燃料公司利息（以24798542.58元为基数，自2017年7月27日起至实际清偿之日止，按照中国人民银行同期贷款基准利率计算）。

【法院裁判】

法院判决：1.高炼公司于本判决生效之日起十日内返还燃料公司24798542.58元；2.高炼公司于本判决生效之日起十日内偿付燃料公司利息（以24798542.58元为基数，自2017年7月27日起至本判决生效之日止，按照中国人民银行同期存款基准利率计算）。

【裁判理由】

法院判决认为：不当得利，是指没有法律上原因而受利益、致他人损害，从而应负返还的义务。在高炼公司办理保理融资所需的《应收账款确认函》中，燃料公司对高炼公司应收账款的金额及尚未支付均予以确认，并承诺在银行债权实现前燃料公司放弃对应收账款的债权债务抵销权。燃料公司的上述行为表明，其已知道工商银行与高炼公司之间的保理合同关系、高炼公司将合同债权转让给工商银行的事实。燃料公司依据人民法院生效判决履行了金钱给付义务后，即履行了买卖合同的给付义务。高炼公司于2013年10月22日收取燃料公司的款项，没有合同及法律依据。高炼公司应在燃料公司实际给付金额范围内及时返还钱款，该款至今未还，造成燃料公司损失,高炼公司取得了不当利益。故高炼公司应将取得的不当利益返还燃料公司。对燃料公司主张的利息损失,本院认为,燃料公司在高炼公司办理保理业务中确认合同之债尚未给付的行为,是造成其损失产生的重要原因,燃料公司自身也存在过错,利息损失不宜参照银行贷款利率予以支持。

【案例评析】

本案中,2013年9月30日,燃料公司作为买方与卖方高炼公司签订《买卖合同》。10月22日,燃料公司向高炼公司支付了买卖价款30136440.20元,买卖合同项下的债务已经履行完毕。10月25日,高炼公司又与工商银行签订保理合同,将其与燃料公司签订的上述买卖合同项下的应收账款债权转让给工商银行融资2500万。燃料公司对《应收账款确认函》中应收账款的金额及尚未支付情况予以确认,并承诺在银行债权实现前放弃对应收账款债权债务的抵销权。后工商银行诉至法院要求燃料公司支付应收账款30000177.50元,法院最终判决支持了工商银行的诉讼请求,且该判决生效并已履行完毕。至此,燃料公司作为买卖合同项下的债务人已向高炼公司履行了支付货款的义务,同时又在保理合同纠纷中向保理商支付了应收账款,相当于同一笔债务清偿了两次,燃料公司遭受了损失。

燃料公司两次偿债中的哪一次为有效清偿?笔者认为,前一次清偿应为有效清偿。高炼公司于2013年10月22日收取燃料公司的货款是基于买卖合同项下出卖人的权利,此时高炼公司尚未与工商银行签订保理合同。也就是说,买卖合同签订在先,履行在先。买卖合同履行完毕,该合同项下的应收账款已归于消灭。高炼公司再以该笔已清偿完毕的应收账款向工商银行申请叙做保理业务,并不合法,工商银行未尽到必要的审核义务,存在重大过失。后工商银行因高炼公司未偿还融资款本息诉至浦东法院,诉请燃料公司支付买卖合同项下的应收账款,法院最终判决燃料公司向工商银行支付货款30000177.50元,该判决结果值得商榷。既然高炼公司向工商银行转让的应收账款是虚假的,工商银行则无权要求燃料公司清偿该应收账款,而只能向高炼公司主张偿还借款。当然，燃料公司在明知应收账款已经清偿的情况下，仍配合高炼公司进行保理融资，在《应收账款确认函》中对应收账款予以确认并承诺放弃抵销权，有违诚信原则，给工商银行造成了损失，工商银行可追究其侵权责任。

就本案而言，判决认定高炼公司构成不当得利值得商榷。如前所述，高炼公司于2013年10月22日收取燃料公司的款项，是获取买卖合同项下的正当收益，并非没有合同及法律依据，并不构成不当得利。笔者猜测，可能是考虑到法院生效判决已经判决高炼公司向工商银行清偿应收账款且已经履行完毕的情况，为了救济燃料公司的权利，本案最终才认定高炼公司构成不当得利，应将收取的货款返还给燃料公司。由于燃料公司在高炼公司办理保理业务中虚假确认应收账款，存在过错，对燃料公司主张的利息损失不宜参照银行贷款利率而是参照银行同期存款基准利率予以计算。

第六章
保理合同诉讼程序问题

在保理合同纠纷诉讼中，当事人如何列明、管辖法院如何确定、刑民交叉如何处理三方面问题比较常见。就当事人而言，保理商可否将债权人与债务人作为共同被告提起诉讼？保理商仅起诉一方时，另一方可否追加为共同被告或第三人？保理商的追索权之诉与收取权之诉是否可以合并审理，是否属于共同诉讼？就管辖而言，当保理合同与基础合同管辖协议约定的法院不一致时，应依据哪份合同确定管辖法院？在保理商受让的同一笔应收账款项下有多笔基础交易时，有的合同约定管辖，有的合同约定仲裁，法院应如何处理管辖与仲裁之间的冲突？保理合同签订涉嫌刑事犯罪的，法院是否应一律适用"先刑后民"原则处理？即便是"先刑后民"，什么情况下应中止民事诉讼，什么情况下应驳回起诉？上述问题均需要解决。

第一节　共同诉讼当事人

在保理合同纠纷案件中，保理商起诉方式多种多样。撇开担保人来看，有的保理商仅起诉债务人，有的仅起诉债权人，还有的保理商同时起诉债务人与债权人。当保理商只起诉债务人或债权人一方时，如何确定另一方的诉讼地位是实践中常会遇到的问题。

一、共同诉讼

（一）共同诉讼分类

民事诉讼中的共同诉讼，是指人民法院处理一方或双方为多名当事人的民事争议的诉讼制度。《民事诉讼法》第 52 条第 1 款规定："当事人一方或者双方为二人以上，其诉讼标的是共同的，或者诉讼标的是同一种类、人民法院认为可以合并审理并经当事人同意的，为共同诉讼。"

何为诉讼标的？诉讼标的是指当事人之间争议的、请求法院审判的民事实体法律关系或者民事实体权利。对于诉讼标的，应在法律事实、法律关系两个层面上来理解。比如，在保理商请求债权人与保证人承担连带责任的诉讼中，保理商与债权人、保证人之间的法律关系并不相同，但由于是基于同一事实，故仍构成共同诉讼。此外，也要注意诉讼标的与诉讼请求的区别。诉讼请求是原告请求法院审判的、以诉讼标的为基础的实体请求实际上就是请求权、支配权或形成权的具体内容。诉讼标的是诉的"质"的规定性决定诉讼请求。一个"诉"只有一个"诉讼标的"，但可有数个诉讼请求。

根据《民事诉讼法》第 52 条第 1 款，共同诉讼分为普通的共同诉讼和必要的共同诉讼。

1. 普通的共同诉讼

诉讼标的是同一种类的、法院认为可以合并审理且当事人同意的共同诉讼为"普通的共同诉讼"。普通的共同诉讼为可分之诉。各共同诉讼人的诉讼行为具有独立性，共同诉讼人既可以单独起诉，也可以共同起诉。普通的共同诉讼人之间的诉讼标的属于同一种类，而非同一。共同诉讼人之间没有共同的权利或义务，这就决定了各普通共同诉讼人的诉讼行为具有较强的独立性。法院对其中一个诉讼标的作出的判决只对该行为人本人发生法律效力，效力不及于其他共同诉讼人。不难看出，在普通的共同诉讼中，当事人、诉讼标的、诉讼请求、审理程序、判决效力均是独立、可分的。当事人可以共同起诉或应诉，也可以分别起诉或应诉。法院可以合并审理，也可以分开审理，合并审理时，需要分别作出判决。

2. 必要的共同诉讼

诉讼标的是共同的、必须合并审理的共同诉讼为"必要的共同诉讼"。按照日本民事诉讼法的理论，必要的共同诉讼又可进一步分为"固有的必要共同诉讼"和"类似的必要共同诉讼"。

固有的必要共同诉讼，是指当事人一方或者双方为二人以上，其诉讼标的是同一的共同诉讼。当事人的诉讼标的是共同的，表明他们在民事权利、义务上具有共同的利害关系。这种诉讼为不可分之诉，诉讼标的必须合一确定。在固有的必要共同诉讼中，共同诉讼人必须一同起诉或应诉，未一同起诉或应诉的，法院应追加当事人，合并审理，合一判决。遗漏必须共同进行诉讼的当事人，程序上难以保证其合法诉权的行使，实体裁判时也无法将其对诉讼标的的实体权利义务予以固定。①由于共同诉讼人之间存在不可分的权利义务关系，必须共同诉讼的当事人没有参加诉讼的，按照我国《民事诉讼法》第132条和《民事诉讼法解释》第73条的规定，②法院应通知其参加诉讼，此为依职权追加。已经参加诉讼的当事人也可以向法院申请追加，此为依申请追加。法院对当事人提出的申请，应当进行审查，申请理由不成立的，裁定驳回；申请理由成立的，书面通知被追加的当事人参加诉讼。法院在追加当事人参加共同诉讼时，应通知其他当事人。

类似的必要共同诉讼，是指数人对作为诉讼标的的法律关系，虽然不要求必须一同起诉或应诉，当事人有选择一同起诉或应诉，或者分别起诉或应诉的权利，但一旦选择共同诉讼，则必须对共同诉讼人的诉讼标的合一确定。类似的必要共同诉讼制度的意义在于，缓解了因为固有的必要共同诉讼要求所有共同诉讼人必须一同起诉、应诉所带来的紧张。③类似的必要共同诉讼与普通共同诉讼、固有的必要共同诉讼均不同，而是介入可分与不可分之间的共同诉讼。若当事人选择同时起诉，此时共同诉讼是不可分的，法院应合并审理。类似的必要共同诉讼在日本、德国和我国台湾地区均有明确规定。

我国民诉法并未规定类似的必要共同诉讼，但司法实践中已有运用。比如，《民事诉讼法解释》第66条规定："因保证合同纠纷提起的诉讼，债权人向保证人和被保证人一并主张权利的，人民法院应当将保证人和被保证人

---

① 沈德咏主编、最高人民法院修改后民事诉讼法贯彻实施工作领导小组编著：《最高人民法院民事诉讼法司法解释理解与适用》（上），人民法院出版社2015年版，第270页。

②《民事诉讼法》第132条规定："必须共同进行诉讼的当事人没有参加诉讼的，人民法院应当通知其参加诉讼。"《民事诉讼法解释》第73条规定："必须共同进行诉讼的当事人没有参加诉讼的，人民法院应当依照民事诉讼法第一百三十二条的规定，通知其参加；当事人也可以向人民法院申请追加。人民法院对当事人提出的申请，应当进行审查，申请理由不成立的，裁定驳回；申请理由成立的，书面通知被追加的当事人参加诉讼。"

③ 张卫平：《民事诉讼法》（第四版），法律出版社2016年版，第148页。

列为共同被告。保证合同约定为一般保证，债权人仅起诉保证人的，人民法院应当通知被保证人作为共同被告参加诉讼；债权人仅起诉被保证人的，可以只列被保证人为被告。"也就是说，法院是否列保证人为被告取决于债权人的请求，如果债权人没有请求列保证人为被告，而只起诉被保证人的，法院不再依职权追加保证人为共同被告。在审判实践中，也有法院判决运用了类似的必要共同诉讼理论进行判决。①

（二）保理共同诉讼

审判实践中，保理商为减少诉讼成本，倾向于同时起诉债务人和债权人。是否构成共同诉讼，能否并案审理，存在不同的观点。

一种观点认为，保理商向债务人收取应收账款与向债权人追索保理融资款的请求依据不同。收取权是基于基础交易合同关系，追索权是基于保理合同关系。二者并非同一法律事实，同一法律关系，不应合并审理。②最高人民法院（2014）民一终字第187号民事裁定书认为，保理商与债权人、担保人之间基于借款合同、担保合同产生的借款担保合同纠纷，与保理商基于《应收账款通知书》《买卖合同》与债务人产生的合同债权转让纠纷，并非基于同一法律事实，同一法律关系，不应合并审理。有观点认为，基础合同与保理合同是两个相对独立的合同，法律上并无关联。二者并案审理，既达不到体现诉讼双方诉讼地位平等的目的，也达不到处理纠纷的效果。法院受理后，应当向保理商释明另案起诉债权转让合同。保理商拒绝的，应驳回其对债务人的诉讼请求。③

另一种观点认为，有追索权保理中，应收账款债权人和债务人构成牵连

---

① 甘肃省高级人民法院（2017）甘民终274号民事判决书。
② 珠海市中级人民法院（2015）珠中法立民终字第62民事裁定书。
③ 郭文政：《保理合同中债权转让合同与金融借款合同纠纷能否并案审理》，载《法制与社会》2016年第6期。

的必要共同诉讼，法院应依职权追加未被起诉的当事人，对两者合并审理。①保理商基于不同原因分别向债务人和债权人主张不同的请求权，最终的给付目的是同一的。收取权之诉与追索权之诉的诉讼标的是共同的，属于必要共同诉讼，法院应合并审理。②最高人民法院（2015）民二终字第283号民事裁定书亦认为，保理合同在内容上既约定了借款融资也约定了应收账款转让，兼具借款合同和债权转让合同法律关系的特征，借款或债权转让法律关系仅是其中一个方面。保理商基于借款纠纷起诉债权人，或基于债权转让纠纷起诉债务人，均依据保理合同，债务人称非基于同一法律事实，不应合并审理的理由不能成立。

笔者认为，追索权与收取权属于不同的法律关系，诉讼标的并不同一，不属于固有的必要共同诉讼。但鉴于追索权与收取权系基于同一事实，存在紧密联系，将其作为类似的必要共同诉讼进行处理，比较妥当。

1.追索权与收取权系基于保理融资这一事实产生的两种请求权，符合诉的客观合并条件。在诉讼法上，同一个诉讼中存在两个以上的诉讼标的，则为诉的客观合并。《民事诉讼法解释》第221条规定："基于同一事实发生的纠纷，当事人分别向同一人民法院起诉，人民法院可以合并审理。"同一事实是指各个诉所依据的事实关系或法律关系存在牵连，具有一致性或重叠性，比如借款担保纠纷涉及的借款法律关系与担保法律关系即基于借款这一共同事实。③在保理中，追索权与收取权因保理融资这一事实产生，有共同的发生基础。二者目的一致，均在于确保保理商收回保理融资款本息。只要有一种请求权全部或部分得以实现，另一种请求权则等额消灭，故不存在保

---

① 肖建国、宋春龙：《民法上补充责任的诉讼形态研究》，载《国家检察官学院学报》2016年第2期。
② 最高人民法院（2016）最高法民辖终38号民事裁定书。
③ 沈德咏主编：《最高人民法院民事诉讼法司法解释理解与适用》（上），人民法院出版社2015年版，第575~576页。

理商重复受偿的问题。

2. 在诉讼程序上，法院合并审理追索权与收取权之诉符合共同诉讼原理。我国《民事诉讼法》第52条将共同诉讼分为普通的共同诉讼和必要的共同诉讼。在比较法上，必要的共同诉讼又可进一步分为固有的必要共同诉讼和类似的必要共同诉讼。固有的必要共同诉讼与我国民诉法上的必要的共同诉讼同义。类似的必要共同诉讼在日本、德国和我国台湾地区均有明确规定，是指数人对作为诉讼标的的法律关系，虽然不要求必须一同起诉或应诉，当事人有选择一同起诉或应诉，或者分别起诉或应诉的权利，但一旦选择共同诉讼，则必须对共同诉讼人的诉讼标的合一确定。① 类似的必要共同诉讼与普通的共同诉讼、固有的必要共同诉讼的不同之处在于，其介入可分与不可分之间，价值在于可缓解固有的必要共同诉讼要求所有共同诉讼人必须一同起诉、应诉所带来的紧张。连带责任保证即为典型例证。在连带责任保证中，债权人可自行决定单独起债务人或保证人，或者一并起诉。由于有追索权保理在法律性质上为让与担保，且立法者采用与连带责任担保类似的立法技术，故可将有追索权保理归入类似的必要共同诉讼范畴。由此，根据保理商的诉请，法院可分别审理，如最高人民法院审理的珠海华润银行（保理商）与江西燃料公司（债务人）、广州大优公司（债权人）保理合同纠纷案中，② 珠海华润银行虽然通过另案向广州大优公司行使了追索权，但仍然有权就未获清偿的部分向江西燃料公司主张；也可合并审理，如在最高人民法院审理的工行钢城支行（保理商）与诚通公司（债权人）、中铁新疆公司（债务人）保理合同纠纷案中，③ 工行钢城支行即在同一案中同时主张中铁新疆公司支付应收账款，诚通公司承担回购责任。

3. 保理商同时主张追索权与收取权有利于法院查明案件事实，厘定各

---

① 张卫平：《民事诉讼法》（第四版），法律出版社2016年版，第148页。
② 最高人民法院（2017）最高法民再164号民事判决书。
③ 最高人民法院（2014）民二终字第271号民事判决书。

方责任，降低诉讼成本。在有追索权保理诉讼中，债权人或债务人的抗辩权、抵销权可准用债权转让规则（《民法典》第769条）。应收账款是否真实有效、债权转让是否通知了债务人、是否具有债务抵销情形等常成为案件的争议焦点且直接关系到债权人与债务人的责任划分。法院合并审理，由保理商、债权人与债务人三方共同参与到诉讼中来，不仅有利于查明案件事实，也有利于当事人行使请求权、抗辩权与抵销权，提高审判效率。[①] 反之，分开起诉，分开审理，不仅不利于债权人与债务人责任的认定，也不符合诉讼经济原则。保理商还可能会面临二次起诉的问题。

当前，允许合并审理是审判实践的主流观点。江苏省高级人民法院民二庭课题组认为，应收账款基础关系与保理融资法律关系可以合并审理。《湖北省高级人民法院当前商事审判疑难问题裁判指引》规定："保理合同当事人之间存在保理合同和基础合同的双重法律关系，对于是否必须合并审理、根据保理合同还是基础合同法律关系确定管辖尚无法律规定。如果不存在管辖争议，保理合同和基础合同纠纷可以并案审理。……保理商一并起诉债权人及债务人，主张债务人承担清偿责任、债权人在债务人不能清偿的范围内承担相应责任的，可以一并审理。"《深圳前海法院保理合同案件裁判指引》第6条亦认可保理商将债权人、债务人一并起诉，法院合并审理。上海市第二中级人民法院发布的《2013~2015年保理合同审判白皮书》亦认为，"从整体看，保理业务是以债权转让为前提的融资及应收账款管理法律关系，割裂债权转让和融资因果关系，与合同当事人的意思表示并不一致。因此，原则上应当将保理合同纠纷作为一个整体进行审理。"

---

① 江苏省高级人民法院民二庭课题组：《国内保理纠纷相关审判实务问题研究》，载《法律适用》2015年第10期。

二、共同被告

实践中，在保理商仅起诉债权人时，有的法院会通知债务人参加诉讼，债务人诉讼地位该如何安排，是作为共同被告，还是作为第三人，不乏争议。

在民事诉讼中，追加被告主要有两种情形：（1）原告在起诉状中遗漏被告，嗣后申请追加；（2）已参加诉讼的被告申请追加案外人为共同被告。

前一种情形属于原告诉权的处分。原告遗漏被告后申请追加被告是对诉权的弥补，只要符合起诉条件和程序要求，法院应当准许。比如《深圳前海法院保理合同案件裁判指引》第9条规定："案外人虽然没有明确表示承担责任，但自愿与债权人或债务人共同承担债务的，视为债务加入。原告申请将其列为共同被告的，人民法院予以准许。"

后一种情形则较为复杂，争议颇大，且缺乏上位法的明确规定，《民事诉讼法解释》对被告追加被告的情形未作规定。有观点认为，对于被告申请追加被告的情形，既不能简单否定，也不能不加审查和限制一概允许，人民法院应当采取"以当事人主义为主，以职权主义为辅"的原则进行处理。理由在于：（1）法律对被告申请追加被告没有禁止性规定，不能简单地理解为法律许可被告申请追加被告；（2）在诉讼中，被告可以就案件的相关责任应由其他人承担或分担提出抗辩，除共同被告必须参加诉讼的例外情形外，一般无权申请追加被告，被告只需承担其应承担的责任；（3）根据"不告不理"原则，原告起诉时没有将其他义务人列为被告或拒绝追加其为被告的，应视为放弃对其他义务人的诉讼。因此，法院对被告追加被告的申请进行审查时，必须征求原告的意见。原告同意追加的，法院可以裁定追加；原告不同意追加的，法院不宜裁定追加。为了便于查明案情，法院可以通知案外人作为第三人参加诉讼。①

笔者基本赞同上述观点，被告（申请人）申请法院追加他人（被申请人）为共同被告，原告同意追加的，且法院经审查认为被申请人属于本案必要共同诉讼人的，法院可予追加。如果原告不同意追加并明确放弃对被申请人诉讼请求的，是否追加，法院应查明被申请人承担的责任性质并分别处理。如果申请人承担补充责任，而被申请人应首先承担赔偿责任，法院应当追加。因为，此种情况下，被申请人不参加诉讼意味着申请人承担补充责任的前提已经丧失。此时，法院应向原告释明。如果原告坚持不同意追加且放弃对被申请人诉讼请求的，法院应驳回原告对申请人的诉讼请求。相反，如果申请人应首先承担赔偿责任，而被申请人应承担补充责任，原告不同意追加且放弃对被申请人的诉讼请求，并不影响申请人承担赔偿责任。此时，法院可在释明的基础上，根据原告的请求，不予追加被告，仍判令申请人承担赔偿责任。

有观点认为，如果保理商仅起诉要求债权人承担回购责任，债权人申请法院追加债务人为共同被告的，法院应予追加。理由在于：债务人应首先承担清偿责任，债权人的回购责任是第二顺位的补充赔偿责任。债权人仅就债务人不能清偿的部分承担补充赔偿责任。

上述观点不能成立。所谓债权人的补充赔偿责任，是建立在保理商同时起诉债权人与债务人的基础之上。只有当二者同时成为被告时，法院才会认为债务人首先承担还款责任，债权人承担补充清偿责任。根据前述类似的必要共同诉讼之法理，保理商有起诉的选择权，保理商可以同时起诉，也可以分开起诉。保理商如果分别起诉要求债务人承担清偿责任，债权人承担回购责任，二者并不存在先后顺序。在保理商先起诉债权人的情况下，法院同样

---

① 江必新主编：《新民事诉讼法理解适用与实务指南》（修订版），法律出版社2015年版，第529~530页。

可以判决债权人承担回购责任，而不必非得以保理商先起诉债务人为前置条件。因为，法院在判决债权人承担回购责任时，会载明债权人支付回购价款后，相应的应收账款会反转让给债权人。债权人承担回购责任后，又恢复了基础合同项下债权人身份，可以另诉要求债务人清偿应收账款。可见，法院并不需要追加债务人为共同被告，即便法院认为债务人与案件处理结果有法律上的利害关系，也只需要追加其为第三人即可。基于同样的道理，如果保理商仅起诉债务人，由于债务人要单独对保理商承担全部清偿责任，法院也不必追加债权人为共同被告。

三、追加第三人

民事诉讼中的第三人，是指原、被告之外的利害关系人由于与案件的审理结果有法律上的利害关系或对原、被告之间争议的诉讼标的享有独立的请求权，因而参加到原、被告之间已经开始的诉讼中的第三方当事人。第三人是我国民事诉讼程序中不可缺少的诉讼主体。第三人分为有独立请求权的第三人和无独立请求权的第三人。

有独立请求权的第三人，是指对他人之间的诉讼标的，不论全部或部分，有权以独立的实体权利人的资格提出诉讼请求的当事人。《民事诉讼法》第56条第1款规定，对当事人双方的诉讼标的，第三人认为有独立请求权的，有权提起诉讼。有独立请求权的第三人参加诉讼后，实际上形成了两个独立之诉的合并审理：一是原告与被告之间已经开始但尚未结束的本诉；二是有独立请求权第三人与本诉原告、被告之间的参加之诉。[1] 因此，有独立请求权第三人提出的诉讼请求既不同于原告，也不同于被告，其诉讼地位相当于原告，以本诉的原告、被告作为被告。虽然有独立请求权的第三人参加

---

[1] 宋朝武：《民事诉讼法学》，中国政法大学出版社2008年版，第134页。

之诉是以本诉为前提与基础，但这并不能改变两个诉所具有的独立性。本诉原告与有独立请求权的第三人均可以独立行使属于原告的全部诉讼权利。《民事诉讼法解释》第 81 条中规定，有独立请求权的第三人有权向人民法院提出诉讼请求和事实、理由，成为当事人。有独立请求权第三人既可以在本诉中提起，也可以另案提起诉讼。法院在审理中发现可能遗漏有独立请求权第三人时，应当通知该第三人参加诉讼。如果第三人拒绝，法院应尊重其处分权。换言之，有独立请求权第三人可以自行决定是否参加诉讼，法院不能强制其参加。

无独立请求权的第三人，是指对他人之间争议的诉讼标的没有独立的实体权利，只是参加到诉讼中，以维护自己利益的人。《民事诉讼法》第 56 条第 2 款规定，对当事人双方的诉讼标的，第三人虽然没有独立请求权，但案件处理结果同其有法律上的利害关系的，可以申请参加诉讼，或者由人民法院通知其参加诉讼。"有法律上的利害关系"是指，诉讼的判决或调解书认定的事实或结果将直接或间接影响第三人的民事权益或法律地位。[①] 无独立请求权第三人参加诉讼的制度意义在于将一个已经开始的诉讼和一个今后可能发生的潜在的诉讼合并审理，从而达到简化诉讼，方便当事人，彻底解决纠纷的目的。

在保理合同纠纷中，追加第三人可能有以下三种情形：（1）在债权人与债务人的基础交易合同纠纷之中，保理商作为第三人参加诉讼；（2）在保理商提起的求偿权诉讼中，债权人被追加为第三人；（3）在保理商提起的追索权诉讼中，债务人被追加为第三人。在后两种情形下，法院是否需要追加另一方为第三人，需要根据实际情况而定。《深圳前海法院保理合同案件裁判指引》第 7 条规定："保理商仅以债权人或债务人为被告提起诉讼的，可以

[①] 沈德咏主编、最高人民法院修改后民事诉讼法贯彻实施工作领导小组编著：《最高人民法院民事诉讼法司法解释理解与适用》（上），人民法院出版社 2015 年版，第 286 页。

根据案件审理需要决定是否追加债务或者债权人作为第三人参加诉讼。"

（一）保理商为第三人

保理商受让应收账款后就成为基础合同项下新的债权人。如果原债权人起诉要求债务人偿还应收账款，因保理商对应收账款具有独立的请求权，故可以有独立请求权的第三人身份申请参加诉讼。比如，在暗保理中，债务人对应收账款已转让给保理商的事实并不知情。原债权人起诉要求债务人向其清偿应收账款。保理商可主动申请参加诉讼，表明受让人身份，并向债务人主张债权。法院也可依职权追加保理商参加诉讼。《深圳前海法院保理合同案件裁判指引》第8条规定："债权人与债务人就基础合同履行问题产生纠纷，法院在审理基础合同纠纷中，发现债权人已将应收账款转让给保理商的，应当通知保理商作为第三人参加诉讼。"

但如果应收账款是在原债权人与债务人基础合同诉讼过程中转让给保理商的，保理商则只能以无独立请求权的第三人身份参加诉讼。《民事诉讼法解释》第249条规定："在诉讼中，争议的民事权利义务转移的，不影响当事人的诉讼主体资格和诉讼地位。人民法院作出的发生法律效力的判决、裁定对受让人具有拘束力。受让人申请以无独立请求权的第三人身份参加诉讼的，人民法院可予准许。受让人申请替代当事人承担诉讼的，人民法院可以根据案件的具体情况决定是否准许；不予准许的，可以追加其为无独立请求权的第三人。"《深圳前海法院保理合同案件裁判指引》第10条规定："债权人与债务人就基础合同履行问题产生纠纷，保理商作为无独立请求权第三人参加诉讼的，虽未判决保理商承担法律责任，但判决的内容可能损害保理商民事权益的，保理商有权提起上诉。"第11条规定："债权人与债务人就基础合同履行问题产生纠纷，因不可归责于保理商的事由未参加诉讼，但已经发生法律效力的判决、裁定、调解书的内容可能损害保理商民事权益的，保理商可以依据《中华人民共和国民事诉讼法》第五十六条规定提起第三人撤销之诉。"

（二）债权人为第三人

在保理商仅起诉债务人时，是否需要追加债权人作为第三人参加诉讼？有观点认为，如果债务人就债权人的履行瑕疵或应收账款转让通知的事实提出异议，需要查明事实的，应追加债权人作为第三人参加诉讼。在无追索权保理中，同样可以追加。① 也有观点认为，如果保理商直接起诉债务人，法院应对债权转让的真实性、合法性进行审查，必要时可追加债权人作为第三人参加诉讼，以查明事实。② 还有观点认为，即使没有债权人作为第三人参加诉讼，保理商起诉本身就起到了债权转让通知的作用，故无须追加债权人作为第三人参加诉讼。③

笔者认为，是否追加债权人作为第三人，要根据当事人举证情况及抗辩情况而定。《合同法解释（一）》第 27 条规定："债权人转让合同权利后，债务人与受让人之间因履行合同发生纠纷诉至人民法院，债务人对债权人的权利提出抗辩的，可以将债权人列为第三人。"如果债务人以基础合同的签订、履行情况向保理商主张抗辩权或抵销权的，一旦债务人抗辩权或抵销权成立，债务人的责任将会相应减轻。债务人责任减轻的部分，保理商可能会向债权人追偿，债权人就与案件处理结果有法律上的利害关系，此时法院应追加债权人为无独立请求权的第三人参加诉讼。如果债务人仅抗辩没有收到债权转通知，参照《最高人民法院关于审理涉及金融资产管理公司收购、管理、处置国有银行不良贷款形成的资产的案件适用法律若干问题的规定》第

---

① 冯宁：《保理合同纠纷案件相关法律问题分析》，载《人民司法·应用》2015 年第 17 期。

② 林劲彪、凌蔚、游春亮：《出庭也是债权转让通知方式》，载《法制日报》2008 年 10 月 21 日。

③ 胡蚯蚓：《债权转让通知面面观》，载《重庆工商大学学报（社会科学版）》2012 年第 2 期。类似案例可参见北京市平谷区人民法院（2009）平民初字第 01074 号民事判决书、陕西省榆林市中级人民法院（2010）榆中法民三终字第 123 号民事判决书。

6条第2款"在案件审理中,债务人以原债权银行转让债权未履行通知义务为由进行抗辩的,人民法院可以将原债权银行传唤到庭调查债权转让事实,并责令原债权银行告知债务人债权转让的事实"之规定,法院可将债权人传唤到庭,查明债权转让是否通知了债务人。此时,债权人可以证人身份作证,不必追加其为第三人。《天津高院保理纪要(一)》第6条第2款规定:"保理商仅以债务人为被告提起诉讼的,如果债务人就基础合同的签订、履行以及享有抗辩权、抵销权等提出抗辩的,应当追加债权人作为第三人参加诉讼。如果债务人仅就是否收到债权转让通知提出异议的,可以不追加债权人参加诉讼,仅需通知债权人以证人身份就相关事实予以说明。"

(三)债务人为第三人

与前述追加债权人的情形相似,追加债务人也要分两种情况。

法院如果需要查清债权人与债务人之间是否有基础合同关系、债权人或债务人的履约情况或者债权转让是否已经通知债务人等事实,则应追加债务人为无独立请求权第三人参加诉讼。由于债务人为清偿应收账款的第一还款来源,只有债务人未履行还款责任,保理商才可依保理合同约定向债权人主张回购责任。债权人是否将债权转让事实通知债务人是案件审理应查明的基本事实。此外,基础合同的履行情况是保理商行使追索权的前提,直接关系到追索权能否实现以及权利范围。查明基础合同的履行情况不能仅依靠保理商与债权人的陈述,还需要债务人参加诉讼。这样一方面可以确保法院查明事实的客观性,另一方面可避免债权人履行回购义务后再与债务人就基础合同履行产生纠纷,法院判决出现矛盾。

如果保理商与债权人仅就保理合同的权利义务发生纠纷,与基础合同的签订和履行情况无关,比如保理商仅要求债权人支付保理费、承担逾期利息等。由于不涉及基础合同,可以不追加债务人为第三人参加诉讼。[①]《天津高院保理纪要(一)》第 6 条第 1 款规定:"保理商仅以债权人为被告提起诉讼的,如果案件审理需要查明债权人与债务人之间是否存在基础合同关系、基础合同履行情况,以及债权转让是否通知债务人等事实的,应当根据当事人的举证情况进行审查,必要时可以追加债务人作为第三人参加诉讼。如果保理商与债权人仅就保理合同的权利义务产生纠纷,与基础合同的签订和履行情况无关的,可不追加债务人参加诉讼。"

第二节 保理合同管辖

管辖,是指各级法院之间以及同级法院之间受理的一审民事案件的分工和权限。通过管辖规定,可以明确各级法院以及同一级法院受理的一审民事案件的范围,避免因管辖不明出现互相推诿或争夺管辖情况的出现。法院受理了不属于其管辖的案件时,当事人有权提出管辖权异议,请求受理法院将案件移送至有管辖权法院审理。

一、管辖基本规定

根据《民事诉讼法》第一编第二章对管辖的规定,管辖可分为级别管辖、地域管辖、协议管辖、移送管辖和指定管辖五大类。保理合同或基础交易合同一般都会对管辖法院有明确约定。协议管辖、级别管辖在保理合同纠

[①] 冯宁:《保理合同纠纷案件相关法律问题分析》,载《人民司法·应用》2015 年第 17 期。

纷中最为常见。

1. 协议管辖，是指双方当事人在合同纠纷发生之前或发生之后，通过协议选择解决他们之间争议的管辖法院。《民事诉讼法》第34条规定："合同或者其他财产权益纠纷的当事人可以书面协议选择被告住所地、合同履行地、合同签订地、原告住所地、标的物所在地等与争议有实际联系的地点的人民法院管辖，但不得违反本法对级别管辖和专属管辖的规定。"在保理合同纠纷中，由于保理合同和基础合同可能均约定了管辖但约定不一致，或一份约定了管辖另一份未约定，这就需要解决管辖协议之间的冲突问题。

2. 级别管辖，是指按照法院组织系统划分上下级法院之间受理第一审民事案件的分工和权限。级别管辖是从纵向上对四级法院一审案件的分工问题进行规定。确定级别管辖的依据主要是案件的性质、繁简程度、影响范围和标的额。就保理合同纠纷案件而言，主要还是根据案件诉讼标的额大小来确定一审案件的管辖法院。2015年5月1日，最高人民法院出台《关于调整高级人民法院和中级人民法院管辖第一审民商事案件标准的通知》(法发〔2015〕7号)，对高级人民法院和中级人民法院管辖第一审民商事案件标准进行调整。2018年7月17日，最高人民法院又下发《关于调整部分高级人民法院和中级人民法院管辖第一审民商事案件标准的通知》(法发〔2018〕13号)，对2015年通知中贵州、陕西、甘肃、青海、宁夏回族自治区、新疆维吾尔自治区高级人民法院、新疆维吾尔自治区高级人民法院生产建设兵团分院和中级人民法院管辖的第一审民商事案件标准进行了调整。2019年4月30日，最高人民法院再次下发《关于调整高级人民法院和中级人民法院管辖第一审民事案件标准的通知》(法发〔2019〕14号)，对高级人民法院和中级人民法院管辖的第一审民商事案件标准进行了调整：中级人民法院管辖第一审民事案件的诉讼标的额上限原则上为50亿元（人民币），高级人民法院管辖诉讼标的额50亿元（人民币）以上（包含本数）或者其他在本辖区有重大影响的第一审民事案件。

在有追索权保理合同纠纷中，如果保理商起诉要求债务人偿还应收账款，债权人承担回购责任，法院不能以要求债务人偿还应收账款的金额与回购应收账款的金额合并计算诉讼标的额。比如，在最高人民法院再审复查的某管辖权异议纠纷案中，保理商在一审中起诉债务人要求偿还应收账款2.68亿元，债权人承担回购责任。债权人以保理商诉请合计超过5亿元为由，提起管辖权异议，被法院驳回后向最高人民法院申请再审。最高人民法院裁定认为，保理商向法院起诉要求债务人偿还应收账款本息共计2.68亿元，债权人对上述应收账款本息承担回购责任。债务人、债权人向保理商偿还应收账款总共不会超过2.68亿元，因此本案的诉讼标的额为2.68亿元，债权人计算诉讼请求标的额的方式有误，其称本案诉讼标的额超过5亿元的理由不能成立。①

二、管辖确定规则

因保理合同履行产生的纠纷，保理商可能会采取以下两种救济方式中的一种：一是起诉债务人，包括单独起诉债务人和一并起诉债务人两种情况。二是起诉债权人，包括要求债权人承担保理合同项下的回购责任和要求债权人支付保理相关费用等。因保理商诉讼请求对象和诉讼标的不同，确定的管辖法院也不同。

（一）保理商起诉债务人

在保理商单独起诉债务人或一并起诉债务人与债权人两种情况下，如果保理合同约定的管辖法院与基础合同约定的管辖法院不一致，保理商应依据哪份合同确定管辖法院？以下四种观点比较有代表性。

第一种观点认为应依据保理合同来确定管辖法院。理由有四：（1）保理

---

① 最高人民法院（2017）最高法民申4770号民事裁定书。

合同纠纷的核心是融资、借款法律关系。基础合同是保理合同的从合同，应遵从保理合同的管辖约定。①（2）纠纷是因履行保理合同引发，应根据保理合同约定的争议解决方式确定管辖法院。②（3）在保理业务中，通常会将保理合同作为《债权转让通知书》送达债务人。债权转让通知书为保理合同附件的一部分，与保理合同具有同等效力，构成保理合同项下的权利义务内容。债务人在债权转让通知书上加盖公章可视为其接受保理合同管辖条款的约束。③（4）为促进应收账款流转，在保理中应适当增强保理商作为债权受让人的利益保护，同时为避免当事人诉累，保理商同时起诉债权人、债务人的，有权选择向保理合同约定的管辖法院提起诉讼。比如，《天津高院保理纪要（一）》第 5 条规定："……保理商向债权人和债务人或者仅向债务人主张权利时，应当依据民事诉讼法的有关规定，结合基础合同中有关管辖的约定确定管辖。…保理商向债权人、债务人及担保人一并主张权利的，应当根据债权人与债务人之间的基础合同确定管辖。保理商、债权人与债务人另有管辖约定的，按照其约定确定管辖。"

第二种观点认为，应依据基础合同来确定管辖法院。理由在于，基础合同与保理合同是相互独立的两份合同。债务人不应受保理合同管辖协议的约束。保理商在叙做保理时，应当了解基础合同的管辖约定，理应受基础合同管辖协议的约束。比如，江西省高级人民法院（2014）赣立终字第 44 号民事裁定书认为，在债权转让关系中，新债权人未与债务人重新达成管辖约定且基础合同管辖约定不违反法律规定的，基础合同管辖约定仍然有效，应由

---

① 江苏省高级人民法院（2014）苏商辖初字第 01 号民事裁定书。

② 山东省高级人民法院（2014）鲁民辖终字第 156 号民事裁定书、广东省高级人民法院（2014）粤高法立民终字第 54 号民事判决书。

③ 最高人民法院（2015）民二终字第 98 号民事判决书。类似案例还可参见山东省高级人民法院（2016）鲁民辖终 378 号、广东省高级人民法院（2016）粤民辖终 146 号、福建省高级人民法院（2017）闽民辖终 41 号民事判决书。

基础合同中约定的管辖法院管辖。①

第三种观点认为，保理商单独起诉债务人的，应依据基础合同约定确定管辖，如果一并起诉债权人和债务人的，则应依据保理合同确定管辖。《深圳前海法院保理合同案件裁判指引》第 5 条规定："因应收账款给付发生纠纷，保理商仅起诉债务人的，按以下原则确定管辖：（一）基础合同有约定的，按照其约定确定管辖，但转让协议另有约定且债务人同意的除外；（二）债务人对应收账款转让通知书中变更原约定管辖的要求予以确认的，按变更后的管辖约定确定管辖法院；（三）基础合同中无管辖约定或者约定不明的，依照《中华人民共和国民事诉讼法》的相关规定确定管辖。"第 6 条规定："保理商将债权人、债务人作为共同被告，根据保理合同约定向有管辖权的人民法院起诉后，债务人提起管辖权异议的，不予支持。"

第四种观点认为，如果保理合同和基础合同约定由不同法院管辖，应分别审理。《湖北省高级人民法院当前商事审判疑难问题裁判指引》规定："保理合同当事人之间存在保理合同和基础合同的双重法律关系，对于是否必须合并审理、根据保理合同还是基础合同法律关系确定管辖尚无法律规定。如果不存在管辖争议，保理合同和基础合同纠纷可以并案审理。一律按照基础合同或者保理合同确定管辖都缺乏充分的依据。如果保理合同和基础合同由不同法院管辖则应当分案审理。"

笔者倾向于第三种观点。理由如下：

在保理商仅起诉应收账款债务人的情况下，应依据基础合同中的管辖协议确定管辖法院。基于让与担保的对外效力，应收账款转让给保理商且通知债务人之后，即可发生应收账款转让的法律效力。保理商单独起诉债务人的依据是应收账款转让协议和基础合同，故应按照债权转让法律关系确定管

---

① 江苏省高级人民法院（2015）苏商辖终字第 0216 号民事裁定书、天津市高级人民法院（2016）津民辖终 138 号民事裁定书。

辖法院。《民事诉讼法解释》第33条规定:"合同转让的,合同的管辖协议对合同受让人有效,但转让时受让人不知道有管辖协议,或者转让协议另有约定且原合同相对人同意的除外。"《最高人民法院关于适用〈中华人民共和国仲裁法〉若干问题的解释》第9条规定:"债权债务全部或者部分转让的,仲裁协议对受让人有效,但当事人另有约定、在受让债权债务时受让人明确反对或者不知有单独仲裁协议的除外。"《最高人民法院关于审理涉及金融资产管理公司收购、管理、处置国有银行不良贷款形成的资产的案件适用法律若干问题的规定》第3条第2款亦规定:"原债权银行与债务人有协议管辖约定的,如不违反法律规定,该约定继续有效。"

在保理商同时起诉债权人和债务人的情况下,则应按照保理合同的管辖协议确定管辖法院。基于让与担保的对内效力,此时,法院重点审理的内容应为保理商与债权人之间的融资借款法律关系,应收账款转让作为担保则居于次要地位。依照《担保法解释》第129条"主合同和担保合同发生纠纷提起诉讼的,应当根据主合同确定案件管辖""主合同和担保合同选择管辖的法院不一致的,应当根据主合同确定案件管辖"的规定,应依主法律关系确定管辖法院。

(二)保理商起诉债权人

此时,应当依据保理合同管辖协议确定管辖法院。保理商和债权人因保理合同的签订、履行等发生纠纷,案件审理的重点是保理合同的履行情况。保理商与债权人之间的权利义务在保理合同中有明确约定。管辖协议也是双方合意的结果,理应得到遵循。保理合同无管辖约定或管辖约定不明的,应由债权人住所地或保理合同履行地法院管辖。关于合同履行地,《民事诉讼法解释》第18条规定:"合同约定履行地点的,以约定的履行地点为合同履行地。合同对履行地点没有约定或者约定不明确,争议标的为给付货币的,接收货币一方所在地为合同履行地。"《天津高院保理纪要(一)》第5条规定:"……保理商和债权人仅因保理合同的签订、履行等发生纠纷,按照保理合同的约定确定管辖。保理合同中无管辖约定或者约定不明确的,应当由被告住所地或者保理合同履行地法院管辖,保理融资款的发放地为保理合同的履行地。"《深圳前海法院保理合同案件裁判指引》第4条规定:"因保理合同的签订、履行等发生纠纷,保理商仅起诉债权人的,合同有约定且不违反法律规定的,从其约定;合同没有约定,依照《中华人民共和国民事诉讼法》的相关规定确定管辖。"

三、管辖与主管冲突

主管,从广义上讲,是指国家机关、社会团体之间的分工和权限。法院是统一行使国家审判权的审判机关。民事诉讼中的主管,是指法院依照法律、法规规定受理一定范围内民事纠纷的权限,亦即确定法院与其他国家机关、社会团体之间解决民事纠纷的分工。①《民事诉讼法》第3条规定:"人民法院受理公民之间、法人之间、其他组织之间以及他们相互之间因财产关系和人身关系提起的民事诉讼,适用本法的规定。"第119条规定的起诉条件中第4项为"属于人民法院受理民事诉讼的范围和受诉人民法院管辖"。主管解决的是审判权的问题,即案件是否应由法院受理。凡不属于法院主管的民事纠纷,法院不应受理。

主管与管辖是民事诉讼中既有联系又有区别的两项制度。二者的区别在于:主管先于管辖发生。主管解决的是法院同有关机关之间处理民事纠纷或其他纠纷的分工和权限问题,而管辖解决的是法院系统内部处理一审民事案件的分工和权限问题。二者的联系在于:主管是确定管辖的前提与基础,管辖是主管的体现和落实。只有先确定某一案件属于法院主管范围后,下一步才能通过管辖制度确定由哪家法院来行使审判权。

---

① 宋朝武:《民事诉讼法学》,中国政法大学出版社2008年版,第143页。

在民商事案件中，因法院主管与仲裁机构仲裁的争议最为常见。当事人达成仲裁协议的，应由仲裁委员会受理，不属于法院主管范围。没有仲裁协议或仲裁协议无效的，由法院主管。仲裁实行一裁终局制度，在仲裁机构作出仲裁裁决后，当事人就同一纠纷再向法院起诉的，法院不予受理。在保理合同纠纷中，管辖与仲裁可能会产生冲突。比如，保理合同约定法院管辖，而基础合同约定仲裁。更有甚者，多份基础合同中有的约定法院管辖，有的约定仲裁，此时该如何确定主管机关？

比如，最高人民法院在审理的中国建设银行股份有限公司武汉钢城支行（以下简称建行钢城支行）与中国普天信息产业股份有限公司（以下简称普天信息公司）、湖北宏鑫实业有限公司（以下简称宏鑫实业公司）等保理合同纠纷案中，两份基础合同为宏鑫实业公司（卖方）与普天信息公司（买方）签订的《武汉君盛贸易项目采购框架合同》和《20万吨钢材供应链项目采购框架合同》。其中，《武汉君盛贸易项目采购框架合同》第10条约定解决争议的方法为"提交北京仲裁委员会仲裁解决"。《20万吨钢材供应链项目采购框架合同》第10条约定争议解决方式为"向买方所在地人民法院提起诉讼解决"。一审法院裁定认为，本案应根据《有追索权国内保理合同》第72条"若在履行保理业务过程中发生争议，向建行钢城支行所在地人民法院提起诉讼"之约定来确定管辖。二审法院裁定认为，三份合同中的协议管辖条款或仲裁条款均对建行钢城支行有效。但由于本案属于法院应当合并审理的必要共同诉讼，三份合同中的协议管辖条款和仲裁条款内容相互矛盾冲突，分别指向不同的主管机关或管辖法院，《有追索权国内保理合同》与两份《采购合同》之间也不存在主从关系，无法根据协议管辖条款或仲裁条款确定案件的主管与管辖。因此，本案不予适用三份合同中的协议管辖条款和仲裁条款。本案应依据《民事诉讼法》第23条关于合同纠纷的一般管辖原则确定管辖法院。《民事诉讼法》第23条规定："因合同纠纷提起的诉讼，由被告住所地或者合同履行地人民法院管辖。"由于本案存在多个被告，一审被告普天信息公司和宏鑫实业公司住所地法院均有管辖权。建行武汉钢城支行向被告之一宏鑫实业公司住所地法院起诉,不违反地域管辖的规定。①

第三节 刑民交叉问题

刑民交叉是困扰民事诉讼的难题,也常成为被告的一项重要抗辩事由。刑民交叉,是指案件性质既涉及民事法律关系又牵涉刑事法律关系,相互间存在交叉、牵连、影响,或基于同一事实一时难以确定是刑事法律关系还是民事法律关系的案件。

如何处理刑民交叉案件的程序衔接以及如何认定民事法律行为的效力,对于保护当事人合法权利、维护正常交易秩序具有重要意义。有观点认为,对于民事涉及刑事犯罪的案件,应按照"先刑后民"的原则处理,即刑事诉讼程序优先于民事诉讼程序。这样的理解是片面的。比如,诈骗类犯罪与合同交叉时,民事合同属于可撤销合同。受害人提出撤销合同、返还财产、赔偿损失的诉讼请求,自然应当获得支持。固守"先刑后民"原则可能会导致当事人以刑事手段干预民商事审判,搞地方保护,影响营商环境。如果因犯罪嫌疑人迟迟未能抓获或犯罪事实无法查清而无法启动民事诉讼程序,将会损害受害人的利益。

刑民交叉案件是否应当"先刑后民",通常需要考察两方面情况。一是刑事案件的审理结果是否为民事案件审理的依据或前提,即《民事诉讼法》第 150 条第 1 款第 5 项规定的"本案必须以另一案的审理结果为依据,而另一案尚未审结"的情形。二是民事行为是否需要刑事程序进行定性。

---

① 最高人民法院(2016)最高法民辖终 38 号民事裁定书。

一、先刑后民

"先刑后民"是指刑事程序优先处理。判断"先刑后民"的依据主要为《民事诉讼法》第150条第1款第5项和《最高人民法院关于在审理经济纠纷案件中涉及经济犯罪嫌疑若干问题的规定》(以下简称《经济纠纷案件涉及经济犯罪嫌疑规定》)第1条、第10条、第11条、第12条的相关规定。如何处理"先刑后民",则有中止民事案件诉讼,等待刑事案件结果与驳回民事案件的起诉,向侦查机关移送材料两种方式。

(一)中止诉讼

中止诉讼,是指在诉讼进行中,因出现法定原因,暂时停止诉讼程序的进行,待法定原因消失后,再恢复诉讼程序。根据《民事诉讼法》第150条第1款第5项的规定,"本案必须以另一案的审理结果为依据,而另一案尚未审结"为民事案件中止诉讼的法定情形之一。在理解该条规定时,需要注意两点:(1)"另一案"既包括刑事案件,也包括行政案件和民事案件。无论"另一案"是什么性质的案件,只要是本案审理的前提,本案的审理就应当中止,等待另一案的审理结果。(2)民事案件需查明的基本事实无法查明,或基本事实必须与刑事案件事实存在关联,即民事案件的解决需以刑事案件的审判结果为根据。所谓基本事实,又称为主要事实或要件事实,一般是指对裁判有实质性影响,用以确定当事人主体资格、案件性质、法律关系、权利义务和民事责任等的查明与认定具有实质性影响的事实。基本事实是裁判案件的基础,基本事实存在瑕疵或无法证明,法院无法裁判或只能作出瑕疵裁判。民事判决所依据的刑事案件"审判结果"不是单指刑事判决主文有关主体是否构成犯罪、构成何种犯罪的判决,也包括刑事判决中有关事实、行为甚至过错的查明和认定。①

近年来，最高人民法院相关司法解释、会议纪要和判例对"中止诉讼"原则的适用条件都有所体现。比如，《民间借贷规定》第7条规定："民间借贷的基本案件事实必须以刑事案件审理结果为依据，而该刑事案件尚未审结的，人民法院应当裁定中止诉讼。"《九民会议纪要》第130条规定："人民法院在审理民商事案件时，如果民商事案件必须以相关刑事案件的审理结果为依据，而刑事案件尚未审结的，应当根据《民事诉讼法》第150条第5项的规定裁定中止诉讼。待刑事案件审结后，再恢复民商事案件的审理。如果民商事案件不是必须以相关的刑事案件的审理结果为依据，则民商事案件应当继续审理。"

关于是否符合中止诉讼的条件，以下最高人民法院审理的两起案件比较有代表性。

1. 符合中止诉讼条件的如中铁物资集团新疆有限公司（以下简称中铁新疆公司）与广州诚通金属公司（以下简称诚通公司）买卖合同纠纷案。在该案中，诚通公司起诉中铁新疆公司的依据是2013年2月1日双方签订的《买卖合同》，其诉请法院判令中铁新疆公司向诚通公司支付货款及逾期付款利息。2013年3月12日，中国工商银行股份有限公司乌鲁木齐钢城支行（以下简称工行钢城支行）与诚通公司签订《国内保理业务合同》，约定诚通公司将享有的对中铁新疆公司的应收账款转让给工行钢城支行。该转让行为的效力认定正在最高人民法院另案审理的工行钢城支行与中铁新疆公司、诚通公司金融借款合同纠纷上诉一案的审理当中。在本案一审中，法院认定诚通公司将应收账款转让给工行钢城支行违反法律规定，裁定驳回诚通公司的起诉。最高人民法院裁定认为，本案诚通公司是否享有起诉中铁新疆公司的

---

① 张建、肖晚祥：《刑民交叉案件中的关系分析及处理原则》，载《上海政法管理干部学院学报》2009年第2期。

诉讼权利、债权转让行为的效力均有待于另案判决才能确定。本案的审理应以中铁新疆公司与诚通公司、工行钢城支行金融借款合同纠纷案的判决结果为依据，一审裁定驳回起诉不当，适用法律错误。①

2. 不符合中止诉讼条件的如中国铁路物资沈阳有限公司（以下简称沈阳公司）与天津市长芦盐业总公司买卖合同纠纷案。在该案中，法院判决认为，"经查，虽然张某（系案外人建平公司法定代表人）涉嫌构成票据诈骗罪已经被公安机关立案侦查，但有关本案4900万元汇票背书、收取、再背书等独立事实已经在本案查清，无须再以该刑事案件的结果为依据。对于冷某（系沈阳公司法定代表人）涉嫌的国有公司工作人员失职罪一案，是因包括本案4900万元在内共计8400万元的货款问题而被沈阳公司举报形成，冷某所涉刑事犯罪不仅不影响本案民事案件的审理，反之本案的审理结果将有利于刑事案件的处理。因此，本案不存在中止审理的情形。"②

关于中止诉讼后法院恢复审理的问题，已经中止审理的民事案件具有下列情形之一的，人民法院应当恢复民事案件的审理：（1）有关主管机关不予刑事立案的；（2）侦查机关撤销案件的；（3）人民检察院作出不起诉决定的；（4）人民法院作出生效刑事裁判的；（5）其他应当恢复民商事案件审理的情形。③《民事诉讼法解释》第246条规定："裁定中止诉讼的原因消除，恢复诉讼程序时，不必撤销原裁定，从人民法院通知或准许当事人双方继续进行诉讼时起，中止诉讼的裁定即失去效力。"

---

① 最高人民法院（2015）民二终字第77号民事裁定书。

② 最高人民法院（2015）民二终字第335号民事判决书。类似判例还可参见最高人民法院（2015）民申字第2929号民事裁定书、（2015）民申字第1778号民事裁定书、（2016）最高法民终138号民事判决书。

③ 最高人民法院民事审判第二庭编著：《〈全国法院民商事审判工作会议纪要〉理解与适用》，人民法院出版社2019年版，第659页。

（二）驳回起诉

除因民事案件须等待刑事案件处理结果法院裁定中止诉讼外，另一种"先刑后民"的处理方式为法院裁定驳回起诉。

1. 驳回起诉的条件

如果民事案件与刑事案件基于同一事实，此时，法院不需要裁定中止诉讼，而应裁定驳回民事案件的起诉，并将有关材料移送公安机关或检察机关。根据相关司法解释的规定，民事案件涉嫌刑事犯罪应遵循"同一性"标准。由于不同司法解释采取了"同一法律事实""同一法律关系"或"同一事实"等不同表述方式，导致法律适用上存在混乱。最高人民法院民一庭认为，同一法律事实或同一法律关系不可能产生刑民交叉问题，以此作为判断刑民程序选择的标准并不科学，故《民间借贷规定》第5条没有再采用"同一法律事实"或"同一法律关系"的表述，而是吸收了2014年《最高人民法院、最高人民检察院、公安部关于办理非法集资刑事案件适用法律若干问题的意见》所确立的"同一事实"标准，在表述上直接着眼于"行为"或"事实"本身。这里的同一行为或事实应当为自然意义上的同一行为或事实。①《九民会议纪要》第129条亦采纳"同一事实"的表述方式。

在2019年7月召开的全国法院民商事审判工作会议上，最高人民法院审判委员会专职委员刘贵祥在讲话中指出，要从行为主体、相对人以及行为本身三个方面认定是否属于"同一事实"。（1）从行为实施主体的角度判断。"同一事实"指的是同一主体实施的行为，不同主体实施的行为不属于同一事实。要特别注意的是，法定代表人、负责人以及其他工作人员等对外以法人名义从事的职务行为，应当由法人承担相应的民事后果。如果法定代表人、负责人以及其他工作人员构成犯罪，但法人本身不构成犯罪的，鉴于

---

① 杜万华主编、最高人民法院民事审判第一庭编著：《最高人民法院民间借贷司法解释理解与适用》，人民法院出版社2015年版，第114页。

犯罪行为的主体与民事行为的主体属于不同的主体，一般不宜认定为"同一事实"。（2）从法律关系的角度进行认定。比如，刑事案件的受害人同时也是民事法律关系的相对人的，一般可以认定该事实为"同一事实"。实践中，侵权行为人涉嫌刑事犯罪，被保险人、受益人或其他赔偿权利人请求保险人支付保险金；主合同的债务人涉嫌刑事犯罪，债权人请求担保人承担民事责任的，因涉及不同的法律关系，均不属于"同一事实"。（3）从要件事实的角度认定。只有民事案件争议的事实，同时也是构成刑事犯罪的要件事实的情况下，才属于"同一事实"。如当事人因票据贴现发生民事纠纷，人民法院在审理过程中发现汇票的出票人因签发无资金保证的汇票构成票据诈骗罪，但鉴于背书转让行为并非票据诈骗犯罪的构成要件，因而民事案件与刑事案件不属于"同一事实"。①会议发布的《会议纪要（征求意见稿）》第122条"关于同一事实的认定"中规定："在审理涉及刑事犯罪的民商事案件中，在'同一事实'的认定上，应当根据当事人在诉辩文书等诉讼材料中所体现的相关事实，对刑事案件的审理、善后处置等有影响，也应当认定为属于同一事实。审判工作中，既要注意避免出现以刑事的方法处理民商事争议，也要注意防止当事人通过侦查机关查封对抗、拖延民事诉讼的情况。除了涉及非法集资等涉众案件外，只有在民商事案件的审理必须以刑事程序终结为前提的情况下，才实行'先刑后民'。"虽然该条规定在后来正式出台的《九民会议纪要》中被删除，但仍具有参考价值。

民事案件与刑事案件构成"同一事实"的，法院应裁定驳回起诉，通过刑事程序解决。理由在于：

1. 如果民事行为本身就涉嫌构成犯罪，此时已不再符合民事案件起诉条件。与中止诉讼不同，《民事诉讼法》第150条第1款第5项规定的"中

---

① 最高人民法院民事审判第二庭编著：《〈全国法院民商事审判工作会议纪要〉理解与适用》，人民法院出版社2019年版，第80~81页。

止诉讼"情形是另一案对本案有预决性，必须待另一案确定后，本案才能继续审理。也就是说，本案纠纷仍符合《民事诉讼法》第119条规定的起诉条件，属于民事诉讼的受案范围，应当通过民事诉讼程序审理。只是由于本案的审理必须以刑事案件的侦查、审理结果为前提，故本案应中止诉讼。如果民事行为涉嫌犯罪，究竟属于普通的经济纠纷还是刑事犯罪，必须经过公安机关侦查、法院作出相应的判决才能确定。在对是否构成犯罪作出结论前，法院应裁定驳回民事案件的起诉，将案件材料移送侦查机关处理。

2. 民事行为若构成刑事犯罪，被告人非法占有、处置被害人财产的，可以追缴或者责令退赔。《最高人民法院关于适用〈中华人民共和国刑事诉讼法〉的解释》第139条中规定："被告人非法占有、处置被害人财产的，应当依法予以追缴或者责令退赔。被害人提起附带民事诉讼的，人民法院不予受理。"《最高人民法院关于适用刑法第六十四条有关问题的批复》（法〔2013〕229号）规定："根据刑法第六十四条和《最高人民法院关于适用〈中华人民共和国刑事诉讼法〉的解释》第一百三十八条、第一百三十九条的规定，被告人非法占有、处置被害人财产的，应当依法予以追缴或者责令退赔。据此，追缴或者责令退赔的具体内容，应当在判决主文中写明；其中，判决前已经发还被害人的财产，应当注明。被害人提起附带民事诉讼，或者另行提起民事诉讼请求返还被非法占有、处置的财产的，人民法院不予受理。"

比如，最高人民法院在审理的中国建设银行股份有限公司佳木斯分行（以下简称建行佳木斯分行）与桦南县翔盛矿产物资经销有限公司（以下简称翔盛公司）、郝某合同纠纷案中，建行佳木斯分行以翔盛公司、郝某为被告向法院提起的合同纠纷诉讼前，已以翔盛公司法定代表人郝某涉嫌合同诈骗为由，向佳木斯市公安机关报案。发生法律效力的佳木斯市向阳区人民法院（2015）向刑初字第170号刑事判决和佳木斯市中级人民法院（2017）黑08刑终19号刑事裁定认定案涉保理合同项下贷款系翔盛公司、郝某等以欺骗手段非法取得，并判令对扣押、冻结的翔盛公司、郝某等存款返还给建行佳木斯分行，剩余赃款对翔盛公司、郝某等继续追缴退还建行佳木斯分行。最高人民法院裁定认为，建行佳木斯分行提起的本案诉讼与上述生效刑事判决认定的翔盛公司、郝某构成骗取贷款罪一案系基于同一事实；诉请偿还的案涉保理合同项下欠款与该刑事判决中查明认定的翔盛公司无法偿还的贷款及判令相关被告人返还及继续追缴的赃款亦重合。建行佳木斯分行提起本案诉讼所依据的其与翔盛公司签订的《有追索权国内保理合同》及与郝某签订的《自然人保证合同》均系翔盛公司、郝某为实施非法侵占建行佳木斯分行案涉保理合同项下资金的犯罪目的而采取的手段。翔盛公司、郝某也因此构成犯罪并被依法追究刑事责任。故建行佳木斯分行提起本案诉讼诉请翔盛公司、郝某偿还的案涉保理合同项下欠款应通过刑事案件继续追缴，不属于民事诉讼的受案范围。虽然在案涉刑事判决生效前，一审法院已受理本案并作出（2014）黑高商初字第10号民事判决，但一审法院在该案审理期间已经知悉建行佳木斯分行就案涉同一笔债权已以翔盛公司法定代表人郝某涉嫌合同诈骗为由向佳木斯市公安机关报案。案涉刑事判决载明郝某于2014年3月21日因骗取贷款罪已被刑事拘留，同年4月25日被逮捕。在此情形下一审法院对本案继续审理并作出民事判决，亦不符合《经济纠纷案件涉及经济犯罪嫌疑规定》第11条"人民法院作为经济纠纷受理的案件，经审理认为不属经济纠纷案件而有经济犯罪嫌疑的，应当裁定驳回起诉，将有关材料移送公安机关或检察机关"的规定。一审法院裁定撤销该院（2014）黑高商初字第10号民事判决，驳回建行佳木斯分行的起诉，符合法律规定，并无不当。建行佳木斯分行关于本案民事判决生效在先，不应予以撤销，案涉刑事退赔金额可在民事执行程序中予以扣减的上诉主张，本院不予支持。①

3. 司法解释和会议纪要规定符合同一事实的，法院应裁定驳回民事案件

---

① 最高人民法院（2018）最高法民终100号民事裁定书。

的起诉。《经济纠纷案件涉及经济犯罪嫌疑规定》第 11 条规定："人民法院作为经济纠纷受理的案件，经审理认为不属经济纠纷案件而有经济犯罪嫌疑的，应当裁定驳回起诉，将有关材料移送公安机关或检察机关。"《民间借贷规定》第 5 条第 1 款规定："人民法院立案后，发现民间借贷行为本身涉嫌非法集资等犯罪的，应当裁定驳回起诉，并将涉嫌非法集资犯罪的线索、材料移送公安或者检察机关。"最高人民法院、最高人民检察院和公安部联合发布的《关于办理非法集资刑事案件适用法律若干问题的意见》第 7 条规定："对于公安机关、人民检察院、人民法院正在侦查、起诉、审理的非法集资刑事案件，有关单位或者个人就同一事实向人民法院提起民事诉讼或者申请执行涉案财物的，人民法院应当不予受理，并将有关材料移送公安机关或者检察机关。人民法院在审理民事案件或者执行过程中，发现有非法集资犯罪嫌疑的，应当裁定驳回起诉或者中止执行，并及时将有关材料移送公安机关或者检察机关。公安机关、人民检察院、人民法院在侦查、起诉、审理非法集资刑事案件中，发现与人民法院正在审理的民事案件属同一事实，或者被申请执行的财物属于涉案财物的，应当及时通报相关人民法院。人民法院经审查认为确属涉嫌犯罪的，依照前款规定处理。"《九民会议纪要》第 129 条重申："……涉嫌集资诈骗、非法吸收公众存款等涉众型经济犯罪，所涉人数众多、当事人分布地域广、标的额特别巨大、影响范围广，严重影响社会稳定，对于受害人就同一事实提起的以犯罪嫌疑人或者刑事被告人为被告的民事诉讼，人民法院应当裁定不予受理，并将有关材料移送侦查机关、检察机关或者正在审理该刑事案件的人民法院。受害人的民事权利保护应当通过刑事追赃、退赔的方式解决。正在审理民商事案件的人民法院发现有上述涉众型经济犯罪线索的，应当及时将犯罪线索和有关材料移送侦查机关。侦查机关作出立案决定前，人民法院应当中止审理；作出立案决定后，应当裁定驳回起诉；侦查机关未及时立案的，人民法院必要时可以将案件报请党委政法委协调处理。除上述情形人民法院不予受理外，要防止通过刑事手段干预民商事审判,搞地方保护,影响营商环境。"

综上所述,"先刑后民"的处理包括中止诉讼和驳回起诉两种方式。如果法院审理的民事案件必须以刑事案件的结果为依据,法院应裁定中止民事诉讼。如果刑事案件与民事案件是基于同一事实,需要刑事程序对该行为作出定性的,法院应裁定驳回起诉,待全面查清事实后再确定当事人是否可通过民事诉讼程序解决民事纠纷。

【典型案例20】刑事犯罪与民事案件系同一事实,法院应驳回起诉,将材料移送公安机关[①]

【基本案情】

平安国际商业保理(天津)有限公司(以下简称平安保理公司)与上海优固实业有限公司(以下简称上海优固公司)签订有追索权公开型《保理合同》,约定上海优固公司将享有的对芜湖新兴铸管有限责任公司(以下简称芜湖新兴公司)应收账款转让给平安保理公司叙做保理业务。在2015年5月芜湖新兴公司首笔应收账款到期后,平安保理公司向芜湖新兴公司主张债权,芜湖新兴公司未予支付。5月26日,芜湖新兴公司向芜湖市公安局弋江分局马塘派出所报案,公安机关对芜湖新兴公司提供的《应收账款债权转让通知书》《工业品购销合同》上的"芜湖新兴铸管有限责任公司合同专用章"与芜湖新兴公司提交的其他合同上的印章一致性进行鉴定,结论为不是同一枚印章盖印形成。芜湖市公安局弋江分局于2015年5月27日决定对上海优固公司法定代表人许某以涉嫌伪造公司、企业、事业单位、人民团体印章立案侦查,并刑事拘留。

平安保理公司向法院提起诉讼,请求判令芜湖新兴公司偿还平安保理公司应收账款及逾期利息,上海优固公司承担回购责任。

[①] 一审:天津市第二中级人民法院(2015)二中保民初字第0043号民事判决书;二审:天津市高级人民法院(2016)津民终406号民事裁定书。

一审中，平安保理公司申请对其所提交证据中的 2014 年 12 月 10 日、2015 年 1 月 26 日两份《应收账款债权转让通知确认书》中的"芜湖新兴铸管有限责任公司合同专用章"，与保存于建行上海第四支行上海优固公司所做保理业务合同中的《函》《焦炭购销合同》《收货确认书》《应收账款转让通知书—回执》《结算单》《工业品销售合同》《补充协议》《收货证明书》等材料上的"芜湖新兴铸管有限责任公司合同专用章"是否为同一印章盖印形成进行鉴定。一审法院依据平安保理公司的鉴定申请，委托天津市津实司法鉴定中心进行鉴定。该中心于 2016 年 4 月 27 日出具《天津市津实司法鉴定中心文书鉴定意见书》，结论为平安保理公司提交的 2014 年 12 月 10 日、2015 年 1 月 26 日两份《应收账款债权转让通知确认书》中的"芜湖新兴铸管有限责任公司合同专用章"与 12 份样本上的印鉴是同一枚印章盖印形成。

【法院裁判】

一审法院判决：芜湖新兴公司偿还平安保理公司应收账款及逾期利息；上海优固公司承担回购责任。

芜湖新兴公司不服一审判决，向天津市高级人民法院提起上诉，二审裁定：撤销一审民事判决；驳回平安保理公司的起诉，将案件材料移送公安机关。

【裁判理由】

一审判决认为，平安保理公司在办理本案涉诉保理业务时，对上海优固公司出具的《工业品购销合同》《货权转移书》以及增值税发票进行了审查，并到芜湖新兴公司厂区内，当面向芜湖新兴公司长期负责芜湖新兴公司与上海优固公司业务往来的工作人员金某进行核实，并由金某在《应收账款债权转让通知确认书》上加盖"芜湖新兴铸管有限责任公司合同专用章"。此后，又到建行上海第四支行，以其持有的《应收账款债权转让通知确认书》，与上海优固公司以与芜湖新兴公司其他应收账款向建行上海分行进行保理融资业务档案中留存的"芜湖新兴铸管有限责任公司合同专用章"一致性进行比对，在比对无误后向上海优固公司发放保理融资款。天津市津实司法鉴定中心出具的《鉴定意见书》，亦证明平安保理公司持有涉诉保理合同中的两份《应收账款债权转让通知确认书》上加盖的"芜湖新兴铸管有限责任公司合同专用章"，与上海优固公司、建行上海分行已履行完毕的保理合同中使用的"芜湖新兴铸管有限责任公司合同专用章"系同一枚印章盖印形成。上海优固公司与建行上海分行之间的保理业务已因芜湖新兴公司如期支付应收账款完全履行。在上海优固公司与建行上海分行的保理业务履行中，芜湖新兴公司亦使用了与本案涉诉的《应收账款债权转让通知确认书》中一致的"芜湖新兴铸管有限责任公司合同专用章"，芜湖新兴公司在上述保理业务中亦出具了《函》，以其公章确认了"芜湖新兴铸管有限责任公司合同专用章"的真实性。平安保理公司就本案涉诉保理业务流程中，已尽到了审慎审查义务，其完全有理由相信上海优固公司与芜湖新兴公司之间涉诉应收账款的真实性。芜湖新兴公司主张《应收账款债权转让通知确认书》无效、其不应支付应收账款的抗辩意见，缺乏事实依据，对其主张不予支持。

芜湖新兴公司上诉称，一审法院判决芜湖新兴公司给付平安保理公司转让款5213.7万元，即认定《应收账款债权转让通知书》上加盖的芜湖新兴公司合同专用章的真实性，与芜湖市戈江分局马塘派出所鉴定该枚合同专用章系伪造，且对许某以涉嫌伪造公司印章罪立案侦查，并刑事拘留相矛盾。一审法院不顾公安机关立案及查明合同专用章系伪造的事实予以判决有失公正。许某虚构债权已犯骗取贷款罪，本案应当移送公安机关处理。

平安保理公司辩称，许某涉嫌犯罪问题，与本案无关。

二审裁定认为，本院审理查明，芜湖市公安局戈江分局于2016年11月23日下发芜弋公（马）立字〔2016〕1687号《立案决定书》，决定对许某合同诈骗案立案侦查。同日，向本院发《函》，载明许某涉嫌伪造芜湖新兴公司合同专用章、应收账款债权转让通知书和采购合同，骗取平安保理公司融资款，该局立案侦查的许某涉嫌合同诈骗罪一案与本案属于同一事实。

2019年4月28日,芜湖市弋江区人民检察院下发弋检侦监批捕〔2019〕69号《批准逮捕决定书》,认为许某涉嫌合同诈骗罪,决定批准逮捕许某。平安保理公司提起的本案诉讼与公安机关立案侦查的许某涉嫌合同诈骗罪一案系同一事实,本案有经济犯罪嫌疑,故应驳回平安保理公司的起诉,将案件材料移送公安机关。

【案例评析】

法院已经立案审理的经济纠纷案件,如果公安机关认为涉嫌经济犯罪,究竟属于普通的经济纠纷还是刑事犯罪,必须经过公安机关侦查、法院作出刑事判决才能确定,故在对是否构成犯罪作出结论前,法院不应对民事案件进行审理,而是等待刑事判决对该行为进行定性。《经济纠纷案件涉及经济犯罪嫌疑规定》第11条规定:"人民法院作为经济纠纷受理的案件,经审理认为不属经济纠纷案件而有经济犯罪嫌疑的,应当裁定驳回起诉,将有关材料移送公安机关或检察机关。"第12条规定:"人民法院已立案审理的经济纠纷案件,公安机关或检察机关认为有经济犯罪嫌疑,并说明理由附有关材料函告受理该案的人民法院的,有关人民法院应当认真审查。经过审查,认为确有经济犯罪嫌疑的,应当将案件移送公安机关或检察机关,并书面通知当事人,退还案件受理费;如认为确属经济纠纷案件的,应当依法继续审理,并将结果函告有关公安机关或检察机关。"在本案二审期间,芜湖市公安局弋江分局向二审法院发《函》,载明许某涉嫌伪造芜湖新兴公司合同专用章、应收账款债权转让通知书和采购合同,骗取平安保理公司融资款。经审查,该局立案侦查的许某涉嫌合同诈骗罪一案与本案属于同一事实,故二审法院根据《经济纠纷案件涉及经济犯罪嫌疑规定》第12条的规定,裁定驳回起诉,将相关材料移送公安机关。

(三)移送材料

《刑事诉讼法》第110条规定:"任何单位和个人发现有犯罪事实或者犯罪嫌疑人,有权利也有义务向公安机关、人民检察院或者人民法院报案或者举报。……公安机关、人民检察院或者人民法院对于报案、控告、举报，都应当接受。对于不属于自己管辖的，应当移送主管机关处理，并且通知报案人、控告人、举报人；对于不属于自己管辖而又必须采取紧急措施的，应当先采取紧急措施，然后移送主管机关。"法院裁定驳回起诉后如何向侦查机关移送涉嫌犯罪的线索、材料？刑民交叉案件涉及移送的，主要有两种情况：一是法院发现犯罪线索后主动移送；二是侦查机关发现犯罪线索后要求法院移送。下面分述之。

1. 法院主动移送

法院在发现民事纠纷本身涉嫌犯罪时，依法负有将有关材料移送侦查机关的义务。法院在审理民事纠纷案件中只要发现涉嫌刑事犯罪的，即使涉嫌犯罪的行为与民事案件并非同一事实，也应及时将涉嫌犯罪的线索材料移送侦查机关。《经济纠纷案件涉及经济犯罪嫌疑规定》第10条规定："人民法院在审理经济纠纷案件中，发现与本案有牵连，但与本案不是同一法律关系的经济犯罪嫌疑线索、材料，则应将犯罪嫌疑线索、材料移送有关公安机关或检察机关查处，经济纠纷案件继续审理。"《民间借贷规定》第6条亦规定："人民法院立案后，发现与民间借贷纠纷案件虽有关联但不是同一事实的涉嫌非法集资等犯罪的线索、材料的，人民法院应当继续审理民间借贷纠纷案件，并将涉嫌非法集资等犯罪的线索、材料移送公安或者检察机关。"

关于法院应如何移送的问题，《经济纠纷案件涉及经济犯罪嫌疑规定》有所涉及，但操作规程并不明确。比如，法院移送案件时使用什么法律文书，是否应将已经查封、冻结的涉案财物同时移交公安机关等。程序规则的缺失导致实践中法院在移送案件时经常会遇到一些问题，比如有的案件中，在法院移送公安机关后，公安机关长期不予答复，也不予立案侦查，导致一些被害人告状无门。法院移送案件时，应注意以下事项：（1）应当将犯罪线索移送给对依法该类犯罪享有侦查权的侦查机关。（2）应制作专门的《涉嫌犯罪线索移送函》，并附上民事案件起诉状、案件线索涉及的有关材料。（3）应当制作移送回执,要求公安机关或检察机关在接到移送材料后,在移送回执上签字或者盖章。(4)移送函中一般宜载明建议公安机关或检察机关在接受移送材料后审查决定是否立案后将有关情况通知移送案件的法院的期间。(5)公安机关或检察机关审查后予以立案的,法院应将已经查封、冻结的涉案财物移送公安机关或检察机关,由公安机关或检察机关变更冻结、扣押手续。① 在2019年7月召开的全国法院民商事审判工作会议上,刘贵祥专委在讲话指出:"人民法院在审理民商事案件过程中,发现民商事案件涉及的事实同时涉及刑事犯罪的,应当及时将犯罪线索和有关材料移送侦查机关,侦查机关作出立案决定的,应当裁定驳回起诉;侦查机关不及时立案的,应当及时报请当地党委政法委协调处理。"②

2. 侦查机关要求法院移送

《经济纠纷案件涉及经济犯罪嫌疑规定》第12条规定:"人民法院已立案审理的经济纠纷案件,公安机关或检察机关认为有经济犯罪嫌疑,并说明理由附有关材料函告受理该案的人民法院的,有关人民法院应当认真审查。经过审查,认为确有经济犯罪嫌疑的,应当将案件移送公安机关或检察机关,并书面通知当事人,退还案件受理费;如认为确属经济纠纷案件的,应当依法继续审理,并将结果函告有关公安机关或检察机关。"对于法院已立案审理的经济纠纷案件,公安机关或检察机关如认为有经济犯罪嫌疑,应函告受理法院,说明理由并附有关材料,法院应当进行审查。若法院经审查认为经济犯罪和民事纠纷审理互不干扰,或两者之间虽然存在交叉关联,但不存在判决结果上的依赖关系时,则无须中止诉讼或驳回起诉,而应继续审理民事案件。

---

① 杜万华主编、最高人民法院民事审判第一庭编著:《最高人民法院民间借贷司法解释理解与适用》,人民法院出版社2015年版,第117~118页。

② 最高人民法院民事审判第二庭编著:《〈全国法院民商事审判工作会议纪要〉理解与适用》,人民法院出版社2019年版,第81页。

实践中应注意以下事项：（1）法院接到公安机关或检察机关的来函和案件材料后，应签收回执，注明收到日期。（2）法院应当自签收之日起 10 日内审查完毕，并决定是否将案件移送公安机关或检察机关，如果决定全案移送的，应及时裁定驳回起诉。（3）法院经审查后认为应当移送，但来函的公安机关或检察机关没有管辖权的，应在审查期限届满之日起 5 日内，移送给有管辖权的公安机关或检察机关。（4）法院移送案件时，应将已查封、冻结的涉案财物一并移送公安机关或检察机关，由公安机关或检察机关在立案后变更为刑事冻结、扣押手续。[①]

二、刑民并行

对刑民交叉案件的处理，还存在刑民并行的情形。民事诉讼与刑事诉讼在价值取向、诉讼目的、诉讼原则、证据认定标准、责任构成要件等方面均存在较大差异。民事法律关系与刑事法律关系、民事责任与刑事责任是完全异质的两种法律关系和法律责任，不能相互替代。当事人因不同的法律事实分别涉及经济纠纷和刑事犯罪的，民事案件和刑事案件可分别审理。如果民事诉讼不需要依赖刑事案件的处理结果，民事诉讼和刑事诉讼的处理结果并不会产生矛盾。此时，为了防止民事案件审理过程被拖延，法院应采取"刑民并行"的处理方式。

（一）适用条件

基于不同的事实是刑民并行的前提条件。《经济纠纷案件涉及经济犯罪嫌疑规定》第 1 条规定："同一公民、法人或其他经济组织因不同的法律事实，分别涉及经济纠纷和经济犯罪嫌疑的，经济纠纷案件和经济犯罪嫌疑案

[①] 杜万华主编、最高人民法院民事审判第一庭编著：《最高人民法院民间借贷司法解释理解与适用》，人民法院出版社 2015 年版，第 117~118 页。

件应当分开审理。"根据《九民会议纪要》第 129 条的规定，对于涉嫌集资诈骗、非法吸收公众存款等涉众型经济犯罪，受害人就同一事实提起的以犯罪嫌疑人或者刑事被告人为被告的民事诉讼，法院应当裁定不予受理，并将有关材料移送侦查机关、检察机关或者正在审理该刑事案件的法院。当事人因租赁、买卖、金融借款等与上述涉众型经济犯罪无关的民事纠纷，请求上述主体承担民事责任的，法院应予受理。

比如，最高人民法院在审理的西昌市银庆公司诉康德公司承包合同及焦炭、焦油权属纠纷案中，法院判决认为，"同一法律事实，如果按照犯罪构成的理论进行分析，认定为涉嫌刑事犯罪的，就不应当再认为该事实还同时成立了合同关系。只有因不同的法律事实，分别涉及经济纠纷和经济犯罪嫌疑的，民事案件和经济犯罪嫌疑案件才可以分开审理；同样，对同一法律事实，如果根据民事法律关系构成的原理进行审查，当事人的民事法律行为意思表示真实，其内容不违反法律法规的规定，属于真实的合同关系的，就不应作为刑事案件处理。"①

在保理合同纠纷中，在法人工作人员涉嫌经济犯罪时，有债权人或债务人主张，法院应驳回保理商的起诉，将案件移送侦查机关。保理商则认为，即便涉嫌诈骗，也仅是应收账款虚假或不合格，保理合同仍应有效。保理商有权通过民事诉讼主张其民事权利，债权人、债务人及担保人应依据有效合同承担责任。笔者认为，涉及法人民事责任的，与法人的工作人员是否犯罪没有关联性，不应因为法人工作人员的犯罪行为尚未被追究而中止民事诉讼。比如，最高人民法院在审理的广东黄河实业集团有限公司与北京然自中医药科技发展中心股权转让侵权纠纷案中，法院判决认为："担任法人之法定代表人的自然人，以该法人的名义，采取欺诈手段与他人订立民事合同，从中获取的财产被该法人占有，由此产生的法律后果，是该自然人涉嫌合同

---

① 最高人民法院（2005）民二终字第 219 号民事判决书。

诈骗犯罪，同时该法人与他人之间因合同被撤销而形成债权债务关系。人民法院应当依照最高人民法院《经济纠纷案件涉及经济犯罪嫌疑规定》第10条的规定，将自然人涉嫌犯罪部分移交公安机关处理，同时继续审理民事纠纷部分。"①

保理合同纠纷涉嫌刑事犯罪时，法院要从是否属于同一事实角度进行判断。不属于同一事实的，民事案件可以继续审理，法院仅需将犯罪线索移送侦查机关即可。如果保理合同为法定代表人或有授权的工作人员所签，法定代表人或工作人员的行为代表法人，民事责任应由法人承担。即便法定代表人或工作人员涉嫌受贿等经济犯罪，该犯罪行为与合同行为并非同一事实，不影响保理合同纠纷案件的审理。

比如，江苏省高级人民法院在审理的中国光大银行股份有限公司常州支行（以下简称光大银行常州支行）与常州朗锐铸造有限公司（以下简称朗锐公司）、常州市德美机械有限公司（以下简称德美公司）、孙某金融借款合同纠纷案中，法院判决认为，朗锐公司关于因德美公司孙某涉嫌刑事犯罪，本案应当中止审理或者移送公安机关处理的理由不能成立。本案中，光大银行常州支行向朗锐公司主张权利的依据是，光大银行常州支行与德美公司签订的有追索权国内保理业务协议约定，该行作为保理商向德美公司提供综合性金融服务，前提是德美公司将基础交易合同项下应收账款转让给该支行；基础交易合同买方朗锐公司与德美公司、光大银行常州支行签订了应收账款债权转让三方协议，约定根据前述保理业务协议，将德美公司对朗锐公司所有应收账款全部转让给光大银行常州支行；德美公司还向朗锐公司发出应收账款债权转让通知书，朗锐公司确认并承诺按通知要求付款。即德美公司已将原享有的对朗锐公司的债权合法转让给光大银行常州支行，朗锐公司负有直接向光大银行常州支行付款的义务。常州市公安局直属分局于2014年5月

---

① 最高人民法院（2008）民二终字第62号民事判决书。

9日对德美公司孙某合同诈骗案决定立案的原因为，朗锐公司报案称德美公司孙某通过使用作废发票虚列应收账款、以非正常方式使用朗锐公司印章并向银行贷款，致使朗锐公司承担高额连带担保责任。公安机关办理前述案件中可能会涉及本案所涉真实债权数额的认定，但是本案已查明朗锐公司盖章确认的应收账款转让声明所载发票中，在用发票与作废发票各自的金额，故公安机关对德美公司孙某立案侦查并不影响前述事实的认定。此外，德美公司孙某所涉刑事案件，并不影响债务人朗锐公司在民事案件中所应承担责任的认定。因此，本案无须因德美公司孙某涉嫌刑事犯罪而中止审理或者移送公安机关处理。[①]

（二）适用情形

根据《经济纠纷案件涉及经济犯罪嫌疑规定》第1条、第10条、第12条的规定，在民事诉讼中，符合下列情形之一的，法院应当继续审理民事案件，并将涉嫌犯罪的线索、材料移送公安或者检察机关：（1）因不同的法律事实分别涉及经济纠纷和经济犯罪嫌疑的；（2）刑事犯罪与经济纠纷虽有牵连，但与本案不是同一法律关系的；（3）法院已立案审理的经济纠纷案件，经审查确属经济纠纷案件的，应当依法继续审理。

《九民会议纪要》第128条对"分别审理"的情形进行了明确。"同一当事人因不同事实分别发生民商事纠纷和涉嫌刑事犯罪，民商事案件与刑事案件应当分别审理，主要有下列情形：（1）主合同的债务人涉嫌刑事犯罪或者刑事裁判认定其构成犯罪，债权人请求担保人承担民事责任的；（2）行为人以法人、非法人组织或者他人名义订立合同的行为涉嫌刑事犯罪或者刑事裁判认定其构成犯罪，合同相对人请求该法人、非法人组织或者他人承担民事责任的；（3）法人或者非法人组织的法定代表人、负责人或者其他工作人员的职务行为涉嫌刑事犯罪或者刑事裁判认定其构成犯罪，受害人请求该法人

[①] 江苏省高级人民法院（2015）苏商终字第00131号民事判决书。

或者非法人组织承担民事责任的；（4）侵权行为人涉嫌刑事犯罪或者刑事裁判认定其构成犯罪，被保险人、受益人或者其他赔偿权利人请求保险人支付保险金的；（5）受害人请求涉嫌刑事犯罪的行为人之外的其他主体承担民事责任的。审判实践中出现的问题是，在上述情形下，有的人民法院仍然以民商事案件涉嫌刑事犯罪为由不予受理，已经受理的，裁定驳回起诉。对此，应予纠正。"

比如，最高人民法院在审理的中国银行股份有限公司广州天河支行（以下简称中行天河支行）与广东蓝粤能源发展有限公司（以下简称蓝粤公司）、广东蓝海海运有限公司（以下简称蓝海公司）、蓝某等合同纠纷案中，争议焦点之一为原审裁定以本案存在经济犯罪嫌疑为由驳回中行天河支行的起诉是否正确。最高人民法院裁定认为，本案涉及多重法律关系，涉及对借款合同、质押合同、授信额度协议、最高额保证合同、应收账款质押登记协议等多个合同的认定问题，除应对保理授信融资本息进行认定之外，还需对蓝海公司和蓝某是否承担清偿责任，中行天河支行是否对蓝粤公司质押的58.5万吨煤和应收账款享有优先受偿权等实体问题进行审理。应当明确，当纠纷涉及不同法律关系时，其中部分涉及经济犯罪，不应影响其他不涉及犯罪嫌疑部分的民事审理，除非有确切证据证明所涉所有法律关系的认定都应以经济犯罪的处理为前提。原裁定认定有犯罪嫌疑的证据，主要是审计署34号公告以及开滦公安局的立案材料。审计署在作出该公告并于2013年将案件移交银监会、公安部之后，至今没有证据证明就蓝粤公司贷款诈骗的犯罪有立案的事实，在案只有开滦公安局就相关应收账款材料涉嫌伪造公司印章犯罪的立案证据，即使该犯罪嫌疑能够成立，也只与应收账款真实性有关。原裁定适用《经济纠纷案件涉及经济犯罪嫌疑规定》第11条的规定驳回中行天河支行的起诉，属法律适用错误。①

---

① 最高人民法院（2018）最高法民再202号民事裁定书。

附 录

中华人民共和国民法典（节录）

（2020年5月28日中华人民共和国主席令第四十五号）

第三编　合同

第六章　合同的变更和转让

第五百四十三条　当事人协商一致，可以变更合同。

第五百四十四条　当事人对合同变更的内容约定不明确的，推定为未变更。

第五百四十五条　债权人可以将债权的全部或者部分转让给第三人，但是有下列情形之一的除外：

（一）根据债权性质不得转让；

（二）按照当事人约定不得转让；

（三）依照法律规定不得转让。

当事人约定非金钱债权不得转让的，不得对抗善意第三人。当事人约定金钱债权不得转让的，不得对抗第三人。

第五百四十六条　债权人转让债权，未通知债务人的，该转让对债务人不发生效力。

债权转让的通知不得撤销，但是经受让人同意的除外。

第五百四十七条　债权人转让债权的，受让人取得与债权有关的从权利，但是该从权利专属于债权人自身的除外。

受让人取得从权利不因该从权利未办理转移登记手续或者未转移占有而受到影响。

第五百四十八条 债务人接到债权转让通知后,债务人对让与人的抗辩,可以向受让人主张。

第五百四十九条 有下列情形之一的,债务人可以向受让人主张抵销:

(一) 债务人接到债权转让通知时,债务人对让与人享有债权,且债务人的债权先于转让的债权到期或者同时到期;

(二) 债务人的债权与转让的债权是基于同一合同产生。

第五百五十条 因债权转让增加的履行费用,由让与人负担。

第五百五十一条 债务人将债务的全部或者部分转移给第三人的,应当经债权人同意。

债务人或者第三人可以催告债权人在合理期限内予以同意,债权人未作表示的,视为不同意。

第五百五十二条 第三人与债务人约定加入债务并通知债权人,或者第三人向债权人表示愿意加入债务,债权人未在合理期限内明确拒绝的,债权人可以请求第三人在其愿意承担的债务范围内和债务人承担连带债务。

第五百五十三条 债务人转移债务的,新债务人可以主张原债务人对债权人的抗辩;原债务人对债权人享有债权的,新债务人不得向债权人主张抵销。

第五百五十四条 债务人转移债务的,新债务人应当承担与主债务有关的从债务,但是该从债务专属于原债务人自身的除外。

第五百五十五条 当事人一方经对方同意,可以将自己在合同中的权利和义务一并转让给第三人。

第五百五十六条 合同的权利和义务一并转让的,适用债权转让、债务转移的有关规定。

第十六章 保理合同

第七百六十一条 保理合同是应收账款债权人将现有的或者将有的应收账款转让给保理人,保理人提供资金融通、应收账款管理或者催收、应收账款债务人付款担保等服务的合同。

第七百六十二条 保理合同的内容一般包括业务类型、服务范围、服务期限、基础交易合同情况、应收账款信息、保理融资款或者服务报酬及其支付方式等条款。

保理合同应当采用书面形式。

第七百六十三条 应收账款债权人与债务人虚构应收账款作为转让标的，与保理人订立保理合同的，应收账款债务人不得以应收账款不存在为由对抗保理人，但是保理人明知虚构的除外。

第七百六十四条 保理人向应收账款债务人发出应收账款转让通知的，应当表明保理人身份并附有必要凭证。

第七百六十五条 应收账款债务人接到应收账款转让通知后，应收账款债权人与债务人无正当理由协商变更或者终止基础交易合同，对保理人产生不利影响的，对保理人不发生效力。

第七百六十六条 当事人约定有追索权保理的，保理人可以向应收账款债权人主张返还保理融资款本息或者回购应收账款债权，也可以向应收账款债务人主张应收账款债权。保理人向应收账款债务人主张应收账款债权，在扣除保理融资款本息和相关费用后有剩余的，剩余部分应当返还给应收账款债权人。

第七百六十七条 当事人约定无追索权保理的，保理人应当向应收账款债务人主张应收账款债权，保理人取得超过保理融资款本息和相关费用的部分，无需向应收账款债权人返还。

第七百六十八条 应收账款债权人就同一应收账款订立多个保理合同，致使多个保理人主张权利的，已经登记的先于未登记的取得应收账款；均已经登记的，按照登记时间的先后顺序取得应收账款；均未登记的，由最先到达应收账款债务人的转让通知中载明的保理人取得应收账款；既未登记也未通知的，按照保理融资款或者服务报酬的比例取得应收账款。

第七百六十九条 本章没有规定的，适用本编第六章债权转让的有关规定。

北京市高级人民法院民二庭
当前商事审判中需要注意的几个法律问题（节录）

（2015年5月）

（三）关于涉保理的合同纠纷

保理业务是以债权人转让其应收账款为前提，集应收账款催收、管理、坏账担保及融资于一体的综合性金融服务。债权人将其应收账款转让给保理商（商业银行或商业保理企业），由保理商（商业银行或商业保理企业）向其提供下列服务中至少一项的，即为保理业务：

（1）应收账款催收：保理商（商业银行或商业保理企业）根据应收账款账期，主动或应债权人要求，采取电话、函件、上门等方式或运用法律手段等对债务人进行催收。

（2）应收账款管理：保理商（商业银行或商业保理企业）根据债权人的要求，定期或不定期向其提供关于应收账款的回收情况、逾期账款情况、对账单等财务和统计报表，协助其进行应收账款管理。

（3）坏账担保：保理商（商业银行或商业保理企业）与债权人签订保理协议后，为债务人核定信用额度，并在核准额度内，对债权人无商业纠纷的应收账款，提供约定的付款担保

（4）保理融资：以应收账款合法、有效转让为前提的保理商（商业银行或商业保理企业）融资服务。

1. 关于案由

保理业务涉及的合同法律关系包括买方－卖方的商品（劳务）买卖关系、保理商（商业银行或商业保理企业）－卖方的货币信贷关系、保理商（商业银行或商业保理企业）－买方的继得的债权债务关系、卖方－第三方的担保关系，是系列合同的组合，不能简单归属于借款合同或债权转让合同或担保合同，在法

律上应属于无名合同，在案由上应当使用合同纠纷。

2. 关于法律适用

对于债权人和债务人中至少有一方在境外（包括保税区、自贸区、境内关外等）的国际保理业务，当事人之间因签订保理协议构成的法律关系应属涉外民事法律关系，当事人约定适用国际通行的从事保理活动的国际惯例《国际保理业务惯例》的，不违背我国社会公共利益，可以在国际保理业务纠纷中予以适用。

对于在我国境内依法设立的商业银行经营保理业务，应当适用《商业银行保理业务管理暂行办法》。对于在我国境内依法设立的商业保理企业经营保理业务，在《商业保理业管理办法》出台以前，可以参照适用《商业银行保理业务管理暂行办法》。

3. 有追索权保理合同的诉讼主体

（1）隐蔽型、有追索权的保理。保理商（商业银行或商业保理企业）在应收账款到期后不能收回保理融资款的，有权依照保理合同的约定起诉应收账款债权人要求其回购应收账款，保理商（商业银行或商业保理企业）为原告，应收账款债权人为被告。因应收账款债权转让通知未向债务人送达，故保理商（商业银行或商业保理企业）要求应收账款债务人偿还应收账款的请求不予以支持。

（2）公开型、有追索权的保理。保理商（商业银行或商业保理企业）在应收账款到期后不能收回保理融资款的，有权依照保理合同约定选择向应收账款债权人或债务人主张权利。如果保理商（商业银行或商业保理企业）先行选择起诉应收账款债务人要求其偿还应收账款而债务人未予偿还的，保理商可以再行起诉应收账款债权人，要求其回购应收账款。

保理合同原理与裁判精要

天津市高级人民法院关于审理保理合同纠纷案件若干问题的审判委员会纪要（一）

（2014年11月19日）

为正确审理保理合同纠纷案件，依法保护当事人合法权益，规范保理业务经营行为，促进保理业健康发展，服务和保障金融改革创新，防范应收账款融资风险，2014年10月27日高院召开2014年第27次审判委员会会议，专题研究关于保理合同纠纷案件审理中的若干问题。经过认真讨论，与会委员对目前审理保理合同纠纷案件的一些问题达成一致意见。现纪要如下：

一、会议纪要的形成背景

保理是以应收账款转让为前提的综合性金融服务。近年来，随着购货商赊销付款逐渐成为主要结算方式，供货商对应收账款的管理和融资需求推动了国内贸易中保理业务的产生和发展。2006年5月，国务院发布《关于推进天津滨海新区开发开放有关问题的意见》（国发〔2006〕20号），鼓励天津滨海新区在金融企业、金融业务、金融市场和金融开放等方面先行先试。2009年10月，经国务院同意，国家发改委批复原则上同意商业保理企业在天津注册。2012年6月，商务部下发《关于商业保理试点有关工作的通知》，同年10月又下发《关于商业保理试点实施方案的复函》，同意在天津滨海新区、上海浦东新区开展商业保理试点，设立商业保理公司，为企业提供贸易融资、销售分户账管理、客户资信调查与评估、应收账款管理与催收、信用风险担保等服务。2012年12月，天津市发布《天津市商业保理业试点管理办法》，对商业保理公司的注册资金、从业人员及风险资本等各个方面做出了要求。天津市作为商务部确定的第一批商业保理试点城市，保理业务得到快速发展。与此同时，各类保理纠纷不断出现，诉讼至法院的保理合同纠纷案件数量呈不断上升趋势。由于保理合同属于无名合同，有关保理问题的法律、行政法规和司法解释明显欠缺，审判实践中存在许多亟待研究和解决的难题。例如：案由、管辖和当事人的诉讼地位问题；保理法律关系认定问题；保理合同效力问题；应收账款质押和转让的冲突问题等。

为了统一裁判标准和司法尺度，解决审判难题，依据《中华人民共和国民法通则》、《中华人民共和国合同法》、《中华人民共和国物权法》、《中华人民共和国担保法》、《中华人民共和国民事诉讼法》及相关司法解释，参照《中国人民银行应收账款质押登记办法》，银监会发布的《商业银行保理业务管理暂行办法》、商务部发布的《关于商业保理试点有关工作的通知》、中国银行业协会保理委员会制定的《中国银行业保理业务规范》、天津市政府办公厅发布的《天津市商业保理业试点管理办法》，以及天津市金融工作局、中国人民银行天津分行、天津市商务委员会联合发布的《关于做好应收账款质押及转让业务登记查询工作的通知》，结合天津法院的审判实际，高院审判委员会专题研究和审议了审理保理合同纠纷案件的若干问题并形成基本共识。

二、保理法律关系的认定

保理合同是指债权人与保理商之间签订的，约定将现在或将来的、基于债权人与债务人订立的销售商品、提供服务、出租资产等基础合同所产生的应收账款债权转让给保理商，由保理商向债权人提供融资、销售分户账管理、应收账款催收、资信调查与评估、信用风险控制及坏账担保等至少一项服务的合同。

构成保理法律关系，应当同时具备以下几个基本条件：

（1）保理商必须是依照国家规定、经过有关主管部门批准可以开展保理业务的金融机构和商业保理公司；

（2）保理法律关系应当以债权转让为前提；

（3）保理商与债权人应当签订书面的保理合同；

（4）保理商应当提供下列服务中的至少一项：融资、销售分户账管理、应收账款催收、资信调查与评估、信用风险控制及坏账担保。

保理商与债权人签订的合同名为保理合同，经审查不符合保理合同的构成要件，实为其他法律关系的，应按照实际法律关系处理。

保理法律关系不同于一般借款关系。保理融资的第一还款来源是债务人支付应收账款，而非债权人直接归还保理融资款。保理法律关系也不同于债权转让关系，保理商接受债务人依基础合同支付的应收账款，在扣除保理融资本息及相关费用后，应将余额返还债权人。

三、保理合同的效力

保理合同是真实意思表示，内容合法，不违反我国法律、行政法规强制性规定的，应认定为有效。

保理合同属于反向保理且符合前款规定的，应认定为有效。

四、案由的确定

保理合同为无名合同，案由可暂定为保理合同纠纷。在司法统计时，将其归入"其他合同纠纷"项下。

五、管辖的确定

保理合同以基础合同的债权转让为前提。保理业务由应收账款转让和保理两部分组成，主要呈现两种诉讼类型：一是保理商以收回保理融资款为主要目的，起诉债权人和债务人或者仅起诉债务人。此时，保理商的法律地位是应收账款债权受让人，基于基础合同的债权转让而主张债务人偿还应收账款，以及因债务人不能偿还时债权人依约所应承担的回购义务，案件审理的重点是基础合同应收账款的偿还。二是保理商仅因保理合同的签订、履行等起诉债权人，例如要求支付保理费用等，案件审理的重点是保理合同的履行。

保理商向债权人和债务人或者仅向债务人主张权利时，应当依据民事诉讼法的有关规定，结合基础合同中有关管辖的约定确定管辖。

保理商和债权人仅因保理合同的签订、履行等发生纠纷，按照保理合同的约定确定管辖。保理合同中无管辖约定或者约定不明确的，应当由被告住所地或者保理合同履行地法院管辖，保理融资款的发放地为保理合同的履行地。

保理商向债权人、债务人及担保人一并主张权利的，应当根据债权人与债务人之间的基础合同确定管辖。

保理商、债权人与债务人另有管辖约定的，按照其约定确定管辖。

六、当事人的诉讼地位

保理商仅以债权人为被告提起诉讼的，如果案件审理需要查明债权人与债务人之间是否存在基础合同关系、基础合同履行情况，以及债权转让是否通知债务人等事实的，应当根据当事人的举证情况进行审查，必要时可以追加债务人作为第三人参加诉讼。如果保理商与债权人仅就保理合同的权利义务产生纠纷，与基础合同的签订和履行情况无关的，可不追加债务人参加诉讼。

保理商仅以债务人为被告提起诉讼的，如果债务人就基础合同的签订、履行以及享有抗辩权、抵销权等提出抗辩的，应当追加债权人作为第三人参加诉讼。如果债务人仅就是否收到债权转让通知提出异议的，可以不追加债权人参加诉讼，仅需通知债权人以证人身份就相关事实予以说明。

七、法律适用问题

审理保理合同纠纷案件，应以保理合同的约定作为确定各方当事人权利义务的主要依据。

除合同约定的内容之外，应依据合同法第一百二十四条无名合同的相关规定，适用合同法总则的规定，并可以参照合同法分则或者其他法律最相类似的规定。

八、权利冲突的解决

应收账款出质后，不得转让。未经质权人同意转让应收账款，该转让行为属于无权处分行为。

出质人经质权人同意转让应收账款的，应当以其所得的保理融资款和保理回款的余款向质权人提前清偿或者提存。

保理融资款是指债权人将应收账款转让给保理商后，保理商为债权人提供的资金融通款，包括贷款和应收账款转让预付款。保理回款的余款是指债务人依基础合同约定支付的全部应收账款,在保理商扣除融资本息及相关费用后剩余的款项。

九、登记公示和查询的效力

天津市金融工作局、中国人民银行天津分行、天津市商务委员会联合发布的《关于做好应收账款质押及转让业务登记查询工作的通知》(以下简称《通知》)中所列主体受让应收账款时,应当登陆中国人民银行征信中心动产融资统一登记平台,对应收账款的权属状况进行查询,未经查询的,不构成善意。

《通知》中所列主体办理应收账款质押、转让业务时,应当对应收账款的权属状况在中国人民银行征信中心动产融资统一登记平台予以登记公示,未经登记的,不能对抗善意保理商。

十、适用范围

本纪要确定的意见,请自印发之日起遵照执行,已经做出生效裁判的保理合同纠纷案件不再适用本纪要。本纪要与新的法律、行政法规和司法解释不一致时,按照法律、行政法规和司法解释执行。

十一、相关概念的解释

1. 保理:又称保付代理,是以应收账款转让为前提的综合性金融服务。保理合同主要涉及几方当事人:A 保理商:开展保理业务的金融机构及商业保理公司;B 债权人:基础合同中的债权人,其在保理合同中将基础合同中的应收账款转让给保理商,因此又是保理合同中的应收账款出让人;C 债务人:基础合同项下的付款义务人。

反向保理:指保理商与规模较大、资信较好的买方达成协议,对于为其供货、位于其供应链上的中小企业提供保理业务。实务操作中,保理商首先与资信较好的买方协商,确定由保理商为向买方供货的中小企业提供保理融资,然后保理商与供货的中小企业,或者与供货的中小企业和买方共同签订保理合同。供货的中小企业履行基础合同中的供货义务后,向保理商提示买方承兑的票据,保理商立即提供融资,并进行应收账款管理及账款收取等综合性金融服务。票据到期时，买方直接向保理商支付款项。反向保理不是一种具体产品或者合同名称，而是一种保理营销策略和思路。近年来，反向保理在大幅度减少保理商风险的同时，有效缓解了中小企业的融资困难，提高了中小企业的市场开拓能力。

2. 保理融资：保理商应债权人的申请，在债权人将应收账款转让给保理商后，为债权人提供的资金融通，包括贷款和应收账款转让预付款。

3. 销售分户账管理：保理商根据债权人的要求，定期或不定期向其提供关于应收账款的回收情况、逾期账款情况、信用额度变化情况、对账单等各种财务和统计报表，协助债权人进行应收账款管理。

4. 应收账款催收：保理商根据应收账款账期，主动或应债权人要求，采取电话、函件、上门催收直至运用法律手段对债务人进行催收。

5. 资信调查与评估：保理商以受让应收账款为前提，提供的机构或个人的信用信息记录、信用状况调查与分析、信用评价等服务。

6. 信用风险控制与坏账担保：保理商为债务人核定信用额度，并在核准额度内，对债权人无商业纠纷的应收账款提供约定的付款担保。

7. 基础合同：应收账款债权人与债务人签订的有关销售货物、提供服务或出租资产等的交易合同。

8. 应收账款债权：保理商受让的、债权人（卖方）基于履行基础合同项下销售货物、提供服务或出租资产等义务而对债务人（买方）享有的债权。应收账款的权利范围一般包括：销售商品产生的债权，提供服务产生的债权，出租资产产生的债权，公路、桥梁、隧道、渡口等不动产收费权让渡产生的债权，以及保理商认可的其他债权。

9. 信用风险：债务人因破产、重整、解散、停止营业、拒绝往来、无支付能力或恶意拖欠等，未能在保理期限到期日足额支付应收账款。

10. 有追索权保理：指保理商不承担为债务人核定信用额度和提供坏账担保的义务，仅提供包括融资在内的其他金融服务。无论应收账款因何种原因不能收回，保理商都有权向债权人追索已付融资款项并拒付尚未收回的差额款项，或者要求债权人回购应收账款。

11. 无追索权保理：指保理商根据债权人提供的债务人核准信用额度，在信用额度内承购债权人对债务人的应收账款并提供坏账担保责任。债务人因发生信用风险未按基础合同约定按时足额支付应收账款时，保理商不能向债权人追索。发生下列情况之一的，无追索权保理的保理商有权追索已付融资款并不承担坏账担保义务：债权人有明显欺诈行为；不可抗力；债务人对基础合同项下的商品、服务等提出异议。

12. 公开型保理：又称明保理，是指在签订保理合同或在保理合同项下每单发票项下的应收账款转让时立即将债权转让事实通知债务人，该事实即对债务人产生约束力。

13. 隐蔽型保理：又称暗保理，是指保理合同签订后的一定时期内，保理商或债权人都未将应收账款转让事实通知债务人，仅在约定期限届满或约定事由出现后，保理商可将应收账款转让事实通知债务人。隐蔽型保理中，即使保理商已预付融资款，正常情况下债务人仍直接向债权人付款，再由债权人将相关付款转付保理商，融资款项仅在债权人与保理商之间清算。

天津市高级人民法院
关于审理保理合同纠纷案件若干问题的审判委员会纪要（二）

（2015年8月12日）

为了妥善审理保理合同纠纷案件，进一步解决保理合同纠纷审判实践中遇到的疑难问题，依法保护当事人合法权益，规范保理经营行为，促进保理业健康发展,为天津市金融创新提供司法保障和支持,2015年7月27日我院召开2015年第22次审判委员会会议,专题研究了保理合同纠纷案件审理中的若干问题。经过认真讨论,与会委员对于依法解决审判实践中的疑难问题达成一致意见。现纪要如下:

一、会议纪要的形成背景

2014年10月27日,我院2014年第27次审判委员会专题研究了保理合同纠纷案件审理中的问题,形成了《天津市高级人民法院关于审理保理合同纠纷案件若干问题的审判委员会纪要(一)》,较好地解决了保理法律关系的认定、保理合同的效力、案由的确定、管辖的确定、当事人的诉讼地位、权利冲突的解决、登记公示和查询的效力等问题。随着保理合同纠纷数量的不断增长,审判实践中仍然存在许多疑难问题亟待解决。例如:债权转让通知的形式与效力、债务人对应收账款进行确认的效力、基础合同中债权禁止转让的约定对保理商的影响、基础合同变更对保理合同的影响、债务人的抗辩权和抵销权、保理专户中保理回款的性质认定、保理商的权利救济、破产抵销权的行使等。

为了解决审判难题,统一裁判标准和司法尺度,依据《中华人民共和国民法通则》《中华人民共和国民事诉讼法》《中华人民共和国合同法》《中华人民共和国物权法》《中华人民共和国担保法》《中华人民共和国企业破产法》《中华人民共和国电子签名法》《中华人民共和国公证法》,以及相关司法解释的规定,参照《中国人民银行应收账款质押登记办法》、银监会发布的《商业银行保理业务管理暂行办法》、商务部发布的《关于商业保理试点有关工作的通知》、天津市政府办公厅发布的《天津市商业保理业试点管理办法》,参考中国银行业协会保理委员会制定的《中国银行业保理业务规范》,天津市金融工作局、中国人民银行天津分行、天津市商务委员会联合发布的《关于做好应收账款质押及转让业务登记查询工作的通知》,结合天津法院的审判实际,审判委员会委员对于如何依法解决保理合同纠纷审判实践中存在的问题形成一致意见。

二、债权转让通知的形式与效力

除另有约定外,债权人向保理商转让应收账款的,应当通知债务人。未经通知,该应收账款转让对债务人不发生效力。债务人是否收到通知,不影响保理合同的效力。

债权人与保理商在保理合同中约定由保理商通知债务人的,保理商向债务人发送债权转让通知的同时,应当证明应收账款债权转让的事实并表明其保理商身份。

保理商或者债权人与债务人对于债权转让通知的形式有约定的,按照约定的形式通知债务人。约定使用电子签名、数据电文形式,或者约定通过各类电子交易平台在线上采用电子签名、数据电文等形式发送债权转让通知的,以及债务人对债权转让的事实使用电子签名、数据电文形式,或者通过各类电子交易平台在线上采用电子签名、数据电文等形式做出承诺或者确认的,在符合《中华人民共和国电子签名法》相关规定的情况下,可以认定债权转让对债务人发生效力。

保理商或者债权人与债务人未对债权转让通知的形式做出约定的,下列情形可以视为履行了债权转让通知义务:1.债权人在债权转让通知文件上签章并实际送达债务人;2.债权人在所转让应收账款的对应发票上明确记载了债权转让主体和内容并实际送达债务人;3.保理商与债权人、债务人共同签订债权转让协议;4.经公证证明债权转让通知已经送达债务人,但有相反证据足以推翻公证的除外。

三、债务人对应收账款进行确认的效力

债权人向保理商转让现有的已确定的应收账款债权时,债务人仅对应收账款债权数额、还款期限进行确认的,债务人可以就基础合同项下的应收账款行使抗辩权。债务人对应收账款债权数额、还款期限以及基础合同、交付凭证、发票等内容一并进行确认的,或者保理合同中对应收账款性质、状态等内容的具体表述已作为债权转让通知或者应收账款确认书附件的,根据诚实信用原则,

可以作为债务人对基础合同项下的应收账款不持异议的有效证据，但债务人能够提供其他证据足以推翻的除外。债务人仅以应收账款不存在或者基础合同未履行为由提出抗辩的，不予支持。

债权人向保理商转让未来的应收账款债权时，债务人对应收账款债权进行确认的，不影响其行使基础合同项下的抗辩权。

四、基础合同中债权禁止转让的约定对保理商的影响

债权人与债务人约定债权不得转让的，债权人不得将应收账款全部或者部分转让给保理商，但保理商善意取得应收账款债权的除外。债权人违反基础合同约定转让不得转让的应收账款，如果因此给保理商造成损失，保理商向其主张承担赔偿责任的，应予支持，但保理商在签订保理合同时知道或者应当知道基础合同禁止转让约定的除外。

五、基础合同变更对保理商的影响

保理合同对于基础合同的变更有约定的从约定，无约定的，可以按照以下情形处理：1.保理商可以对保理合同内容做出相应的变更。2.债权人变更基础合同的行为导致应收账款的有效性、履行期限、付款方式等发生重大变化，致使保理商不能实现合同目的，保理商可以向债权人主张解除保理合同并要求赔偿损失，或者要求债权人依照保理合同约定承担违约责任。

债权转让通知送达债务人，债务人未向保理商作出不变更基础合同承诺的，不承担因基础合同变更给保理商造成损失的赔偿责任。债务人已向保理商作出不变更基础合同承诺的，对于因基础合同变更给保理商造成的损失，如果没有明确责任承担方式，保理商可以主张债务人在债权人承担责任的范围内承担补充赔偿责任。

债权人与债务人恶意串通变更基础合同，损害保理商利益的，保理商依法主张债权人与债务人对造成的损失承担连带责任的，应予支持。

六、债务人的抗辩权和抵销权

债务人收到债权转让通知后，其因基础合同而享有的抗辩权、抵销权可以

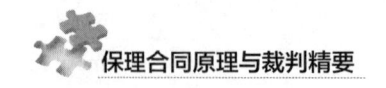

向保理商主张，债务人明确表示放弃抗辩权、抵销权的除外。

债务人收到债权转让通知后新产生的抗辩事由，如果该抗辩事由的发生基础是在债权转让通知前已经存在的，可以向保理商主张。

七、保理专户中保理回款的性质认定

保理专户又称保理回款专用户，是保理商为债权人提供融资后，双方以债权人名义开立的，或者保理银行开立的、具有银行内部户性质的，用于接收债务人支付的应收账款的专用账户。

对于保理商与债权人约定将保理专户中的保理回款进行质押的，如果该保理专户同时具备以下几个特征，保理专户中的回款可以认定为是债权人"将其金钱以特户、封金、保证金等形式特定化后"，移交保理商占有作为保理融资的担保，在应收账款到期后，保理商可以就保理专户中的回款优先受偿：1.保理商将应收账款的债权人和债务人、应收账款数额和履行期限、保理专户的账户名称、保理回款数额及预计进账时间等，在"中国人民银行征信中心动产融资统一登记平台"的"应收账款转让登记"项下"保理专户"进行登记公示。2.每笔保理业务应当开立一个保理专户，如果多笔保理业务开立一个保理专户的，应当证明每笔保理业务与保理专户的相互对应关系。3.保理商、债权人与保理专户的开户银行签订保理专户监管协议，确保保理专户未存入应收账款回款之外的其他资金，未与债权人的其他账户混用，未作为日常结算使用。

八、保理商的权利救济

债务人应当按照应收账款债权转让通知向保理商或者债权人支付应收账款。债务人知道或者应当知道其向保理商支付应收账款的，如果仍向债权人支付，保理商向债务人主张支付应收账款的，应予支持。

保理合同签订后，债权转让通知送达债务人之前，债务人已经向债权人支付的应收账款，保理合同对此有约定的从约定。保理合同无约定的，保理商向债权人主张给付其所收取的应收账款的，应予支持。

债务人未依约支付全部应收账款时，保理商提出下列主张的，应予支持：

1.应收账款债权转让通知已经送达债务人的，保理商要求债务人支付全部应收账款。2.债权转让通知没有送达债务人的，保理商要求债权人积极向债务人主张支付全部应收账款，并按保理合同约定将相应款项给付保理商。3.债权人负有回购义务的，保理商要求债权人返还保理融资本息并支付相关费用。4.债权人的回购义务履行完毕前，保理商依据保理合同及债权转让通知要求债务人付款或者收取债务人支付的应收账款。

债权人履行回购义务后，保理商应将应收账款及其项下的权利返还债权人，债权人取得基础合同项下对债务人的相应债权，保理商不得再向债务人主张还款。前述所称回购义务是指债权人向保理商转让应收账款后，当发生保理合同约定的情形时，债权人应依约从保理商处购回所转让的应收账款债权。

债务人依约支付全部应收账款的，保理商在扣除保理融资本息及相关费用后，应将保理回款的余款返还债权人。

九、破产抵销权的行使

保理商按保理合同约定享有向债权人主张回购应收账款权利的，如果债权人进入破产程序，保理商可以就其尚未向债权人支付或者足额支付的保理融资款，与其享有的要求债权人回购应收账款的债权，向破产管理人主张抵销。

十、适用范围

本纪要确定的意见自印发之日起遵照执行。已经做出生效裁判的保理合同纠纷案件不再适用本纪要。本纪要与新的法律、行政法规和司法解释不一致时，按照法律、行政法规和司法解释执行。

湖北省高级人民法院民二庭
当前商事审判疑难问题裁判指引（二）（节录）

（2016年11月）

24. 债务人否认转让时经过其确认的债权金额。

债权转让时债务人对转让的债权金额予以确认，债务人嗣后予以否认的，如无充分证据和法定理由，债务人不能推翻其对债权金额的确认。债务人就债权金额提出的异议的，一般不予采信。

25. 债权受让人以债权让与人虚构债权为由行使合同撤销权。

债权让与人采用虚构债权等欺诈手段，导致债权受让人与之签订债权转让合同的，如符合《合同法》第五十四条第二款规定情形，债权受让人请求撤销该债权转让合同的，应当予以支持。

30. 保理合同纠纷案件中的若干问题。

目前我国司法实践中对于保理合同纠纷的案由适用不统一，有金融借款合同纠纷、保理合同纠纷、借款合同纠纷、合同纠纷等。鉴于保理合同法律关系的复杂性，现阶段保理合同的案由确定应当依据系争法律关系的性质来确定。最高人民法院正在修订《民事案件案由规定》，未来很有可能将"保理合同纠纷"这一案由纳入其中，在此之前仍可使用"合同纠纷"的案由。

保理商明知无真实的基础合同关系，仍与债权人订立合同，受让应收账款债权的，不构成保理合同关系，应当按照其实际构成的法律关系确定案由。

保理合同当事人之间存在保理合同和基础合同的双重法律关系，对于是否必须合并审理、根据保理合同还是基础合同法律关系确定管辖尚无法律规定。如果不存在管辖争议，保理合同和基础合同纠纷可以并案审理。一律按照基础合同或者保理合同确定管辖都缺乏充分的依据。如果保理合同和基础合同由不同法院管辖则应当分案审理。

债务人收到债权转让通知后,未按照基础合同约定及通知要求付款,保理商请求债务人支付欠付款项的,应予支持。债务人不履行义务,保理商按照保理合同的约定向债权人行使追索权,或者请求债权人按照约定回购应收账款债权的,应予支持。保理商一并起诉债权人及债务人,主张债务人承担清偿责任、债权人在债务人不能清偿的范围内承担相应责任的,可以一并审理。

债权人向保理商转让现有的已确定的应收账款债权时,债务人仅对应收账款债权数额、付款期限作出确认的,债务人仍然享有基于基础合同的抗辩权。债务人对应收账款债权数额、付款期限以及基础合同、交付凭证、发票等内容一并作出确认的,或者保理合同中对应收账款性质、状态等内容的具体表述已作为债权转让通知或者应收账款确认书附件的,根据诚实信用原则,可以作为债务人对基础合同项下的应收账款不持异议的有效证据,但债务人能够提供其他证据足以推翻的除外。债务人仅以应收账款不存在或者基础合同未履行为由提出抗辩的,不予支持。

深圳前海合作区人民法院
关于审理前海蛇口自贸区内保理合同纠纷案件的裁判指引(试行)

(2016年12月22日)

第一章 总 则

第一条 【目的依据】为正确审理保理合同纠纷案件,统一办案标准和裁判尺度,促进保理行业健康有序发展,依据《中华人民共和国民法通则》《中华人民共和国合同法》《中华人民共和国物权法》《中华人民共和国民事诉讼法》及相关司法解释,结合前海、蛇口自贸区审判实践,制定本裁判指引。

第二条 【基本内涵】保理是指债权人将其现在或未来的应收账款转让给保理商，保理商在受让应收账款的前提下，为债权人提供如下一项或多项服务的综合性金融服务：

（一）应收账款融资；

（二）应收账款管理；

（三）应收账款催收；

（四）销售分户账管理；

（五）信用风险担保；

（六）其他可认定为保理性质的金融服务。

对名为保理合同，但实际不构成保理法律关系的，应当按照其实际构成的法律关系处理。

第三条 【诉讼案由】保理合同纠纷案件属于新案件类型，涉及到基础合同法律关系和保理法律关系，案由一般可以确定为保理合同纠纷。

第二章 管辖的确定

第四条 【仅起诉债权人时管辖权的确定】因保理合同的签订、履行等发生纠纷，保理商仅起诉债权人的，合同有约定且不违反法律规定的，从其约定；合同没有约定的，依照《中华人民共和国民事诉讼法》的相关规定确定管辖。

第五条 【仅起诉债务人时管辖权的确定】因应收账款给付发生纠纷，保理商仅起诉债务人的，按以下原则确定管辖：

（一）基础合同有约定的，按照其约定确定管辖，但转让协议另有约定且债务人同意的除外；

（二）债务人对应收账款转让通知书中变更原约定管辖的要求予以确认的，按变更后的管辖约定确定管辖法院；

（三）基础合同中无管辖约定或者约定不明的，依照《中华人民共和国民事诉讼法》的相关规定确定管辖。

第六条 【将债权人、债务人一并起诉时管辖权的确定】保理商将债权人、债务人作为共同被告，根据保理合同约定向有管辖权的人民法院起诉后，债务人提起管辖权异议的，不予支持。

第三章　当事人的确定

第七条　【保理合同审理中第三人参加诉讼】保理商仅以债权人或者债务人为被告提起诉讼的，可以根据案件审理需要决定是否追加债务人或者债权人作为第三人参加诉讼。

第八条　【基础合同审理中第三人参加诉讼】债权人与债务人就基础合同履行问题产生纠纷，法院在审理基础合同纠纷中，发现债权人已将应收账款转让给保理商的，应当通知保理商作为第三人参加诉讼。

第九条　【债务加入】案外人虽然没有明确表示承担保证责任，但自愿与债权人或债务人共同承担债务的，视为债务加入。原告申请将其列为共同被告的，人民法院予以准许。

第十条　【无独立请求权第三人上诉的情形】债权人与债务人就基础合同履行问题产生纠纷，保理商作为无独立请求权第三人参加诉讼的，虽未判决保理商承担法律责任，但判决的内容可能损害保理商民事权益的，保理商有权提起上诉。

第十一条　【保理商提出撤销之诉的情形】债权人与债务人就基础合同履行问题产生纠纷，因不可归责于保理商的事由未参加诉讼，但已经发生法律效力的判决、裁定、调解书的内容可能损害保理商民事权益的，保理商可以依据《中华人民共和国民事诉讼法》第五十六条规定提起第三人撤销之诉。

第四章　保理合同的效力

第十二条　【合同效力的认定】认定保理合同效力时应当以《中华人民共和国合同法》第五十二条为依据。下列情形不影响保理合同的效力。

（一）债权人将与债务人约定不得转让的应收账款债权转让给保理商的；

（二）当事人仅以保理商所受让的应收账款为不成立的应收账款（如虚假应收账款、已被清偿的应收账款等）进行抗辩的；

（三）当事人仅以保理商所受让的应收账款为未来应收账款进行抗辩的；

（四）当事人仅以保理商所受让的应收账款为已被处分的应收账款进行抗辩的；

（五）债务人仅以未收到债权转让通知进行抗辩的；

（六）其他不影响合同效力的情形。

第十三条 【虚构基础合同】债权转让人与第三人虚构基础合同关系，并以无真实交易关系的应收账款债权作为转让标的，与保理商订立应收账款转让合同，善意保理商请求撤销该合同，并向债权转让人主张返还财产、赔偿损失等法律责任的，应予支持。

第十四条 【债务人确认债务真实性时的处理】第三人或债务人向保理商确认基础合同债务的真实性，善意保理商主张合同有效，并请求债务人或第三人按照其确认的范围内为保理申请人的债务承担清偿责任的，人民法院应予支持。

第五章 应收账款的转让

第十五条 【转让范围】法律、行政法规未禁止转让的应收账款债权，可依法转让。

第十六条 【转让原则】除当事人另有约定，应收账款债权转让的，保理商一并受让有关的全部合同权利及其附属担保性权益。

附属抵押权等担保物权一并转让时，未办理抵押登记变更手续，保理商主张担保物权的，人民法院予以支持。

第十七条 【禁止转让约定对保理商的效力】债权人与债务人约定债权不得转让的，保理合同又约定债权人将应收账款全部或者部分转让给保理商的，对债务人不产生应收账款转让的效力，但保理商善意取得应收账款债权的除外。

第十八条 【禁止转让约定对债权人的效力】基础合同对应收账款转让有明确约定，从其约定。如果债权人违反该约定转让应收账款给保理商造成损失，保理商向其主张承担赔偿责任的，人民法院应予支持，但保理商在签订保理合同时知道或者应当知道基础合同有特殊约定的除外。

第十九条 【未经通知对债务人不生效】除当事人另有约定外，应收账款转让可以由债权人单方或者债权人与保理商共同通知债务人。未经通知，该应收账款转让对债务人不发生效力。

第二十条 【对通知方式有特别约定的处理】基础合同及保理合同对应收账款转让通知的方式有特别约定的，从其约定。基础合同与保理合同对应收账款转让通知方式约定不一致的，按照基础合同约定的方式进行通知。

第二十一条 【视为通知的情形】基础合同或保理合同未对应收账款转让通知的方式做出约定，但有下列情形之一的，可以视为履行了债权转让通知义务：

（一）债权人在所转让应收账款的对应发票上对应收账款转让主体与内容等相关事项予以明确标记，且债务人收到该发票的；

（二）保理商与债权人、债务人共同签订债权转让协议的；

（三）将应收账款转让通知以邮寄形式向债务人法定注册地址或约定通讯地址寄送，且已实际送达的；

（四）将应收账款转让通知书向基础合同中债务人指定的联系人邮寄，且已实际送达的；

（五）将应收账款转让通知书向基础合同中债务人指定的电子邮箱发送，且债务人回复确认的；

（六）其他可以视为已履行通知义务的情形。

第二十二条 【通知的效力】应收账款转让通知送达债务人后，债务人应当向保理商履行债务。未经保理商同意，债务人向债权人履行债务的，保理商有权请求债务人继续履行债务。

第二十三条 【通知前债务人已支付应收账款的处理】应收账款转让通知送达债务人之前，债务人已经向债权人履行债务，保理商要求债权人支付其所收取的款项的，人民法院应予支持，但保理合同另有约定的除外。

第六章 保理商的权利救济

第二十四条 【保理商的救济途径】债务人未按照债务履行期限支付全部应

收账款时，保理商提出下列主张的，应予支持：

（一）【按照基础合同向债务人主张】债务人收到债权转让通知后，未按照通知要求付款，保理商请求债务人履行债务的；

（二）【按照保理合同向债权人主张】债务人不履行义务，保理商按照保理合同的约定要求债权人归还融资款或者回购应收账款债权的；

（三）【按照保理合同向债权人、债务人同时主张】合同约定债务人不能清偿债务时，保理商对债权人享有追索权或者应收账款债权回购请求权，保理商一并起诉债权人及债务人，主张债务人承担清偿责任、债权人在债务人不能清偿的范围内承担相应责任的；

（四）【约定连带责任】保理商与债权人、债务人约定由债权人与债务人对应收账款承担连带责任，保理商一并起诉债权人、债务人要求其承担连带责任的。

第二十五条 【未约定违约金的处理】基础合同对逾期履行应收账款给付义务的违约责任没有约定，保理商在起诉债务人时依据《最高人民法院关于审理买卖合同纠纷案件适用法律问题的解释》第二十四条的规定主张逾期付款损失的，人民法院予以支持。

第二十六条 【以已转让应收账款要求抵销回购义务的处理】在有追索权保理纠纷中，债权人以已经转让应收账款为由，主张抵销其应向保理商履行的回购义务的，人民法院不予支持。

第二十七条 【追索权的确定】在有追索权保理纠纷中，保理商要求债权人以支付保理融资本息和相关费用的方式履行应收账款回购义务的，人民法院予以支持。

保理合同约定为无追索权保理，但同时又约定如债务人提出抗辩或抵销权等使债务无法得到清偿时保理商依旧可向债权人行使追索权的，视为有追索权保理。

当事人可以通过债权人单方承诺或补充约定等方式将无追索权保理合同变

更为有追索权保理合同。

第二十八条 【保理款余额的返还】在有追索权保理纠纷中，债务人依约向保理商支付全部应收账款的，保理商应按照保理合同的约定扣除保理融资本息及相关费用后，将保理回款的余款返还债权人。

第二十九条 【基础合同不得擅自变更】债务人收到应收账款转让通知后，未经保理商同意，债权人与债务人擅自变更基础合同的，该变更对保理商不产生法律约束力。

第三十条 【擅自变更时保理商的救济方法】债权转让通知送达债务人后，未经保理商同意，债权人与债务人擅自变更基础合同导致保理商未能收回应收账款或者遭受损失的，保理商可以选择提出以下诉讼请求，人民法院予以支持：

（一）向债权人主张解除保理合同并要求赔偿损失；

（二）要求债权人依照保理合同约定承担违约责任；

（三）要求债务人继续履行支付应收账款的义务；

（四）要求债权人与债务人共同承担赔偿责任。

第七章 债务人的抗辩权和抵销权

第三十一条 【抗辩权】债务人收到债权转让通知后，其因基础合同享有的抗辩权可以向保理商主张。

第三十二条 【抵销权】债务人接到债权转让通知时，其对让与人享有债权，并且债务人的债权先于转让的债权到期或者同时到期的，债务人可以向保理商主张抵销。

第三十三条 【放弃抗辩权、抵销权的情形】有下列情形之一的，债务人不得再主张抗辩权、抵销权：

（一）债务人单方明确表示或以自己的行为表明放弃抗辩权、抵销权的；

（二）债权转让通知书中明确注明债务人放弃抗辩权、抵销权，债务人在债权转让通知书上盖章确认，且未在合理期限内明确提出异议的；

（三）其他可以视为放弃抗辩权、抵销权的情形。

第三十四条 【保证金的处理】保理商收取保证金的,保证金应当从融资金额中扣除。人民法院在计算保理融资利息、逾期利息、违约金等责任范围时,应当按照扣除保证金后的实际融资金额计算。

第八章 登记公示和权利冲突

第三十五条 【登记的效力和善意的认定】保理商应当登陆中国人民银行征信中心动产融资统一登记平台,对应收账款的权属状况进行查询,未经查询的,不构成善意。

其他民事主体办理应收账款质押、转让业务时,未在中国人民银行征信中心动产融资统一登记平台予以登记公示的,不能对抗善意第三人。

第三十六条 【应收债权先质押后转让】债权人先将应收账款质押给第三人并在中国人民银行征信中心动产融资统一登记平台登记,后又转让给保理商的,保理商不能对抗质权人。

第三十七条 【应收债权先转让再质押】债权人先将应收账款转让给保理商,后又质押登记给第三人,应收账款转让未登记的,不能对抗善意第三人。

第三十八条 【应收债权重复转让】债权人对同一应收账款重复转让,导致多个保理商主张权利的,按照如下原则确定权利人:

(一)应收账款转让有登记的,优先保护。在登记之前,债务人已收到其他债权转让通知,且已实际支付部分或全部应收款项的,办理登记的保理商可向原债权人主张权利;

(二)应收账款转让均未办理登记手续的,以债务人收到应收账款转让通知书的先后顺序确定。但债务人与他人恶意串通的除外;

(三)债权转让既未办理登记手续也未向债务人发出转让通知书的,按照发放保理融资款的先后顺序确定。

第九章 附 则

第三十九条 【无涉外因素的法律适用】人民法院审理国内保理合同纠纷案件,以保理合同、基础合同的相关约定确定各方当事人的权利义务。当事人没有约定的，可以适用《中华人民共和国合同法》总则的规定，并可以参照分则或者其他法律最相类似的规定。

第四十条 【有涉外因素的法律适用】有涉外因素的保理合同纠纷，当事人约定适用国际条约、国际惯例或域外法的，按照《中华人民共和国民法通则》《中华人民共和国涉外民事关系法律适用法》的相关规定进行处理。

第四十一条 【参照适用】本院审理涉及前海、蛇口自贸区以外的保理合同纠纷案件，可以参照适用本裁判指引的规定。

第四十二条 【适用冲突时的处理原则】本指引与法律、法规或司法解释不一致的，以法律、法规或司法解释为准。

第四十三条 【解释机构】本指引由本院法官大会负责解释。指引施行后与新出台的法律、法规、或司法解释有冲突的，由本院法官大会修订。

第四十四条 【生效时间】本指引自法官大会讨论通过之日起施行。施行后尚未审结的案件，适用本指引。

后 记

《民法典》的制定具有划时代的重要意义。保理合同入典无论是对保理行业还是对审判实践均具有里程碑意义。本书的宗旨在于服务审判实践，故侧重于对过去审判实务经验的总结，理论研究不够深入。本书写作过程也是作者本人自我学习的过程。保理合同甫一立法，本书尝试从解释论的角度对某些立法条文加以阐解，由于学识所限，理解不一定正确，错谬之处恳请大家批评指正。

近年来，本人有幸参与了天津市高级人民法院保理合同纠纷案件的调研和审委会纪要的制定过程，期间得到了许多法官与保理从业者的帮助与支持，在本书完成之际对他们表示感谢！此书得以完成，也要感谢天津法院的领导和同事们的帮助。由衷感谢天津市高级人民法院副院长钱海玲对我的指导！感谢民二庭王庆娟庭长和金融合议庭的全体成员！本书最终面世，也离不开人民法院出版社总编辑助理郭继良、实务编辑部姜峤主任、王婷与田夏编辑的辛勤工作。他们对本书的修订提出了许多宝贵建议，特此致谢！

李阿侠

二〇二〇年八月于天津